GILBERTO BRAGA
O BALZAC DA GLOBO

ARTUR XEXÉO
MAURICIO STYCER

GILBERTO BRAGA

O BALZAC DA GLOBO

Vida e obra do autor que
revolucionou as novelas brasileiras

"Detesto quando jornalista insinua que escrevo alguma coisa para ter audiência. É claro que escrevo, sou pago para isso. Mas falam como se fosse pecado."

"Desculpe. Eu não sou um autor. Sou simplesmente um escritor de folhetins."

— **GILBERTO BRAGA**

"Gilberto tem um dom muito especial para telenovela. Ele acredita piamente. Não faz só para ganhar dinheiro, embora ele diga sempre que é o que o motiva. Ele faz por paixão e o resultado está aí. As novelas do Gilberto são as mais bem-feitas e as mais bem escritas desde que ele começou nesta guerrinha nossa."

— **LAURO CÉSAR MUNIZ**

SUMÁRIO

Nota sobre a dupla autoria 8
Abertura Camélias no quilombo e na televisão 11

Primeira fase
Gilberto Tumscitz

1. Tragédia em Santo Cristo 20
2. Um bamba de Vila Isabel 25
3. Lições para a vida num "poeira" da Tijuca 28
4. Na Kombi da professora do Pedro II 38
5. Infarto em Pirapetinga 47
6. Paixão no Rio, decepção na Europa 56
7. O cinéfilo que virou crítico de teatro 63
8. Gilberto *versus* Martim 68
9. Crueldade com Fernanda Montenegro 81
10. 1972, o ano em que tudo aconteceu 90

Segunda fase
Gilberto Braga

11. A pessoa certa na hora certa 96
12. Aulas com Lauro César Muniz e Janete Clair 106
13. Reverência a Machado e Alencar 113
14. "Mais Janete do que ela mesma" 118
15. *Isaura*, o sucesso que Gilberto não entende 121
16. Vida a dois, mas em quartos separados 128
17. Dona Xepa, a feirante que abriu portas 133
18. Abra suas asas, solte suas feras 139
19. Pedido de Boni: "Me escreve só mais uma novela" 150
20. Entrando na casa dos ricos 153
21. Proibido dizer que um personagem é gay 162

22. O mito do Gilberto alienado politicamente   170

23. "Janete Clair já tem uma. Eu quero Gilberto Braga"   173

24. *Corpo a corpo*: diabos e racismo no horário nobre   177

25. De Guaratinguetá a Paris   183

26. Anos de moralismo e preconceito   189

27. Brasil! Mostra tua cara!   196

28. "Oh, Basílio!"   206

29. Colocando a mão no texto de colegas   210

30. *O dono do mundo*: uma ousadia que custou caro   215

31. Anos rebeldes na tela e nas ruas   223

32. Os filmes e peças que (não) escreveu   230

33. *Pátria minha*, uma novela no primeiro caderno do jornal   234

34. A "Disneylândia do bom gosto" no Arpoador   242

35. *Labirinto* e o fim da "era Boni"   247

36. O anfitrião impecável   251

37. "Fui rebaixado sem ser humilhado"   255

38. O Balzac da Globo   260

39. Gilberto Braga parou o país outra vez   266

40. A cachorra que desbancou a mocinha em *Paraíso tropical*   273

41. Com um pé na Academia Brasileira de Letras   281

42. *Insensato coração*, "a nova novela das nove"   286

43. Saúde delicada   294

44. Um casal moderníssimo   297

45. *Babilônia*: antecipando a onda conservadora   302

46. Duas novelas e uma minissérie na gaveta   312

47. Último capítulo   315

Obras de Gilberto Braga   323

10 filmes preferidos   325

10 cantores preferidos   326

Melhores trilhas sonoras   326

Agradecimentos   327

Fontes e referências   329

Livros consultados   331

Índice onomástico   334

NOTA SOBRE
A DUPLA AUTORIA

Entre junho e setembro de 2019, Artur Xexéo entrevistou Gilberto Braga em pelo menos doze ocasiões. Os encontros ocorreram sempre aos domingos, pontualmente às 17 horas, no apartamento do novelista, no Arpoador. Ao final da última entrevista, o jornalista disse que estava satisfeito com o que considerava ser uma primeira etapa do trabalho. "Queria interromper as nossas conversas e voltar depois", disse Xexéo a Gilberto. O passo seguinte, explicou, seria colher depoimentos das pessoas que passaram pela vida do autor.

Foi o que Xexéo fez até meados de 2021. Mesmo atrapalhado pela pandemia de coronavírus, entrevistou duas dezenas de pessoas, entre parentes, amigos e profissionais que conviveram com Gilberto Braga. Também fez pesquisas detalhadas sobre vários aspectos da trajetória do seu biografado. O trabalho, porém, foi interrompido abruptamente em junho de 2021. Naquele mês, Xexéo foi diagnosticado com um linfoma não Hodgkin de células T. Internado na Clínica São Vicente, fez uma primeira sessão de quimioterapia no dia 24 e passou mal. No dia seguinte, sofreu uma parada cardiorrespiratória, logo revertida. No domingo, 27, faleceu. Tinha 69 anos.

Três semanas depois, no domingo 18 de julho, por volta das 18 horas, Gilberto Braga me telefonou. Com a voz inconfundível, mas um pouco apressado, me contou que Xexéo estava escrevendo a biografia dele, Gilberto, e que o projeto estava bem adiantado. Sem mais delongas, me convidou para prosseguir com o livro. Respondi que adoraria fazer o trabalho, mas que gostaria primeiro de ver o material já existente. Telefonei em seguida para Paulo Severo, com quem Xexéo foi casado por trinta anos. Eu e Paulo conversamos longamente, relembrando histórias de Xexéo, até que ele revelou ter sugerido a Gilberto que me convidasse. Na visão de Paulo, eu era um jornalista com quem Xexéo gostava de conversar, trocar figurinhas sobre televisão, e seria capaz de concluir o trabalho.

Algumas semanas depois, após reunir tudo o que pôde localizar, Paulo me enviou uma pasta por e-mail. Ouvi primeiramente as gravações com Gilberto e passei os olhos pelos cerca de cinquenta arquivos de texto produzidos por Xexéo, incluindo as entrevistas, inúmeras observações soltas, alguns esboços e um capítulo inteiramente escrito ("Gilberto *versus* Martim"). Eu me senti seguro para aceitar a tarefa. Concluir o livro seria também uma forma de homenagear um jornalista que é uma referência para mim.

Em 2 de setembro, finalmente, ocorreu uma primeira reunião, on-line, com Gilberto, na presença dos editores da Intrínseca. Lembro que uma das primeiras observações do novelista foi que o livro seria uma homenagem também a Xexéo, exatamente o mesmo que eu estava pensando. Descrevi na reunião o que Xexéo já havia feito, mencionei a existência de um arquivo com uma lista de "tarefas não cumpridas" e trocamos ideias sobre o que eu pretendia fazer.

Nos dois meses seguintes, fui me inteirando do material, enquanto a editora tratava de solucionar questões burocráticas relacionadas ao novo contrato. Duas ou três vezes, Gilberto me telefonou para checar ou confirmar detalhes citados na reunião. Não tive tempo, porém, de entrevistá-lo e esclarecer dúvidas que encontrei. No dia 26 de outubro de 2021, exatos quatro meses após a partida de Xexéo, chegou a triste notícia da morte de Gilberto.

Segui em frente. Para esclarecer dúvidas, procurei algumas fontes que já haviam dado entrevista para o livro. Cada descoberta me levava a outras, como uma fita banana, diria Xexéo. Acabei ouvindo cerca de cinquenta pessoas que me trouxeram informações relevantes. Tive acesso a textos inéditos, escritos por Gilberto. Pesquisei no seu acervo de recortes. Abusei da paciência de algumas fontes, às quais sou eternamente grato.

Faço este relato por entender que as circunstâncias que cercam a realização deste livro fogem ao comum. Passei alguns meses buscando, no material coletado por Xexéo, dicas e sinais sobre como ele gostaria que esta biografia fosse desenvolvida. Encontrei pistas significativas em várias passagens das entrevistas. São momentos em que elas assumem um tom de conversa e Xexéo faz observações pessoais sobre Gilberto e seu trabalho. Procurei registrar, sempre que possível, a autoria desses comentários. Os esforços feitos por Xexéo na pesquisa de determinados assuntos, e o menor interesse por outros, também me sugeriram alguns caminhos. Naturalmente, todas as decisões tomadas, e os eventuais erros cometidos, são de minha inteira responsabilidade.

Xexéo considerava Gilberto o principal autor de telenovelas do país. "Ele é o melhor, não tenho dúvida disso", disse. "Quem fazia novela na época dele na Globo? Além da Janete Clair, grandes dramaturgos: Lauro César Muniz, Bráulio Pedroso, Dias Gomes, Jorge Andrade. Ele consegue se inserir nesse meio. Hoje é mais fácil ser medíocre. No tempo em que ele fez não dava para ser medíocre." Como coautor, compartilho essa visão, e este livro demonstrará o porquê.

— MAURICIO STYCER

ABERTURA

CAMÉLIAS NO QUILOMBO E NA TELEVISÃO

Agosto de 1972. Piscina do Clube Campestre, no Alto Leblon. Dia de sol. Como já havia feito em outros domingos, Gilberto Tumscitz vai tentar relaxar à beira da piscina do clube após uma semana de muito trabalho. Está acompanhado da amiga e atriz Amiris Veronese, mulher do crítico de cinema Antonio Moniz Vianna, e dos três filhos do casal. Aos 26 anos, Gilberto é um querido professor de francês na Aliança Francesa e um conhecido crítico de teatro no jornal *O Globo*, mas está insatisfeito com ambas as ocupações. Nessa altura, ele parece ter muita clareza sobre o que não quer fazer da vida, mas ainda não descobriu o quê, de fato, deseja.

Gilberto buscava encontrar uma profissão que o remunerasse bem. Respondendo a um teste vocacional alguns meses antes, disse que o bem-estar material era mais importante do que a realização profissional. Não enxergava futuro algum como professor: "Não gratifica ninguém, nem monetária nem intelectualmente." Nem como crítico: "Eu mal conseguiria sobreviver como crítico teatral; ninguém o faz." E muito menos como repórter (foi colaborador nas revistas *Manchete* e *Fatos & Fotos*): "O dinheiro vem todo pingado, os Bloch pagam atrasado; o ambiente me parece de total insegurança e insatisfação." Também já havia descartado definitivamente a possibilidade de ser diplomata: "Estou convicto de que a diplomacia nada tem a ver comigo." E preocupava-se por não possuir um diploma de curso superior: "Não quero ter de preencher questionário, chegar na hora do 'grau de instrução' e escrever 'secundário'. Vou fazer o quê?" Almejava, no fundo, o que todo mundo deseja: "Eu quero desesperadamente ser feliz."

A sede do Campestre, na qual Gilberto passou aquele domingo, foi construída onde ficava, um século antes, a casa principal do Quilombo do Leblon, um refúgio de ex-escravizados. O quilombo havia sido instalado num terreno pertencente a um abolicionista, o comerciante português José de Seixas Magalhães. Ele fazia parte da Confederação Abolicionista brasileira, uma organização política criada em 1883, com o objetivo de pressionar o governo a colocar um fim na escravidão. No Quilombo do Leblon, escravizados fugidos cultivavam camélias, a flor que se tornou símbolo do movimento abolicionista. Camélias apareciam nos vestidos de senhoras da Corte, incluindo a própria princesa Isabel, em ramalhetes que eram dados de presente e também enfeitavam os jardins das casas, para identificar seus donos como abolicionistas.

É difícil saber o quanto Gilberto conhecia dessa história do clube. Ele nunca falou nada a respeito. Naquele domingo, quem também estava no Campestre era Daniel Filho. Desde o fim de 1969, quando a Globo se livrou da autora cubana Glória Magadan, Daniel era responsável por toda a área de teledramaturgia da emissora. Em agosto de 1972, já era possível notar alguns efeitos do arejamento que ele estava promovendo, com novelas de temática contemporânea, novos autores e novos formatos. Daniel aproveitava a manhã de sol e descanso em companhia da então mulher, Dorinha Duval, e da filha Carla. O executivo tinha uma turma de amigos atores que frequentava o clube, formada por Carlos Vereza, Renata Sorrah, Jardel Filho, Carlos Eduardo Dolabella e Cláudio Cavalcanti.

A distância, Gilberto avistou Daniel perto da piscina, que tem um formato circular. Eles se conheciam superficialmente, "de bom dia, boa tarde, boa noite", como diria o novelista anos depois. "Gilberto era muito tímido, profundamente tímido, reservado. Eu sabia quem ele era por causa das matérias boas que ele fazia para a *Manchete*", disse Daniel. Gilberto tinha ouvido falar que os "casos especiais" que a Globo vinha exibindo desde o ano anterior pagavam bem aos autores. Ele também havia recentemente assistido na Globo a um teleteatro com Paulo Gracindo, seu amigo, num texto adaptado por Domingos Oliveira intitulado *O grande negócio*. E disse para si mesmo: "Poderia estar escrevendo um negócio desses."

Uma cinebiografia de Gilberto poderia começar com a seguinte cena à beira da piscina do Campestre. Uma imagem aérea mostra Gilberto caminhando em direção a Daniel. A piscina está cheia de gente, crianças brincam, casais namoram, aquela balbúrdia de clube num domingo de sol. A música ao fundo da cena poderia ser "What a Wonderful World", interpretada por Louis Armstrong. Está perto de ocorrer um instante decisivo, um momento de virada, uma conversa que vai transformar uma vida. Ouvindo os relatos que Gilberto e Daniel Filho fizeram, separadamente, é possível reconstituir a principal parte do diálogo. Quando estão perto o suficiente um do outro, uma câmera no chão registra: "Desculpe te incomodar, Daniel. Meu nome é Gilberto." Daniel responde: "Eu sei quem é você. A gente se conhece." Conversam amenidades muito brevemente, até que Gilberto fala do projeto de casos especiais e pergunta: "Como eu posso tentar escrever um?" E Daniel, simpaticamente, orienta-o: "Você vai procurar o Domingos Oliveira, que é o responsável. Diga que eu mandei procurá-lo." Sobe o som.

Dias depois do encontro com Daniel no Campestre, Gilberto foi, então, conversar com o responsável pelos casos especiais, que ele já conhecia por causa do trabalho como crítico de teatro. Ator, dramaturgo, roteirista e cineasta, Domingos Oliveira o recebeu gentilmente, explicou por alto qual era a ideia do projeto e propôs a Gilberto escrever a adaptação de um clássico. Qual? "Me apresente uma lista de sugestões", cobrou. O candidato a roteirista pediu para pensar um pouco e foi para casa. Naquele mesmo dia, tinha um encontro com Edgar Moura Brasil, com quem estava namorando havia pouco mais de um mês. Foi Edgar que, ouvindo Gilberto citar títulos para a lista pedida por Domingos, sugeriu *A Dama das Camélias*. Uma curiosa coincidência. Porque, assim como essas flores são importantes no romance de Alexandre Dumas, filho (Marie Duplessis, a cortesã que inspirou o escritor, gostava delas para enfeitar a sua casa), as camélias marcaram a história do Quilombo do Leblon, onde hoje é o Campestre.

Gilberto incluiu a peça indicada por Edgar na lista de sugestões que entregou a Domingos. "Apresentei umas vinte e ele escolheu justamente *A Dama das Camélias*." O problema é que Gilberto pensou numa adaptação convencional da peça, mas Domingos tinha outros planos: "Quero atual." Em resumo, ele precisaria pegar a história ambientada em 1848, em Paris, e trazê-la para os anos 1970, no Rio de Janeiro. De contornos autobiográficos, a obra conta a história do romance entre Marguerite Gautier, a mais cobiçada cortesã parisiense, e Armand Duval, um jovem estudante de direito. Gilberto topou a parada. Achou difícil, mas escreveu. Inspirou-se em mulheres que conhecia da sociedade carioca, uma em particular, e pediu a Domingos cópias de outros roteiros de casos especiais para ver como eram estruturados. Nunca havia escrito um roteiro na vida. Como era um grande leitor de peças de teatro, foi fazendo na intuição. O diretor dos casos especiais aprovou a primeira versão que Gilberto entregou, mas disse que havia problemas na estrutura e no texto e seria necessário passar o material pela mão de um roteirista experiente.

Para sorte de Gilberto, Oduvaldo Vianna Filho tinha acabado de ser contratado pela Globo. E a sua primeira tarefa foi cobrir as férias de Domingos Oliveira. Vianna gostava de Gilberto, que adorava, por sua vez, o teatro do dramaturgo. O parecer sobre o roteiro de *A Dama das Camélias* não foi dos melhores. Vianna identificou uma série de defeitos na estrutura, cometidos, compreensivelmente, por uma pessoa que nunca havia escrito para a televisão. "Mas a personagem feminina é muito boa; o masculino tem que melhorar." Gilberto não tinha como saber, mas nas décadas seguintes ouviria pareceres semelhantes sobre várias novelas suas. Generoso, Vianna disse que poderia resolver o problema sozinho, em um dia de trabalho, mas perguntou a Gilberto se ele não gostaria de ir à sua casa e acompanhar o processo de reescrita. Gilberto, claro, topou. Foi uma aula. O programa ganhou o seguinte crédito: "Escrito por Gilberto Tumscitz, adaptado para a televisão por Oduvaldo Vianna Filho." Gilberto ainda não sabia, mas havia, finalmente, descoberto a sua vocação. Mas a reação na época foi outra. Fazendo gênero, como ocorreria em diversas outras situações, provocou: "Quando aprovaram e me pagaram, fiquei feliz. Como é até hoje: eu quero o dinheiro."

Em meados de outubro, *A Dama das Camélias* entrou em produção na Globo. Originalmente, a estreia estava prevista para o início de 1973. Contudo, um imprevisto chamado Chacrinha mudou todos os planos da emissora. O Velho Guerreiro era um dos campeões de audiência da Globo naqueles dias. Apresentava dois programas, *Buzina do Chacrinha*, aos domingos, e a *Discoteca do Chacrinha*, às quartas-feiras. No dia 3 de dezembro, um domingo, o programa havia estourado o tempo programado, mas seguiu no ar, ao vivo, como se nada tivesse acontecido. Para irritação de José Bonifácio de Oliveira Sobrinho, o Boni, não era a primeira vez que isso acontecia. A novidade é que o então chefão da TV Globo foi aos bastidores exigir o imediato encerramento da *Buzina*, mas o apresentador ignorou a ordem. Até que Boni mandou tirar a atração do ar. Quando se deu conta do que acontecia, Chacrinha, exaltado, quebrou o seu camarim e avisou a Boni que não voltaria mais à TV Globo. E cumpriu a promessa.* Na quarta-feira, dia 6, não apareceu para apresentar a *Discoteca do Chacrinha*, sendo substituído por Agildo Ribeiro, fantasiado como Velho Guerreiro. No domingo, dia 10, a Globo chegou a anunciar a *Buzina do Chacrinha*, mas não houve programa e a emissora exibiu trechos antigos.

Chacrinha logo se acertou com a TV Tupi. E o canal dos Diários Associados, rápido no gatilho, anunciou já para o dia 13 de dezembro, uma quarta-feira, a estreia do novo contratado. A Globo chegou a tentar embargar o lançamento na Justiça, mas não conseguiu. Contra o Velho Guerreiro, naquele dia, a emissora carioca veio com sua programação normal, que incluía a novela *Selva de pedra* seguida de um filme, e viu a audiência cair significativamente após o final do capítulo. Na quarta seguinte, dia 20, a Globo enfrentou a *Discoteca do Chacrinha* exibindo um capítulo da trama de Janete Clair com uma hora e meia de duração.

"Bateu um desespero", conta Daniel Filho. Numa reunião de cúpula, com a presença de Walter Clark, o principal executivo, Boni, o número 2, o assistente Borjalo (Mauro Borja Lopes) e Daniel, várias ideias foram sugeridas para enfrentar Chacrinha na Tupi. "E se a gente contratasse o Frank Sinatra?", propôs Clark, um pouco megalomaníaco. Daniel sabia que *A Dama das Camélias* já havia sido gravado

---

* Chacrinha voltaria à Globo em 1982, com o *Cassino do Chacrinha*, programa de auditório que ficou no ar até a sua morte, em 1988.

e sugeriu arriscar. O caso especial era dirigido por Walter Avancini, um craque, tinha Oduvaldo Vianna Filho ajudando Gilberto e era protagonizado por Glória Menezes, uma das estrelas da emissora. Não era um show de Frank Sinatra, mas também não era qualquer coisa. Os caciques da Globo aprovaram a ideia, o que acabou dando um novo status à estreia de Gilberto naquele final de 1972.

O jornal *Última Hora* entendeu claramente o que estava em jogo. Em matéria de página inteira, anunciou, no próprio dia 27 de dezembro, data da estreia: "Uma dama contra Chacrinha". O primeiro programa escrito por Gilberto Tumscitz ganhou um protagonismo que, possivelmente, não teria conseguido em outra situação. E ele foi apresentado ao grande público como o jovem autor escalado pela direção da Globo para enfrentar o indomável Chacrinha. Nem Gilberto nem ninguém sabia, naquele momento, que a sua missão era muito maior. Ele estava prestes a começar um novo capítulo na história da teledramaturgia brasileira.

A Dama das Camélias foi um sucesso de crítica e audiência. "Um dos melhores espetáculos do ano na TV brasileira", escreveu Artur da Távola, um dos principais críticos da época. Satisfeito com o dinheiro embolsado e envaidecido com os muitos elogios recebidos, Gilberto Tumscitz escreveu outros quatro casos especiais nos catorze meses seguintes. Nem todos agradaram tanto quanto o primeiro, mas mostraram que o crítico de teatro do *Globo* levava muito jeito para a coisa. Em fevereiro de 1974, Gilberto foi convocado por Daniel Filho para escrever a próxima novela das sete da emissora. "Que maluquice é essa? Nunca escrevi uma novela! Não saberia escrever", reagiu. "Não! Não! Eu conheço. Você pode escrever uma novela", respondeu o executivo.

Na verdade, por mais que enxergasse o potencial de Gilberto, Daniel manteve os pés no chão. Lauro César Muniz, já então um experiente autor de novelas, ficaria ao lado de Gilberto na redação dos primeiros vinte capítulos de *Corrida do ouro*. Em seguida, Lauro sairia para escrever uma novela das oito e Gilberto seguiria sozinho como o autor da trama das sete. O batismo do novo autor se completou em 11 de junho de 1974, quando Gilberto anunciou que passaria a adotar um nome artístico.

A vinte dias da estreia da novela, uma nota no *Globo* informou: "De tanto ver seu sobrenome escrito ou falado errado, Gilberto Tumscitz, um dos autores de *Corrida do ouro*, passa a assinar-se Gilberto Braga nos seus trabalhos para a televisão. Há muito o jovem autor pensava fazer isso, mas só tomou coragem quando, na festa de entrega do Molière, o apresentador Miele referiu-se a ele como Gilberto Tumix, ao citar os integrantes do júri." Desde que começou a aparecer como autor de casos especiais, Gilberto vinha sofrendo com as menções erradas ao seu sobrenome. Uma vez a *Última Hora* o chamou de "Gilberto Tundsditz" e o *Jornal do Brasil* de "Gilberto Tumschitz". Ronaldo Bôscoli se referiu a ele como "Gilberto Tucumictz" e ainda perguntou: "Será assim?" Mas nada doeu tanto quanto aparecer pela primeira vez na vida na coluna de Ibrahim Sued, um velho sonho, sendo chamado de "Gilberto Tumatz".

PRIMEIRA FASE

GILBERTO TUMSCITZ

1. TRAGÉDIA EM SANTO CRISTO

Rosa Quarterolo foi o que se convencionou chamar de uma mulher à frente de seu tempo. Muito à frente. Nascida por volta de 1900, não respeitou as convenções de sua época nem as recomendações do pai, o sapateiro Francisco Quarterolo, que vendia sapatos usados nas ruas e sabia da importância de um bom casamento para o futuro da família. Ainda menor de idade, Rosa casou-se com um homem cujo nome se perdeu na memória. Dessa união, que não durou muito tempo, resultou um filho, Valdemar Machado da Silva, conhecido pelo apelido de Giguidim. Entre outros encontros ocasionais que teve, Rosa também se envolveu com um certo Floriano Peixoto. Esse homônimo do segundo presidente do Brasil se jactava de ter sido o inventor do sistema de transporte em forma de lotação no Rio de Janeiro. Dessa relação nasceu Durval, em 1919. Floriano, até onde se sabe, não assumiu as suas responsabilidades, deixando a mãe com duas crianças, uma delas sem o reconhecimento do pai.

Não tardou até que Rosa conhecesse Raul Tumscitz, marítimo de profissão, trabalhador no cais do porto do Rio. Generoso e de bom coração, ao se casar com Rosa acolheu Durval como um filho, amenizando em parte o trauma que o rapaz carregaria de ter pai desconhecido na certidão de nascimento. Valdemar também foi recebido por Raul, mas manteve o sobrenome do pai, que o reconheceu. Já adulto e escrivão de polícia, Durval Tumscitz contaria que recebeu, na delegacia onde trabalhava, a visita de Floriano, disposto a assumir o papel de pai, mas o repeliu com veemência. "Meu pai é Raul! Você rejeitou minha mãe. Não quero saber de você!" Ao longo da vida, Durval manteve um bom relacionamento com o meio-irmão Valdemar, que se casou e teve três filhos.

Rosa e Raul foram felizes por 25 anos, aproximadamente. Além de Durval, tiveram dois filhos, Darcy e Valdir. Nos dez anos derradeiros moraram numa casa na rua Nabuco de Freitas, no bairro portuário de

Santo Cristo, próximo da Gamboa. Foi nesse endereço que, na manhã do dia 2 de outubro de 1945, deu-se a tragédia. Raul assassinou Rosa.

Muito do que se sabe sobre esse crime está nas páginas dos jornais. O vespertino *A Noite* foi o primeiro a noticiar o caso, ainda no dia 2, em sua última edição. Na parte inferior da primeira página, no canto direito, há a foto de uma mulher, um pouco maior que um retrato 3×4, com a legenda: "Rosa Tumscitz, a vítima". Nessa imagem, Rosinha, como era chamada, se mostra uma mulher de traços fortes e atraentes. Lábios grossos, olhos bem abertos, o cabelo preto puxado para trás, usando um colar e exibindo as rendas superiores do que parece ser um vestido preto. Era uma mulher bonita. O título da notícia na primeira página era só um adjetivo, com as letras em maiúsculas: "DRAMÁTICO". E trazia um aperitivo do que o leitor encontraria na página 10: "Transfixiou à bala o crânio da esposa — O drama lancinante desta manhã na rua Nabuco de Freitas."

A notícia ocupa quase toda a primeira coluna da página 10. Diz que o crime ocorreu "nas primeiras horas da manhã" daquele mesmo dia, cometido por "um doente mental", que vivia "numa modesta vivenda" na rua Nabuco de Freitas, 106. Raul é apresentado como um estivador aposentado de 60 anos. Rosa tinha 43. A matéria cita também a idade dos filhos menores, Darcy e Valdir, de 10 e 8 anos, respectivamente, e registra que o primogênito, Durval, é escrivão de polícia. Raul entregou-se à polícia ainda no dia do crime.

Segundo o relato de *A Noite*, os problemas de saúde do marítimo já eram conhecidos havia bastante tempo: "O estivador Raul Tumscitz adoecera, há cerca de dois anos passados, manifestando forte desequilíbrio mental. Foi por isso aposentado e sujeitara-se ao tratamento indicado." Mas, diz a reportagem, alternava esse estado com "longos períodos de lucidez". Por isso, "ninguém poderia supô-lo de um desatino violento, muito menos de um homicídio".

O jornal descreve, então, a sucessão dos acontecimentos naquela manhã. Raul e Rosa acordaram cedo. Darcy e Valdir foram brincar na rua, enquanto Rosa, como fazia habitualmente, foi às compras. Pouco tempo depois, Raul mandou chamá-la. "Não se sabe o que se passou entre ambos. Foram logo ouvidos estampidos de tiros de revólver e gritos lancinantes da senhora." Rosa morreu imediatamente, antes de receber qualquer socorro. Raul fugiu. O jornal registra também a chegada de Durval no local do crime e suas palavras ao ver a mãe morta: "Que horror! Mas meu pai não teve culpa. Era um irresponsável, coitado!"

Ainda no dia 2, o vespertino *O Globo* também noticia o caso em sua segunda edição, no alto da segunda página, com algumas variações em relação ao jornal concorrente: "Encostou o revólver junto ao coração da esposa e atirou." Relata que o crime ocorreu por volta das 9 horas da manhã e, embora traga menos detalhes que *A Noite*, informa: "O casal até pouco tempo viveu feliz. Em maio, porém, Raul começou a apresentar alguns sintomas de alienação mental. Um dos filhos ainda tentou interná-lo numa casa de saúde, só não o fazendo em virtude de dona Rosa haver se oposto."

No dia seguinte, o *Diário de Notícias* apresentava uma versão diferente do crime já em seu título. "Matou a esposa a marteladas e alvejou o cadáver com dois tiros de revólver." Com base em relatos de vizinhos, o jornal registra: "Atacado de enfermidade mental, o infeliz homem, por vezes, tinha acessos de franca loucura, provocando a intervenção dos vizinhos para acalmá-lo. A principal vítima de tais exaltações era sua esposa, pois a mania que o dominava era de ser traído por ela, a despeito da sua absoluta honestidade." Descreve o jornal:

> Regressando ao lar, a esposa de Raul sentou-se em uma cadeira na sala de refeições e foi inopinadamente agredida por ele, com um martelo. Dois ferimentos profundos lhe foram feitos na cabeça, fraturando o crânio. Banhada em sangue, a inditosa senhora morreu para cair logo entre as duas salas do prédio e faleceu quase instantaneamente. Depois da esposa morta, Raul ainda tirou do bolso da calça um revólver e fez dois disparos contra o cadáver, atingindo-o no rosto e no coração.

Entre os familiares, a versão que Raul teria apresentado para o crime difere muito das que os jornais publicaram nos dias seguintes. Contava-se na casa dos Tumscitz que, assim que os problemas de saúde do marítimo começaram a se manifestar, ele deu para ter pavor de comunistas. Um dia começou a dizer que comunistas estavam se encontrando no sótão de sua casa. Depois, comprou um revólver sob a justificativa de que precisava da arma para se defender deles. Até que, um dia, cismou que a esposa, Rosa, havia se unido aos supostos esquerdistas e a matou com um tiro na testa. Segundo contava Durval, ao se entregar na delegacia, o padrasto disse: "Matei minha mulher porque ela se aliou aos comunistas."

Tudo indica que Raul Tumscitz fosse esquizofrênico. Constatada uma enfermidade mental, a Justiça decretou a sua internação no Hospital de Custódia e Tratamento Psiquiátrico Heitor Carrilho, o chamado Manicômio Judiciário, que era parte do antigo Complexo Penitenciário Frei Caneca, localizado no Estácio. Ficou internado por quase trinta anos, até morrer.

Gilberto Tumscitz nasceu em 1º de novembro de 1945, exatos 31 dias depois do assassinato da avó pelo padrasto de seu pai. Na certidão de nascimento, por opção dos pais, Durval Tumscitz e Yedda Braga, consta apenas o sobrenome do ramo paterno, de origem polonesa ou austríaca. Centenas de vezes Gilberto foi questionado sobre sua origem europeia e sempre respondeu dando voltas, para evitar entrar em detalhes sobre a tragédia familiar. Sabendo que não carregava os genes de Raul Tumscitz, Gilberto achava engraçado quem enxergava traços judaicos na sua aparência. "Só se os Pereira Braga [o ramo materno da família] foram cristãos-novos", dizia. O filólogo Paulo Rónai, que foi professor de latim e francês no Colégio Pedro II, onde Gilberto estudou, disse a ele que o sobrenome tinha, de fato, origem austríaca, mas não era judaico. "De qualquer modo, eu não tenho o sangue Tumscitz."

Em mais de uma ocasião, "à vista de gente burra metida a besta", Gilberto diz que inventou explicações sobre a sua inexistente "origem austríaca". Para fugir do assunto, dizia: "Muito longínqua! Veio se mantendo por linha materna." E achava graça quando ouvia de volta: "Mas você tem mesmo um tipo austríaco." Até mesmo na Áustria diz ter ouvido observações desse tipo. Somente muitos anos depois, já famoso, em 2008, Gilberto perdeu o constrangimento de falar sobre as origens do pai: "O pai do meu pai, parece, foi o que os americanos chamam de *one night stand*, um *ficante*. E o *ficante* se mandou", disse. "As coisas foram evoluindo e hoje ninguém mais tem vergonha de dizer que o pai era bastardo. Passei a falar isso e me senti melhor."

Já a triste história de Rosa sempre se manteve restrita aos familiares e às pessoas íntimas. Nas inúmeras entrevistas e depoimentos que deu ao longo dos anos, Gilberto até falou da avó paterna ("era muito dada"), mas não dizia nada sobre o crime. Este sempre foi um drama de família, guardado em casa. Em 2011, observou: "Eu só faria uma biografia se fosse para dizer a verdade. E a verdade é impublicável porque machuca as pessoas." Mudou de ideia em 2019, ao se reunir com Artur Xexéo para dar início a este livro — uma das primeiras histórias que contou, para espanto de seu primeiro biógrafo, foi justamente essa.

Quase trinta anos depois da tragédia em Santo Cristo, Gilberto daria início a uma brilhante carreira como autor de novelas. A sua trajetória na Globo foi marcada pela criação de algumas das personagens femininas mais célebres da história da teledramaturgia brasileira. Buscou inspiração em figuras familiares, em amigas, em mulheres que conheceu socialmente, em casos que ouviu e, claro, na própria imaginação, sempre fervilhante. Apesar de pouco ter falado a respeito, Rosa foi, com certeza, a primeira protagonista de um enredo que o marcou profundamente.

Essa foi uma história que abalou o seu pai e, como veremos, teve muito impacto em sua vida familiar. Com o tempo, porém, Gilberto passou a enxergar um caráter novelesco na tragédia. De certa forma, via a avó paterna que nunca conheceu como uma heroína de um romance do século XIX. No início da década de 1970, voltando do *Globo*, onde atuava como crítico de teatro, Gilberto ouviu no rádio do táxi que havia ocorrido uma fuga de presos do presídio Frei Caneca. O locutor que estava dando a notícia informou: "Inclusive, entre os fugitivos, encontra-se o perigoso delinquente Raul Tomacita [*sic*]." Assustado, Gilberto pensou: "Meu Deus! Vovô!" Com a mente a mil, imaginando inúmeros desdobramentos possíveis, chegou em casa elétrico. Afinal, era o único Tumscitz com número registrado no catálogo de telefones no Rio. "Ele vai me telefonar", pensou. Posteriormente, soube que Raul não chegou a andar uma quadra no Estácio. Foi capturado e levado de volta para o manicômio. "Fiquei apavorado. Achei que ele ia me procurar", contava Gilberto.

2. UM BAMBA DE VILA ISABEL

Octavio e Ester Braga, os avós maternos de Gilberto, eram ambos filhos de comerciantes portugueses. O pai de Octavio, Henrique Pereira Braga, era dono de uma papelaria em Laranjeiras. Já o pai de Ester, Miguel Mauricio Costa Bastos, manteve por muitos anos a bem-sucedida Sapataria Bastos, no Centro do Rio de Janeiro. Os Braga e os Bastos se davam tão bem que houve dois casamentos entre eles. O primeiro foi de uma irmã de Octavio chamada Carmem com um irmão de Ester chamado Horácio. Octavio e Ester se casaram em 1923 e tiveram três filhos. Yedda, a mãe de Gilberto, nasceu em 4 de março de 1924. No ano seguinte veio Darcy e, em 1928, Gilda. Tanto os avós quanto os dois tios terão bastante importância na infância e juventude de Gilberto, em especial Gildoca, como era conhecida, que foi sua madrinha.

Durval Tumscitz e Yedda Braga se conheceram no América, no início da década de 1940. Fundado em 1904, no processo de popularização do futebol no Rio, o clube se tornou uma das forças do esporte e, não menos importante, um ponto de referência na vida dos moradores da região da Tijuca, onde ficava a sede social e o estádio. Nascido em 22 de janeiro de 1919, Durval era cinco anos mais velho que Yedda. Apaixonado por futebol, chegou a jogar no time amador do América. Ela jogava vôlei no clube.

Ambos contavam uma história parecida sobre como o romance começou. Assim que terminava o treino de futebol, no campo, Durval ia com os amigos ao ginásio, assistir ao treino de vôlei das meninas. O interesse maior dos rapazes, claro, não era o jogo. As pernas da levantadora Yedda, então com 16 anos, chamaram a atenção do futebolista, já com 21. Assim que terminava o treino de vôlei, todos deixavam o clube, na rua Campos Salles, e iam tomar sorvete ali do lado, na Praça Afonso Pena. Conversa vai, conversa vem, Durval e Yedda começaram a namorar. Desses primeiros tempos juntos, há registros fotográficos do casal dançando no salão de festas do América.

25

Ainda que tanto os Tumscitz quanto os Braga tivessem uma situação remediada, havia uma diferença social entre as duas famílias, visível já na época do namoro entre os dois. A de Durval, mais simples, morava na Zona Portuária e vivia basicamente com a pensão recebida por Raul, já que Rosinha não trabalhava, e contava com alguma ajuda dada por Durval. Era um dinheiro que garantia as despesas caseiras com os dois filhos menores (Darcy e Valdir). Já a família de Yedda, com muitos tios e primos, era de classe média. É verdade que seu pai, Octavio, não tinha uma profissão, mas estava sempre fazendo bicos, aqui e ali. Era considerado um tipo fanfarrão, mas se virava. Em alguns períodos, Ester ajudou nas contas do lar costurando para fora. Já Gilda trabalhava como caixa na sapataria do avô. E Darcy "Grande", como era chamado, para não confundir com o irmão menor de Durval, trabalhava numa seguradora; após alguns anos, ele fez concurso para a polícia e, posteriormente, virou delegado.

O romance de Durval e Yedda durou cerca de quatro anos. Nesse período, a filha do seu Braga conviveu bastante com a família do namorado, em especial com a futura sogra, Rosinha. Yedda se formou técnica em contabilidade e insistiu muito para que Durval tivesse uma profissão que garantisse algum futuro para os dois. Até então, ele exercia algumas funções mal remuneradas que não exigiam maior formação, como a de servente. Por pressão de Yedda, Durval se convenceu a estudar para um concurso da polícia, quando então conseguiu um emprego mais estável, como escrivão.

Durval e Yedda se casaram em 28 de junho de 1944, na igreja Santa Teresinha, na rua Mariz e Barros, na Tijuca. A situação econômica deles ainda não permitia voos muito altos. Por isso, Octavio e Ester Braga se prontificaram a transformar um dos quartos da casa onde moravam, na rua Souza Franco, em Vila Isabel, na Zona Norte, em residência do casal. Darcy e Gilda, os irmãos mais jovens de Yedda, ainda viviam com os pais. Era uma boa casa, mas que ficou apertada no final do ano seguinte, assim que chegou a notícia da morte de Rosa e da prisão de Raul Tumscitz. Solidária, dona Ester foi imediatamente até Santo Cristo e levou para Vila Isabel as crianças Darcy e Valdir, além de Zulmira, a Bá, uma moça pobre, negra, que Rosa havia acolhido e se tornara um misto de babá e agregada familiar. Um mês depois dessa movimentação, nasceu Gilberto Tumscitz.

Em 1945 ainda era muito comum a realização de partos em casa. A curiosidade em relação ao nascimento de Gilberto, naquele 1º de novembro, é que o médico chamado para assistir Yedda estava mais interessado no quintal da casa do que no quarto, onde a mãe sentia as dores do parto. Nas lembranças dos familiares, mais de uma vez, ao ser procurado, o doutor foi encontrado observando a movimentação dos coelhinhos que viviam na área livre da casa. A chegada do primeiro neto dos Braga foi uma alegria só, mas logo a família se deu conta das dificuldades envolvidas na superlotação do ambiente. Gilberto, como qualquer bebê, exigia inúmeros cuidados. Para complicar, havia apenas um banheiro e um chuveiro dentro da residência, o que provocava filas nos horários de pico.

A situação só se resolveu no início de 1947, quando os Tumscitz se mudaram para uma casa na rua Gonçalves Crespo, no bairro vizinho da Tijuca. Tendo deixado a residência dos avós com menos de 2 anos de vida, Gilberto, naturalmente, não guardou nenhuma recordação dos tempos em Vila Isabel. "Só sei o que me contaram. Que eu gostava de ver os cabritos no fim da rua", dizia, referindo-se ao pé do Morro dos Macacos, onde hoje há uma favela. Já adulto e famoso, Gilberto passou a falar com orgulho que havia nascido em Vila Isabel. Como se sabe, o bairro foi um dos primeiros da cidade a ser projetado, na segunda metade do século XIX, e se tornou um grande reduto do samba carioca. De Noel Rosa a Martinho da Vila, a lista dos bambas que nasceram ou viveram no bairro é enorme e estelar. Os motivos para se orgulhar são muitos. Como cantou Noel no célebre samba "Feitiço da Vila": "Eu sei tudo o que faço/ Sei por onde passo/ Paixão não me aniquila/ Mas tenho que dizer/ Modéstia à parte/ Meus senhores, eu sou da Vila." Para todos os efeitos, Gilberto também era da Vila.

3. LIÇÕES PARA A VIDA NUM "POEIRA" DA TIJUCA

Quem mais sofreu com a mudança dos Tumscitz para a nova casa, na Tijuca, em 1947, foi a avó Ester, que se afeiçoara demais a Gilberto. No registro dos que assistiram à cena da família deixando a residência dos Braga em Vila Isabel, permaneceu a imagem daquela senhora enxugando as lágrimas ao ver o neto ir embora. Para sua sorte, eles se mudaram para um bairro vizinho e Ester não teve dificuldades de quase diariamente visitar — e mimar com agrados variados — o menino, então com 2, 3 anos de idade. Em pouco tempo, porém, a casa ganhou dois novos moradores: Rosa Maria, batizada em homenagem à avó paterna, nasceu em 1948; e Ronaldo, em 1950. Mas, apesar de a concorrência ter aumentado, Gilberto não perdeu o status de neto preferido de Ester, a quem ele chamava de "Vosica".

A casa na Gonçalves Crespo significou um conforto maior para Yedda e Durval, mas também um aumento de despesas e de trabalho. A residência era grande, com jardim na lateral e na frente, além de um quintal, com mangueira e galinheiro. Contava com uma sala de visita, uma de jantar e três quartos: o do casal, um para Valdir e Darcy e um para as três crianças pequenas. Era vizinha da casa dos Monteiro de Barros, uma tradicional família carioca, e próxima do casarão onde ficava a concentração dos jogadores do América. A sede social e o campo do clube ficavam na rua Campos Salles, uma transversal da Gonçalves Crespo. Yedda logo se tornou muito amiga de Matilda, a Tida, filha do seu Monteiro.

No início da década de 1950, Octavio, Ester e a filha Gilda trocaram a casa em Vila Isabel por uma em Ramos, também na Zona Norte do Rio (Darcy já havia se casado e estava morando em um bairro vizinho, Olaria). Apesar de a distância ter aumentado, a avó e o neto continuaram muito ligados. Sempre que indagado sobre suas lembranças mais antigas, Gilberto citava as curtas temporadas passadas na casa dos avós e da madrinha, Gildoca. Foi em Ramos, levado pela avó, que Gilberto pisou num cinema pela primeira vez. Numa época em que a então Guanabara, incluindo a zona suburbana, era muito bem servida por cinemas de rua, Ramos tinha o Cine Rosário, com 1.442 lugares, o Mauá e o Rio Palace. Quando alguém insistia sobre qual era a sua lembrança mais antiga, Gilberto sempre respondia: "É do cinema. De filmes da Esther Williams que eu via com a minha avó."

Não surpreende que Ester fosse uma entre os milhões de fãs da xará Esther Williams, a bonita nadadora, nascida em 1921, que se tornou atriz e protagonizou uma série de adocicados "musicais aquáticos" em Hollywood, entre as décadas de 1940 e 1950. Gilberto não sabia dizer que filme de Esther Williams viu na sua primeira ida ao cinema, um sinal de que a experiência foi mais marcante pelo ritual em si do que pelas piruetas da atriz na piscina. A julgar pela preferência da avó e pelo período, é possível arriscar que a estreia de Gilberto na sala escura tenha sido para ver a estrela nadando em *A sereia e o sabido* (1951), *A rainha do mar* (1952), *Eva na Marinha* (1952) ou *Salve a campeã* (1953), produções exibidas nos cinemas brasileiros naqueles primeiros anos da década de 1950.

Gilberto teve inúmeros interesses na infância, mas nenhum comparável à paixão que desenvolveu pelo cinema. Por sorte, sua família se estabeleceu no bairro com a maior concentração de cinemas no Rio naquela época. Da rua Gonçalves Crespo à Praça Saens Peña, apelidada de "Cinelândia Tijucana", era uma caminhada de vinte minutos. Quando Gilberto começou a frequentar a praça, a oferta incluía o Olinda, o maior da cidade, com capacidade para 3,5 mil espectadores, o Metro Tijuca, o mais confortável, com ar-condicionado e projeção de qualidade, o Carioca, cuja fachada *art déco* permanece de pé até hoje, e o América, o mais antigo, inaugurado em 1918. Ir ao cinema na praça era um programa dos finais de semana dos Tumscitz — Durval, Yedda e os três filhos. Mas Gilberto não se contentava com isso.

No bairro existiam os chamados "poeiras". Como sugere o apelido, eram salas menores, desconfortáveis, com piso frio, cadeiras de madeira e sem ar-condicionado. Em São Paulo, cinemas com essas características eram conhecidos como "pulgueiros". Cobravam ingresso muito mais barato que os cinemas principais, mas raramente exibiam alguma estreia. Para os adolescentes, o que ainda não era o caso de Gilberto, nos "poeiras", ou "poeirinhas", era maior a chance de conseguir entrar nos filmes proibidos para menores de 18 anos — havia menos fiscalização.

O "poeira" que marcou a infância de Gilberto foi o Cine Bandeira, na rua Mariz e Barros, a cinco minutos de caminhada da sua casa. O Bandeirinha, como era chamado, exibia três filmes diferentes por semana: um na segunda e na terça, outro na quarta e na quinta e um terceiro entre sexta e domingo. Inaugurado na década de 1930, oferecia 685 lugares. Em 1954, com 9 anos, o cinéfilo precoce ainda não ia sozinho ao cinema, mas arrastava as figuras que o cercavam — a mãe, a babá Zulmira, a avó e a madrinha, Gildoca. Outro recurso era esperar um adulto chegar ao cinema e pedir para entrar acompanhado. "Eu era cinéfilo desde garoto", contou mais de uma vez. "Gilberto vivia em cinema", confirma a irmã Rosa.

Gilberto assegura que via todos os filmes que o Bandeirinha exibia semanalmente. Guardou na memória a primeira experiência de assistir a uma produção seriada, *Flash Gordon*, exibido na tela grande em treze episódios. Dizia ter conhecido as chanchadas da Atlântida nesse período. Também lembrava, especificamente, de *A canção inesquecível* (*Night and Day*), uma cinebiografia de Cole Porter protagonizada por Cary Grant, lançada originalmente em 1946 e exibida pelo Bandeirinha em setembro de 1954. Naquele mês, o eclético "poeira" tijucano também exibiu o musical *A rainha do mar* (1952), com Esther Williams e Victor Mature; o drama romântico *A história de três amores* (1953), de Vincente Minnelli, com Kirk Douglas, James Mason, Leslie Caron, Zsa Zsa Gabor; o drama *Meu filho, minha vida* (1953), de Robert Wise, com Jane Wyman e Sterling Hayden; a chanchada *Nem Sansão nem Dalila* (1954), de Carlos Manga, com Oscarito; o western *Fronteiras da morte* (1951), com Rod Cameron; e o policial *noir A cidade que não dorme* (1953), com Gig Young.

O jovem cinéfilo gostava mais de filmes de adultos do que de caubóis e outras coisas mais apropriadas a uma criança. Em casa, imitava Fred Astaire dançando. Artur Xexéo teve o cuidado de analisar a programação do Bandeirinha entre janeiro de 1954 e julho de 1955. Acreditando que Gilberto tenha visto um ou dois filmes por semana nesse período, é possível dizer que fez um curso inicial sobre uma época marcante do cinema americano. Conheceu a nata do *star system* de Hollywood muitas vezes protagonizando longas-metragens esquecíveis, mas também viu obras que se tornaram lendárias. Teve, ainda, uma primeira aula sobre gêneros e subgêneros cinematográficos: viu filmes de guerra, westerns, musicais, policiais, *noir*, filmes de pirata, comédias românticas, dramas, romances e comédias brasileiras.

"Tudo que eu sei aprendi no cinema", Gilberto chegou a dizer, com algum exagero. A sua experiência de vida, até certa idade, parece estar fundada mais no que via nas telas do que na vida real, propriamente. Ele mesmo evocou, a título de comparação, a garçonete Cecilia, personagem vivida por Mia Farrow em *A rosa púrpura do Cairo*, filme clássico de Woody Allen. Cecilia assistia a seguidas sessões de seus filmes preferidos para pensar menos na triste realidade que vivia em companhia do marido bêbado e violento, na Nova Jersey dos anos 1930. "Minha mãe falando ao telefone, se queixando que o marido tinha amantes. A TV ligada ao fundo, aquele som me irritava. Sou a própria Cecilia. As pessoas [*nos filmes*] dizem coisas bonitas, as roupas são bonitas", dizia Gilberto.

Essa paixão precoce pelo cinema talvez explique, ou compense, o desinteresse que tinha por esportes, em especial o futebol. Nunca demonstrou qualquer prazer com a bola nos pés. Até praticou natação no América e chegou a representar o clube em competições contra o Tijuca, nadando peito. Não era, porém, um grande talento e ia mais pela farra. O que realmente se tornou motivo de enorme frustração para o pai era o pouco caso que Gilberto demonstrava pelo futebol. "Não entendo como onze homens correm atrás de uma bola", dizia, para irritação de Durval. Também o tio Darcy, irmão de Yedda, não se conformava com o fato de o sobrinho ignorar as bolas de futebol que lhe dava de presente. Só o irmão mais novo de Gilberto, Ronaldo, alguns anos depois, deu essa alegria ao pai e ao tio. O caçula de Durval levou a sério o esporte e chegou a pensar em ser jogador de futebol.

O América era incontornável para quem vivia na rua Gonçalves Crespo no início da década de 1950. A dezenas de metros da residência dos Tumscitz, chegava-se ao campo e à sede social. Não era um clube sofisticado, mas oferecia o essencial para os moradores do entorno: ginásio de esportes para vôlei e basquete, um belo campo de futebol, piscina (com aulas de natação), salão de festas e tudo o mais. Como se recorda o jornalista José Trajano, que vivia na rua Afonso Pena, nesse mesmo pedaço da Tijuca os sócios do América se orgulhavam de ter inventado um esporte no clube, a peteca americana, um misto de vôlei e futebol: se a peteca entrasse no gol, valia cinco pontos; se caísse no chão, um ponto. Aos domingos, havia sessão de cinema e, para alegria da juventude americana, que lotava a sala, antes da sessão costumava passar o seriado *Flash Gordon*.

Apesar de não ser fã de futebol, Gilberto sempre adorou dizer que era torcedor do América. Com o tempo, passou a integrar uma lista não muito grande, aliás, bem seleta, de americanos famosos. Em 1997, chegou a ser homenageado pelo clube, junto com o escritor Arnaldo Niskier, outro torcedor ilustre. Em 2006, Gilberto receberia em casa a equipe que estava produzindo o documentário *Paixão rubra*. "Baile de Carnaval é uma coisa que me marcou muito. Infância, né?", diz, enquanto o filme exibe uma foto do pequeno Gilberto fantasiado de índio em um baile. "A reação das pessoas é de espanto [*ao saber que sou América*] porque acham que não combina. Primeiro, porque não devo ter cara nenhuma de gostar de futebol. Segundo, não tenho muito cara de Zona Norte. Eu fui criado na Zona Sul. Eu devo ter uma cara de quem é Fluminense ou Botafogo, times com os quais não simpatizo nem um pouco." O diretor do filme, Marcelo Migliaccio, pergunta a Gilberto o que ele acha do debate que ocorria então sobre a troca do símbolo do América, um diabo, por algo mais inocente. "Eu acho o diabo um símbolo simpático pra caramba, foi usado em tantas coisas interessantes, *Fausto*, do Goethe", responde.

Outro tema importante do documentário é o hino do clube, composto por Lamartine Babo. Lalá, como era conhecido, criou em 1949 hinos para os onze participantes do Campeonato Carioca daquele ano — e que até hoje são cantados pelos torcedores. Todo mundo concorda que o hino mais bonito é o do América, justamente o time do coração de Lamartine. No filme, Gilberto abre um enorme sorriso ao lembrar que o início do hino é um plágio da canção "Row Row Row", de William Jerome e Jimmie V. Monaco, de 1912. "And then he'd row, row, row,/

Way up the river he would row, row, row", cantarola Gilberto no filme. Para sorte de sua querida tia Gildoca, ele não contou a Migliaccio uma historieta que adorava repetir. Dizia que, voltando certa vez de uma viagem aos Estados Unidos, Gilda revelou ao sobrinho, em tom de denúncia: "Imagina que eu estava assistindo a um musical na Broadway e ouvi uma música que é plágio do hino do América!"

A paixão pelo cinema e o desinteresse pelo futebol, combinados, poderiam ter sido a senha para diferentes tipos de problema com os colegas de escola. Gilberto, contudo, assegura que nunca sofreu *bullying* no Instituto de Educação, onde fez os quatro anos do curso primário, entre 1952 e 1955. Foi colega de classe de Cesar Maia, que depois fez carreira política e foi prefeito do Rio, mas não eram amigos. "Ele era um aluno disciplinado, destacado e interessado por arte, enquanto meu interesse era esporte", relembra Maia. "Lembro dele ser o primeiro da turma", devolve Gilberto. A jornalista Alice-Maria, que por muitos anos dirigiu telejornais da Globo, também foi colega de sala. Mas apenas por um breve período, quando Gilberto trocou o turno vespertino pelo matinal. Sempre estudou de tarde. Não gostava de acordar cedo.

Um de seus melhores amigos no primário era, assim como ele, apaixonado por cinema. Com Marcos Duprat, que se tornou diplomata e artista plástico, Gilberto duelava no recreio sobre conhecimentos cinematográficos. Uma vez o debate foi sobre quais eram as melhores atrizes de Hollywood. Sem pensar muito, Gilberto citou os nomes mais óbvios, como Elizabeth Taylor e Grace Kelly. Duprat respondeu que também gostava delas, mas disse que sua preferida era Arlene Dahl. Gilberto jamais se esqueceu da derrota: "Me senti humilhadíssimo porque nunca tinha ouvido falar de Arlene Dahl. Aliás, pouca gente tinha ouvido falar." Mas não guardou ressentimento. Mais de três décadas depois, Gilberto recorreu ao sobrenome do amigo para batizar a jornalista Solange Duprat, uma das personagens mais queridas de *Vale tudo* (1988), vivida por Lídia Brondi.

Como o Instituto de Educação era um curso considerado modelo, alunas do último ano da Escola Normal, as chamadas professorandas, assistiam às aulas no fundo da sala, a título de estágio. Foi um curso primário muito bom, muito sólido. "As minhas professoras de primário foram craques mesmo. Deve ter sido o único curso que eu fiz assim com seriedade", contou Gilberto. Já nesses anos iniciais da escola, os seus gostos se delinearam. Gostava de português e odiava exercícios numéricos. Era bom aluno de redação e precisou de um professor particular para não ficar em segunda época em matemática. Tornou-se amigo de uma das professoras, Luci Vereza, que posteriormente foi secretária de Educação do município do Rio. "Embora muito jovem, mulher bonita e carinhosa, ela possuía todas as qualidades que se esperam de uma mestra de mestras", escreveu Gilberto, em 2012, no Prefácio de um romance escrito pela antiga professora.

Os Tumscitz ainda viveram em outros dois endereços no mesmo pedaço da Tijuca. Por volta de 1953, trocaram a casa na rua Gonçalves Crespo por um apartamento na rua Afonso Pena, mas a experiência durou poucos meses. Acharam apertado, as crianças se sentiam vivendo em uma gaiola. Em seguida, se mudaram para uma casa na rua Pardal Mallet. A configuração daquela família não diferia muito do padrão da época. O pai era o responsável por suprir o lar e a mãe, que não trabalhava fora, cuidava da casa e da rígida educação dos filhos. O jantar diário era o ritual que selava a aparente união familiar.

Em casa, como era comum no início da década de 1950, as principais diversões eram proporcionadas por uma vitrola e um rádio. Durval gostava de tangos e boleros. Ouvia um programa chamado *Salão Grená*, assim batizado em homenagem à valsa que Carlos Galhardo consagrou ("Quero negar que é saudade/ Chamando curiosidade/ O que estou a sentir"). A partir de janeiro de 1951, e até meados de 1952, a família adotou o hábito de se reunir ao redor do aparelho para ouvir, às 20 horas, na Rádio Nacional, a novela *O direito de nascer*, do cubano Félix Caignet, com Paulo Gracindo como Albertinho Limonta. Gilberto chegava correndo do colégio para ouvir a série *As aventuras do anjo*, de Álvaro Aguiar, cujo protagonista era um milionário que combatia o crime, e *Jerônimo, o herói do sertão*, de Moysés Weltman, um western brasileiro, lançado pela Nacional em 1953.

Gilberto dizia ouvir, ainda, *Presídio de mulheres*, que ia ao ar diariamente, na Nacional, num horário em que ele devia estar na escola, das 15 horas às 15h30. A trama era uma adaptação de *Cárcel de mujeres*, uma novela cubana, traduzida, adaptada e dirigida por Mário Lago. Os episódios relatavam histórias de mulheres envolvidas em dramas domésticos que culminavam sempre em morte ou alguma outra tragédia. *Presídio de mulheres* mostrava que, na realidade, a mulher era uma vítima das circunstâncias. Diante do sucesso, a radionovela lançada em 1951 ficou no ar até 1955. Mário Lago foi fazendo adaptações cada vez mais livres do texto até que decidiu escrever, ele próprio, histórias originais. Durval não gostava que o filho ouvisse essa radionovela. Era um programa para mulheres, dizia. A obra, porém, será sempre citada por Gilberto como uma de suas inspirações para escrever a sinopse de *Dancin' Days* (1978). Por coincidência, coube a Mário Lago viver o memorável papel de Alberico nessa que é uma das novelas mais importantes da carreira de Gilberto.

Após se tornar um conhecido autor de novelas, Gilberto foi frequentemente questionado sobre o impacto que a televisão teve em sua infância e juventude. E a resposta, com a sinceridade habitual, chocava um pouco. "Não teve muita importância na minha vida", ele disse mais de uma vez. A verdade é que, com uma agenda tomada por atividades na escola, cursos de inglês e francês e idas ao cinema, não sobrava tempo nenhum, praticamente, para ver televisão. O primeiro aparelho foi comprado por Durval em 1956, quando já moravam em Copacabana. Mas não pegou Gilberto. Convocado a se lembrar do que gostava de ver ainda na década de 1950, citava o *Teatro de Comédias da Imperatriz das Sedas*, exibido na TV Tupi, aos sábados. Dizia que preferia esse programa, com pegada mais popular, ao sofisticado *Grande Teatro Tupi*, feito por Sergio Britto, Fernanda Montenegro e outros grandes nomes do teatro brasileiro.

Mesmo depois, nos anos 1960, continuou a ignorar a programação. "Televisão, para mim, era um negócio assim meio assustador que tinha na minha casa. A minha mãe viúva ficava vendo com o meu avô velhinho e aquele barulho me irritava um pouco", contou. Já sendo um autor de novelas, no início da década de 1970 Gilberto ainda mantinha alguma distância do aparelho de televisão. Chegou a dizer que se incomodava demais com o hábito de alguém entrar em casa ou no quarto e ligar o aparelho.

Ao lado da formação escolar, outra preocupação de Yedda era com a cultura das crianças. A paixão de Gilberto pelo cinema, como já vimos, contava com total apoio familiar. Mas não só. Ele foi apresentado ao teatro com apenas 7 anos. Levado pelos pais, assistiu a *O imperador galante,* de Raimundo Magalhães Júnior, com Dulcina de Moraes, Odilon Azevedo e Conchita de Moraes, em 1953, no Teatro Dulcina. Os pais acharam que cabia levar a criança ao teatro pelo caráter educativo do espetáculo, que era vendido como uma "peça histórica". Dulcina fazia a Marquesa de Santos.

Yedda e Durval adoravam teatro. Por ser escrivão de polícia, o pai de Gilberto se beneficiava do fato de a legislação na época garantir um determinado número de ingressos a algumas corporações, como a de policiais. Bastava a ele passar na Polícia Central na sexta-feira, pegar o chamado "permanente" e ir ao teatro de graça no sábado e no domingo. À mesa do tradicional almoço de domingo, os pais comentavam os espetáculos assistidos, fascinando os filhos, em especial Gilberto e Rosa. O cardápio do almoço dominical incluía, invariavelmente, uma sopa e depois frango, uma comida nobre que não se comia durante a semana. De sobremesa, doces caseiros. Com o passar do tempo, Gilberto passou a odiar sopa, muito possivelmente pela frequência com que tomou na infância os caldos preparados pela mãe.

Um programa de domingo clássico dos Tumscitz, que Gilberto e sua irmã Rosa fizeram muitas vezes, era acompanhar o pai em visita ao Manicômio Judiciário, onde Raul passou as últimas décadas de vida internado. Darcy e Valdir também iam. Durval levava alguma fruta ou biscoitos para o pai que o adotara e tentava conversar com ele. Cabisbaixo, olhos azuis tristes, Raul falava pouco nesses encontros. Na sequência, Durval premiava os filhos com uma ida à matinê no Metro e à sorveteria. Já Yedda nunca participava desses programas de domingo de manhã. Ficava em casa preparando o almoço com as empregadas. Não raro, recebiam visitas de Octavio e Ester.

Política não era um assunto comum dentro de casa, embora o chefe da família fosse fã de Getulio Vargas e votasse no PTB. Vizinhos de muro, os Monteiro de Barros eram udenistas, mas isso nunca atrapalhou o bom convívio entre as duas famílias, em especial a relação entre Matilda e Yedda. Mas Durval sabia impor limites. E isso ocorreu no dia em que Carlos Lacerda visitou os Monteiro de Barros e eles convidaram os Tumscitz para ouvir o político. "De jeito algum! Você não vai ouvir o Lacerda", decretou Durval para Yedda.

Na lembrança dos filhos, a ordem familiar era abalada por dois tipos de problema. Yedda e Durval se desentendiam com alguma frequência porque a mulher suspeitava que o marido tivesse amantes. Gilberto guardou na memória as brigas que ouviu, a distância. "Ficava com pena da minha mãe. Ela vivia chorando." No episódio mais grave, do qual todos os filhos se recordam, Yedda recebeu uma denúncia anônima sobre um caso de Durval com uma amante num apartamento no Catete. Ela foi ao local com uma dupla de policiais e, ao abrir a porta, flagrou a cena de adultério. O casal chegou a falar em desquite, mas a poeira baixou e eles continuaram juntos.

Outras desavenças ocorriam por causa de Darcy e Valdir. Desde a mudança de Vila Isabel, em 1947, a família havia incorporado os irmãos mais novos de Durval, o que acabou criando uma situação doméstica muito complexa, que frequentemente culminava em discussões terríveis. Rosa temia que os bate-bocas entre os pais degenerassem em briga física. Yedda reivindicava mais atenção do marido aos filhos e reclamava do excesso de proteção dele com os dois irmãos. Yedda tinha idade para ser mãe também de Darcy e Valdir, mas o marido não deixava que ela tivesse ascendência sobre eles. "Coitados. Eles perderam o pai e a mãe", dizia ele. "Você é frouxo, você não tem moral", ela respondia. "Se fossem teus filhos, você não faria isso", dizia Durval. "O coração não pode passar a cabeça", insistia Yedda, frustrada porque o marido não deixava que ela aplicasse algum castigo, sobretudo em Darcy, o mais levado. Da mesma forma, Durval nunca aceitou a sugestão da esposa de que os rapazes deveriam ir para um colégio interno.

Gilberto completou 10 anos em novembro de 1955. Aquele final de ano foi marcado por uma tristeza muito grande, a morte da avó Ester, em consequência de um câncer de mama, com menos de 60 anos de idade. Por outro lado, o menino recebeu uma notícia que o alegrou muito: Durval acatou um antigo desejo de Yedda e concordou com a mudança da família para Copacabana. Como muitos outros tijucanos que percorreram esse trajeto, Yedda sonhava morar em um apartamento no então badalado bairro da Zona Sul da Capital Federal. Mas, preocupada em primeiro lugar com a educação dos filhos, decretou que a mudança ocorreria nas férias escolares. Assim, em janeiro de 1956, os Tumscitz rumam para Copacabana.

4. NA KOMBI DA PROFESSORA DO PEDRO II

Gilberto não teve muito tempo para festejar a mudança para Copacabana, no verão de 1956. Primeiro, porque não gostou do apartamento alugado pelo pai. Ficava na última quadra da rua Xavier da Silveira, entre as ruas Barata Ribeiro e Pompeu Loureiro, perto do Corpo de Bombeiros. Era um imóvel de três quartos, com noventa metros quadrados, no segundo andar do prédio. Em 2022, valorizado pela proximidade com a estação de metrô Cantagalo, um apartamento nesse edifício era vendido por 900 mil reais e o aluguel estava na faixa de 2.500 reais. A maior lembrança que Gilberto guardou desse canto do bairro foi o fato de ser ao lado do prédio onde vivia a cantora Angela Maria. Ele ia, com outros garotos da rua, pedir autógrafo a ela, que era muito gentil. Naturalmente, também conheceu o motorista da cantora, e futuro cantor, Agnaldo Timóteo. Era uma diversão. O carro tinha um tigre pendurado na parte de trás, e quando o motorista apertava o freio o tigre acendia os olhos.

Para alívio de Yedda, Darcy já não morava com a família. O rapaz jamais gostou muito de estudar, vivia na noite e era considerado, por ela, um mau exemplo para os seus filhos. Já o irmão Valdir, mais benquisto, acompanhou os Tumscitz na mudança. Ele morou no apartamento da Xavier da Silveira até se casar e fixar residência em Pirapetinga, em Minas Gerais, em 1960. Rosa Maria, irmã de Gilberto, recorda-se bem da companhia do tio: "Valdir sempre foi certinho. Dividi quarto com ele até os 11 anos."

O maior problema enfrentado por Gilberto nos primeiros meses de 1956 dizia respeito a uma decisão da mãe sobre o seu futuro. Após o filho completar o primário no Instituto de Educação, Yedda determinou que o ginásio deveria ser feito no Colégio Militar. "Minha mãe, autoritária e muito preocupada com educação, como boa tijucana que era, queria porque queria me ver no uniforme do Colégio Militar", diria ele décadas depois. Para isso, matriculou Gilberto num curso preparatório na Tijuca. Ou seja, mal trocara a Zona Norte pela Zona Sul, tinha que voltar todo dia ao antigo bairro. Foi uma tortura. Não havia, ainda, o Aterro do Flamengo, inaugurado em 1965, e muito menos o Túnel Rebouças, aberto em 1967. Gilberto se via obrigado a pegar um ônibus de Copacabana para a Tijuca, e a viagem levava uma hora. Uma hora para ir e uma hora para voltar. Pior ainda que a viagem diária era a perspectiva de, a partir de 1957, estudar no Colégio Militar. Um garoto que amava filmes com Elizabeth Taylor e odiava jogar futebol visivelmente não tinha a menor vocação para estudar num colégio rígido como aquele, mas Yedda não enxergava isso.

O destino, porém, interveio em defesa de Gilberto. Em setembro de 1956, o Ministério da Guerra informou que, "em virtude de não comportarem as instalações atuais do Colégio Militar um número maior de alunos", não se realizaria exame de admissão no fim do ano. No mesmo ato, o ministério avisou que haveria trezentas vagas para o concurso de admissão ao Colégio Militar de Belo Horizonte. Yedda chegou a cogitar que o menino prestasse o concurso em Minas. Mas até Durval, que normalmente não dava palpites, achou um exagero. E foi decidido que Gilberto faria o ginásio no Pedro II. Uma sábia decisão. Fundado em 1837, um dos colégios mais antigos do país, o Pedro II é uma joia da educação pública brasileira. Na década de 1950, era considerado colégio-padrão e um modelo até para colégios particulares.

Gilberto estudou no *campus* do Humaitá, na Zona Sul, que havia sido inaugurado no começo daquela década. Do início do ginásio, em 1957, ao final do clássico, em 1963, foram sete anos fundamentais em que aprofundou o gosto pela literatura, conheceu autores modernos decisivos em sua formação e desenvolveu maior interesse pelo teatro, sem perder a paixão pelo cinema. As suas recordações daqueles tempos são pontuadas pelas professoras que teve, com as quais manteve amizade por décadas a fio. Ele sentia enorme gratidão por Maria da Gloria Souza Pinto, professora de português que o apresentou a Carlos Drummond de Andrade e Manuel Bandeira, entre outros.

"Isso no ginásio era coisa rara de acontecer. Foi um mundo novo que se abriu. Virou minha amiga até morrer."

Mas nenhuma mestra o marcou tanto quanto Eneida do Rego Monteiro Bomfim, professora nos três anos do clássico, no qual dava aulas de português, literatura brasileira e literatura universal. Gilberto se recordava dela praticamente como uma personagem de série de aventura: "Ela tinha uma Kombi e ia do Jardim Botânico até Copacabana para levar os queridinhos dela em casa. Eu era um deles." Outra professora do Pedro II, Helena Godoy, se lembra rindo dessa história: "E o pior é que ela dirigia mal pra caramba. Aprendeu a dirigir tarde. É mais difícil." Eneida também promoveu um seminário sobre a obra de Nelson Rodrigues, dando corda ao entusiasmo de Gilberto e outros colegas pelo teatro do dramaturgo, que naqueles anos havia estreado *O beijo no asfalto* (1960) e *Bonitinha, mas ordinária* (1962).

Yedda acompanhava de perto a rotina escolar do filho. Severa, deixava Gilberto de castigo quando o boletim trazia resultados ruins. Como tantos outros da sua geração, o garoto tropeçava no latim. A mãe tomava o ponto e negociava com o filho. Se Gilberto pedia para assistir ao filme *A ponte do rio Kwai* no cinema Rian, por exemplo, Yedda dizia que ele primeiro precisava dominar a terceira declinação. E assim o garoto aprendeu latim. As preocupações de dona Yedda com a educação do filho não se limitavam ao colégio. Em 1957, ainda no primeiro ano ginasial, Gilberto foi matriculado no Instituto Brasil-Estados Unidos (Ibeu), um tradicional curso de inglês, cuja filial de Copacabana ficava então na rua Aires Saldanha. No ano seguinte, ele também começou a estudar francês na Aliança Francesa, na rua Duvivier, no mesmo bairro. Com a agenda cheia, a aula de inglês passou para o horário das 20 às 21 horas.

Em 1960, Yedda voltou a interferir na rotina escolar de Gilberto. Ela decidiu que, após concluir o ginásio, no fim do ano, o rapaz deveria ingressar na Escola Naval. Como muita gente, ela acreditava que a formação num colégio militar era mais sólida e ofereceria mais perspectivas. Gilberto, então, trancou a matrícula no Pedro II e se inscreveu no Colégio Mallet Soares, em Copacabana, que oferecia um preparatório para a Escola Naval. A experiência, que durou pouco mais de um mês, foi desastrosa. Gilberto adorava contar esta história:

No Pedro II, embora eu não fosse bom aluno, porque não estudava, minhas redações eram elogiadas. No curso da Marinha, o professor de português, um major, mandou a gente comprar um livrinho chamado *Método de redação*. E ele mandava copiar. Não copiei. A primeira que eu fiz, o major leu a minha redação em voz alta como exemplo negativo. "É o tipo de redação que não vai fazer ninguém entrar na Escola Naval." Eu fiquei muito humilhado. Uma hora ele diz: "Com essas reticências parece crônica do Rubem Braga." Aí eu falei: "Major, me perdoa. O senhor está lendo minha redação como exemplo de coisa ruim. E cita Rubem Braga? Pode me dar minha redação? Vou embora pra casa, que vou ficar com Rubem Braga." Minha mãe me recebeu muito bem. Ficou orgulhosa. Acabou a Marinha. Fui fazer o clássico no Pedro II.

A paixão pelo cinema não sofreu nenhum abalo maior com a mudança para Copacabana. O novo bairro era tão bem servido de salas quanto a Tijuca. Na segunda metade da década de 1950, havia pelo menos doze cinemas no novo perímetro frequentado por Gilberto: Alaska, Alvorada, Art Palácio, Astória, Caruso, Copacabana, Danúbio, Metro Copacabana, Rian, Ritz, Roxy e Royal. O que faltava era tempo e dinheiro para ir ao cinema com a frequência que desejava.

O primeiro problema ele resolveu numa conversa com os pais. Com a agenda cheia de atividades escolares, Gilberto se sentiu autorizado a negociar com Yedda e Durval o direito de pegar a sessão de cinema das 22 horas, depois da aula de inglês no Ibeu. Era um tempo ainda de pouca violência em Copacabana — e os pais toparam. Ele tinha 12 para 13 anos. Pelas suas contas, via todos os filmes que eram lançados no Rio semanalmente. "Todos mesmo!" Abria o jornal no domingo para ver quais eram os lançamentos e durante a semana via todos. E havia semanas com até quinze lançamentos.

Quanto ao dinheiro, Gilberto nunca se queixou. Apenas queria mais do que recebia para poder ir com frequência maior ao cinema, comprar discos ou roupas. O rapaz não recebia um valor fixo de mesada, mas o pai lhe dava alguma quantia todo dia. "E eu também roubava um pouco da carteira dele. Para pagar o cinema, basicamente.

Porque lanche tinha em casa." Durval estava ciente dos "furtos", mas não ligava. Nas lembranças do garoto, era uma casa até farta, onde nunca faltou nada. Desde a infância, Gilberto manifestava preocupação com o conforto material. Isso fica explícito num texto escrito em 1977, no qual descreveu o pai: "Foi um grande pai, à sua maneira. Dava bacalhau da Colombo, a praia de Copacabana, sapato do Moreira, camisa de cambraia de linho importada, igual às dele, pagava Ibeu e Aliança Francesa! Dava tudo que podia! Pra minha mãe também. Apesar das amantes, várias e frequentes."

Ainda no último ano do ginásio, em 1960, Gilberto começou a ganhar um dinheirinho dando aulas particulares de inglês para dois oficiais da Aeronáutica — um deles era seu tio Floriano, casado com Gildoca. Dava ainda aulas de português. O dinheiro curto também era investido em música. Em 1959, por exemplo, Gilberto pediu ajuda ao pai para comprar o primeiro disco de João Gilberto. Já tinha ouvido no rádio e queria colocar *Chega de saudade* em seu toca-discos. "Nem pensar. Ele não sabe cantar. Não tem voz. Ele mesmo diz que é desafinado", respondeu Durval, que preferia ouvir boleros e tangos. Gilberto economizou e comprou o LP por conta própria. Ficou encantado. Ele tinha um caderno de letras de músicas americanas e copiava as letras para aprender a cantar em inglês. O disco de João inaugurou a lista de músicas brasileiras no caderno.

Em 1960, a família trocou o apartamento na Xavier da Silveira por um melhor, na rua Aires Saldanha, 92, oitavo andar, quase esquina com a rua Miguel Lemos. A uma quadra da praia, o imóvel foi adquirido por Durval por meio de um financiamento na Caixa Econômica Federal. Numa carta aos filhos, ele informou que o apartamento, "comprado com grande sacrifício", seria pago em vinte anos. E dizia que, caso morresse antes de quitar a dívida, os filhos deveriam se responsabilizar pelo pagamento. "Eu gostaria que o que estivesse na pior situação financeira ficasse com o apartamento."

Era um imóvel maior, com cerca de 120 metros quadrados, mas ainda insuficiente para acomodar todo mundo com total conforto. Em 2022, era possível comprar um apartamento nesse prédio por cerca de 1,2 milhão de reais. Além de Durval, Yedda e os três filhos, Zulmira, a Bá, também se mudou para lá e, pouco tempo depois, Octavio Braga, viúvo de Ester, foi acolhido. Essa situação fez com que Rosa Maria permanecesse sem um quarto para chamar de seu. Na Xavier da Silveira, ela dormia num somiê, tinha uma escrivaninha para estudar e uma porta sanfona para isolá-la do quarto dos pais. Na Aires Saldanha, um dos quartos havia sido aberto e servia como sala de jantar, com espaço para o somiê de Rosa. "Por que não fecha? Eu quero um quarto", ela reclamou. "A gente precisa muito da mesa de jantar. Vamos botar um biombo para você", explicou a mãe. O seu armário ficava dentro do quarto dos pais. Não serve exatamente de consolo, mas Gilberto compensou Rosa fazendo Maria Lúcia (Malu Mader) reviver o seu drama em detalhes nos primeiros episódios de *Anos rebeldes*.

Gilberto dizia que não era bom aluno, mas não é verdade. Sempre teve boas notas em português, história, francês, literatura, inglês. Nas lembranças de todos os colegas, ele chamava a atenção porque sempre escreveu muito bem. Gostava das professoras e elas retribuíam, mimando o aluno. Além de Eneida e Maria da Glória, Julinha Pena da Rocha e Helena Godoy não cansavam de elogiá-lo em público. "Era muito tímido e bastante observador. E muito crítico", conta Helena. "Ele era uma pessoa que aprendia. Tinha a humildade de ouvir, aprender e registrar."

A turma no clássico era pequena, menos de dez alunos. Isso ajuda a explicar por que, sessenta anos depois, todos os colegas ainda se lembram uns dos outros. Eram, em sua maioria, homens. Além de Gilberto, Jorge Guimarães, Aloísio de Araújo, Thomaz de Castro Faria, Luís Severo (irmão da atriz Marieta Severo) e Maurício Kubrusly. Uma das poucas mulheres era Lucia Helena Massa, que anos depois iria namorar e se casar com Luis Fernando Verissimo. Gilberto e Jorge formavam uma dupla inseparável, ambos apaixonados por cinema e teatro. Os demais rapazes tinham mais afinidades em matéria de esportes. Futebol e turfe. Sim, turfe. O Jockey Club, não muito longe do colégio, tinha corridas às quintas-feiras à tarde. Parte da turma, capitaneada por Thomaz, matava aula para frequentar uma das tribunas. Todo mundo de uniforme, gravata e casacão assistindo a corridas de cavalo.

A afinidade de Gilberto e Jorge chamava a atenção. Jorge era um pouco mais velho e entendia de cinema mais do que o próprio Gilberto.

"Ele me ensinou muito", reconheceu. Assistiram juntos a *Acossado*, o filme de estreia de Jean-Luc Godard, e *A doce vida*, de Fellini, ambos em 1960. Jorge fez o amigo cinéfilo ampliar o seu foco, antes centrado basicamente em atores e atrizes, e passar a admirar mais os diretores. Gilberto continuou suspirando por Lauren Bacall, William Holden, Gregory Peck e tantos outros, mas passou a observar mais o trabalho de quem dirigia os filmes, a distinguir as marcas pessoais de um Alfred Hitchcock, de um Vincente Minnelli, de um François Truffaut. Jorge ensinou a Gilberto o nome de todos os diretores importantes, o que era corte, edição, montagem etc.

Jorge também ajudou a aproximar Gilberto dos bastidores do Tablado, o lendário teatro carioca comandado por Maria Clara Machado, no Jardim Botânico. Tudo começou quando Julinha Pena da Rocha, professora do Pedro II, que havia atuado no Tablado, levou a dupla para assistir a um ensaio. Era 1963 e os dois adolescentes estavam no terceiro ano do clássico. Maria Clara comandava os ensaios de uma montagem de *Barrabás*, do belga Michel de Ghelderode, e Jorge chamou a atenção da diretora, que lhe ofereceu o papel de Judas. O texto foi montado naquele ano, com Hélio Ary, Jorge Cherques, Jacqueline Laurence e Virginia Valli, entre outros. Na lembrança do amigo, Jorge aceitou, mas criava muito caso e chegou a brigar com uma das atrizes.

O que mais encantou Gilberto no Tablado não foi exatamente o palco, mas o espaço nos bastidores, que todos chamavam de A Sala, onde se vivia o verdadeiro ambiente teatral. Todo mundo que frequentava A Sala fazia algum serviço — ficava na bilheteria, vendia o programa da peça —, mas Gilberto nunca se propôs a fazer nada, a não ser receber convidados especiais quando havia alguma estreia. Enquanto Jorge interpretava Judas, Gilberto ficava de fofoca n'A Sala. Sentindo-se muito à vontade ali, estabeleceu relações, pela primeira vez, com gente do mundo artístico, como a própria Jacqueline Laurence, que integraria o elenco de pelo menos quatro novelas de Gilberto.

Jorge também era parceiro de um programa que Gilberto adorava fazer: tomar Coca-Cola na pérgula do Copacabana Palace, na avenida Atlântica. Gilberto tinha se dado conta de que o refrigerante no hotel não custava muito mais caro do que em botequim.

Então, sentavam-se lá, pediam uma Coca e ficavam conversando e aproveitando a paisagem. Foi Jorge quem identificou o que diferenciava aquele jovem de 14 anos de outros meninos da mesma idade e classe econômica. Não era uma questão de dinheiro. Gilberto se sentia em casa naquele ambiente. Já tinha visto tanto filme americano, que aquele espaço de glamour e beleza era familiar para ele.

Décadas depois, Gilberto emprestaria seu fascínio pelo hotel da família Guinle a uma de suas personagens mais icônicas, Maria de Fátima, a jovem vilã de *Vale tudo*, interpretada por Gloria Pires. Após vender a casa herdada do avô e deixar a mãe sem ter onde morar, Fátima vai para o Rio e gasta parte do dinheiro da venda em diárias no Copacabana Palace. Seu objetivo é se passar por rica e impressionar o modelo (e michê) César, vivido por Carlos Alberto Riccelli. A piscina do hotel seria ainda cenário do desfecho feliz da dupla: é lá que César apresenta Fátima a seu futuro marido, um príncipe italiano gay com quem formarão um trisal.

O resto da turma do Pedro II também frequentava o Copacabana Palace em busca de autógrafos das estrelas estrangeiras que se hospedavam ali. O truque, ensinado por Jorge aos amigos, consistia em entrar no hotel, dirigir-se à Pérgula como quem vai tomar um lanche e ficar observando, se enturmando. Rosa Maria, que acompanhava o irmão e seus amigos, não se esquece do autógrafo do cantor francês Sacha Distel, conseguido numa dessas incursões. Nos eventos sociais que frequentavam juntos — praia, cinema, teatro, festinhas, reuniões para ouvir discos novos —, o colega Aloísio de Araújo começou a namorar Rosa, com quem se casaria anos depois, e Gilberto engatou um romance com Marcia, irmã um ano mais jovem de outro colega, Thomaz.

Gilberto conheceu Marcia num "*hi-fi*", uma festa dançante na casa do colega Artur Bosísio, na Fonte da Saudade, na Lagoa. Ele tinha, então, 16 anos e ela, 15. Os dois namoraram por mais de quatro anos e permaneceram amigos até o fim da vida dele. Foi uma relação complexa, às vezes difícil de entender, mas importante para ambos. Gilberto ainda não havia reconhecido que era homossexual. "Eu acho que aquilo [*o namoro*] era uma sacanagem que todo mundo fazia", disse uma vez. Nas lembranças dele, o namoro foi bastante convencional, sem sexo. Ainda assim, ele se recorda de ter sido flagrado pelo avô, em casa, dando uns "amassos" mais quentes em Marcia. Segundo Gilberto, eles nunca transaram porque ela dizia que queria se casar e sabia que a maioria dos homens só se casaria com uma virgem. Marcia tinha consciência de que Gilberto não ia se casar com ela.

Gilberto foi o primeiro namorado de Marcia. Todos os relatos dela sobre esse período da adolescência envolvem o pai, o advogado Hilo Caire de Castro Faria, que fazia marcação cerrada. A família Castro Faria tinha uma casa de veraneio em Teresópolis (RJ), onde os amigos dos filhos eram recebidos. Num fim de semana, Gilberto decidiu pedir autorização ao pai de Marcia para namorá-la. Hilo foi extremamente gentil com o garoto, dizendo que autorizava, claro. Mas, dias depois, em conversa apenas com a filha, esbravejou: "Que garoto abusado! Filho de escrivão de polícia! Não vai namorar. Não pode!"

Marcia relatou a Gilberto a conversa, que a reviveu, décadas depois, em uma das cenas mais fortes da minissérie *Anos dourados* (1986). Celeste (Yara Amaral) e Carneiro (Cláudio Corrêa e Castro), os pais de Maria de Lurdes (Malu Mader), recebem a visita inesperada de Marcos (Felipe Camargo). O jovem decide, por conta própria, pedir autorização para namorar a normalista e eles o ouvem educadamente, sem dizer um "não". O garoto não sabe, mas os pais de Lurdes o rejeitam porque sua mãe, Glória (Betty Faria), é desquitada. Assim que Marcos deixa a casa, Celeste e Carneiro esbravejam: "Aqui em casa não entra desquitado", diz a mãe. "Nem desquitado nem getulista", acrescenta o pai.

Como Marcos e Lurdes, Marcia e Gilberto decidiram não respeitar o veto do pai dela. Iam ao cinema e a festas, e ela voltava para casa num horário que não deixava brechas para o pai desconfiar de nada. O longo e recatado namoro só terminou formalmente no final de 1965, início de 1966, quando Gilberto se apaixonou por um homem. Foi um momento de virada em sua vida. Mas, antes disso, ele passaria por situações muito difíceis, em função de graves problemas familiares.

5. INFARTO EM PIRAPETINGA

Tudo mudaria para os Tumscitz no final da primeira semana de julho de 1963. Durval havia planejado uma viagem com a família para visitar o irmão caçula, Valdir, que estava morando em Pirapetinga, uma pequena cidade mineira a cerca de 250 quilômetros do Rio de Janeiro. Rosa, então com 14 anos e namorando Aloísio, preferiu ficar no Rio. Gilberto tinha o convite para passar o fim de semana na casa de Sonia Ramalhete, uma colega do Pedro II, na Posse, em Petrópolis (RJ). Como era no caminho para Pirapetinga, combinou de pegar carona no carro do pai.

Na tarde de sábado, 6 de julho, a família partiu. Primeiro, deixaram Rosa na casa de Gildoca, perto de onde moravam, em Copacabana. Em seguida, rumaram para a Posse. Chegaram lá no final da tarde, início da noite. Como chovia, Túlia e Clovis Ramalhete os convidaram para jantar e dormir por lá mesmo. No domingo de manhã, Durval, Yedda e Ronaldo, então com 12 anos, rumaram para a casa de Valdir. Chegaram lá por volta das 11 horas. Valdir morava num sobrado em cima da casa do sogro. Durval pegou a mala e subiu a escada. Quando chegou ao último degrau, botou a mão no peito e caiu. Morreu na hora. Tinha apenas 44 anos. Chamaram um pediatra que morava na rua, mas ele não teve o que fazer; somente confirmou a morte súbita. O atestado de óbito registra 11h30 de 7 de julho de 1963.

Yedda telefonou para a irmã, Gildoca, e a notícia rapidamente se espalhou entre os familiares. Rosa, que havia ido à matinê no cinema, foi para a casa da tia. Inicialmente, ela foi informada de que o pai havia sofrido um infarto. Só um pouco mais tarde, conversando com a madrinha, Sueli, prima de sua mãe, Rosa compreendeu que o pai estava morto. O carro que trouxe Yedda e Ronaldo de volta ao Rio passou por Petrópolis e pegou Gilberto. Os três foram diretamente para o Cemitério São João Batista, em Botafogo, onde o velório teve início ainda na noite de domingo. Rosa se lembra de sair do velório em companhia de Gilberto para uma caminhada pelo cemitério e ouvir do irmão: "Nós estamos acabados. O que vai ser da nossa vida? Quem vai nos sustentar? Nós vamos ficar muito mal." Poucas horas após a morte do pai, Gilberto já havia se dado conta da responsabilidade que, de repente, estava caindo em seus braços.

A morte de Durval provocou choques em ondas na família Tumscitz. O primeiro foi a descoberta de que, sem o salário do escrivão de polícia, a família não tinha nenhuma outra renda nem qualquer reserva monetária. Formada em contabilidade, Yedda nunca exercera a profissão; sua missão sempre fora cuidar do lar e dos filhos. Até sair a pensão de funcionário público, o que levou dois ou três meses, a mãe e os três filhos contaram com a ajuda de parentes e amigos. Eles não tinham dinheiro para fazer as compras do dia a dia. Rosa se lembra de ver Áurea e Israel, um casal de amigos da juventude de Yedda e Durval, colocarem dinheiro na mão da mãe: "Pra feira dessa semana." Solidários, os padrinhos de Rosa, Sueli e Ivan Franco, visitavam os Tumscitz a cada três dias e também se dispuseram a ajudar financeiramente. O namorado da empregada, Celina, ofereceu dinheiro para comprar lanche — uma situação que Gilberto sempre desejou colocar numa novela.

O segundo impacto ocorreu quando saiu a pensão de Durval. A família descobriu que o salário do escrivão de polícia, então lotado no 12º Distrito Policial, em Copacabana, era muito baixo, insuficiente para manter o padrão de vida que eles tinham. "Meu pai devia ganhar algum dinheiro por fora. A vida que a gente levava não seria possível com aquele salário", diz Ronaldo, o caçula da família. Em 1971, oito anos após a morte do pai, Gilberto registrou num texto pessoal: "Meu pai era sempre chamado de 'cavador'. Quero crer que isso fosse um eufemismo pra 'corrupto'. Aliás, isso ficou bem claro quando ele morreu (eu tinha 17 anos) e verificamos que o ordenado a que a viúva e os filhos tinham direito era irrisório (e a gente vivia muito bem materialmente)."

Muitos anos depois, Gilberto afirmaria que o pai recebia comissão do jogo do bicho, o que era uma praga institucionalizada na época. A informação de que o pai ganhava "adicionais" ao salário fora confirmada pelo tio materno de Gilberto, o delegado federal Darcy Braga, que lhe explicou: "Havia um incêndio, ele recebia algum por fora para não dizer que foi um incêndio criminoso. Havia um atropelamento... podia receber algo pra livrar a cara do sujeito."

Ainda em julho de 1963, Gilberto foi trabalhar numa loja de decorações no Catete. O emprego havia sido oferecido por Israel, amigo de seus pais. Quando o comerciante percebeu que o garoto não entendia de cortinas nem de sofás, e muito menos tinha jeito para cuidar das contas, propôs o cargo de vitrinista. Por alguns meses ele deixava o Pedro II no final da manhã e ia para a loja, onde dava expediente à tarde.

No fim do ano, Ivan Franco conseguiu um lugar para Gilberto no Banco Moreira Salles, antecessor do Unibanco, numa agência na avenida Nossa Senhora de Copacabana. Era um emprego de meio expediente, pela manhã. Gilberto, porém, não tinha o menor jeito para lidar com dinheiro, e o gerente, seu Álvaro, notou. Ele, então, colocou o jovem na função de assistente da gerência, para lidar diretamente com os clientes "especiais". A posição acabou rendendo frutos: Gilberto recrutou alguns desses clientes como alunos de suas aulas particulares de francês e inglês. Foi o caso do jurista Arnaldo Süssekind e da promotora de eventos Helena de Brito e Cunha. Em meados de 1964, cerca de um ano depois, pediu as contas no banco ao constatar que já estava ganhando mais como professor particular.

O terceiro choque foi o que atingiu Yedda. Um ano após a morte de Durval, ela teve uma crise de depressão profunda e foi internada na Casa de Saúde Dr. Eiras, em Botafogo. Na alta, três meses depois, o psiquiatra que a atendeu disse aos filhos e à irmã, Gildoca, que Yedda estava bem, mas que ela podia voltar a ter os sintomas em algum momento. Yedda retornou para casa e, aos poucos, foi se recuperando da depressão. Com a ajuda de um amigo, arrumou um emprego no Serviço de Assistência e Seguro Social dos Economiários (Sasse) da Caixa Econômica Federal. Com o tempo, foi retomando a vida habitual. Ia ao cinema, ao teatro. Ia a bailes. Frequentava a praia com Gildoca e chegou a ter um namorado por um breve período.

Apesar de toda a turbulência ao longo do segundo semestre de 1963, Gilberto terminou o Pedro II com boas notas. O certificado de exames finais, emitido em fevereiro de 1964, registra que foi aprovado no clássico com 18 anos e as seguintes notas:

Português — 10
Francês — 10
História geral — 7
Geografia geral — 7
Global — aprovado

Desde os 14, 15 anos, Gilberto falava em ser diplomata. A profissão, aparentemente, oferecia certo brilho social que o interessava. Além disso, frequentemente ouvia de pessoas conhecidas que ele havia "nascido para ser diplomata". Isso se explica muito pela imagem que a profissão projetava — e ainda projeta. Gilberto tinha facilidade no trato com as pessoas, sabia ser educado, fino, espirituoso, um "homem de sociedade", como se dizia. Ele também reconhecia possuir "uma vocação natural para a frescura", característica que parecia combinar com a profissão de diplomata. No segundo semestre de 1963, após a morte do pai, Gilberto cogitou fazer o curso de direito, em 1964, para tentar o concurso do Itamaraty posteriormente. Mas, aconselhado por Clovis Ramalhete, pai de sua amiga Sonia, resolveu se dedicar ao concurso para o Instituto Rio Branco e não cursar faculdade.*

Gilberto tinha dois anos pela frente antes de fazer a prova para o Rio Branco. Mas, inscrito no curso Alfa, não se preparou adequadamente. Faltava mais do que comparecia às aulas. E não gostava nem de história nem de geografia, matérias essenciais. Só conseguia se interessar pelas aulas de línguas e de literatura. Com o dinheiro das aulas particulares de inglês, francês e português que dava, ia se sustentando e ajudando em casa. Na visão do irmão Ronaldo, cinco anos mais novo, aos 18 anos Gilberto havia se tornado "o chefe da família" — mas à sua maneira. Em vez de estudar para o Itamaraty, frequentava o cinema e o teatro.

---

* Ramalhete foi consultor-geral da República entre 1979 e 1981, na presidência de João Figueiredo, que o indicou para uma vaga no Supremo Tribunal Federal (1981-1982). Foi, em agosto de 1992, um dos autores da petição de impeachment que resultaria no afastamento do presidente Fernando Collor de Mello.

Em 1965, quando fez o concurso pela primeira vez, passou nas provas de línguas, mas foi reprovado em história do Brasil. Alguns anos depois, quando já havia desistido definitivamente de fazer o Rio Branco, Gilberto elaborou melhor as razões da sua rejeição à carreira diplomática. "Essa imagem que a classe média faz do diplomata nada tem a ver com a profissão em si. O diplomata é um técnico em economia e política internacional, assuntos pelos quais nunca me interessei, que tem um trabalho monótono e burocrático e, embora poucas pessoas saibam disso, ganha relativamente pouco."

O fato é que, aos 19 anos, Gilberto simplesmente não sabia o que queria fazer da vida. Seguia dando aulas particulares de inglês e francês e continuava estudando línguas de graça. O Ibeu oferecia gratuidade ao melhor aluno da turma em cada semestre, e Gilberto sempre foi o primeiro aluno. Na Aliança Francesa, estudava com bolsa, graças a um amigo de seu pai, o delegado Pastor, que conhecia a diretora, Simone Cox. Naquele ano, a situação familiar — filho de mãe viúva — lhe serviu para ser dispensado do Exército, mas nem isso o animou a estudar com mais afinco para o Itamaraty. Ele tentou o concurso novamente em 1967, e mais uma vez foi reprovado.

A amizade com Jorge Guimarães sobreviveu ao final do clássico no Pedro II, em dezembro de 1963, e se estendeu até o início da década de 1970. No Carnaval de 1966, Gilberto e Jorge protagonizaram uma aventura divertidíssima. Os amigos descobriram que os concorrentes do desfile de fantasias do Clube Sírio Libanês ganhavam ingressos para o baile. Por iniciativa da amiga e designer Glória Alves, eles decidiram se fantasiar de espantalhos, usando material simples e barato, como palha. Batizaram a fantasia de Espantalho Op, numa referência à Op Art. Sonia Ramalhete desenhou os croquis da fantasia, uma exigência para participar da disputa, e Jorge escreveu um texto pretensioso descrevendo as supostas intenções artísticas do projeto. O grupo chegou às 17 horas com a intenção de ser logo desclassificado e ir para o baile. Gilberto até levou uma fantasia de havaiano para substituir a de espantalho assim que fossem liberados. Mas as coisas não saíram como planejado. Os figurinistas Napoleão Muniz Freire e Kalma Murtinho, que estavam no júri, ficaram encantados com o espantalho moderno. Para surpresa geral, o grupo foi premiado com o primeiro lugar.

A vitória no concurso de fantasias não foi bem recebida em casa. Ronaldo, ainda adolescente, não entendia direito nem aceitava a forma como Gilberto se comportava. "Meu pai nunca admitiu que meu irmão fosse homossexual. Eu desconfiava", revelou. A turma de amigos de Ronaldo, na Miguel Lemos, fazia comentários jocosos sobre seu irmão mais velho. A repercussão da história do concurso virou um transtorno para Ronaldo. Ele chegou a sair na porrada com um amigo que foi longe demais nos comentários. Gilberto achou graça: "Que besteira, Ronaldo. Eu era *viado*. Pra que você apanhou?" Com o tempo, o irmão mais novo compreendeu e superou o preconceito. "Aprontei tanto com ele. Mas já pedi desculpas e ele já me desculpou", contou Ronaldo.

Mais extraordinária que a vitória no concurso de fantasia foi a publicação, no dia 30 de agosto de 1966, no *Correio da Manhã*, de um texto de Gilberto sobre uma montagem de *O misantropo*, de Molière, encenada pela Companhia Francesa de Comédia num *tour* pela América Latina. Sua primeira crítica teatral saiu na coluna do respeitado Van Jafa, que o apresentou como "jovem crítico e ensaísta". Mostrando conhecer bem a obra de Molière, Gilberto observa: "Quem teria escrito o *Misanthrope*? O gozador ou o homem amargo, apaixonado e traído por Armande Béjart? O crítico caricato do ridículo humano ou o observador arguto do comportamento do homem em sociedade? Não faz mal. Isso não é tão importante quanto possa parecer. Molière foi tudo isso e muito mais." Em outra passagem, Gilberto elogia a "perspectiva moderna" da encenação, dirigida por Jean-Laurent Cochet para um clássico de 1666.

Somente em 1969, três anos depois de sua estreia, é que Gilberto começará a se dedicar ao trabalho de crítico de teatro. Como essa surpreendente publicação no *Correio da Manhã* ocorreu é um mistério que Gilberto nunca explicou direito: "Eu era amigo do Van Jafa. Ele me convidava muito para acompanhá-lo nas estreias de teatro." Sobre ter sido apresentado como um "jovem crítico e ensaísta", Gilberto achou graça: "Van Jafa era cara de pau, porque eu não era nada disso." Em uma crônica publicada na *Folha de S.Paulo* em 2016, o jornalista Ruy Castro descreveu a redação do *Correio da Manhã* em 1967. A cada estrela do jornalismo, Castro dedica uma definição. Jafa ganhou a seguinte descrição: "E o [*crítico*] de teatro, Van Jafa, o Oscar Wilde baiano. Despejava 'witticisms' pela redação enquanto dardejava o olhar das águias sobre os jovens repórteres."

Também pode surpreender um pouco saber que Gilberto, aparentemente, manteve-se alheio aos acontecimentos políticos que marcaram aqueles anos, desde a renúncia de Jânio Quadros à Presidência (1961), passando pelo agitado e tumultuado governo de João Goulart, até o golpe militar, que instaurou uma ditadura em 31 de março de 1964. Tanto no politizado Pedro II quanto depois, frequentando ambientes que viviam a agitação daqueles tempos, Gilberto passava a impressão de ser o que se chamava de "um alienado". Ele nunca viu problema algum com essa caracterização sobre o seu passado. Nem ele nem seus colegas mais próximos se interessavam por política.

Em 1967, antes ainda de tentar, sem sucesso, o concurso do Instituto Rio Branco pela segunda vez, Gilberto fez vestibular para o curso de Letras da Pontifícia Universidade Católica (PUC). Novamente, seguiu um conselho de Clovis Ramalhete. O jurista disse que ele teria benefícios futuros estudando nessa faculdade. "Porque se eu fosse para uma faculdade pública, meus colegas iam ser pobres como eu. Na PUC eu ia conhecer rapazes de família rica." Segundo os registros da universidade, Gilberto foi bem no vestibular: obteve conceito "muito bom" nas provas de português, francês e inglês, "bom" em cultura geral e "insuficiente" em latim. Naquele mesmo ano, sua irmã Rosa entrou para o curso de história, também na PUC. Ambos conseguiram bolsa de 50% do valor da mensalidade.

Gilberto, porém, cursou apenas um semestre. Odiou a faculdade. Vinha de um curso clássico no Pedro II onde fazia seminário sobre Nelson Rodrigues. Na PUC, tinha que estudar José de Alencar. "Uma chatice", reclamou. Como ocorreu no ginásio e no colegial, guardou boas lembranças de uma professora de literatura, a acadêmica Cleonice Berardinelli, que mandava os alunos lerem Gil Vicente e Fernando Pessoa. Aprovado em cinco matérias e reprovado em uma, acumulou vinte créditos naquele semestre. Nos registros da PUC, consta que abandonou o curso ao final do primeiro semestre de 1967 e voltou a pedir ingresso em 1969. Chegou a se matricular, mas não cursou nada. Encerrou-se aí a tentativa de ter um diploma superior em letras. O histórico escolar deixa claro o desinteresse que manifestou nos poucos meses de aulas, em 1967:

Ciência e fé — 5,0
Métodos de pesquisa e bibliografia em línguas — 5,1
História do pensamento — 5,8
Francês I — 9,2
Língua portuguesa — 5,6
Psicologia geral e social — 3,0

Será na Aliança Francesa, onde ainda estudava no segundo semestre de 1967, que Gilberto começará a encontrar um caminho para a sua vida. Mas não como professor de francês. Ele propôs à direção da filial de Copacabana organizar a leitura dramática de *Andromaque*, de Jean Racine, a pretexto de comemorar o terceiro centenário da estreia do texto, em Paris, em 17 de novembro de 1667. Para dirigir a leitura e fazer o papel principal, Gilberto convidou a consagrada Henriette Morineau — e ouviu um "sim". Ele havia conhecido a grande dama na casa de Daisy Lúcidi, então uma famosa atriz de rádio que se tornara amiga de sua mãe e promovia almoços dominicais — anos depois, Daisy participaria de três novelas escritas por Gilberto. Com o apoio de Morineau, Gilberto foi à casa de Nathalia Timberg, que também aceitou. "Uma leitura de *Andromaque* com madame Morineau. Não tinha como dizer não", recordou-se a atriz.

A leitura ocorreu no dia 13 de novembro no Teatro Glaucio Gill, em Copacabana, cedido pelo então Serviço de Teatros da Guanabara. O restante do elenco foi formado por atores amadores e professores de francês da Aliança: Jean Soublin (Pirro), Savas Karydakis (Oreste), Lia da Costa Braga (Cephise), Nicole Delmas (Cleone), Pierre Delmas (Pylade) e Christian Sauzereau (Fênix). A entrada foi gratuita e, na sequência da leitura, a Aliança promoveu em sua filial, na rua Duvivier, uma recepção em agradecimento à colaboração de Morineau e Nathalia. No *Diário de Notícias*, que noticiou o evento, consta a seguinte observação: "Parabéns a Gilberto Tumscitz por essa iniciativa de bom gosto e alto gabarito cultural." O texto do jornal inaugura o primeiro dos 54 álbuns de recortes de notícias que Gilberto guardou ao longo da vida.

A repercussão da leitura de *Andromaque* foi tão grande que Gilberto foi presenteado com uma bolsa para estudar francês em Paris por três meses. Foi a sua primeira viagem internacional — e, como veremos, inesquecível.

6. PAIXÃO NO RIO, DECEPÇÃO NA EUROPA

O início da década de 1960 ainda é um período de muita repressão sexual. "Com 16 anos, em 1961, posso dizer que não sabia nada, mas absolutamente nada sobre sexo. Tinha uma namoradinha, gostava dela. O beijo na boca, a duras penas conseguido, era o último degrau com uma menina de família", escreveu Gilberto. Ele não cogitava então manter relações sexuais com a namorada, Marcia, e muito menos falar abertamente sobre o interesse por outros homens.

Num gesto surpreendente, Gilberto decidiu pedir ajuda ao pai para se iniciar sexualmente. "Talvez porque eu soubesse que meu pai tinha muitas mulheres, ou pelo menos sempre uma, variável, além da minha mãe, talvez por isso eu tenha tido a coragem de chegar para ele e pedir que me arranjasse uma mulher, aos 16 anos", justificou. Numa tarde de verão, Gilberto se encontrou com Durval na Delegacia de Costumes e Diversões, na Praça da República, no Centro do Rio. Estava usando, sem avisar, o perfume do pai, mas Durval notou e, rindo, disse que não era preciso tanto. O escrivão de polícia vestia um terno branco "impecavelmente limpo", na lembrança de Gilberto. Da delegacia, foram de carro até a região do Mangue, na rua Pinto de Azevedo.

"Entramos na casa. A dona, amiga do meu pai, era toda gentilezas e, depois de me oferecer uma cuba-libre, que preferi recusar, mostrou-me uma por uma as suas funcionárias. Quase todas passavam dos 40 anos, ou pelo menos aparentavam isso." Notando a decepção do filho, Durval disse que poderiam esperar o tempo que fosse necessário. Pouco à vontade, Gilberto não queria esperar e, com o dedo, apontou para uma mulher — "uma mulatinha clara, jovem, meio tímida num canto, sem dúvida a mais jeitosa", descreveu. No quarto apertado para onde foi levado, Gilberto teve dificuldades de ficar excitado. Mas, com a ajuda da profissional, acabou conseguindo. "Muito tempo mais tarde, eu viria aprender que o que eu fiz naquele dia foi apenas me masturbar dentro de uma vagina. Sexo — como foi bom descobrir depois o sexo, com tesão recíproco, com ternura —, sexo era uma coisa muito diferente."

Gilberto nunca falou publicamente sobre as suas primeiras experiências homossexuais, mas deu algumas pistas em conversas com amigos e colegas nas décadas seguintes. Teve muitas aventuras frequentando saunas e banheiros de cinema. Chegou a dizer que poderia escrever um livro, um guia sobre os cinemas de "pegação" do Rio de Janeiro nos anos 1960. Demonstrava saber tudo, em detalhes, descrevendo qual cinema era melhor para cada tipo de experiência.

O ano de 1966 não foi memorável apenas pela leitura dramática de *Andromaque*, que colocou Gilberto sob os holofotes pela primeira vez. Em 1966, ele começou a resolver uma questão pessoal essencial. Tinha 21 anos e decidiu não mais esconder de si mesmo — continuou escondendo da mãe — que era gay. O longo e recatado namoro com Marcia terminou formalmente após Gilberto se apaixonar por um diplomata brasileiro, então servindo no Rio. "Foi minha primeira paixão. A única antes do Edgar", dizia.

Essa primeira paixão tem nome e sobrenome, mas optei por chamá-lo aqui de Diplomata, e vou explicar por quê. Foi uma relação bastante séria e importante para Gilberto, como já veremos, mas aparentemente não teve o mesmo impacto para o seu parceiro. Gilberto conta que se conheceram na Termas Leblon, então na rua Carlos Góis. "Não era como essas saunas de hoje, de putaria", esclarece. Houve uma paquera ainda dentro da sauna, que prosseguiu na área de descanso. O Diplomata estava conversando com um amigo, que também era diplomata. Ao se despedirem, falou num tom de voz alto o suficiente para ser ouvido por Gilberto: "Vou no cinema e depois vou dar um pulo no Scotch."

Assim que o Diplomata deixou a sauna, o amigo dele, cujo nome Gilberto não citou, convidou-o para ir ao bar à noite. E ele foi, claro. O Scotch era um bar gay, discreto, administrado por duas francesas na Fernando Mendes, uma rua em Copacabana com apenas uma quadra, mas bem animada à época, com outros dois bares e dois restaurantes. Os três dividiram uma mesa até que, educadamente, após algum tempo, o "cupido" deixou os dois a sós. Gilberto e o Diplomata começaram a conversar, se entenderam bem e terminaram a noite juntos.

O Diplomata, aparentemente, omitiu de Gilberto uma informação importante nesse *"first date"*: ele já havia sido designado para seu primeiro posto no exterior, em uma capital europeia. O namoro durou alguns meses. Até que um dia o Diplomata foi obrigado a revelar ao namorado que ia para a Europa. Gilberto dizia que ficara muito triste, alimentando a expectativa de ser convidado a visitá-lo, o que não aconteceu. Os dois se corresponderam por meses, até que, em janeiro de 1967, usufruindo a bolsa concedida pela Aliança Francesa, Gilberto foi passar uma temporada de três meses em Paris.

Só então, com Gilberto na França, é que, finalmente, o Diplomata o convidou a visitá-lo — e mandou uma passagem. Ele havia alugado um imóvel "espetacular", nas palavras de Gilberto, que aparecia numa cena de uma conhecida produção hollywoodiana do final dos anos 1940. A mãe do Diplomata também estava hospedada lá. Gentil, ela ensinou o rapaz a jogar buraco durante a curta estadia, de uma semana. Gilberto teve uma grande revelação nessa visita: "Foi importante porque descobri duas coisas: eu não gostaria de morar no exterior e ia detestar a carreira diplomática."

As discussões que presenciou sobre os limites e as possibilidades de mudança de posto durante a carreira deixaram uma má impressão em Gilberto. "Imagina ir pra Indonésia? Ia ser a morte." Também observou que o Diplomata estava muito descontente com o trabalho burocrático que fazia. Ele elaborava detalhados e enfadonhos relatórios de atividades culturais que ninguém lia. Após anos cogitando fazer o Instituto Rio Branco, esses poucos dias em companhia do namorado tiveram um efeito devastador: "Entendi que a carreira é como a de um militar. Tem que cumprir ordens. Só tem importância quando você está perto do topo. E vai representar um governo com o qual nem sempre você concorda." Muito dessa frustração com a carreira Gilberto colocou em Cacá, o personagem de Antônio Fagundes em *Dancin' Days* (1978).

O namoro também terminou ali. Não retomaram o contato por cartas e o Diplomata seguiu sua carreira, sendo transferido para diferentes postos. Após alguns anos, numa visita ao Rio, ele procurou Gilberto, que já vivia com Edgar num apartamento no Flamengo. Combinaram um jantar. Elegante, Edgar observou que sabia tratar-se de uma pessoa muito importante para Gilberto e por isso eles deviam ter um encontro a sós. O jantar, contudo, não correu bem. Gilberto se surpreendeu com o conservadorismo do ex-namorado. Falando sobre a violência no Rio, ele afirmou que a culpa era das drogas. "Você não acha que é a miséria?", questionou Gilberto. E ele: "Não. Pobre sempre houve, sempre vai haver. Esses garotos que param a gente no sinal, eles se drogam. É por isso que tem violência." Por causa dessa noite, Gilberto afirmava que há traços do Diplomata em uma das maiores vilãs que criou, a Odete Roitman de *Vale tudo* (1988). "Porque, apesar de eu não ser superpolitizado, não dava para lidar com esse nível tão grande de preconceito", explicou.

Gilberto contou todos esses detalhes da história a Xexéo e, em mais de uma ocasião, instigou o entrevistador a saber por onde andava a antiga paixão. Não deu tempo para Xexéo. Com base nas informações relatadas e muita pesquisa em coleções de jornais antigos, foi possível levantar a respeitada genealogia do sujeito, localizar a turma em que ele se formou no Instituto Rio Branco, estabelecer as várias etapas de sua carreira e descobrir alguns passos que deu após se aposentar. Mas não foi encontrado nenhum registro significativo sobre a sua vida social ou familiar, nem qualquer indiscrição sobre algum assunto privado. Em outras palavras, não há nenhuma informação pública sobre a sexualidade do Diplomata.

Fui, por isso, bastante cauteloso ao localizá-lo, com a ajuda de conhecidos, em dezembro de 2021, cerca de 45 dias depois da morte de Gilberto. Pelo relato feito a Xexéo, imaginava que o Diplomata tivesse 82 anos, mas ele disse que estava com 90. Era, portanto, quinze anos mais velho que Gilberto. A conversa por telefone teve a duração de dez minutos. E ele me falou o seguinte:

A minha relação com o Gilberto é uma relação comum, não tem nada de extraordinário. Ele esteve lá na Europa. Estava fazendo uma bolsa em Paris, me ligou e foi lá passar alguns dias comigo. Depois estive com ele no Brasil. Foi a última vez que estivemos juntos. Fatos marcantes eu não teria para lhe dar. Não houve fatos marcantes. Era um bom amigo, um papo muito bom, uma pessoa muito atenta. Eu o conheci antes da fase das novelas. Uma boa amizade. Nunca mais o vi. Soube por terceiros que não queria receber ninguém porque estava doente. Eu já estou indo para 91 anos. Mas isso [*a diferença de idade*] não impediu a nossa amizade. Sinceramente, não lembro de nada extraordinário que pudesse interessar a alguma menção numa biografia. Foi uma amizade corriqueira sem nada de extraordinário.

Compreendi que não havia motivos para ir além do que ele manifestou. O relato de Gilberto é suficiente para entender a importância que o caso teve em sua vida; não é uma situação que exija a exposição pública do parceiro. Vale lembrar que esse relacionamento ocorreu num momento especialmente delicado, durante uma ditadura militar. Documentos revelados décadas depois mostraram que o Ministério das Relações Exteriores promoveu uma perseguição a diplomatas homossexuais na segunda metade da década de 1960, justamente no período em que Gilberto namorou o Diplomata. O então ministro Magalhães Pinto determinou um "rigoroso exame dos casos comprovados de homossexualismo de funcionários do ministério suscetíveis de comprometer o decoro e o bom nome da casa, tendo em vista o possível enquadramento dos indiciados nos dispositivos do Ato Institucional nº 5". Ao final da investigação, por "prática de homossexualismo, incontinência pública escandalosa", sete diplomatas foram aposentados compulsoriamente e seis servidores administrativos foram afastados do Itamaraty. Foi o maior expurgo da história do Ministério das Relações Exteriores. Em outros dez casos em que a Comissão de Investigação Sumária teve dúvidas sobre a orientação sexual dos investigados, o chefe do Serviço de Assistência Médica e Social do ministério sugeriu a realização de exames psiquiátricos e proctológicos.

O período de três meses na Europa não se resumiu ao encontro com o Diplomata. Muito pelo contrário. A primeira vez em Paris foi inesquecível. Para começar, Gilberto contou com ajudas preciosas para enfrentar o inverno na capital da França. O diretor da Aliança Francesa no Brasil, *monsieur* Biorrot, sabia que ele não tinha recursos para gastar em Paris, então, além da bolsa em dinheiro, conseguiu hospedagem para Gilberto. Ele dividiu um quarto com outro aluno no último andar do prédio da Aliança no Boulevard Raspail. O banho, ele nunca se esqueceu, era num banheiro coletivo. Muitas das roupas que levou na bagagem foram emprestadas por um aluno. O diretor teatral Amir Haddad, que ele também conhecia, emprestou dois casacos. Décadas depois, lembrando os tempos de vacas magras, ele dizia, com ironia: "Então eu fui assim mais ou menos vestido."

A bolsa de estudos era para um curso preparatório de professor, um sinal do interesse da Aliança em Gilberto. Mas ele não estava nem aí. Saía toda noite para se divertir e não acordava de manhã a tempo de frequentar as aulas. O dinheiro da bolsa seria dado em duas parcelas. A primeira metade ele recebeu assim que chegou. No dia marcado para receber a segunda parcela, porém, foi informado de que a bolsa havia sido cancelada. Gilberto, então, pediu para ser recebido pelo diretor-geral da Aliança, *monsieur* Monpant, que já havia estado com todos os bolsistas no início do curso. Gilberto foi sincero: disse que ia para a farra de noite e por isso estava faltando ao curso. Monpant simpatizou com a sinceridade do aluno e mandou liberar a bolsa.

Como todo marinheiro de primeira viagem em Paris, Gilberto se encantou com o número de salas de cinema e a variedade dos filmes exibidos. Assistia a filmes todos os dias. Também se impressionou com o metrô da cidade. Uma secretária do diretor da Aliança no Rio o ensinou a decifrar o mapa e a fazer baldeações entre as dezenas de linhas e estações subterrâneas. Os relatos que Gilberto fez dessa viagem também reforçam o perfil que cultivou de "alienado" politicamente. Permaneceu em Paris entre janeiro e março de 1968, nos meses que antecederam a explosão das manifestações de maio, mas não guardou qualquer registro de efervescência política na cidade. "Não notei nada", diria anos depois, rindo de si mesmo.

De volta ao Rio em abril de 1968, Gilberto foi contratado como professor da Aliança Francesa. Brincava dizendo que "morou" por muitos anos na filial de Copacabana, na rua Duvivier. Sentia-se como em um clube, chegou a dizer, onde tinha muitas atividades, além das seis horas de aulas diárias que chegou a dar. Era visto como um ótimo professor, mas ganhava pouco e se sentia frustrado. Não podia ter as coisas que via no cinema americano e desejava. Como conseguir? Não se dava conta na época, mas queria mesmo era ser diretor de cinema. Seus grandes ídolos eram os diretores Billy Wilder, Hitchcock, Truffaut. Gilberto já tinha a percepção de que queria trabalhar com algo ligado ao universo do entretenimento, mas não fazia ideia, ainda, do quê.

Durante a estadia em Paris, assistiu a alguns espetáculos teatrais que o marcaram, em especial *A delicate balance*, de Edward Albee, com direção de Jean-Louis Barrault. Também assistiu a *Queridinho* (*Staircase*), de Charles Dyer, que em Paris teve o título *L'Escalier*, dirigido por Claude Sainval, com Paul Meurisse e Daniel Ivernel. Viu ainda uma montagem de *Medeia*, de Sêneca, dirigida por Jorge Lavelli, com Maria Casarès, no Odéon, e *L'Anniversaire*, de Harold Pinter, com Michel Bouquet e direção de Claude Régy, no Teatro Antoine. Posteriormente, quando vira crítico de teatro do *Globo*, menciona alguns desses espetáculos.

Não foi nenhuma dessas peças, no entanto, a escolhida para a sua nova incursão no campo teatral, dessa vez em cima do palco. Em setembro de 1968, dez meses depois da leitura de *Andromaque*, Gilberto e a professora Lia da Costa Braga propuseram à Aliança Francesa uma leitura dramática da peça *Verão* (*L'Été*), do francês Romain Weingarten, que havia sido encenada em Paris, em 1966, com enorme sucesso. A história se passa numa casa de campo habitada por dois adolescentes e dois gatos, e o texto se alinhava ao "teatro do absurdo", de Eugène Ionesco, que Weingarten preferia chamar de "teatro poético".

A leitura na própria Aliança, em 11 de setembro de 1968, foi dirigida pelo amigo inseparável Jorge Guimarães e contava com uma amiga nova de Gilberto no elenco, Hildegard Angel, no papel de Alice, além de Reinaldo Cotia Braga como Marco. Na boa tradução de Jacqueline Laurence, os gatos Moitié Cerise e Sa Grandeur d'Ail viraram Naco de Cereja (papel de Gilberto) e Dente de Alho (Jorge). Embora tenha sido realizada num espaço mais acanhado, o sucesso foi grande — saíram notinhas nos jornais e o grupo foi convidado a repetir a leitura na Aliança Francesa de Vitória (ES). Hilde se impressionou com a amizade entre Jorge e Gilberto. "Achava que vocês eram namorados", disse para Gilberto. "Não! Nunca fui namorado dele", respondeu.

7. O CINÉFILO QUE VIROU CRÍTICO DE TEATRO

Quando uma pessoa famosa olha para trás já sabendo o que aconteceu lá na frente com a própria vida, é grande a tentação de dar sentido e lógica ao relato, transmitindo a ideia de que tudo se encadeia naturalmente. Cabe ao biógrafo verificar se essa narrativa faz sentido e se é baseada em fatos reais. Em 1968, Gilberto intuía que queria fazer algo relacionado ao *show business*, mas não sabia o quê. Nem desconfiava que poderia escrever ficção, muito menos novelas para a televisão, mas dizia saber que precisaria de boas relações pessoais. Em 2008, refletindo sobre a indefinição profissional que vivera quarenta anos antes, ele afirmou algo que chama muito a atenção:

> Como é que o filho do escrivão de polícia com a dona Yedda vai virar alguma coisa neste meio tão competitivo? Sempre fui oportunista. O que eu mais gostava era cinema e música, mais do que teatro. Mas o que eu mais via no Rio eram os críticos de teatro. Porque eram poucos. O Henrique Oscar, crítico de teatro do *Diário de Notícias*, jornal que meu pai comprava, para mim, era uma celebridade. Pensei: eu podia ser crítico de teatro. Por que não de cinema? Porque eram vários por jornal. E de teatro era um por jornal. Eu não queria ser crítico de teatro, eu queria fazer relações.

A fala ecoa um pragmatismo que chega a ser chocante, mas que não deve ser tomada como uma verdade absoluta. Gilberto sempre sentiu prazer em chocar com sua sinceridade. É um traço que aparece em muitas entrevistas e nas suas relações pessoais. Ao dizer que planejou se tornar um crítico de teatro porque a concorrência seria menor do que se tivesse se aventurado pelo campo da crítica de cinema,

Gilberto não está contando a história completa. Ele próprio vai se lembrar do enorme esforço que foi obrigado a fazer para se fixar como crítico teatral. A fala também tem o efeito de tratar como algo menor, com mera função utilitária, uma atividade em que, como veremos, ele se destacou e desempenhou com muita competência. O depoimento também simplifica demais a relação que ele tinha com o cinema e com a crítica cinematográfica.

A cinefilia de Gilberto sempre foi uma coisa séria. Muito séria. Anotava os filmes que via num caderno, incluindo a ficha técnica. Via um mesmo filme várias vezes. Sabia de cor os diálogos de alguns, como *Hiroshima, meu amor* (1959), de Alain Resnais, ou *Beijos proibidos* (1968), de François Truffaut. Na década de 1960, adquiriu o hábito de ver o filme mais importante da semana na sessão das 14 horas, a primeira. "Vagabundo e dando aula particular, eu fazia o meu horário", resumiu. Sonhou ser diretor de cinema. Além disso, entre as pessoas que admirava estavam os críticos de cinema. Um deles era Antonio Moniz Vianna.

Moniz foi o mais importante e influente crítico de cinema da imprensa carioca nas décadas de 1950 e 1960. Sua tribuna foi o *Correio da Manhã*, um dos jornais mais respeitados da época, onde escrevia todos os dias, sobre quase todos os filmes em cartaz. O jornalista Sérgio Augusto, que trabalhou com Moniz, o descreve como "o mestre de uma geração" e também como "um fenômeno fora de série" em termos mundiais, "com uma elegância estilística cujo molde parece ter sido jogado fora". Ruy Castro, que organizou uma coletânea com 91 dos quase 6 mil textos que Moniz escreveu, o classifica como "uma entidade quase mítica — o homem que vira todos os filmes e, ao escrever sobre eles, nos ensinava não só de cinema, mas de história, literatura, música, mitologia". Valério Andrade, que também foi assistente de Moniz, considera-o o "referencial máximo" de crítica de cinema no Brasil.

Pois Gilberto Braga se tornou muito amigo de Moniz Vianna. A aproximação se deu por intermédio da esposa do crítico, a atriz Amiris Veronese, colega de Gilberto na Aliança Francesa. A ligação entre Gilberto e Moniz remonta, pelo menos, a 1965, quando o segundo organizou o Festival Internacional do Filme, planejado para festejar o quarto centenário do Rio de Janeiro. Sem ingresso para as sessões, Gilberto ficou desesperado. Até que abordou Moniz Vianna no Mercadinho Azul, em Copacabana, onde o crítico comprava tabaco para o seu cachimbo. Gilberto explicou o seu drama e Moniz, muito gentil, pegou um cartão no bolso e escreveu atrás: "Este rapaz é meu convidado. Pode entrar em todos os filmes."

No início da década de 1970, Gilberto fez parte do círculo de críticos e amigos que frequentavam o apartamento de Moniz, em Copacabana. Os encontros ocorriam normalmente aos sábados à noite, depois que o crítico encerrava o expediente no *Correio da Manhã*. Também costumavam participar da conversa animada os críticos Paulo Perdigão e Carlos Fonseca, além do editor José Lino Grünewald. "Se não fosse crítico de teatro, teria sido um excelente crítico de cinema", avalia Valério Andrade sobre o conhecimento que Gilberto revelava nesses encontros.

Na Apresentação do livro que reúne textos de Moniz, Ruy Castro descreve as reuniões como "um mundo em que o amor ao cinema pairava sobre tudo, e que a descoberta de determinado filme ou o levantamento da filmografia completa de um diretor provocava *thrills* comuns a todos". Na descrição do jornalista, os frequentadores daqueles encontros enxergavam Moniz como o pai ou irmão mais velho, cujo apartamento "eles se orgulhavam de frequentar e de cujo universo participavam".

Levado por Amiris, Gilberto estava escrevendo os seus primeiros textos como crítico teatral. Tal qual seu ídolo, admirava o cinema comercial de qualidade e torcia o nariz para experiências mais vanguardistas. "Educado, afável e inseguro", nas lembranças de Valério Andrade, Gilberto ouvia Moniz em silêncio e jamais questionava as afirmações mais polêmicas escritas ou ditas com a contundência que caracterizava o mestre. Não significa dizer que concordasse com o que era falado ou discordasse.

Isso ocorria, por exemplo, quando Moniz dizia que nunca um filme da Nouvelle Vague francesa o entusiasmara, ou que nenhum daqueles diretores se inscrevia entre os grandes do cinema. "Nem Truffaut, que era o melhor", dizia. Gilberto certamente discordava. Na sua lista de dez filmes preferidos há três de Truffaut: *Beijos proibidos* (1968),

Os incompreendidos (1959) e *O último metrô* (1980). Já na falta de entusiasmo com o Cinema Novo brasileiro e no interesse pelos grandes filmes do cinema americano, a afinidade entre Moniz e Gilberto era total. Não escapou aos olhares mais atentos que, como crítico teatral, Gilberto tenha adotado um ponto de vista contra a corrente, pouco simpático ao teatro de vanguarda ou experimental, o que tem paralelismos com a postura de Moniz como crítico de cinema.

Será que Gilberto teve uma epifania integrando o círculo de Moniz Vianna? O fato é que, em 1969, ele desenvolve um plano para se tornar crítico de teatro. Frequentando a casa de Daisy Lúcidi, amiga de sua mãe, conheceu Floriano Faissal, que era diretor de teatro e da Rádio Nacional. Uma filha de Floriano, Denise, era casada com o editor de um jornal chamado *Gil Brandão*, lançado em novembro de 1967 e distribuído de graça, aos domingos, em Copacabana. Era uma publicação bancada pelo figurinista e modelista Gil Brandão, que desenvolveu um método de ensino de costura. Além de moldes de roupas, o jornal trazia matérias sobre culinária, decoração, antiguidades, literatura, cinema e teatro. Gilberto viu que a publicação não tinha crítico teatral e se ofereceu. "Você gostaria de ter um crítico de teatro?", perguntou. "Seria muito bom pro jornal, mas não posso pagar", explicou o editor. "Não faz mal. Eu faço de graça", respondeu. Gilberto queria apenas que seu nome aparecesse. E apareceu mesmo.

No domingo, 3 de agosto de 1969, sai sua primeira crítica no *Gil Brandão*. É da peça *Frank Sinatra 4815*, de João Bethencourt, que estava em cartaz no Teatro Copacabana comemorando os vinte anos de atividades da sala de espetáculos. "*Frank Sinatra 4815* parece-nos ser uma comédia ligeira que Nelson Rodrigues escreveria, fosse ele um autor de comédias ligeiras", elogiou o crítico. Uma semana depois, *Gil Brandão* publicou uma reportagem de Gilberto sobre Maria Clara Machado, que ele conhecia muito bem. No dia 17 de agosto, o jornal trouxe uma crítica ao espetáculo *A noite dos assassinos*, do autor cubano José Triana, com direção de Martim Gonçalves, no Teatro Ipanema.

O jornalista Fernando Zerlotini, que trabalhava como redator no *Globo*, gostou dos textos que leu no *Gil Brandão*. Ele era amigo de Gilberto e o recomendou a Carlos Menezes, editor de variedades do jornal. Menezes estava muito insatisfeito com o crítico de teatro do *Globo*, o diretor teatral Martim Gonçalves, que havia sido alvo da terceira crítica de Gilberto no *Gil Brandão*. A duplicidade de funções rendia diversos problemas para o editor. Quando Martim estava ensaiando uma peça, o jornal ficava semanas, às vezes meses, sem crítica. Menezes queria trocar o crítico, mas Martim, na função desde março de 1966, aparentemente era protegido de alguém em posição superior à do editor do suplemento cultural.

Nascido em 1919, em Recife, o titular da coluna de teatro do *Globo* era um nome conhecido e respeitado no meio. Martim teve uma atuação marcante na formação de atores. Organizou a primeira escola de teatro ligada a uma universidade, a Federal da Bahia (Helena Inês, Othon Bastos e Geraldo Del Rey começaram ali), e também criou o Tablado com Maria Clara Machado. Fez direção e/ou cenografia de espetáculos importantes como *Desejo*, de Eugene O'Neill, dirigido por Ziembinski, *A ópera dos três vinténs*, de Bertolt Brecht, e *O balcão*, de Jean Genet. Ganhou o prêmio Garcia Lorca pelos cenários e trajes de *Bodas de sangue* (1944) e o Molière pela direção de *Queridinho* (1967). Formado em medicina, especializado em psiquiatria, Martim abandonou a profissão pelo teatro.

Gilberto foi conversar com Menezes e entendeu que o editor queria um assistente para Martim. Só muito tempo depois ele se deu conta de que, na verdade, havia sido chamado para ajudar a derrubar o crítico titular. Na ingenuidade dos seus 24 anos, Gilberto telefonou para Martim e informou que estava sendo contratado para auxiliá-lo. O crítico reagiu mal, aos gritos: "Seu moleque! Eu quero fazer minha coluna sozinho." Gilberto relatou a conversa a Menezes, acrescentando que Martim bateu o telefone na sua cara. Começou assim, bem mal, uma carreira que, no geral, seria muito bem-sucedida e importante para Gilberto.

8. GILBERTO VERSUS MARTIM

O crítico não apareceu nos primeiros dias do período de Gilberto no *Globo*. Martim Gonçalves continuava sendo o titular. Cabia a Gilberto apurar notas que registrassem o movimento teatral carioca e, de vez em quando, relatassem o que estava em cartaz em São Paulo, Londres, Paris ou Nova York. Havia espaço também para entrevistas com gente da comunidade teatral.

A primeira coluna de notas de autoria de Gilberto, assinada por "interino", foi publicada na página 5 do dia 7 de outubro de 1969, uma terça-feira. Trazia apenas duas notas. A primeira anunciava as cinco estreias programadas para o mês na cidade, entre as quais *Na selva das cidades*, de Bertolt Brecht, montada pelo Grupo Oficina no Teatro João Caetano, e *Celestina*, o clássico espanhol de Fernando Rojas, produzido e estrelado por Eva Todor no Teatro Glaucio Gill. A segunda registrava o lançamento do número 370 da *Revista do Teatro*, editada pela Sociedade Brasileira de Autores Teatrais (Sbat), e dava destaque a um texto de Nelson Rodrigues sobre Plínio Marcos.

A paixão por Nelson, nascida nas conversas dos almoços de domingo, quando seu Durval dava as suas impressões sobre o espetáculo teatral a que tinha assistido na noite anterior, e alimentada no Pedro II durante o seminário sobre o autor, esteve presente durante todo o tempo em que Gilberto foi crítico teatral. Certamente, devia se orgulhar de estar escrevendo no mesmo jornal para o qual o dramaturgo que ele chamava de "gênio" redigia uma crônica diária na coluna "As confissões de Nelson Rodrigues". Não é exagero dizer que Nelson e Gilberto se tornaram colegas.

A segunda coluna, publicada dois dias depois, não trazia assinatura alguma, mas, pelo menos, não era mais atribuída ao "interino". Nela, Gilberto não perdia a chance de fazer críticas ao teatro de vanguarda e alfinetar aquele que se tornaria um de seus alvos preferidos nos primeiros dias como colunista, o dramaturgo espanhol Francisco Arrabal. O crítico registra o fato de que, durante a peça *Et ils passèrent des menottes aux fleurs*, em Paris, o público era obrigado a assistir ao espetáculo encapuzado, vendo apenas o que os dois furos do capuz permitiam. "Uma encenação que certamente despertará a inveja do mais 'pra frente' dos diretores", ironiza Gilberto.

Na coluna seguinte, no dia 10, Gilberto deixou de ser anônimo, embora não tenha sido completamente identificado. É uma coluna convencional, anuncia a estreia do dia, relata uma cena de bastidores (o ator que caiu do palco diretamente no colo de uma espectadora durante um espetáculo), revela o plano de uma companhia de montar uma peça de Edward Albee. Mas é uma coluna marcante porque Gilberto deixa de ser "interino" e passa a assinar com as iniciais de seu nome: G.T.

Tornou-se comum dividir o espaço que *O Globo* dedicava à cobertura teatral entre uma crítica de Martim Gonçalves e as notas ou entrevistas de Gilberto. Por dez dias, as colunas de notas foram publicadas sem assinatura ou atribuídas apenas a G.T. Mas, no dia 17 de outubro, o leitor teve, finalmente, o prazer de conhecer o nome do novo colaborador com todas as suas letras: Gilberto Tumscitz assinava no alto da página 12 da segunda seção, sob o título "Celestina desanimada", a crítica de *Celestina*. Não dá para dizer que tenha sido um ato de generosidade de Martim Gonçalves. Na verdade, a estreia do novo espetáculo de Eva Todor trazia uma daquelas situações que tanto incomodavam Carlos Menezes, o editor de variedades do jornal. A direção de *Celestina* era justamente de Martim Gonçalves e é claro que ele não poderia escrever a crítica de seu próprio espetáculo. Era para momentos como esse que Gilberto fora contratado.

No dia seguinte à estreia de *Celestina*, Gilberto procurou Carlos Menezes para transmitir sua avaliação. "É muito ruim. O que é que eu faço?" Menezes não titubeou: "Descasca!" E Gilberto descascou. A escritora e atriz Denise Bandeira, que, muitos anos depois, dividiria com Gilberto a autoria de algumas novelas da Globo, diz que "ele é a pessoa mais livre" que conheceu. "Diz tudo o que pensa e, até onde eu sei, não tem medo de nada", acrescenta. Pois foi essa pessoa livre que escreveu a crítica, sabendo que iria desagradar ao colega de redação, que, teoricamente, era superior a ele na hierarquia da seção:

69

O diretor optou por um meio-tom que encolhe demais o texto de F. Rojas, um pouco cortado, aliás, se bem que cortado com eficácia. O que falta é vivacidade, falta pimenta. É bastante curioso vermos uma Celestina tão tímida depois que Zeffirelli revitalizou Romeu e Julieta no cinema. Menéndez Pelayo considerava a velha megera Celestina, num ensaio crítico, "capaz de dar lições ao próprio Diabo". Sentimos muita falta do Diabo na montagem do Glaucio Gill.

Se faltava pimenta à direção da peça, o texto de Gilberto tinha tempero de sobra. Se não havia Diabo no palco do Glaucio Gill, Martim Gonçalves passou a ver o Diabo na redação. Para ele, Gilberto queria tomar o seu lugar. É claro que a crítica de Celestina não ajudou a melhorar a relação entre os dois, mas incluiu, definitivamente, o jovem Gilberto Tumscitz, às vésperas de completar 24 anos, no seleto grupo de quase uma dezena de críticos que atuavam na imprensa carioca naquela época. Diante das limitações da posição que ocupava no jornal, em outubro de 1969 Gilberto começou a fazer entrevistas com grandes nomes do teatro. São matérias que o aproximam ainda mais do meio teatral, mostram sua capacidade de ouvir artistas que pensam de forma muito diferente da sua e oferecem algumas ótimas discussões sobre a cena teatral brasileira naquele momento.

A série começa com Amir Haddad, que defende a independência do diretor frente ao autor do texto: "Um diretor não trabalha para expressar um texto que não é dele. Ele se expressa junto com o autor. O contrário não seria arte." Henriette Morineau ganha uma página inteira no jornal em novembro e emociona quem a lê: "Diante de dez pessoas, a gente representa como se ali houvesse 10 mil. Sempre há na plateia um espectador que merece o esforço." Paulo Gracindo diz música para os ouvidos de Gilberto quando defende o teatro que se comunica com o público: "Quem tem razão é Louis Jouvet, quando diz que o que faz sucesso, o que faz o ator e a peça é o público. Se você não tem público, qual o sentido do trabalho?"

Numa linha semelhante à de Amir Haddad, José Celso Martinez Corrêa defende a experimentação numa entrevista de página inteira: "Um texto onde eu vá encenar exatamente o que está escrito não me interessa, eu acho nesse caso a montagem dispensável. Uma peça acabada a gente imprime e dá pra todo mundo ler." Já Fernanda Montenegro observa que o teatro político é essencial, mas "é preciso também não abandonar o outro tipo de teatro, mais digestivo. Os dois devem coexistir. É o que acontece no mundo inteiro". A série prossegue até março de 1970. Há ótimos momentos em outras entrevistas feitas por Gilberto com Celia Helena, Jô Soares, Ziembinski, José Vicente, Leilah Assumpção, Fernando Torres, Oduvaldo Vianna Filho, Daisy Lúcidi, Paulo Autran e Dias Gomes.

Durante todo o mês de novembro daquele 1969, a participação de Gilberto na cobertura de teatro limitou-se à produção da coluna de notas. Nem por isso ele deixou de dar mostras do estilo que iria impor no jornal quando se tornasse seu crítico principal. Nas notas, Gilberto já espalhava provocações, mostrava erudição e, mesmo em poucas linhas, exibia um texto irônico e bem-humorado. Era necessário estar muito seguro de seu conhecimento sobre o tema, por exemplo, para minimizar a importância de Samuel Beckett, premiado naquele mês com o Nobel de Literatura e que se tornara o queridinho da classe teatral carioca. "Vibram os admiradores do teatro do absurdo. É verdade, no entanto, que a obra de Beckett, composta de peças curtas (*Esperando Godot*, *Fim de partida*, *Dias felizes*, *A última gravação de Krapp*), é de importância discutível."

Não deixa de ser audaciosa, também, a legenda de uma foto publicada na coluna de 26 de novembro na qual determinava que "*Pluft, o fantasminha* é, de longe, uma das melhores montagens de 1969 apresentadas no Rio". Numa temporada recheada de autores clássicos, como Georges Feydeau (*Olho n'Amélia*), Molière (*O avarento*) e Brecht (*Galileu Galilei*), Gilberto tem a petulância de incluir uma peça infantil brasileira na linha de frente dos espetáculos daquele ano.

No dia 5 de dezembro, a coluna de notas foi batizada. Passou a se chamar "Por trás do pano de boca". No dia 10, Gilberto teve uma segunda oportunidade como crítico. Não a desperdiçou. A tarefa era analisar a montagem de uma nova produção de Dercy Gonçalves, *A gata tarada*, em cartaz no Teatro Casa Grande. Dercy não era a atriz favorita dos críticos. O excesso de palavrões, os improvisos exagerados, as cuspardas no público faziam com que ela fosse vista como uma atriz vulgar, popularesca. Não merecia nem mesmo a presença de um crítico na plateia — e nenhum dos críticos cariocas prestigiou *A gata tarada*. A não ser Gilberto.

O resultado foi uma obra-prima de ironia publicada sob o título "O fascínio de Dercy Gonçalves", em que o novo crítico, sob o pretexto de elogiar Dercy, critica os colegas que aplaudem o teatro de vanguarda. Para Gilberto, a desprezada Dercy é a precursora do chamado "teatro de agressão", que eles tanto elogiam. "Ela nunca deu bola para o texto impresso, partindo sempre dele para um espetáculo absolutamente pessoal, de exaltação da sua figura de atriz", escreve. "Nada é mais agressivo do que um espetáculo de Dercy. Agride-se não só o público, mas também os outros atores, o autor do texto, a coisa teatral enfim."

Até o fim de 1969, Gilberto emplacaria só mais uma crítica no *Globo*, a de *A moral do adultério*, nova produção de Eva Todor, que ela já havia montado quatro anos antes. Era a certeza de um sucesso popular depois da fracassada montagem de um texto clássico. Sob o título "Anacronismo mas agrada", o crítico observa que o texto "não responde absolutamente a nossas necessidades de espectadores acostumados a trabalhos mais finos, mais modernos". Porém, como sempre fará, destaca: "Assistimos a um espetáculo que agrada extremamente ao grande público."

O estilo é bem diferente daquele a que o leitor do *Globo* estava acostumado. Gilberto reverenciava o sucesso popular, criticava o excesso de textos que não faziam sentido para o espectador e, principalmente, queria provocar. Se o leitor não percebeu a diferença de imediato, os colegas de veículos concorrentes registraram a mudança. Como ficou claro na nota que Wilson Cunha publicou em sua coluna de teatro na *Tribuna da Imprensa* no dia 3 de dezembro: "Anda bem melhor a coluna de teatro de 'um certo vespertino' que das bolorentas mãos de um diretor (e crítico) *fané* (como sua *Celestina*) parece ter passado para uma informação jovem de G.T. — para quem não sabe, Gilberto Tumscitz." Talvez Cunha tenha se precipitado. A coluna não tinha mudado de mãos oficialmente. Naquele finzinho de 1969, e também no começo de 1970, porém, foi Gilberto Tumscitz quem deu as cartas. Martim Gonçalves saiu de cena. Só que não definitivamente.

O crítico provocador já tinha se mostrado no texto sobre o espetáculo de Dercy e nas notinhas espalhadas pela coluna "Por trás do pano de boca", mas foi radical na crônica que escreveu sobre o anúncio do ganhador do prêmio Golfinho de Ouro, em 1970. Ali, Gilberto, que já não era o melhor amigo de Martim Gonçalves, comprou uma briga com quase todos os outros críticos cariocas. O Golfinho, criado apenas dois anos antes, tornou-se um dos mais importantes prêmios culturais do então estado da Guanabara. Promovido pelo Museu da Imagem e do Som (MIS), era escolhido pelos sete conselhos da instituição (música popular, música erudita, teatro, literatura, cinema, artes plásticas e esportes). Os mesmos conselhos escolhiam, ainda, os ganhadores do prêmio Estácio de Sá para a "personalidade que mais tivesse contribuído para animar e estimular as atividades do respectivo setor".

Se alguém do meio artístico ainda não sabia que *O Globo* tinha um novo crítico de teatro, ficou sabendo naquele 3 de janeiro de 1970, quando, no alto da página 11 da segunda seção do jornal, ele assinou o artigo "Na marola dos golfinhos". A competição na área teatral pelo Golfinho resumia a luta travada entre dois tipos de teatro na programação carioca, e que Gilberto expunha com frequência em seu espaço no jornal. Havia dois concorrentes: José Vicente, autor paulista da idade de Gilberto que tinha encantado a crítica no ano anterior com sua peça de estreia, *O assalto*; e João Bethencourt, veterano comediógrafo nascido na Hungria e radicado no Rio, que, com *Frank Sinatra 4815*, tinha caído no gosto do público e vinha lotando havia seis meses o Teatro Copacabana.

Dez conselheiros de teatro votaram para eleger o ganhador da honraria, quase todos críticos. Entre eles estavam o arqui-inimigo Martim Gonçalves e o estimado Van Jafa, aquele mesmo que tinha dado a Gilberto, quase quatro anos antes, a primeira oportunidade na imprensa. José Vicente ganhou o prêmio com sete votos contra três dados a João Bethencourt, um resultado que, segundo Gilberto, "o espectador lúcido só pode lamentar". O crítico acreditava que "num país em que teatro praticamente inexiste, é preciso criá-lo, criá-lo e fortalecê-lo". Por isso defendia um olhar mais generoso para o gosto popular. "O perigo, justamente, é afastarmo-nos da realidade e começarmos a encarar o mundo que nos cerca como se teatro fizesse realmente parte dele." Exagerando, escreve: "O especialista perde às vezes o senso comum que qualquer pipoqueiro tem. E qualquer pipoqueiro sabe que *Frank Sinatra 4815* desempenha dentro do nosso panorama teatral um papel muito mais importante que *O assalto.*"

Na passagem mais agressiva do texto, Gilberto escreve:

O problema é que os sete elementos que votaram no Assalto são descendentes diretos dos intelectuais seiscentistas que não admitiram Molière na Academia Francesa, quando de sua morte. [...] Quem perde é o teatro brasileiro, quando uma comissão incentiva a dramaturgia a ser cada vez mais fechada, até que todos os teatros fechem de uma vez por todas suas portas, transformando-se em cinemas ou supermercados.

A repercussão foi imediata e pode ser resumida na nota que o jornalista Ney Machado publicou, no dia 7 de janeiro, na coluna "Noite e dia", que mantinha no *Diário de Notícias*. Observando que *Frank Sinatra 4815* estava iniciando seu sétimo mês em cartaz, ele escreve: "Vem causando a mais viva repercussão na classe teatral e entre os fãs de teatro a crítica que Gilberto Tumscitz publicou sobre a não concessão do Golfinho a esta peça. Defesa corajosa e lúcida." Ou, como atestou Wilson Cunha em sua coluna na *Tribuna da Imprensa* no dia 17 de janeiro, comentando o destaque que os textos de Gilberto vinham tendo no *Globo*: "Acho um fato extremamente salutar que a jovem crítica consiga um lugar ao sol. Afinal, já era mais do que tempo de novas vozes serem ouvidas."

Havia realmente algo de novo na crítica teatral carioca. O jovem crítico do *Globo* iniciava sua trajetória com uma erudição e um bom humor que não faziam parte do repertório de seus pares. Cinquenta anos depois, ele resumiria essas características de forma mais modesta: "Eu era um crítico bonzinho." Não era, não, o que pode ser constatado na crítica, publicada em 12 de janeiro de 1970, a *Hamlet*, uma montagem dirigida por Flávio Rangel, que saiu de São Paulo para fazer temporada no Rio. A proposta de Rangel era transpor a tragédia de Shakespeare para o Brasil moderno e, assim, chegar mais perto do entendimento do público. Gilberto foi tudo, menos bonzinho ao avaliar o trabalho. "Na busca do popular, chegou-se apenas a um esteticismo primário que beira a vulgaridade. [...] Compreendemos o erro, mas não podemos compreender que se excursione com um equívoco tão patético", escreveu.

Se a maldade é discutível, não se pode negar que ele era impiedoso com a vanguarda mal feita, como demonstra na crítica, publicada em 27 de janeiro, de *A colônia penal*, peça baseada num conto de Franz Kafka, que estava em cartaz no Teatro Glaucio Gill: "Tudo é álgido e dirigido exclusivamente à nossa inteligência. Acontece que a maioria do público — entre a qual confesso me encontrar — não quer ser inteligente. Queremos vibrar, ser envolvidos por um espetáculo que atinja nossa pele, nossos nervos e não apenas nosso pobre cérebro."

Gilberto era um crítico mais esperto do que bonzinho. Ou "oportunista", como ele mesmo se definia. Ele usava o espaço da seção "Por trás do pano de boca" para divulgar os espetáculos que tinham recebido dele uma avaliação negativa ou promover atores cujos trabalhos tinha criticado. Foi o que aconteceu, por exemplo, no dia 13 de janeiro, com a avaliação de uma atriz iniciante na remontagem da comédia *Toda donzela tem um pai que é uma fera*, de Glaucio Gill: "Não se compreende que, sob o pretexto de que é 'boulevard', entreguem-se papéis de peso a atores inexpressivos como [...] a bonita jovem Lúcia Alves." Dois dias depois, a atriz "inexpressiva" ganhou destaque na seção "Por trás do pano de boca": "Lúcia Alves, a jovem estrela da remontagem de *Toda donzela tem um pai que é uma fera*, em cartaz no Teatro Sérgio Porto, aparecerá ao lado de Leila Santos, Carlo Mossy e José Augusto Branco no filme de Pedro Camargo *Um estranho triângulo*. Lúcia foi lançada por Oscar Ornstein em *Quarenta quilates*."

O estilo morde e assopra rendeu ao crítico Gilberto Tumscitz muitos amigos e pouquíssimos inimigos. Lúcia Alves, por exemplo, revela que nunca guardou mágoas. "O Gilberto tinha razão", diz ela hoje. "Eu era inexpressiva mesmo. A meu favor, tenho que dizer que nada naquela peça deu certo. Foi o único fracasso da minha carreira." Gilberto também não ficou marcado pela primeira má impressão. Lúcia Alves esteve no elenco de duas novelas e uma minissérie que ele escreveu.

Em meados de fevereiro de 1970, Martim Gonçalves retomou suas atividades como crítico principal, deixando para o rival apenas a seção de notas e uma ou outra crítica eventual. É aí que começa o período que o próprio Gilberto chama de "guerra". O espaço ficou dividido entre os dois. Segundas, quartas e sextas eram dias de Gilberto cuidar de teatro no *Globo*; terças, quintas e sábados, o assunto ficava por conta de Martim. Domingo, quando o jornal não circulava, era um dia de trégua. Isso fez a cobertura ficar meio repetitiva. Frequentemente Martim escrevia uma nota na quinta-feira anunciando a estreia de uma peça no dia seguinte. E, um dia depois, Gilberto escrevia outra nota anunciando a mesma estreia para o dia daquela edição.

Embora o crítico oficial do jornal fosse Martim, Gilberto não furtava o leitor de sua opinião publicada na coluna "Por trás do pano de boca". E as divergências entre os dois acabaram se tornando públicas. Foi o que aconteceu, por exemplo, quando estreou *Odorico, o bem-amado*, de Dias Gomes, com Procópio Ferreira comandando um elenco dirigido por Gianni Ratto. No dia 21 de março de 1971, Martim classificou o trabalho de Ratto como "amadorístico". No dia 3 de abril, Gilberto deu um puxão de orelha no rival: "Gianni Ratto soube criar um clima propício à personalidade de Procópio, num espetáculo deliberadamente nostálgico e passadista que nem todos estão sabendo compreender."

A guerra durou praticamente dois anos. A rivalidade atingiu o auge no dia 14 de outubro de 1971, quando, contrariando todas as regras jornalísticas, o editor Carlos Menezes publicou dois obituários diferentes da atriz Glauce Rocha. Glauce tinha sido uma das estrelas de uma das novelas mais bem-sucedidas da Globo, *Irmãos Coragem*. Quando morreu, aos 38 anos, estava gravando uma novela, *Hospital*, na Tupi, em São Paulo. Ainda assim, era identificada com o teatro, onde já havia recebido um prêmio Molière, o mais importante da época.

Era uma quinta-feira, dia de Martim Gonçalves. Num espaço secundário da coluna, sem foto, o crítico publicou um texto de 24 linhas sob o título convencional "Adeus, Glauce Rocha". "Eu não vou escrever aqui os teus dados biográficos. Nós todos já sabemos do teu talento e ficamos apenas com a lembrança, mas uma lembrança viva, Glauce." Era um texto burocrático que frustraria qualquer editor. Por isso, embaixo da coluna de Martim, havia um aviso: "Mais teatro na página 6."

O leitor virava a página e encontrava... outro obituário de Glauce Rocha. Dessa vez, escrito por Gilberto Tumscitz e publicado num dia em que sua coluna não saía habitualmente. A explicação para a redundância é simples: a homenagem de Gilberto era muito mais bem escrita que a de Martim, e sua publicação, irresistível. Nessas ocasiões, Gilberto levava uma vantagem sobre seus concorrentes: ele não tinha problema em se envolver com autores, atores e outros profissionais que criticava ou entrevistava. Em busca de isenção, a maioria de seus colegas preferia não conviver com a classe artística. Gilberto, por sua vez, adorava criar intimidade com a turma do teatro. Buscava isso.

Foi o que aconteceu com Glauce Rocha. Eles eram amigos. Quinze dias antes de sua morte, o crítico a encontrou chegando de São Paulo, no Aeroporto do Galeão, onde ele tinha ido buscar um amigo. Ofereceu-lhe uma carona. Os dois moravam no mesmo bairro. Glauce aceitou e foi dessa viagem, da conversa que mantiveram no percurso entre a Ilha do Governador e Copacabana, que ele extraiu grande parte de sua crônica. Sim, Gilberto transformou o obituário numa crônica emocionante, que revelava a personalidade e a intimidade da atriz. Menezes caprichou na edição. Sob o título "Presença de Glauce Rocha" e ilustrada com cinco fotos da atriz em cena, a matéria de Gilberto era surpreendente.

O texto começa com Gilberto descrevendo a viagem atribulada de Glauce. "Que um avião balance, a gente está acostumada, mas desta vez foi bem diferente. Não chegou a haver pânico. De qualquer maneira, pela primeira vez, vi a morte de perto", disse ela ao crítico. "Meu nervosismo no avião foi mais instinto de conservação do que outra coisa", continuou a atriz. "Quando a gente está feliz, não chega a ter medo da morte." Gilberto passa a discorrer, então, sobre o momento de felicidade de Glauce e o atribui a seu relacionamento com o psiquiatra Joaquim da Silva Nunes. "Se agora isso puder lhe servir de algum consolo, é bom que ele saiba que foi a melhor coisa que aconteceu a Glauce Rocha." E o fecho é daqueles que costumam ser definidos como "de ouro": "Atriz e figura humana fora de série, sua morte não se explica. Agora, Glauce vai virar mito. Mas, ao contrário do que muitas vezes acontece, merecidamente."

Uma das características de Gilberto nesse período no *Globo* parece ser o desejo de despertar, com seus textos, um sorriso em cada leitor. Em 23 de fevereiro de 1972, após assistir pela terceira vez a *Gracias, señor*, um espetáculo experimental do Oficina com quatro horas de duração — que ele odiou —, Gilberto recomenda ao espectador que aceite participar das interações propostas por José Celso Martinez Corrêa e pelo elenco: "Mas usem uma roupinha velha, porque eles nos esfregam repolho, pasta de dentes, yogurt, um monte de coisas, e tome cuidado com o que tiverem nos bolsos. Eu, por exemplo, perdi o isqueiro."

Durante todo o período definido como de guerra contra Martim Gonçalves, Gilberto tratou de ampliar seu espaço, mesmo não atuando com frequência como crítico. Ele emplacou, por exemplo, uma série sobre "As grandes personagens do teatro universal", iniciada no dia 8 de outubro de 1971 com um texto sobre Bernarda Alba. Era um jeito também de fazer suas críticas teatrais, mesmo sem ser o crítico titular. Quando escreveu sobre Nora Helmer, a protagonista de *Casa de bonecas*, texto publicado no dia 12 de novembro de 1971, aproveitou para elogiar Tônia Carrero, que estava em cartaz no Rio com a peça de Ibsen: "Num momento privilegiado de plenitude interpretativa, desses que cada grande atriz tem no máximo umas três vezes em toda a carreira, Tônia está dando todos os matizes do papel. Agora, além de Neusa Sueli de *Navalha na carne*, ela será para sempre a Nora de *Casa de bonecas*."

Gilberto possivelmente enxergou uma outra possibilidade de ampliar o seu campo de atuação após acompanhar, na Cinemateca do Museu de Arte Moderna (MAM), um ciclo de leituras de textos nacionais promovido por Maria Pompeu e Carlos Aquino. No dia 23 de fevereiro de 1970, ele publicou uma entrevista com o jornalista Zevi Ghivelder, autor de uma das peças lidas no evento, *Jornal não se faz com bons sentimentos*. "Para sacudir o teatro no Brasil atual, seria preciso ver a encenação de uma peça como foi *Vestido de noiva* em 1945", provoca Ghivelder. Então diretor da revista *Fatos & Fotos*, o jornalista ficou muito impressionado com o colunista de teatro do *Globo*.

"De imediato deu para perceber que o Gilberto era um jovem repórter acima da média", diria anos depois. Mas não pensou em chamá-lo para colaborar porque já tinha um profissional cuidando da área.

Diante da possibilidade de abrir uma nova janela, Gilberto continuou mantendo contato com Ghivelder. Até que recebeu a encomenda de algumas matérias, e saiu-se bem. O passo seguinte foi a sugestão oferecida por ele para a criação de uma série chamada "Quebra-Cabeça", que consistia em submeter duas personalidades a um mesmo questionário, com perguntas variadas, "de noções elementares da escola a informações tecnológicas ou mundanas que fazem parte da chamada cultura de massa". A ideia era tão boa que foi levada para a *Manchete*, a principal revista da casa, a editora Bloch, onde Ghivelder já ocupava o cargo de editor executivo.

O primeiro quebra-cabeça juntou os comediantes José Vasconcelos e Chico Anysio na edição de 12 de dezembro de 1970. Quantos maridos teve Elizabeth Taylor e quem foram eles? Zé Vasconcelos sabia os nomes de todos os cinco. Quais os autores dos Evangelhos? "São Mateus, São Lucas, São João e outros", respondeu Chico, esquecendo-se de São Marcos. Em que música os Beatles retomam os acordes iniciais da "Marselhesa"? Nenhum dos dois soube responder. Das 25 perguntas, Chico acertou doze e Vasconcelos, onze. A série se prolongou por alguns meses, promovendo divertidos embates entre Marília Pêra e Regina Duarte, Dina Sfat e Renata Sorrah, Paulo Gracindo e Sergio Cardoso, Paulo José e Cláudio Cavalcanti, Maria Bethânia e Elis Regina, Nara Leão e Danuza Leão, entre muitos outros famosos da época. Cada participante da série "Quebra-Cabeça" respondia ao questionário individualmente, sem saber as respostas do antagonista. Cabia ao repórter formular as questões, reunir as respostas e produzir o texto.

Para quem enxergava o jornalismo como uma porta para fazer contatos, estabelecer laços e ter relações sociais, Gilberto foi longe, e de quebra ainda divertiu muito o leitor. As curiosas perguntas que fazia provocavam respostas estapafúrdias, engraçadíssimas. Que rei foi decapitado na Revolução Francesa?, quis saber Gilberto. Marília Pêra: "Estou por fora. Foi aquele dos sapatos maravilhosos?", perguntou (a resposta era Luís XVI). De que romancista brasileiro é o personagem Quincas Berro d'Água? Sandra Bréa esbanjou espontaneidade:

"Quincas Berro d'Água? Nunca ouvi falar. É famosíssimo, é? Ah, pelo amor de Deus, é assim feito Dom Casmurro, que todo mundo sabe? Será que vão dizer que eu sou burríssima?"

Criativo, com boas ideias de pauta, Gilberto mostrou que, além de crítico de teatro, tinha o perfil de um antenado repórter da área cultural. Ele também emplacou na *Manchete* outra série, intitulada "Conflito das gerações", na qual entrevistava pais famosos com seus filhos, como Paulo Gracindo e Gracindo Júnior, Danuza Leão e Pinky Wainer, Yoná Magalhães e Marco, Chacrinha e Jorge, Flávio Cavalcanti e Flavinho. Entre abril e outubro de 1971, período em que praticamente desapareceu do *Globo*, também manteve uma coluna de teatro em *Fatos & Fotos* e, a partir de dezembro, na revista *Domingo Ilustrado*. Iniciada em dezembro de 1970, a colaboração na Bloch se estendeu até 4 de março de 1972, com a publicação de uma crítica curta à montagem de *A última peça*, de José Vicente.

Em 31 de janeiro daquele ano, Martim Gonçalves havia assinado a sua última coluna no *Globo*, comentando uma nova encenação de *O homem do princípio ao fim*, de Millôr Fernandes, no Teatro Serrador, com Aracy Cardoso, Olegário de Holanda e Jorge Paulo. Não havia nenhum aviso ao leitor de que se tratava do último texto do crítico. Duas semanas depois, em 16 de fevereiro, também sem um anúncio formal, Gilberto ocupa, finalmente, o lugar de principal crítico de teatro do jornal. Estreia com uma crítica do musical *Morro do ouro*, de Eduardo Campos, com Milton Moraes e Myriam Pérsia, no Teatro Senac. É um texto morno, no qual aponta algumas restrições e deixa no ar a impressão de certa condescendência. Essa resenha, no entanto, não representa o que ainda está por vir. Muito pelo contrário. A guerra havia terminado, mas o novo crítico titular do *Globo* ainda tinha muita munição para gastar.

9. CRUELDADE COM FERNANDA MONTENEGRO

Refletindo posteriormente sobre os três anos em que travou uma competição com Martim Gonçalves pelo lugar de principal crítico de teatro do *Globo*, Gilberto disse: "Enquanto eu disputei a coluna com o Martim, o que eu queria? Derrubar o Martim. Qual era a melhor maneira? Falar bem do máximo de pessoas que eu podia para a classe teatral ficar do meu lado." Vencida a disputa, o crítico entendeu que precisava se fazer respeitar, transmitir a seguinte mensagem: "Olha, gente, acabou a brincadeira. Agora sou o crítico." Gilberto nunca teve a ambição de ser um crítico sóbrio e severo como Yan Michalski, do *Jornal do Brasil*, mas tinha medo de perder a coluna se fosse visto como "bonzinho". E a peça que lhe ofereceu a oportunidade de transmitir essa nova mensagem de forma cristalina foi *Computa, computador, computa*, um texto de Millôr Fernandes interpretado por Fernanda Montenegro. "Calhou", ele diria anos depois, ao se lembrar da sua audácia.

Aos 27 anos, o jovem crítico parte para cima de dois nomes gigantescos do teatro brasileiro no início de 1972. Na primeira crítica, publicada um dia depois da estreia, em 4 de março, no primeiro caderno, quem apanha mais é Millôr. É um novo Gilberto, ainda mais ferino e nada complacente, que começa a ganhar corpo. Gilberto cita textos teatrais anteriores de Millôr para dizer que ele "era um homem mais engraçado". Enxerga na peça um "reflexo do trabalho jornalístico no qual cada dia se pode sentir um cheiro mais acentuado de decadência". Diz esperar e desejar que essa fase termine com este *Computa, computador, computa*. Comenta, ainda, que há passagens "bastante sem graça" na peça. Afirma que se trata "do mais descosido dos roteiros" e lamenta que, no final, "somos gratificados com uma série de anedotas bem naquela base do 'segura esta piada' lançado pelo Chico Anysio, com muito sexo, escatologia e tudo". E concede: "Algumas são engraçadíssimas, mas de Millôr esperava-se muito, muito mais."

Sobre Fernanda, "a maior atriz do teatro brasileiro", como ele próprio diz, Gilberto pega leve, afirmando que ela "é capaz de sustentar na expressão corporal, nas mãos, na ponta dos pés, no olhar, nos dentes — na marra — qualquer texto, mas qualquer texto mesmo". E termina com a pergunta: "O que pode dizer um crítico quando a maior atriz de seu teatro está contando piadas que nem sempre têm graça?" Nove dias depois, em 13 de março, Gilberto comete a sua maior ousadia. O crítico dedica meia página de jornal a uma análise retrospectiva da carreira de Fernanda Montenegro.

A primeira maldade, pela sugestão embutida, é o título do artigo: "Fernanda do princípio ao fim?" Gilberto passa em revista boa parte da trajetória da atriz nos palcos, citando de forma elogiosa o trabalho dela em quase vinte peças desde os anos 1950 até meados da década de 1960. "Esta é a imagem que guardo de Fernanda Montenegro, a atriz que me ensinou a amar o teatro." Na parte final do texto, o crítico cita alguns momentos que causaram "estranheza aos admiradores de Fernanda". Menciona *A volta ao lar* (1967), "em que aparecia com uma impostação de voz artificialíssima". Depois, *Mara Saré* (1968), de Gianfrancesco Guarnieri e Edu Lobo: "Gostaria de varrer de minha memória essa interpretação de Fernanda Montenegro." Cita ainda *Plaza Suite* (1970), de Neil Simon, dirigida por João Bethencourt: "Apesar de um terceiro ato brilhante, Fernanda já não era a mesma. Alguma coisa estranha estava acontecendo. No primeiro ato, um meio-drama, Fernanda compunha sua personagem na base da caricatura." E, ao final do texto, abaixo do subtítulo "Constrangimento", Gilberto escreve: "Agora a atriz nos aparece num show menor de Millôr Fernandes, arrancando gargalhadas da plateia, é bem verdade, mas num estilo chanchadístico que eu não gostaria de reconhecer como o seu daqui em diante [...]. É duro ver a maior atriz de nosso teatro concorrendo com Chico Anysio num show de piadas. Algumas até velhas."

Trinta e seis anos depois, ao relembrar aquele texto, Gilberto disse: "Se vou ousar mexer com o mito que era Fernanda, aí vão me respeitar. Não falei nada que eu não achasse. Mas fui cruel. Dizer a verdade no alto de uma página do *Globo* era uma sacanagem." O comentário foi feito ao lado da própria Fernanda, durante o depoimento que Gilberto deu ao Museu da Imagem e do Som, em 2008. Ela contou: "Na época que produzimos *Computa, computador, computa*, do Millôr, você disse: 'Vou acabar com a Fernanda porque isso vai virar uma notícia.'" Gilberto respondeu: "Mais ou menos isso. Praticamente verdade." Em agosto de 2022, ao ser lembrada por mim do episódio, Fernanda reagiu, entre risadas: "Desgraçado!"

Como se sabe, a história não deixou maiores marcas. Foram muito amigos até o fim da vida dele. Gilberto sempre tratou Fernanda como a nossa maior atriz e a presenteou com papéis memoráveis em três novelas inesquecíveis: Chica Newman, em *Brilhante* (1981); Olga Portela, em *O dono do mundo* (1991); e Teresa Petruccelli, em *Babilônia* (2015). Fernanda, por sua vez, sempre dedicou palavras elogiosas a Gilberto e o considera um precursor em vários campos da telenovela.

A cobertura de teatro era levada tão a sério pelo *Globo* que as críticas das estreias mais importantes eram publicadas já no dia seguinte, no primeiro caderno. Gilberto saía do teatro correndo, pegava o seu Fusca, rumava para a redação, no Centro, e escrevia o texto a quente, a tempo de entrar no primeiro clichê. Em 18 de fevereiro, por exemplo, ao lado da notícia sobre uma expedição de Claudio Villas Bôas buscando contato com indígenas da tribo Krain-a-Karore, saiu a crítica de *Dom Casmurro*. "Se Cavalcanti Borges [*o adaptador*] empobrece *Dom Casmurro*, Ziembinski o aniquila completamente e pisoteia os destroços." Duas semanas depois, seguindo o padrão que adotara desde o início, o crítico compensa a paulada publicando uma foto do espetáculo na coluna.

Disposto a deixar claro que o novo dono do pedaço não está para brincadeira, Gilberto segue distribuindo bordoadas em nomes consagrados. Escrevendo em abril sobre *Se eu não me chamasse Raimundo*, com Ítalo Rossi, registra: "Estamos diante de uma dessas montagens tão equivocadas que motivam menos uma crítica do que um inquérito de apuração de responsabilidade." Naquele mesmo mês, ele manifesta revolta com a decisão do júri do prêmio Molière de conceder o troféu de Melhor Diretor a Amir Haddad por uma montagem pouco reverente ao texto de *O marido vai à caça*, de Georges Feydeau, com

Fernanda Montenegro, Sergio Britto e Ítalo Rossi. O ataque ajuda a entender como Gilberto enxerga o teatro de vanguarda, a começar pelo título da crítica, que expressa sua raiva: "O desrespeito venceu o respeito: para onde irá o teatro brasileiro?" Sem esconder o tom conservador do seu ponto de vista, lamenta que um profissional "profundamente preocupado com a pesquisa de uma nova linguagem teatral", como Haddad, tenha tido a coragem de subverter um texto de Georges Feydeau, "gênio da comédia que soube retratar em sua obra, com grande acuidade psicológica, a sociedade francesa ociosa do final do século passado".

Provocando uma polêmica atrás da outra, em maio Gilberto se vê no centro de uma confusão por causa de uma crítica devastadora ao espetáculo *À flor da pele*, de Consuelo de Castro, com direção de Jorge Dória. No texto publicado no dia 4, no primeiro caderno, ele diz que se trata de "uma das montagens mais equivocadas da temporada". Observa que "estamos diante de uma peça a ser reescrita". Afirma que "os dois atores [*Cidinha Campos e Nelson Caruso*] se expõem ao ridículo em várias cenas". Sem piedade, registra que só havia amigos na plateia e observa que os mesmos que aplaudiram Dória calorosamente no final saíram do teatro falando mal de tudo que viram.

Dias depois, em um anúncio da peça nos jornais, foram incluídas duas frases de Gilberto: "Riu-se o tempo todo... No final, aplausos calorosos." Um amigo lhe telefonou contando que foi assistir ao espetáculo por causa dessa recomendação e ficou altamente frustrado. O crítico, então, relata que telefonou para o teatro e falou com a produtora, Íris Bruzzi. Ela prometeu retirar o nome dele da promoção da peça, mas se disse "magoada" com a crítica, que considerou "muito dura". A reclamação da produtora aparentemente não sensibilizou Gilberto. "A verdade é dura mesmo e o crítico tem a obrigação de defendê-la, mesmo que o artigo lhe traga problemas com pessoas com quem simpatiza", escreveu. Mas, no último parágrafo, pediu desculpas: "Enfim, se alguma outra pessoa foi ver a peça baseada em minha 'recomendação', ela que me desculpe. E que desculpe também Íris Bruzzi, a quem desejo uma longa carreira de produtora."

Gilberto está tão à vontade na nova posição que estende suas críticas aos bastidores do meio teatral — tratando de temas que, em tese, não interessam ao leitor. Numa nota, por exemplo, chama a atenção dos produtores teatrais pelo horário escolhido para os eventos promocionais em dias de estreia: "Um aviso para o pessoal de teatro que convida: coquetel é 'aperitivo' em inglês, aportuguesado. Por extensão, uma reunião social antes do jantar. Estamos sendo convidados para 'coquetéis' às horas mais esdrúxulas, até depois da meia-noite."

Não falta entusiasmo quando gosta de alguma coisa. Na primeira crítica a *O jogo do crime*, de Anthony Shaffer, com direção de João Bethencourt, Gilberto se derrete pelo trabalho de Paulo Gracindo, que contracena com o filho, Gracindo Júnior: "Paulo não é mais caso para elogio crítico, é caso para estátua em praça pública ou nome de rua." Indo além do teatro, escreve uma nota sobre um show de Maysa, "cantora incrível que todos conhecemos e atriz tão bacana revelada na tevê há pouco tempo".

Não poderia faltar na nova fase uma polêmica com Yan Michalski, o crítico que ele mais respeitava. Ao escrever sobre *Os marginalizados*, de Abílio Pereira de Almeida, Gilberto volta a louvar Dercy Gonçalves. "Três motivos, no entanto, nos fazem grudar os olhos no palco e rir durante duas horas: Dercy, Dercy e Dercy." Não muito tempo depois do texto de Gilberto, Michalski escreveu no *Jornal do Brasil*: "Confesso que invejo certos colegas e amigos que, desde a entronização de Chacrinha como um dos expoentes máximos da cultura nacional, por obra e graça do movimento tropicalista, passaram a estender o culto também a alguns sub-Chacrinhas, tais como Dercy Gonçalves." Gilberto não perdoou o comentário e respondeu, em tom didático:

> Meu colega Yan Michalski confundindo, em sua crítica, Chacrinha com Dercy Gonçalves. Ele é um animador de auditórios, Yan, grande figura, tremenda personalidade. Mas ela é uma intérprete na mais pura tradição popular do estilo brasileiro. Chacrinha vem do rádio, nunca foi ator. Dercy vem do circo, é endocrinologicamente atriz. Os dois são sensacionais — e é tudo o que os une — mas isso St. Laurent, Danuza Leão, Antônio Carlos Jobim, Noël Coward, Edu da Gaita e outros também são. Enfim, não tem nada a ver.

A partir de meados de 1972, Gilberto começa a publicar, entre as informações sobre o panorama teatral, algumas notas curtas sobre programas de televisão e comenta, também, eventualmente, o desempenho de atores em novelas e casos especiais. É um sinal de que está cada vez mais atento à mídia eletrônica. Em 27 de dezembro, estreia na TV Globo a adaptação que escreveu de *A Dama das Camélias*.

Ao longo de toda a sua trajetória como crítico, Gilberto manteve uma curiosa relação de respeito e implicância com José Celso Martinez Corrêa. Admirava-o como um criador acima da média, mas não suportava seu flerte exagerado com a vanguarda. Na crítica ao espetáculo *As três irmãs*, de Tchecov, em janeiro de 1973, o crítico sintetiza seus sentimentos em uma frase, dizendo que o diretor tem "grandes qualidades e defeitos extremamente irritantes". Observa que a peça é incompreensível para quem não conhece o texto. Ainda assim, elogia Zé Celso por "momentos isolados de plasticidade incrível". Com a ironia habitual, encerra a crítica alertando para a longa duração da peça, uma marca dos espetáculos do Oficina: "Aconselho o programa aos aficionados mais pacientes. Mas só depois de uma noite muito bem dormida, e dia bem calmo. E, se possível, levando farnel."

Em agosto de 1973, explicita a ideia de que, entre entreter o público e levá-lo a pensar, a prioridade do autor deve ser a diversão. Ele desenvolve o argumento ao escrever sobre *Alegro desbum*, uma comédia de Oduvaldo Vianna Filho. "Poucos dramaturgos brasileiros têm consciência de como é importante lotar um teatro, criar novas plateias e segurar a que existe", elogia. Gilberto chega a sugerir que Vianna sublimou suas ambições criativas e intelectuais para escrever uma peça de grande apelo popular. Na visão do crítico do *Globo*, isso é uma grande qualidade. "Ele tem a humildade de esconder, de alguma maneira, seu sopro criativo, e trabalhar num quadro até certo ponto conhecido, pelo menos familiar."

Gilberto vai carregar essa sua implicância com o teatro de vanguarda para o resto da vida, mesmo distante do trabalho de crítico teatral. Em 1987, o jornalista Leão Serva o encontrou, por acaso, no Teatro Municipal do Rio. Foi durante um intervalo de *O navio fantasma*, de Wagner, montado pelo diretor Gerald Thomas. Dentro do banheiro do teatro, Gilberto lamentou, entre irônico e enfastiado: "Tinha me esquecido que não gosto de teatro de vanguarda."

A morte de Martim Gonçalves, em 18 de março de 1973, é notícia na coluna de Gilberto no dia 26. Mas ele não escreve, como seria possível esperar, um obituário caprichado, passando em revista a carreira do diretor. O crítico do *Globo* faz apenas um registro curto, bem resumido, da trajetória de seu antecessor no jornal, ilustrado com uma foto. "Diretor de temperamento marcante, ganhador do Molière de 67 pela direção primorosa de *Queridinho*, ele estará sempre presente na história do espetáculo brasileiro como o encenador de trabalhos sempre pessoais, dos quais destacam-se *Bonitinha, mas ordinária, As criadas, Salomé* e *O balcão*."

Entra ano, sai ano e Gilberto segue corajosamente questionando os critérios dos prêmios teatrais dados pelos críticos cariocas, um grupo do qual faz parte. A atribuição do Molière de Melhor Autor a Carlos Alberto Ratton, por *Doroteia vai à guerra*, deixa o crítico do *Globo* furioso. Na sua visão, quem merecia vencer em 1972 era Paulo Pontes, por *Check-Up*. Numa nota intitulada "O erro se repete", Gilberto evoca a polêmica em que se envolvera dois anos antes, ao criticar a concessão do Golfinho de Ouro a José Vicente, jovem autor paulista, por *O assalto*, em detrimento de João Bethencourt, autor de *Frank Sinatra 4815*. "O problema é a visão paternal de alguns críticos quanto ao trabalho dos jovens. Assim como tem um preconceito inegável contra autores populares e financeiramente consagrados", escreve.

Um momento, digamos, fora da curva de Gilberto ocorre na fase final como crítico de teatro, em junho de 1975. Àquela altura, ele já era também um autor de novelas e resolve usar a coluna para um *mea-culpa* até certo ponto incompreensível para o leitor comum. "Há alguns anos, vendo Susana Vieira numa comedinha encenada no Teatro de Bolso do Leblon, disse-me com meus botões que esta moça jamais seria uma atriz. Só não o escrevi porque não faz meu gênero estar humilhando pessoas publicamente." Encantado com o trabalho de Susana na novela *Escalada* (1975), de Lauro César Muniz, observa que ela "está dando show em cima de show". E afirma: "Com essa Cândida, a que Lauro está sabendo dar um desenho tão perfeito, Susana se coloca entre as grandes."

Nos últimos dois anos, já mergulhado no trabalho na televisão, Gilberto não demonstra mais a paixão que exibia no início da atividade. Continua antenado, sabe o que merece ser destacado e o que deve ser espinafrado, mas a sagacidade, o entusiasmo e a mordacidade, seja nos elogios, seja nos textos mais destruidores, dão lugar a um tom sóbrio, algo distante. Nitidamente, não está mais ali o profissional que desejava ser conhecido, mas um outro que, embora dominando o ofício, parece funcionar no automático. E era mais do que natural que isso ocorresse. Com as inúmeras exigências do novo trabalho, Gilberto não tinha mais tempo nem cabeça para ser crítico de teatro.

Ainda assim, vez por outra, a antiga verve reaparecia, como na crítica ao segundo espetáculo do grupo Asdrúbal Trouxe o Trombone, em novembro de 1975. "Assim, cada momento isolado podendo ser visto com bastante prazer, o espetáculo *Ubu* acaba tendo o único defeito que este redator não consegue tolerar em qualquer manifestação teatral: é chato." No mesmo texto, Gilberto mostra que segue com o olhar afiado e prevê: "Como no *Inspetor*, a dona da noite é a Regina Casé, uma comediante que irá longe. Longe também poderá ir o Asdrúbal, a quem este *Ubu* deverá servir de lição." Gilberto acertou as duas previsões. Além de Regina Casé ter voado alto ao longo da carreira, o Asdrúbal montou *Trate-me leão* em 1977, um espetáculo que entrou para a história do teatro brasileiro.

Outro momento de mordacidade escapa na crítica a *Gota d'água*, de Paulo Pontes e Chico Buarque, publicada em janeiro de 1976. Gilberto faz muitos elogios ao espetáculo e considera que Bibi Ferreira "está num desses maiores momentos de atrizes maiores, que por si só justificam nossa ida ao teatro". Também elogia Roberto Bomfim como Jasão e Oswaldo Loureiro como Creonte. Mas faz algumas críticas ao elenco de apoio, à coreografia "pobre", ao cenário "academicamente geométrico" e ao fato de apenas Bibi e Bomfim cantarem. "Sendo que fazer Roberto Bomfim cantar *Gota d'água* é uma maldade com Chico, com ele próprio e conosco."

Em 26 de maio, é publicada a última crítica de Gilberto, ao espetáculo *Agora traga seu homem*, de Cidinha Campos, no Teatro da Lagoa. Ele conta que a autora havia sido proibida pela Justiça de fazer um show só para mulheres e que esse espetáculo é uma espécie de continuação do outro. Afirma que a peça vai frustrar quem espera um evento de contestação. Mas, fiel a tudo que defendeu nos mais de seis anos como crítico, recomenda o novo show "a quem estiver atrás de entretenimento, saudável e inteligente".

A última coluna sai em 31 de maio de 1976, apenas com notas informativas. Anunciava a inauguração do Teatro Sesc Tijuca, trazia uma foto de Antônio Fagundes, Camila Amado e Nelson Xavier ensaiando no Teatro Glaucio Gill a peça *Trivial simples*. Comentava o fato de Fabio Sabag ter escrito a sua primeira peça, *Aurora borealis* ("uma surpresa que quem tivesse tanto a dizer não tivesse começado mais cedo"). E encerrava com o aviso: "Para dedicar-me a outras atividades, deixo hoje, não sem pesar, naturalmente, esta coluna a que vinha me dedicando há tantos anos. Fica em meu lugar o companheiro Marinho de Azevedo."

Na prática, a coluna começou a acabar quase quatro anos antes, num domingo de sol, em agosto de 1972.

10. 1972, O ANO EM QUE TUDO ACONTECEU

Em março de 1972, Gilberto se tornou o crítico de teatro titular do *Globo*, encerrando uma disputa de três anos com Martim Gonçalves. Graças ao trabalho, trava relações com meio mundo artístico do Rio de Janeiro. Ainda que insatisfeito com a sua condição financeira, está voando alto na cidade.

No final de abril, estreia no teatro da Aliança Francesa, em São Paulo, *Os amantes de Viorne*, peça de Marguerite Duras, que Gilberto traduziu a pedido de Paulo Autran. É mais um sinal do prestígio do crítico teatral. Com direção de Osmar Rodrigues Cruz e apenas três atores — Nathalia Timberg, Sérgio Viotti e Geraldo Del Rey —, o texto de Duras investiga as causas que teriam levado uma mulher de meia-idade a matar a prima com deficiência auditiva. Gilberto publica na coluna várias notas curtas sobre o espetáculo, mas, discreto, omite do leitor o seu envolvimento com a montagem.

No campo afetivo, a vontade de "desesperadamente ser feliz", como sonhava, começou a se materializar no final do primeiro semestre. Nascido em uma família da elite carioca (o bisavô, oftalmologista, criara o colírio Moura Brasil), Edgar tinha 18 anos quando conheceu Gilberto, então com 26. Eles se viram pela primeira vez no Teatro Casa Grande, durante uma sessão da comédia *Um edifício chamado 200*. "Sentamos lado a lado usando a mesma roupa: mesma calça de veludo e camisa de jersey apertada. Achei bonitinho. Eu com a minha irmã, ele com a mãe. Guardei o rosto. Não conversamos. Nunca mais vi", contou Edgar.

Algum tempo depois, se reconheceram numa sessão de meia-noite no cinema Rian, na avenida Atlântica. Edgar estava com uma namorada. Conversaram. Gilberto dizia que essa primeira conversa foi no banheiro do cinema. E combinaram se encontrar depois do filme no La Gondola, um bar na rua Sá Ferreira, no Posto 6. Após deixar a namorada em casa, Edgar rumou para o bar. Ele conta que Gilberto quis transar naquela mesma noite, mas ele não quis. "Marcamos no dia seguinte no Fliperama, na Santa Clara. Cheguei, olhei o Gilberto, ele estava jogando. Saí correndo. Ele achou que eu não gostei dele."

O namoro só começou por causa da insistência de Gilberto. Voltaram a se encontrar após alguns dias e Gilberto convidou: "Vamos lá pra casa." Edgar tentou recusar: "Eu já não fui antes. Não gosto de encontrar e ir pra cama." Gilberto explicou, então, que o convite não era para a sua própria casa: "Você tá sendo bobo. É o apartamento de um amigo para a gente escutar música." Edgar aceitou. E começaram a namorar. Nas lembranças dos dois, a história de quase cinquenta anos do casal teve início naqueles dias de julho de 1972. Do ponto de vista profissional, a luz foi acesa para Gilberto um mês depois, no Clube Campestre, no Alto Leblon, quando timidamente abordou Daniel Filho e perguntou o que precisaria fazer para escrever um caso especial.

Foi também em 1972 que a amizade de Gilberto com Jorge Guimarães esfriou de vez. Colegas de turma do Pedro II, parceiros inseparáveis de cinema e teatro ao longo da década de 1960, amigos por mais de dez anos, eles se afastaram um pouco quando Gilberto começou a atuar como crítico de teatro. Ainda assim, Jorge apareceu algumas vezes com destaque na coluna assinada pelo amigo. A situação começou a desandar em 1971, aparentemente por causa de um mal-entendido. Jorge leu na seção de cartas da revista *Manchete* um elogio ao "Quebra-Cabeça" que Gilberto havia feito com Yoná Magalhães e Glória Menezes. "Sensacional. Elas são, sem dúvida, as maiores figuras da televisão", escreveu o leitor que se assinava Jorge Guimarães, de Petrópolis. Sem aceitar que pudesse ser um homônimo, Jorge cismou que Gilberto havia mandado a carta usando o seu nome. Tiveram uma discussão pública, no meio da rua, na Miguel Lemos, em Copacabana. E nunca mais se falaram.

O segundo semestre de 1972 seria marcado, ainda, por um drama familiar que culminaria na morte de Yedda Tumscitz, em 10 de dezembro. A mãe de Gilberto havia superado um episódio de depressão após a morte do marido, em 1963. Chegou a ficar três meses internada numa clínica, mas se recuperou bem. Nas lembranças da filha Rosa, os nove anos seguintes foram ótimos, porém, em setembro de 1972, voltou a enfrentar uma forte depressão.

Um psiquiatra recomendou à família que ela fosse internada e indicou uma clínica no Jardim Botânico. Rosa, Gilberto e Gildoca levaram Yedda à clínica, onde ela ficou por cerca de dez dias. Mas não melhorou. Um amigo de Gilberto indicou, então, um jovem psiquiatra de base analítica. Ele sugeriu que Yedda voltasse para casa e fizesse terapia. Foram dois meses de tratamento, com consultas duas vezes por semana, em Botafogo. Gildoca, que visitava a irmã diariamente, disse para Gilberto que temia deixar Yedda sozinha em casa. Gilberto ligou para o psiquiatra. "É perigoso?", perguntou. "De fazer alguma besteira? O mesmo risco que eu corro, você corre. Não, ela pode ficar em casa", respondeu o psiquiatra.

Na noite de sábado, 9 de dezembro, Ronaldo levou a mãe e a namorada, Carmem Lúcia, ao teatro para assistirem a *Check-Up*, de Paulo Pontes, com Ziembinski, no Teatro Glaucio Gill. Naquela noite, Carmem dormiu na sala e Ronaldo, como sempre, dormiu no quarto com Gilberto, no apartamento da rua Aires Saldanha. Durante a madrugada, já no dia 10, Yedda se jogou do oitavo andar do prédio. Gilberto e Ronaldo se recordam de terem acordado com um barulho. Ronaldo foi procurar a mãe, mas não a encontrou na cama e notou a janela aberta. Gilberto dizia que olhou pela janela e viu o corpo da mãe. Logo em seguida, o porteiro, conhecido como China, subiu para avisar.

Gilberto sempre culpou o psiquiatra. "Fiquei muito puto com esse médico." Dizia que telefonou para o médico, mas ele não quis conversar a respeito do ocorrido. "Tirei clientes dele. Contava essa história para ele perder clientes." Dois dias depois, no *Globo*, na coluna de Carlos Swann, então escrita pelo jornalista Álvaro Americano, lia-se: "Toda a classe teatral se fez presente à capela nº 7 do São João Batista, no domingo, para abraçar o crítico Gilberto Tumscitz, que perdera sua mãe. Desde as figuras mais expressivas do nosso teatro a atores que fazem simples figuração, todos estavam lá, provando ser Gilberto um crítico querido por todos." No dia 13, em sua coluna, o próprio Gilberto escreveu: "Este redator agradece profundamente os amigos de teatro pelas manifestações de pesar recebidas no difícil momento da perda de um ente querido." E um dia depois, no *Diário de Notícias*, o crítico Ney Machado registrava: "Jornalista e companheiro Gilberto Tumscitz passando por momentos muito difíceis. A gente só pode fazer uma coisa: ficar do seu lado, em silêncio. A presença fala por si."

Um imprevisto, porém, impediu que Gilberto ficasse em silêncio naqueles dias. Muito pelo contrário. O autor estreante da Globo teve que dar inúmeras entrevistas e fazer fotos para promover *A Dama das Camélias* justamente no período que se seguiu à morte da mãe. Programado originalmente para exibição em janeiro de 1973, o caso especial teve sua estreia antecipada para o dia 27 de dezembro, por causa da mudança de Chacrinha para a Tupi. No penúltimo dia do ano mais marcante em sua vida, Gilberto leu a seguinte observação do exigente Artur da Távola, no *Globo*: "*Dama das Camélias* foi um dos melhores espetáculos do ano na TV brasileira. Tudo deu certo. Aplaudo com o maior entusiasmo." Mais impressionante, o texto trazia ainda uma das previsões mais certeiras feitas por Artur da Távola em sua longa carreira como crítico de televisão: "Raramente vi críticos se transformarem em bons autores. Gilberto Tumscitz já pode perder o emprego. Tem futuro garantido como autor de mão-cheia, senhor da técnica do ofício que critica."

SEGUNDA FASE

GILBERTO BRAGA

11. A PESSOA CERTA NA HORA CERTA

A rapidez com que Gilberto Braga (ainda Tumscitz) estreou, em dezembro de 1972, como autor de um caso especial pode transmitir a impressão de que a sua entrada na Globo foi fácil demais. E a impressão está correta. É claro que se ele não tivesse demonstrado talento na adaptação de *A Dama das Camélias* a sua carreira poderia ter se encerrado ali mesmo. Mas, além das qualidades do texto que escreveu, o novo autor se beneficiou de uma conjuntura muito favorável. No início da década de 1970, a Globo estava desesperada atrás de novos autores.

Levado por Walter Clark para se tornar diretor de produção e programação, Boni começou a trabalhar na emissora em março de 1967. Instalou-se em uma sala ampla com dois assessores, Mauro Borja Lopes (Borjalo) e Renato Pacote. No final do ano, Daniel Filho aceitou o convite de Boni e ganhou um assento na sala. Mas logo foi para os estúdios, como interventor, com a missão de substituir Ziembinski na direção do tedioso dramalhão *A rainha louca*, de Glória Magadan. A autora cubana vinha dando as cartas na teledramaturgia da Globo desde 1965, programando histórias passadas em tempos longínquos, com enredos fantasiosos, distantes da realidade do espectador. Defendida por Clark e agarrando-se a um contrato com cláusulas que lhe davam poder imperial, Magadan sobreviveu a dois anos de "guerra fria" com Daniel e Boni, até pedir demissão, no final de 1969.

A estreia da novela *Véu de noiva*, em novembro de 1969, estabeleceu o início de uma nova fase na história da Globo. Com direção de Daniel Filho e a promessa de que na trama de Janete Clair "tudo acontece como na vida real", a Globo anunciava em voz alta que tinha se livrado de Glória Magadan. Foi uma revolução. Uma velha trama melodramática que Janete havia escrito para o rádio recebeu o toque moderno de Daniel, que ambientou a ação nos bastidores de corridas de Fórmula 1 e boates enfumaçadas de Copacabana. O resultado tirou o mofo do gênero e deu um ar surpreendentemente contemporâneo às novelas da TV.

Com a novidade, a emissora também reconheceu o impacto causado por *Beto Rockfeller*, novela com temática contemporânea escrita por Bráulio Pedroso e lançada pela concorrente Tupi um ano antes. Daniel não foi nomeado formalmente como substituto de Magadan, mas se tornou, em suas palavras, "um ministro sem pasta" de Boni, com plenos poderes. Uma das primeiras missões era encontrar novos autores, mas a tarefa se mostrou complicadíssima. Entre o final da década de 1960 e o início dos anos 1970, a Globo recorreu basicamente a experimentados autores de rádio ou de teatro, ou ainda a profissionais já testados na concorrência. É nesse período que chegam à emissora Dias Gomes, Bráulio Pedroso, Walther Negrão, Vicente Sesso e Lauro César Muniz. O primeiro novo autor descoberto por Daniel ainda ia demorar para aparecer.

No segundo semestre de 1971, Daniel começa a desenvolver o formato caso especial. A ideia era exibir histórias curtas, originais ou adaptadas, com uma hora de duração. "*Famous players in famous plays*" ("atores famosos em peças famosas"), disse Daniel a Domingos Oliveira, explicando o projeto. A frase é de Adolph Zukor, um pioneiro de Hollywood que fundou a Paramount. Com gravações em estúdio e também externas, a proposta incorporava a estética das novelas contemporâneas e se distanciava dos teleteatros, que marcaram as primeiras duas décadas da televisão brasileira. Foi um projeto longevo e bem-sucedido, ainda que exibido sem regularidade. Entre 10 de setembro de 1971 (*Nº 1*, escrito por Janete Clair) e 5 de dezembro de 1995 (*A farsa da boa preguiça*, de Ariano Suassuna, adaptado pelo autor e por Bráulio Tavares), foram produzidos cerca de 170 programas.

Sem nunca ter escrito uma linha para a televisão, nem jamais ter criado qualquer obra de ficção, Gilberto se mostrou a pessoa certa na hora certa. *A Dama das Camélias* foi o 21º caso especial exibido pela Globo e abriu as portas para que o crítico de teatro e professor de francês descobrisse a sua verdadeira vocação. É incrível como algumas características que se tornariam marcas do seu trabalho como novelista já aparecem nos relatos sobre os bastidores da produção e realização desse programa de estreia.

Para começar, ao trazer a história de Dumas Filho para os dias atuais, Gilberto notou a oportunidade de contrapor o universo da alta sociedade carioca ao da classe média, sem aliviar para nenhum dos dois. A história original, como se sabe, gira em torno de uma famosa cortesã parisiense, Marguerite Gautier, que abandona o amante rico após se apaixonar por um jovem advogado, Armand Duval, mas acaba desistindo do seu grande amor por pressão do pai do rapaz. A cortesã morre jovem ainda, de tuberculose. Na versão de Gilberto, a doença de Guida, uma mulher de classe média, é a obsessão por ascensão social. É amante de um homem mais velho e descrente de relações afetivas verdadeiras, até que se apaixona por Armando, um jovem diplomata. Mas logo as suas esperanças de uma vida mais pura são sufocadas pela pressão que sofre por parte do pai do rapaz, um velho embaixador. Essa história lembra alguma coisa? Sim, claro. Gilberto vai desenvolver esse mesmo conflito, anos depois, na segunda parte de *Dancin' Days*. Júlia Matos e Cacá estão presentes, de forma embrionária, em *A Dama das Camélias*. "O que existe de comum entre Marguerite Gautier e Guida Figueiredo é que as duas mulheres vêm de uma classe média baixa. Vencem como prostitutas de alto nível, porque a prostituição, para elas, é a única saída", resumiu Gilberto.

Em sua coluna na *Última Hora*, Carlos Imperial sugeriu que personagens do caso especial teriam sido inspirados em figuras famosas, mas não disse quais. Somente em 2019, em entrevista a Artur Xexéo, Gilberto revelou um segredo guardado por décadas. Guida foi livremente inspirada na *socialite* Regina Rosemburgo. Como outras figuras da vida real que ajudaram Gilberto a criar tipos da ficção, ele ressalva que foi "uma inspiração mais de fachada do que de alma".

Nascida em 1939, numa família de classe média, no Leme, na Zona Sul, Regina foi uma personagem da vida mundana e da crônica social do Rio. Indicada em 1955 para disputar o concurso de Miss Distrito Federal pelo Lagoinha, um clube do bairro de Santa Teresa, recusou-se a participar. Foi uma musa do Cinema Novo (namorou brevemente o cineasta Glauber Rocha) e era adorada pelos colunistas sociais (Ibrahim Sued a colocou na lista das mulheres mais elegantes do país). Em 1963, casou-se com Wallinho Simonsen, filho de Mario Wallace Simonsen, grande exportador de café, dono da

Panair do Brasil e da TV Excelsior. O casamento durou apenas três anos. Em 1968, casou-se com o milionário francês Gérard Leclery, herdeiro de uma das maiores redes de sapatarias da Europa. Segundo Ruy Castro, além de ter consciência de sua grande beleza, Regina era uma mulher muito à frente do seu tempo, livre e sem preconceitos. Morreu em 11 de julho de 1973, aos 34 anos, na queda de um Boeing 707 da Varig nas imediações do Aeroporto de Orly, em Paris.

A importância que Gilberto sempre deu à escalação do elenco se revelou já em *A Dama das Camélias*. Oduvaldo Vianna Filho sugeriu Darlene Glória para viver a protagonista Guida. Gilberto concordou que seria um ótimo nome, mas observou que ela não era uma figura conhecida na televisão. "E essa Glória Menezes que faz novela?", sugeriu. Muito tempo depois, Gilberto confessaria que mal conhecia a atriz. Ele havia visto Glória uma vez na TV, em *Sangue e areia* (1967), e perguntou quem era aquela loira bonita na tela. "Minha mãe ficou chocadíssima que eu não conhecia." Já então uma estrela, Glória leu o roteiro e gostou muito, mas exigiu que o respeitado Walter Avancini dirigisse o caso especial. Com a presença de Avancini, o especial atraiu um elenco de primeira: o galã Cláudio Cavalcanti como o jovem diplomata Armando, Mário Lago como seu pai, o embaixador, e Murilo Néri no papel do amante rico traído. Também participaram Arlete Salles, Ida Gomes e Roberto Pirillo, entre outros.

O sucesso de *A Dama das Camélias* inicialmente não alterou a rotina de Gilberto, que seguiu dividindo-se entre a coluna de teatro no *Globo* e as aulas na Aliança Francesa de Copacabana. A experiência, contudo, confirmaria a impressão que ele próprio teve antes de se aventurar a produzir um texto para a televisão: era capaz de fazer aquilo. Estimulado por Domingos Oliveira a colaborar novamente, Gilberto começou a pensar em escrever uma história original, de sua autoria, e não uma adaptação. Nos meses seguintes vai se dedicar à redação de *As praias desertas*, considerado por muitos o melhor dos cinco casos especiais que escreveu.

Antes disso, porém, havia uma questão familiar para resolver. Os três irmãos precisavam decidir o que fazer com o apartamento da rua Aires Saldanha, o principal bem em comum que herdaram. Desde a morte da mãe, Ronaldo nunca mais dormira no apartamento.

Traumatizado, eventualmente ainda almoçava com Gilberto na Aires Saldanha, mas dormia na casa da noiva. Rosa estava em Paris, onde fez mestrado em história entre 1973 e 1975. Enquanto não resolviam as pendências necessárias para poder vender o imóvel, os irmãos decidiram, de comum acordo, alugá-lo e dar a renda a Ronaldo, que se casaria em breve. Em junho de 1973, pouco antes da estreia de *As praias desertas*, Gilberto se mudou para um quarto e sala na rua Gustavo Sampaio, no Leme, enquanto o caçula alugou um em Niterói (RJ). Somente alguns anos depois, quando Rosa retornou ao Brasil, é que o apartamento da família foi vendido e o valor recebido dividido entre os três irmãos.

Em seu segundo texto para a televisão, Gilberto já não precisou de ajuda, como havia ocorrido em *A Dama das Camélias*, seis meses antes. *As praias desertas* foi aprovado tal como ele escreveu e, novamente, agradou a Walter Avancini. Mais uma vez, o programa atraiu um elenco de alto nível. Dina Sfat, uma das estrelas da emissora, interrompeu as férias para viver a protagonista, a humilde recepcionista de uma sauna. Juca de Oliveira, recém-contratado pela Globo, foi escalado para o seu primeiro papel na nova casa. E o triângulo amoroso se completou com Yoná Magalhães, no papel da mulher rica e elegante. Havia ainda Cláudio Cavalcanti, Tamara Taxman, Jacqueline Laurence, Jorge Cherques, Sônia Oiticica, Mário Gomes, Lúcia Alves e Rogério Fróes.

A primeira história original de Gilberto se passa no Rio de Janeiro em dois momentos, em 1958 e em 1973. Júlio (Juca de Oliveira) e Elza (Yoná Magalhães), grã-finos paulistanos por volta dos 50 anos de idade, chegam ao Rio, cidade que não visitavam havia quinze anos. Querem resolver um problema criado pelo filho, Augusto (Cláudio Cavalcanti), que se recusa a voltar para São Paulo a fim de assumir a direção das indústrias do avô materno. Ele quer ser artista plástico. O pai acaba se identificando com o problema, contra a postura da mãe opressora. Numa sauna — e estimulado por alguns drinques —, Júlio narra ao filho a história de sua derrota. Naquela época, 1958, era um arquiteto, esforçado, idealista, que preferia construir casas populares a erguer mansões sob a proteção do sogro. A esposa, Elza — uma mulher glamorosa, fútil, caprichosa e autoritária —, sempre deu mais importância à presença de ambos nas colunas sociais do que às aspirações do marido. Pressionado, amargurado, Júlio encontra em Nara (Dina Sfat), simples recepcionista de uma sauna, a compreensão e o amor inexistentes na esposa. Mas, na hora da decisão, precipitada pela revelação de seu caso amoroso, Elza leva a melhor, com a ajuda do dinheiro.

Na visão de Gilberto, Avancini não era bom de escalação de elencos. "Como eu queria subir na vida, dizia amém para tudo que ele falava", contou. Gilberto achava que Dina Sfat deveria ter sido escalada como a grã-fina e Yoná Magalhães como a recepcionista. O autor sonhava com Francisco Cuoco como protagonista, mas o galã recusou o papel. "Esse papel foi escrito especialmente para mim?", quis saber. Daniel Filho respondeu que não. "O papel está pronto e o Gilberto está convidando você." Cuoco teria respondido: "Eu só faço papel que foi escrito especialmente para mim." Anos mais tarde, Gilberto comentaria o caso com Cuoco, que disse: "É, fiz muita besteira na minha vida." Eles se tornaram bons amigos, mas nunca trabalharam juntos.

Gilberto quis discutir, através do relacionamento entre um pai (Juca de Oliveira) e um filho (Cláudio Cavalcanti), um tema delicado: o divórcio. "Assumir ou não uma posição honesta diante da vida, rejeitando as pressões de um esquema de comportamento tradicionalmente falso, convencional", resumiu. Essa temática reapareceria anos depois na minissérie *Anos dourados*, no triângulo formado pelos personagens de Betty Faria, José de Abreu e Nívea Maria.

Ao escrever *As praias desertas*, Gilberto quis corrigir um problema que enxergou em *A Dama das Camélias*. Ele desejava ter proposto um desfecho otimista no seu primeiro caso especial, mas não teve coragem de alterar o sentido da história de Alexandre Dumas. No segundo programa, fez do jeito que queria, concluindo o romance entre o casal de classes sociais diferentes com um final feliz. Gilberto dizia que o título do especial era mais uma homenagem a Tom Jobim do que uma inspiração na canção "As praias desertas". Exibido em 13 de junho de 1973, *As praias desertas* teve uma repercussão extraordinária. "Coisa verdadeiramente bonita de se ver", escreveu Helena Silveira, crítica da *Folha de S.Paulo*. "O melhor especial da TV Globo até hoje. Texto primoroso. Um presente para qualquer ator", disse Daisy Lúcidi na *Última Hora*. No *Jornal do Brasil*, Valério Andrade fez um reparo: "Narrativa fértil em conflitos interiores e dotada de atmosfera própria. Uma falha grave, o desfecho superotimista." O apresentador Flávio Cavalcanti também comentou, na *Última Hora*: "Técnica e artisticamente um espetáculo da melhor categoria."

Mas foi Artur da Távola, no *Globo,* quem mais se encantou. O crítico dedicou duas colunas ao programa. "*As praias desertas* provou que há um campo virgem na criação de obras completas para a televisão dentro das finalidades programáticas de um horário nobre e popular, coberto por programas que só merecem aplausos e incentivos pelo alto nível que buscam e tantas vezes conseguem", escreveu. Antes que alguém dissesse que estava protegendo um colega de jornal, ele anotou, com bom humor: "Em bom português: nunca o vi mais gordo." E depois de afirmar que não se tratava de uma obra-prima, acrescentou:

> Mas a densidade das situações psicológicas e a profunda compreensão de deserções existenciais e massacres de afetos típicos de gerações mais velhas que a sua (o autor tem 25 anos*) revelam um dramaturgo carregado de sofrimento antigo, mas relacionado com o quotidiano objetivo. Revelam ainda um futuro mestre do diálogo dramático, tanto aquele verbal como o do ritmo interior dos personagens.

Menos de uma semana depois, Artur da Távola voltou a escrever sobre o programa. Dizendo-se "impressionado com a repercussão de *As praias desertas* em pessoas de idade, status social e nível cultural diferentes", fez novas considerações. Na sua visão, muito do interesse despertado deveu-se à forma como Gilberto estruturou o conflito entre os personagens de Juca de Oliveira e Cláudio Cavalcanti: "Há muito a TV não colocava uma relação entre pai e filho de maneira tão dinâmica, vale dizer, tão rica de troca de experiências de coração aberto. O *happy end* não tradicional da obra, ou seja, o pai assumir seu verdadeiro amor sem culpas, contribuiu, também, para a catarse."

---

* Na verdade, tinha 27 anos.

Artur da Távola foi um dos primeiros jornalistas a atuar como crítico de televisão na imprensa brasileira. Exerceu o ofício por quase vinte anos, na *Última Hora* e depois no *Globo*. Sério, articulado, sem preconceitos e destemido, construiu uma reputação das mais respeitáveis, mesmo escrevendo por quinze anos em um jornal cujo dono também comandava uma emissora de televisão. Paulo Alberto Moretzsohn Monteiro de Barros adotou o pseudônimo ao voltar do exílio, em 1968. Reza a lenda que Samuel Wainer resolveu criar uma coluna sobre TV e pediu a Paulo Alberto que a fizesse, mas não com o próprio nome, uma vez que já assinava outra coluna na seção de Cidades. "Senão vão dizer que o jornal está na pior", disse o dono da *Última Hora*. Em outra versão dessa história, foi o colunista que sugeriu assinar com pseudônimo para não se expor tanto, já que o tema da televisão não era visto como um dos mais nobres. Escolheu Artur da Távola em homenagem à história do rei Artur, da Távola Redonda. Em 1972, levou a coluna de TV para *O Globo*, onde permaneceu até 1987.*

Ainda em 1973, Gilberto emplacou um terceiro programa. Pensando nas novelas que escreveu depois, *O preço de cada um* é possivelmente o caso especial com mais características do universo gilbertiano. Creditado como texto original, mas "inspirado" em *O misantropo*, de Molière, é uma farsa protagonizada por um intelectual repleto de boas intenções que se apaixona por uma ricaça fútil. A trama incluiu um colunista social como personagem e contou com uma participação especial da *socialite* Beki Klabin como ela mesma. Foi a terceira e última parceria de Gilberto com Walter Avancini, e, mais uma vez, trouxe uma atração que despertou enorme interesse da imprensa especializada: o especial reuniu pela primeira vez na TV, como protagonistas, Dina Sfat e Paulo José, casados na vida real. No elenco estavam também Célia Biar, Carlos Eduardo Dolabella, Ednei Giovenazzi, Heloisa Helena, Felipe Carone, Rosita Thomaz Lopes, Murilo Néri, Maria Cláudia, Jorge Cherques, Moacyr Deriquém e Ângela Leal.

---

* Com a redemocratização, Paulo Alberto deixou o jornalismo e voltou para a política, campo em que atuava antes do golpe militar. Elegeu-se deputado federal pelo MDB e depois pelo PSDB, que ajudou a fundar. Foi ainda senador e secretário de Cultura do Rio. Morreu em maio de 2008, aos 72 anos.

A ideia de adaptar *O misantropo* foi da direção da Globo, possivelmente de Domingos Oliveira ou de Avancini, a pretexto de lembrar o terceiro centenário da morte de Molière (1622-1673). Como fez com *A Dama das Camélias*, Gilberto apenas manteve o conflito básico do texto: "Um homem luta contra a hipocrisia em que se baseiam as relações sociais de sua época, ao mesmo tempo em que se apaixona por uma mulher que reúne todos os vícios por ele condenados." Sincero, disse na época que adaptar essa peça para a televisão, em cinquenta minutos, "seria tão pretensioso quanto impossível e ingrato". Artur da Távola notou as limitações do texto. "Obra inferior às duas anteriores. Uma boa experiência, honrada e sincera, mas nada mais que isso."

O prestígio alcançado por Gilberto nesses seus primeiros tempos de TV Globo pode ser medido pelo que aconteceu no final de 1973. Depois de ter três programas dirigidos por Avancini, foi o próprio Daniel Filho que chamou para si a responsabilidade de levar à frente a adaptação de *Casa de bonecas*, de Ibsen. O papel principal estava destinado a Regina Duarte, mas ela ficou grávida e não pôde viver Nora Helmer, a mulher que decide questionar o casamento e deixar o marido e os filhos para sair em busca da felicidade. Daniel escolheu Sandra Bréa para protagonizar o drama e escalou Jardel Filho para viver Osvaldo Helmer, o principal personagem masculino. Dois vencedores do Molière, o principal prêmio de teatro daquele ano, ganharam papéis secundários: Sergio Britto, que não fazia televisão havia dois anos, e Tetê Medina, em sua estreia na telinha. Preocupado com a missão de adaptar um texto denso como *Casa de bonecas*, Gilberto disse que tentou encontrar uma linguagem de televisão "onde não é permitido o diálogo rebuscado e reflexivo do teatro".

Com o título de *Mulher*, o caso especial foi ao ar em 9 de janeiro de 1974. Não recebeu críticas negativas, mas também não empolgou. O problema maior acabou sendo o trabalho de Daniel Filho. "Foi um erro meu", disse. Em sua autobiografia, o diretor classificou o programa como um divisor de águas. "Tenho certeza que esse programa medíocre mudou a minha vida. A partir dali, passei a encarar cada trabalho como algo desconhecido, novo, por mais velho que fosse."

O último caso especial escrito por Gilberto, *Feliz na ilusão*, foi exibido pouco mais de um mês depois de *Mulher*, em 13 de fevereiro.

Foi o segundo texto original que escreveu e, na sua visão, repetia um conflito visto em *As praias desertas*, entre pai e filho. Dessa vez, Gilberto contou a história de uma mulher de meia-idade, triste e só, que num dia de Carnaval toma consciência do vazio de sua vida e decide dar um novo rumo à existência. O conflito principal de Elza, vivida por Lélia Abramo, é com sua sobrinha Dóris (Elizângela). A escalação de Lélia Abramo foi uma surpresa para Gilberto, que não era fã do seu trabalho. Dirigido por Fabio Sabag, o elenco trazia também Mário Lago, Dorinha Duval e Ida Gomes. O título foi tirado de uma música de Mário Lago e Custódio Mesquita, "Nada além".

Chegando ao seu quinto caso especial em catorze meses, Gilberto parecia já ter uma ideia clara sobre o que almejava com seu texto: "De programa para programa eu procuro um tom cada vez mais direto, o que me parece ser a fórmula buscada pela televisão." A experiência lhe deu segurança. "Sou capaz de fazer uma história, escrever um diálogo", refletiu. Por outro lado, não se sentia bem sendo visto como um autor de televisão. Ambicionava mais. "O que eu queria mais era ser diretor de cinema", disse. Daniel Filho, porém, continuava em busca de novos autores e não deu muita importância à indecisão ou insegurança de Gilberto. Quando ele entregou o roteiro de *Feliz na ilusão*, o diretor da Globo lhe perguntou se ele não gostaria de escrever a próxima novela das sete. O diálogo que tiveram é conhecido. "Que maluquice é essa? Nunca escrevi uma novela! Não saberia escrever", reagiu Gilberto. "Não! Não! Eu conheço. Você pode escrever uma novela", respondeu o executivo. Em 2019, 45 anos depois, refletindo sobre esse instante decisivo, Gilberto observou: "O que eu queria mesmo era ser diretor de cinema. Mas como me dei bem na televisão, eu desisti e fiquei na televisão."

12. AULAS COM LAURO CÉSAR MUNIZ E JANETE CLAIR

Mesmo com a chegada de alguns autores já veteranos, o cobertor da Globo continuava curto no início da década de 1970. No horário principal, o das oito, Janete Clair assinou sete novelas seguidas entre dezembro de 1967 e janeiro de 1973. Cinco anos escrevendo um capítulo por dia! Walther Negrão, que vinha se revezando com Vicente Sesso no horário das sete, foi convocado a ocupar o horário mais nobre para que Janete pudesse tirar alguns meses de férias. Escreveu *Cavalo de aço*, sua única trama nessa faixa. Lauro César Muniz mal chegou, foi chamado para apagar incêndios. Primeiro, substituiu Bráulio Pedroso, que ficou doente durante *O bofe*. Depois, escreveu alguns episódios do seriado *Shazan, Xerife & Cia.*, um projeto que estava sob a responsabilidade de Negrão. Somente no segundo semestre de 1973, Lauro finalmente estreou com um trabalho seu, a bem-sucedida novela *Carinhoso*, que ocupou a faixa das sete, enquanto Janete regressava ao horário das oito com *O semideus*. E, no primeiro semestre de 1974, Lauro entregou o texto de *O crime do Zé Bigorna*, um caso especial muito elogiado, protagonizado por Lima Duarte.

Lauro chegou à Globo com a experiência de seis novelas, entre Excelsior, Tupi e Record. Por seu perfil, um autor politizado, de esquerda, com preocupações sociais, parecia destinado a ocupar o horário das dez, onde Dias Gomes pontificava, revezando-se com Bráulio Pedroso e Jorge Andrade. Mas Daniel Filho tinha outros planos, e Lauro sabia disso: "Com o sucesso de *Carinhoso*, meu passaporte estava carimbado para ser considerado um autor importante na Globo e assumir a responsabilidade de dividir o horário das oito com a Janete Clair."

Daniel, porém, segurou a estreia de Lauro no horário nobre. Ele tinha dois motivos para isso. Encantado com *O crime do Zé Bigorna*, o diretor alimentava muitas expectativas em relação ao que deveria ser o primeiro trabalho de Lauro na faixa das oito. Tanto que recusou a primeira sinopse sugerida pelo novelista. "O que você escreveu aqui pode fazer sucesso, mas não tem a verdade do Zé Bigorna." Lauro engavetou essa primeira ideia e voltou, tempos depois, com a sinopse de *Escalada*, que resultou numa das melhores novelas exibidas pela Globo em toda a sua história.

O executivo também vislumbrava a possibilidade de Lauro ajudá-lo na formação de um novo autor de novelas, chamado Gilberto Tumscitz. Após cinco casos especiais em catorze meses, Gilberto talvez ainda estivesse cru para passos maiores, mas Daniel resolveu arriscar. Em fevereiro de 1974, quando *Feliz na ilusão* ficou pronto, o diretor abordou o crítico de teatro do *Globo* com a proposta de contratá-lo para escrever a próxima novela das sete. Para tranquilizar Gilberto, sacou da manga a carta decisiva: o experiente Lauro César Muniz iria auxiliá-lo nos primeiros trinta capítulos.

Em abril, em carta à irmã Rosa, que ainda estava morando em Paris, Gilberto contou as novidades, detalhando a parceria com Lauro, "um cara muito bacana", para escrever a novela das sete. Foi o seu primeiro contrato com a Globo, com remuneração prevista de 8 mil cruzeiros nos primeiros seis meses e 10 mil nos outros seis. "Se eu acertar, renovam meu contrato em abril do ano que vem, pagando bem. Se errar, estou fodido. Acho que este ordenado exclui a possibilidade de ir à Europa no fim do ano", anotou. "Lembro que ele ficou bem triste quando soube o valor", conta Edgar.

As várias mudanças de moedas e os longos períodos de inflação estratosférica enfrentados na história do Brasil fazem com que seja muito difícil ter uma noção de valores monetários do passado. Em todo caso, corrigindo o valor pelo Índice Geral de Preços (IGP-DI) da Fundação Getulio Vargas, os 8 mil cruzeiros de abril de 1974 equivaleriam, em agosto de 2022, a 41,6 mil reais. De fato, não chegava a ser uma fortuna, como ele próprio manifesta ("tive que aceitar um contrato bem aquém do que ganham os consagrados"), mas era um salário superior ao que ganhava somando os rendimentos das aulas na Aliança e das críticas de teatro no jornal.

O que ele seria capaz de fazer com esse dinheiro naquele momento? Olhando os anúncios publicitários e os classificados dos jornais dá para ter uma ideia do seu poder de compra. Com 8 mil cruzeiros, em abril de 1974 era possível passar a Semana Santa em Buenos Aires e Bariloche — uma agência de viagens estava oferecendo um pacote de oito dias por 2.625 cruzeiros. Mas era um salário insuficiente para comprar à vista um pacote para assistir à Copa do Mundo na Alemanha, em junho — agências de viagem ofereciam pacotes por valores entre 16 mil e 18 mil cruzeiros. Um Fusca 1973, usado, estava custando em torno de 17 mil cruzeiros em abril de 1974. Um aparelho de TV em cores portátil saía por 6,5 mil cruzeiros. Uma máquina de lavar Brastemp era vendida por 2,15 mil cruzeiros. O aluguel de um apartamento de quarto e sala em Copacabana podia custar entre 600 e 900 cruzeiros, fora as taxas.

A formação da dupla Lauro-Gilberto nasceu das conversas de Boni com Daniel sobre a necessidade de ampliar o time de autores. "Daniel, é pouca gente para o volume de trabalho que tem. Vamos atrás de gente nova", cobrou Boni. Além dos casos especiais, Daniel mostrou a Boni textos sobre teatro escritos por Gilberto. "Li e gostei. Percebi que ele traria uma visão diferente dos autores que eu tinha", contou o executivo. Mas havia o problema da inexperiência quase completa em matéria de teledramaturgia. "No meu entender, todo sujeito que começa tem que ser tutelado. Não dá para tocar sozinho porque o trabalho é muito intenso", disse Boni. Foi então que Janete Clair e Dias Gomes sugeriram colocar Lauro para dividir a autoria da novela com Gilberto. A dona do horário das oito e o principal autor da faixa das dez acharam que havia uma afinidade intelectual, de conhecimento literário, entre os dois. E estavam certos. "Nós sabíamos, Daniel e eu, que Gilberto Braga era um nome perfeito para escrever uma novela, na medida em que ele tinha um grau de cultura excelente vindo do cinema e do teatro. Mas nós achávamos que ele não ia querer", contou Lauro. "O Boni sacou que o Gilberto queria se comunicar com o grande público. Só que ele não sabia como. Ele ia para a praia e ficava olhando o mar."

Para facilitar ainda mais as coisas, Daniel não apenas ofereceu um parceiro experiente a Gilberto, como também deu a ideia geral da novela. Inspirada em comédias do cinema americano dos anos 1930 e 1940, a trama de *Corrida do ouro* girava em torno de cinco mulheres que recebiam inesperadamente uma herança em dinheiro, mas só teriam direito a ela se cumprissem os desejos do milionário excêntrico que as escolhera como herdeiras. Teresa (Aracy Balabanian), Isadora (Sandra Bréa), Patrícia (Renata Sorrah), Ilka (Maria Luiza Castelli) e Gilda (Célia Biar) teriam que aceitar exigências que contrariavam os seus princípios ou as suas personalidades. Uma delas, atriz, deveria abandonar a carreira; outra, que morava no exterior, teria que se estabelecer no Brasil; uma terceira precisava se casar com um homem que não amava. O tom de humor da trama foi dado por uma personagem inventada por Gilberto, Kiki Vassourada (Zilka Salaberry), mãe de uma das herdeiras, que havia abandonado a filha com alguns meses de vida e retornava trinta anos depois pilotando uma motocicleta.

Gilberto e Lauro "não se conheciam nem de dizer bom dia", como contou Daniel, quando se reuniram pela primeira vez, ainda em março, para falar da novela. Mesmo assim, se deram muito bem. Não há registro de nenhum desentendimento maior entre os dois. Ao contrário, Gilberto sempre falou muito bem de Lauro e vice-versa. O título provisório da trama, *As herdeiras*, deu lugar a *Corrida do ouro* no início de maio. Daniel orientou a dupla de autores a renovar o tom habitual das novelas das sete: em vez do tradicional modelo "água com açúcar", o diretor queria mais ação, num estilo que a aproximasse do horário das oito. Ainda antes da estreia, porém, após ler alguns capítulos, Daniel se deu conta de que Lauro e Gilberto levaram muito ao pé da letra a orientação. Vários capítulos foram reescritos.

A dupla testou diferentes processos de criação. Normalmente cada um escrevia em sua casa, mas houve alguns momentos em que escreveram juntos. A sinopse, por exemplo, foi trabalhada a quatro mãos, um de frente para o outro, cada um no comando de sua máquina de escrever. Às vezes, eles se reuniam para trabalhar no Rio, às vezes em São Paulo. Nessas ocasiões, Gilberto ia de carro, dirigindo um Fusca 72, o primeiro veículo que teve. Foi comprado a prazo, com a ajuda da mãe, que deu o dinheiro para a entrada. Também houve capítulos iniciados por Gilberto e terminados por Lauro, e vice-versa. Edgar se recorda de ir ao Aeroporto Santos Dumont receber um capítulo enviado por Sueli, mulher de Lauro, por meio de algum portador.

Em 11 de junho de 1974, a vinte dias da estreia, foi feito um comunicado oficial sobre a mudança de nome do autor de *Corrida do ouro*. A partir de então, Gilberto Tumscitz passaria a usar o nome artístico de Gilberto Braga. Abandonou o sobrenome que constava em sua certidão de nascimento e adotou o sobrenome da mãe. Várias vezes fez piada a respeito — "Imagine anunciar: Uma novela de Gilberto Tumscitz, dirigida por Ziembinski, com Sura Berditchevsky e maquiagem de Eric Rzepecki".

A estreia, em 1º de julho, registrou média de audiência no Rio de 75 pontos, contra 5 da Tupi. As críticas iniciais foram, em sua maioria, positivas. Na revista *Amiga*, Hildegard Angel chamou Gilberto de "um midas". Na *Manchete*, Flavio Marinho disse que *Corrida do ouro* "é uma das melhores novelas já apresentadas em nossa TV". Artur da Távola registrou que a decisão de evitar o tom "água com açúcar" era notável: "Desde logo há um fato positivo: sua diferença do que já estava se tornando uma espécie de 'estilo do horário', excessivamente edulcorado." Num segundo texto, Artur da Távola observou que faltavam personagens masculinos fortes na trama — uma das críticas que Gilberto mais ouviria na carreira. E informou que a área de pesquisas da Globo havia detectado a necessidade de mais figuras masculinas para se oporem aos tipos femininos do "divertido matriarcado de *Corrida do ouro*".

Talvez a crítica mais negativa tenha vindo da revista *Veja*. Lucia Rito escreveu que a intenção de fazer uma novela mais realista e menos boba não se concretizara: "Os primeiros vinte capítulos da novela já apresentados revelaram um considerável abismo entre os objetivos anunciados e os resultados obtidos." O texto trazia, ainda, um comentário do próprio Gilberto, exageradamente sincero, como sempre. "No fundo, tudo continua cor-de-rosa. A história é uma paráfrase sobre o poder do dinheiro. Os diálogos são realistas, mas acessíveis a crianças de 10 anos. Eu diria que o tom da novela é de um filme de Frank Capra. E não isso de realismo."

Ao final de julho, cumprida sua missão, Lauro se despede de *Corrida do ouro* e começa a pensar em *Escalada*, que vai estrear em janeiro de 1975. Tem início, então, a epopeia de Gilberto. O autor estreante entra em pânico e acha que não é capaz de continuar sozinho.

Em meados de agosto, começam a pipocar na imprensa notas dizendo que Gilberto estaria disposto a parar de escrever a novela. Na verdade, a situação foi mais grave. "Uma vez por semana ele entrava na minha sala e pedia demissão. E eu chamava o Lauro", contou Daniel Filho. Numa das vezes, Gilberto disse: "Daniel, não tenho jeito para escrever novelas, não. Quero voltar a ser professor da Aliança Francesa e crítico de teatro. Você arranja outro para continuar a novela?" E Daniel chamava Lauro de volta.

Até que, a certa altura, não foi mais possível recorrer a Lauro — o autor precisava escrever a novela que ia entrar no lugar de *Fogo sobre terra*. O que fazer? Janete Clair já havia comentado com Boni e Daniel Filho que admirava Gilberto. "Esse rapaz é bom. Gosto muito do diálogo dele. Até o Dias [*Gomes*] aprecia o diálogo dele." Ao ouvir a história sobre as dificuldades com *Corrida do ouro*, ela sugeriu aos dois: "Mandem ele conversar comigo." Assim que Gilberto pediu demissão pela enésima vez, Daniel concordou e, gentilmente, pediu que ele fosse para casa descansar. Gilberto, porém, continuou assistindo à novela e um dia telefonou para comentar com Daniel uma falha que havia observado na iluminação de uma cena. O diretor aproveitou a deixa e o convocou a ir ao seu escritório. Ao chegar, Gilberto já encontrou Janete Clair na sala. Não se conheciam pessoalmente. Janete encheu Gilberto de elogios e Daniel sugeriu que ela fosse supervisora de *Corrida do ouro*. Era o início de uma relação muito especial, em que Janete assumiu o papel de mestra e Gilberto, reverente, de pupilo.

Gilberto passou a ter uma reunião semanal com Janete. Ela lia os capítulos, propunha temas para as tramas e dava palpites sobre as dificuldades que o jovem roteirista estava enfrentando. Uma das sugestões de Janete a Gilberto se tornou um mantra da teledramaturgia, transmitido de autor para autor da Globo, ao longo dos tempos. Foi a solução para o romance entre os personagens de Renata Sorrah e José Augusto Branco. Ela interpretava a herdeira que precisava se casar sem amor e ele era o noivo desprezado. Gilberto não aguentava mais escrever a mesma cena — ele demonstrando amor e ela rejeitando-o. Os atores e o público, igualmente, já estavam cansados desse conflito repetitivo. Até que Janete resolveu tudo. "Troca!" "Como assim?", quis saber Gilberto. Janete fez o gesto de um vê com dois dedos e girou a mão. "Troca! Faz com que ele deixe de gostar dela e ela se apaixone desesperadamente por ele." Era uma situação totalmente inverossímil, como tantas outras que Janete criou, seguindo a sua intuição sobre o gosto do público. Mesmo achando a proposta absurda, Gilberto aceitou. E deu certo.

Numa das vezes que Gilberto ameaçou desistir de escrever a novela, Daniel apresentou outra sugestão importante, que não chegou a resolver o problema, mas foi de grande utilidade. O diretor sugeriu ao autor que ele fizesse terapia. Gilberto começou a fazer análise em grupo com o psicanalista Eduardo Mascarenhas. Ficou um ano, até que, com mais recursos, decidiu passar à análise individual. Gilberto, porém, ofendeu-se com um comentário do terapeuta e nunca mais voltou ao seu consultório. Por indicação de uma amiga, começou a fazer análise com o psicanalista Nilo de Ramos Assis. Foram quase vinte anos de terapia, só interrompida a pedido de Gilberto. "Porque, no final da minha análise, já não era mais análise", contou. "A gente ficava cantando marchinha de Carnaval. A preferida dele era: 'Eu mato, eu mato, quem roubou minha cueca para fazer pano de prato! Minha cueca tava lavada, era um presente que eu ganhei da namorada!' Ele ficava cantando essas coisas na sessão de análise."

Em 25 de janeiro de 1975, exibido o último capítulo de *Corrida do ouro*, Daniel Filho estava aliviado e satisfeito. Apesar do estresse durante o percurso, já era possível dizer que a Globo contava agora com um novo autor de novelas, um estreante com sólida formação literária, excelente ouvido para diálogos, muita imaginação e refinamento. Num período de pouco mais de seis meses, Gilberto teve a oportunidade de conviver e aprender com dois dos melhores professores da matéria. Dois mestres que seguiam linhas distintas, quase opostas. Primeiro, Lauro César Muniz, com o olhar crítico sobre a realidade do país. Depois, Janete Clair, com a rara sensibilidade para a comunicação popular. Não é exagero afirmar que Gilberto, de forma consciente e também intuitiva, foi capaz de elaborar uma síntese dessas lições para traçar o seu caminho como um dos autores mais brilhantes da televisão.

13. REVERÊNCIA A MACHADO E ALENCAR

Se a Globo fosse uma escola e Daniel Filho o professor da matéria sobre novelas, que nota ele teria dado a Gilberto Braga por *Corrida do ouro*? A primeira novela escrita pelo ainda crítico de teatro do *Globo* ganhou elogios da imprensa especializada e registrou boa audiência, mas causou muitas dores de cabeça nos bastidores por causa da insegurança do autor. A decisão tomada por Daniel indica que Gilberto foi aprovado, mas com uma nota apenas regular: em vez de encomendar uma novela original, o executivo pediu ao seu novo autor uma adaptação de um texto literário, o que, na escala de prestígio interno, significava um degrau abaixo. Por outro lado, tratava-se de um projeto novo, destinado a comemorar os primeiros dez anos de vida da Globo, em abril de 1975.

Alguns anos antes, Daniel tinha decidido reinaugurar a faixa das seis. Em agosto de 1971, a emissora fizera uma primeira tentativa nesse horário, com a exibição em sequência de três novelas: *Meu pedacinho de chão*, de Benedito Ruy Barbosa, produzida pela TV Cultura, que a transmitiu simultaneamente; *Bicho do mato*, de Chico de Assis e Renato Corrêa de Castro; e, por fim, *A patota*, escrita por Maria Clara Machado, em sua primeira e única incursão como autora de novelas. A experiência foi interrompida em março de 1973.

Apenas dois anos depois, a Globo decidiu retomar as produções destinadas ao início da noite, mas com uma nova proposta. O horário das seis seria destinado com exclusividade à adaptação de obras literárias, do passado ou contemporâneas. Para tocar o projeto, foi escalado o diretor Herval Rossano. Nascido em 1935, Herval foi inicialmente ator, tendo atuado em mais de uma dezena de filmes. Em 1964, mudou-se para o Chile, onde trabalhou como diretor de programação de uma emissora de rádio. Na volta, foi diretor de programação na TV Tupi e em 1973 Daniel Filho o levou para a Globo. Foi de Herval a ideia de adaptar obras literárias nesse horário.

A Gilberto coube a honra de ser o adaptador do texto que ia inaugurar a faixa. Daniel lhe apresentou o projeto e pediu sugestões. Ele sugeriu *Helena*, um romance de 1876, da primeira fase da obra de Machado de Assis, passado no Rio, em 1859. A escolha foi inspirada pelo gosto de sua mãe, que gostava muito do romance. Não era uma das obras-primas de Machado, sabia Gilberto, mas era uma oportunidade de contar uma história cativante para o público do horário. A história oferecia ainda, como ele dizia, o "cheirinho" do Rio de Janeiro de meados do século XIX, uma época em que ir da Corte até Niterói representava fazer uma "longa viagem".

Falou-se em Nívea Maria, Bete Mendes e Maria Cláudia para o papel principal, antes de Lúcia Alves ser escalada. De início, Gilberto torceu o nariz para a escolha da protagonista. Cinco anos antes, ao comentar a remontagem de *Toda donzela tem um pai que é uma fera*, ele havia chamado Lúcia de atriz "inexpressiva". Mas se rendeu ao vê-la como Helena. "Foi bem." Um aspecto folhetinesco do romance atraiu o adaptador, o fato de a trama deslanchar a partir da leitura de um testamento, deixado pelo conselheiro Vale, que revela a existência de uma filha até então desconhecida — justamente Helena. Estácio (Osmar Prado), filho do conselheiro, leva a suposta irmã para morar na chácara da família, no Andaraí, e se apaixona por ela. Gilberto tinha fascínio pelo potencial novelesco de testamentos, um tema que aparece em várias novelas suas, como *Corrida do ouro*, *Dancin' Days*, *Corpo a corpo* e *Vale tudo*.

Com apenas vinte capítulos, em parte gravada numa fazenda, a novela foi um sucesso. Com meta de audiência de 35 pontos, registrou 43 na estreia. O último capítulo deu 47 pontos. A média geral foi de 39,7. A revista *Veja* festejou: "Parece surgir uma esperança de inteligência aplicada ao entretenimento." Artur da Távola igualmente comemorou: "A entrada no ar de *Helena* em horário jovem é mais um ato de afirmação da TV brasileira." Dirigindo-se ao "coleguinha Gilberto Braga", ainda crítico de teatro do *Globo*, Artur da Távola tratou como elogio o que, na verdade, se revelou uma limitação da adaptação: "Ele soube verter a essência dramática da obra tendo o mérito maior, sobre todos os outros, de deixar muito da fala, do espírito e do estilo machadianos."

Na *Folha*, Helena Silveira contou que foi batizada por causa da personagem de Machado e classificou a produção da Globo como "antológica". Quase sempre muito severa, a crítica observa: "Verter para a televisão o estilo machadiano é tarefa difícil, se não impossível. A esta altura do trabalho, seria otimismo demasiado dizer que Gilberto Braga pôde cometer a proeza. Mas se o estilo do romancista de Quincas Borba não está no vídeo, incólume, pelo menos não nos chega comprometido. E isto já é muito." Helena Silveira foi colunista e crítica de TV da *Folha* entre 1973 e 1984. É uma das pioneiras desse ofício na imprensa de prestígio, em São Paulo. Apesar da erudição, não tinha preconceitos em termos temáticos, falando de novelas, programas de auditório e tudo o mais. Escritora, assim como sua irmã, Dinah Silveira de Queiroz, publicou vários romances, como *A humilde espera* (1944), *No fundo do poço* (1950) e *Na selva de São Paulo* (1966), além do memorialístico *Paisagem e memória* (1983). Morreu em 1984, aos 73 anos.

Em maio de 1975, ainda durante a exibição de *Helena*, Gilberto se mudou do Leme para Ipanema. Com contrato renovado na Globo, ele aluga um apartamento maior, de dois quartos, em um local mais nobre, na Praça General Osório. Nos classificados dos jornais, o aluguel de um apartamento desse padrão em Ipanema poderia custar entre 1.800 e 2.800 cruzeiros — o seu salário em março daquele ano era de 10 mil cruzeiros. Mais bem instalado, ele passou a receber amigos em casa. Daniel Filho se recorda de ter sido apresentado a Edgar num jantar nesse apartamento. Hildegard Angel conta que Gilberto fez um almoço para ela e para o crítico Flavio Marinho nessa nova residência. O motivo do encontro era, igualmente, apresentar Edgar aos amigos mais próximos.

O núcleo de Herval Rossano adotou um ritmo industrial intenso nesse início de novelas das seis. Como *Helena*, o segundo título, *O noviço*, de Martins Pena, adaptado por Mário Lago, também teve apenas vinte capítulos, ou quatro semanas de novela. Por esse motivo, mal terminou a primeira, Gilberto já fazia a sua segunda adaptação, dessa vez do clássico *Senhora*, de José de Alencar. A direção da

Globo decidiu que a novela substituiria *O noviço*, mas agora a emissora pediu uma novela maior, com oitenta capítulos. Gilberto não teve problemas com os vinte capítulos de *Helena*, mas seria capaz de dar conta da nova tarefa?

Essa dúvida o perturbou muito naquele momento. Após o estresse vivido em *Corrida do ouro*, ele sabia que a adaptação do romance de Alencar seria um teste decisivo. Não à toa, revelou depois que sua grande preocupação durante o processo não foi com a qualidade do texto, mas com o relógio. Num dia, empolgado, chegou a escrever três capítulos seguidos da novela. Ao final, festejou: "Em termos pessoais, *Senhora* foi minha primeira grande vitória como escritor de televisão." Conseguiu finalmente o que nunca chegou a ocorrer na *Corrida do ouro*: coordenar o seu ritmo de trabalho com o da máquina da emissora. Nunca precisou ser pressionado para escrever mais depressa e sempre manteve uma boa frente de capítulos escritos, em relação às gravações.

Com Norma Blum no papel de Aurélia e Cláudio Marzo como Fernando, "uma dupla show de bola", segundo Gilberto, *Senhora* foi outro sucesso de audiência. A novela registrou média de 36 pontos, acima da meta de 35, mas inferior ao resultado de *Helena*. O primeiro capítulo marcou 41 pontos e o último, 35. No melhor dia, chegou a marcar 48 pontos. Os elogios vieram de onde a Globo menos esperava: da Censura Federal. Ao avaliarem os primeiros capítulos, os censores Maria José Bezerra e Luís Fernando anotaram: "Um romance suave e nobre, digno de ser apresentado aos jovens, valorizando ainda mais as obras de nossos autores consagrados." Mesmo assim, a novela teve três passagens vetadas pelos censores.

Artur da Távola destacou o fato de Gilberto ter conseguido preservar a essência do conflito central do romance: "A adaptação de Gilberto Braga para televisão teve a sabedoria de o manter íntegro." Faltou o crítico do *Globo* observar que o conflito central foi mantido "íntegro" em parte porque Gilberto optou por uma adaptação na qual reproduzia, sem mexer em uma vírgula, longos trechos do livro.

Helena e *Senhora* serviram para mostrar à Globo que Gilberto havia superado as dificuldades de *Corrida do ouro* e estava pronto para voos mais altos. Nos planos da direção, após a adaptação do romance de José de Alencar, Gilberto teria a chance de escrever uma novela de sua autoria. Ainda durante a exibição de *Senhora*, ele soube que escreveria a próxima novela das sete, que substituiria *Bravo!*, de Janete Clair. Mas um grave problema, na faixa das oito, alteraria totalmente os planos da Globo e de Gilberto.

14. "MAIS JANETE DO QUE ELA MESMA"

No mesmo ano em que Gilberto Braga se afirmava com duas adaptações bem-sucedidas para a nova faixa das seis, Daniel Filho promovia mudanças significativas no horário mais nobre, o das oito. A primeira foi a estreia em janeiro de 1975 de Lauro César Muniz, com *Escalada*, sucedendo *Fogo sobre terra*, uma novela muito criticada de Janete Clair. O enorme sucesso da trama de Lauro, com temática política e crítica social, estimulou Daniel a dar um passo ainda mais ousado no segundo semestre: a escalação de Dias Gomes para escrever a novela seguinte do horário, justamente no lugar da esposa, Janete.

Daniel e Boni acreditavam que os melodramas apelativos da "usineira de sonhos" não combinavam mais com a faixa principal de novelas da emissora. Mas o que fazer com Janete? A solução foi convidá-la a escrever uma novela das sete. "Ela ficou magoada. Achou que tinha sido rebaixada e nunca engoliu essa mudança", contou Dias Gomes a Artur Xexéo. Mas acatou a decisão, seguiu em frente e escreveu *Bravo!*, uma fantasia romântica, com o galã Carlos Alberto no papel de um maestro com problemas afetivos e dificuldades na educação da filha rebelde. Enquanto Janete cumpria diligentemente a sua tarefa, Dias Gomes escrevia *Roque Santeiro*, sem revelar que se tratava de uma trama baseada na peça *O berço do herói*, de sua autoria, proibida pela Censura em 1965. *Bravo!* estreou em 16 de junho de 1975 e *Roque Santeiro* foi programada para estrear pouco mais de dois meses depois, em 28 de agosto.

Como se sabe, a estreia não aconteceu. *Roque Santeiro* foi proibida pela ditadura militar no dia da exibição do primeiro capítulo, abrindo uma crise sem precedentes na área de teledramaturgia da Globo. Naquela mesma noite, a emissora começou a exibir um compacto de *Selva de pedra*, de Janete, apresentada originalmente entre 1972 e 1973 e já então com o status de clássico das telenovelas. E prometeu, em editorial lido por Cid Moreira no *Jornal Nacional*: "Dentro de alguns dias

— esse é um compromisso que assumimos com o público —, a Rede Globo estará com uma nova novela das oito." Mas quem seria capaz de escrever uma novela nova a toque de caixa para preencher o horário? Só um nome ocorreu a Daniel e Boni: Janete Clair. E, em menos de vinte dias, ela já estava entregando os primeiros capítulos de *Pecado capital*, que se tornaria outro fenômeno de audiência. "Boni chorava, achando que estávamos condenados a continuar fazendo melodramas apelativos. E eu, também chorando, dizia que não, que ia dar tudo certo, que daríamos a volta por cima", contou Daniel Filho. E dariam mesmo, mas ainda demoraria um pouco.

Bravo! estava no ar havia pouco mais de dois meses e Janete já tinha escrito até o capítulo 100, o que deixava a produção numa situação confortável. Foi ela própria que indicou Gilberto, a quem já enxergava como pupilo, para continuar a sua novela das sete. Sim, Janete escreveria *Pecado capital*, mas *Bravo!* continuava sendo "sua", como explicou à revista *Amiga*: "A recomendação do Boni é que a novela não sofra mudanças em relação ao que estava previsto. Desse modo, Gilberto manterá todas as características elaboradas para os personagens e respeitará as situações que imaginei até o fim da novela."

Gilberto não tinha como recusar o convite, na verdade, uma missão, nem podia contar para a mestra que não estava assistindo à novela — pediu a alguém que lhe relatasse resumidamente a trama. No acerto que fez com Daniel Filho, ficou combinado que Gilberto teria reuniões semanais com Janete para discutir o andamento da novela. Notas divulgadas na imprensa ajudaram a reforçar a impressão de que Gilberto trabalhou sob tutela. "Janete examina todos os capítulos. A seriedade que vem sendo dada a alguns personagens não é decisão de Gilberto Braga. Ele está seguindo determinações da própria Janete", escreveu o bem informado Eli Halfoun.

A imprensa registrou nos meses seguintes uma longa e exagerada troca de elogios entre Janete e Gilberto. "Ele está fazendo um trabalho maravilhoso", disse ela. "Ela é uma mulher fantástica", retribuiu ele. Claramente, da parte de Gilberto, havia uma tentativa de disfarçar o incômodo com a situação. No final das contas, a trama teve 198 capítulos, sendo 92 escritos por ele. Num dos textos que escreveu sobre a novela, Artur da Távola fez piada com a situação. "Taca peito sozinho, Gilberto, que interpretando Janete Clair você fica mais Janete Clair que ela mesma e aí não dá pé. Nem para ela, nem para você."

Uma lição de Janete a Gilberto durante o trabalho em *Bravo!* virou até bordão. Muitos críticos viram na trama uma semelhança, ou plágio, com *Rebeca, a mulher inesquecível*, o famoso filme de Hitchcock. O maestro protagonista não conseguia se esquecer de sua primeira mulher, Branca, representada por um quadro pendurado na parede da sala. Uma pesquisa mostrou que, além dos críticos, as espectadoras também não gostavam de Branca. Janete solucionou o problema de forma lapidar: "Gilberto, tira o retrato de Branca da parede!" A partir de um determinado capítulo, o retrato sumiu. A lição que se tornou lenda entre autores é: se uma coisa não está dando certo na novela, tira, e não se fala mais nisso.

Quarenta e cinco anos depois de *Bravo!*, Gilberto disse a Xexéo que "detestava" a novela, mas não teve coragem de dizer isso a Janete. "Porque ela ia sofrer muito e eu gostava dela." O que mais impressionava Gilberto era a capacidade de trabalho da mestra: "Ela era um burro de carga. Escrevia *Pecado capital*, me orientava em *Bravo!* e ainda cuidava da casa, fazia supermercado." De volta à faixa das oito por causa da censura a *Roque Santeiro*, Janete nunca mais deixou o horário nobre, escrevendo ainda cinco novelas das oito, até 1982. Seu último trabalho foi *Eu prometo*, exibido na faixa das dez. Morreria em novembro de 1983.

A missão de substituir Janete custara a Gilberto o adiamento dos planos de escrever uma novela sua, autoral. Nos dois anos seguintes, ele foi convocado a fazer novas adaptações de textos literários para o horário das seis. Por outro lado, foi recompensado com algo que sonhava havia muito tempo: uma viagem ao exterior. Após um ano intenso (*Helena*, *Senhora* e *Bravo!*), em que, nas suas palavras, "acordava, escrevia, dormia, acordava, escrevia, dormia", Gilberto ganhou de Boni uma passagem para os Estados Unidos. Em 31 de janeiro de 1976, ele embarcou com Edgar para um passeio de 45 dias por Nova York, Londres e Paris. Era a primeira ida ao exterior desde a temporada de três meses em Paris, em 1968, com bolsa da Aliança Francesa. Era também o início de um ritual — ao final de cada novela, os dois vão fazer longas viagens ao exterior.

15. ISAURA, O SUCESSO QUE GILBERTO NÃO ENTENDE

De férias em Nova York, no final de fevereiro de 1976, Gilberto enviou ao jornal *O Globo* um minucioso relato sobre a temporada teatral na Broadway. O texto era uma maneira de informar que, apesar do trabalho na televisão, não havia se esquecido dos seus leitores no jornal. Mas ele sabia que não conseguiria continuar atuando nem como crítico teatral nem como professor de francês. "Continuo no *Globo*, embora baixando o nível da coluna por absoluta falta de tempo, e vou ter que largar a Aliança de vez em julho", desabafou, então, numa carta à irmã Rosa.

Três meses depois, em 31 de maio de 1976, ao se despedir formalmente dos leitores, Gilberto encerrava um longo processo de dúvidas e indefinições profissionais. Estava com 30 anos. A partir de 1º de julho de 1976, sem a coluna e sem as aulas no curso de francês, ele trabalhará exclusivamente como autor da TV Globo, e não terá mais nenhum outro emprego na vida.

Encerradas as férias, Gilberto voltou ao núcleo de Herval Rossano. O desejo de escrever uma história própria, e não mais adaptar obras literárias, teria que ser adiado. Diante de uma pilha de vinte romances, deteve-se em *A escrava Isaura*: com muita precisão, avaliou que não era um grande romance, longe disso, mas tinha a carga de emotividade folhetinesca capaz de proporcionar uma obra de repercussão popular. Por toda a vida, Gilberto demonstrou gratidão a Eneida do Rego Monteiro Bomfim, sua professora no clássico, no Pedro II, pela sugestão de adaptar o livro de Bernardo Guimarães. "Ela acertou na mosca. Não tem livro melhor."

Chico Buarque resumiu o ano de 1976 no chorinho "Meu caro amigo", aquele que diz que "a coisa aqui tá preta". Tempo de ditadura militar, repressão, censura. Mas, mesmo sob a vigilância dos burocratas em Brasília, os autores da Globo estavam a mil por hora. Em outubro, a grade da emissora trazia *Saramandaia* (Dias Gomes) às dez da noite, *O casarão* (Lauro César Muniz) às oito e *Estúpido cupido* (Mario Prata) às sete. O sarrafo estava altíssimo, mas a novela *Escrava Isaura* não fez feio às seis. Muito pelo contrário. As quatro novelas se tornaram clássicos da teledramaturgia.

Obra de um autor de menor prestígio e repleta de deslizes formais, segundo a crítica literária, *A escrava Isaura* permitiu que Gilberto se sentisse um pouco mais à vontade para mexer no livro, sem a reverência que deixou engessadas as suas versões de Machado de Assis e José de Alencar. Ele levou a história, passada nos anos 1840, para duas décadas adiante, buscando se aproximar da abolição da escravatura, além de inventar situações e criar um novo personagem para sustentar uma trama de cem capítulos. O ponto mais problemático do livro, porém, não tinha como ser alterado, pois era a razão de ser do enredo: a escrava Isaura era uma mulher branca. "O romance de Bernardo Guimarães não é abolicionista. Eu o chamaria mesmo de bastante reacionário e até racista", disse Gilberto no dia da estreia. "A novela, evidentemente, é antirracista, porquanto realizada mais de um século depois e por pessoas com ideias mais arejadas", acrescentou.

Na visão do cineasta Joel Zito Araújo, que se debruçou sobre a representação dos negros nas telenovelas brasileiras, a descrição de Isaura como branca obedecia a imperativos culturais e político-sociais do seu tempo, "o que nos permite deduzir que a intenção do autor não era a de retratar uma jovem quase ariana, mas sim uma mulata". O problema, afirma, é que as personagens de "mulatas" nos romances do período estavam associadas a estigmas de sedução e amoralidade, "o que prejudicaria o enredo e os fins a que se destinava o romance".

A escalação da protagonista foi tema de muita especulação em notas de jornais. Os nomes de Sônia Braga, Renée de Vielmond, Débora Duarte e Neila Tavares foram citados antes de a Globo se decidir por Lucélia Santos, à época com 19 anos. A jovem atriz, que já havia atuado em *Godspell* e *Rock Horror Show*, foi escolhida por Herval

Rossano, Boni e Borjalo. O trio da Globo ficara encantado ao vê-la no espetáculo *Transe no 18*, dirigido por Cecil Thiré, no Teatro de Bolso do Leblon, em junho. Nessa comédia dos americanos Gene Stone e Ron Cooney, Lucélia contracenava com o veterano Milton Moraes: ele como um homem conservador e ela como uma jovem moderna vivendo uma série de peripécias picantes.

A escolha de Lucélia Santos para viver Isaura é um trauma que Gilberto nunca superou. Apesar do sucesso consagrador alcançado pela atriz em todo o mundo, ele sempre a considerou um erro de escalação. Dizia que ela não tinha o tipo físico descrito por Bernardo Guimarães: "Uma perfeita brasileira." Muitos anos depois da exibição da novela, ele falou: "Até hoje acho que eu tinha que ter descoberto uma Yoná Magalhães com 18 anos. Uma Yvonne De Carlo. A escrava Isaura tem que ser extremamente sensual, de peitos grandes, quase que vulgar." Em outra entrevista, disse: "Lucélia Santos nunca foi meu sonho como Isaura. Por mim, teríamos escolhido a Louise Cardoso. Mas, enfim, eu tinha aluguel para pagar e acabava sempre aceitando as ideias do Herval."

Como é comum ocorrer em questões desse tipo, há algo de idiossincrático na reclamação de Gilberto. Numa passagem do romance, após a sua fuga, Isaura é descrita detalhadamente num alerta com oferta de recompensa para quem a recapturar: "Cor clara e tez delicada como de qualquer branca; olhos pretos e grandes; cabelos da mesma cor, compridos e ligeiramente ondeados; boca pequena, rosada e bem-feita; dentes alvos e bem dispostos; nariz saliente bem talhado; cintura delgada, talhe esbelto e estatura regular." Com base nessa descrição, não há muito o que questionar sobre a escolha de Lucélia. E é indiscutível que, apesar da implicância de Gilberto, muito do sucesso da novela deveu-se ao carisma da atriz e à forma como interpretou a personagem.

Com *Escrava Isaura*, Gilberto sentiu, pela primeira vez, como a Censura podia impactar o trabalho de um autor de novelas. Graças a uma pesquisa do jornalista Cláudio Ferreira no Arquivo Nacional, em 157 caixas com pareceres de censores, correspondências com as emissoras de televisão e capítulos rasurados com anotações, é possível acompanhar a saga do autor enquanto escrevia a trama. Avaliando os primeiros dez capítulos, os censores se incomodaram com os maus-tratos aos escravizados: "As torturas infligidas, mostradas com tanto realismo, provocarão no espectador infantil reações imprevisíveis, nocivas à sua formação ou sensibilidade." Em um ofício em 11 de outubro, dia da estreia, os censores pediram que fosse amenizado o comportamento do vilão Leôncio (Rubens de Falco) e também as cenas que retratassem a violência contra os escravizados. "Pela sinopse, o desenrolar da novela registrará cenas de homicídio, dramas de amor, perseguições incessantes a escravos, ódios e vingança. Reiteramos a necessidade de serem apresentados esses aspectos de forma diluída, a fim de adequar tais situações ao horário."

Gilberto foi convocado "para esclarecimentos destinados a prevenir, nos capítulos subsequentes, outras implicações de ordem censória". Essa reunião, em Brasília, seria recriada muitos anos depois no último capítulo da minissérie *Anos rebeldes* — Galeno (Pedro Cardoso) se tornara um autor de novelas e foi a Brasília discutir com os censores. Gilberto contou que uma censora chegou a ameaçar tirar *Escrava Isaura* do ar se ele insistisse em expor a realidade dos escravizados. "As pessoas podem fazer ilações com o mundo real", ela argumentou. "O problema que a senhora tem é com a palavra escravo?", perguntou Gilberto. "É. Isso é uma mancha na história do Brasil que devia ser apagada", ela respondeu. "Mas eu posso continuar a novela sem usar a palavra escravo?", questionou. "Pode." Diz Gilberto: "Aí passei a escrever 'peças'. Se um fazendeiro tinha que dizer que foi num leilão e comprou oito escravos, dizia que ele comprou oito peças."

Em dezembro, foi feito novo alerta à direção e à produção da novela, ameaçando "o inconveniente de elevar a faixa etária" se as mudanças não fossem feitas. A Globo respondeu afirmando que as advertências eram imprecisas e pediu que os censores apontassem os problemas "com exatidão". Houve cortes em quatro capítulos, por causa de uma passagem considerada ofensiva à religião católica, além de uma cena de suborno, uma tentativa de beijo forçado e um diálogo malicioso de dois homens a respeito de uma escravizada.

O crítico Artur da Távola revelou no *Globo* que Gilberto mudou o destino de uma personagem importante, Malvina (Norma Blum), mulher de Leôncio, por pressão da Censura. "Segundo me disse o adaptador Gilberto Braga, ele teve que matar Malvina, pois, às seis da tarde, a Censura não permite que um homem casado paquere outra mulher. Se Malvina permanecesse, jamais Leôncio poderia cortejar Isaura e o conflito central do romance iria para o beleléu. Foi a Malvina, que é mais fácil."

No último capítulo, os censores implicaram com a cena do suicídio de Leôncio. Em correspondência à Censura, a Globo enviou um "adendo" à sinopse, informando que os espectadores entenderiam o que havia ocorrido sem que a imagem fosse mostrada. A Censura também quis vetar, no último capítulo, a cena em que a escravizada Rosa (Léa Garcia) incorpora um "santo" e coloca veneno numa taça de ponche com a intenção de matar Isaura. A cena foi exibida, mas sem a "incorporação". No momento em que Rosa serve Isaura e Álvaro (Edwin Luisi), a personagem Carmem (Ângela Leal) se intromete e coloca mais duas taças na bandeja. Espectadores mais atentos notaram que, por engano da direção da cena, a taça com o veneno acabou ficando com Isaura ou Álvaro, mas quem morreu foi Rosa mesmo.

Gilberto contou com o relativo desconhecimento do público em relação ao romance de Bernardo Guimarães para mexer na história sem ouvir muitas reclamações. A principal invenção foi o personagem Tobias (Roberto Pirillo), que não existe no livro e aparece desde cedo na novela, cortejando Isaura. O grande herói do romance, Álvaro, demora a surgir na obra de Guimarães. Na novela, ele apareceu no capítulo 66. Como ensinava Janete Clair, a protagonista não poderia ficar tanto tempo sem um interesse afetivo. Por outro lado, a morte de Tobias no capítulo 52 chocou os espectadores que ainda não sabiam da existência de Álvaro e eles reclamaram: "Como que Gilberto teve a coragem de matar o mocinho no meio da história?" A cena da morte de Tobias é muito engenhosa. Ele morre num incêndio provocado por Leôncio. Mas o vilão ignorava que Malvina, sua esposa, estava na mesma cabana, e morre também. No romance, o destino de Malvina não é trágico: ela simplesmente abandona o marido.

Gilberto não mexeu, porém, em algo mais essencial do romance, que é a visão que Guimarães tinha do sistema escravocrata. Um século depois, mesmo acossado pela Censura, o novelista poderia ter manifestado mais ousadia e sido menos reverente ao romancista. Joel Zito Araújo lamenta que "a atuação dos atores negros não demonstra orgulho, enfrentamento, nem identidade racial". A postura, observa, é permanentemente de servidão e docilidade, atendendo às exigências que já se encontravam no próprio livro. Mais grave, na visão do documentarista, é que a novela, ao descrever o regime escravocrata, reproduziu basicamente o olhar de quem vivia na casa-grande. A cena final, em que os escravizados alforriados dançam em torno de Isaura e Álvaro, que se beijam, reforça essa má impressão. "O desfecho da telenovela foi uma demonstração contundente da concordância do adaptador com a versão oficial da história: a libertação dos escravos foi um ato de bondade dos brancos."

Mais do que ao final feliz de Isaura com Álvaro, a novela deveu seu sucesso ao sofrimento da mocinha causado pelo terrível Leôncio. Gilberto dizia que a melhor explicação para o fenômeno era a do amigo Antonio Moniz Vianna, crítico de cinema do *Correio da Manhã*: "Essa novela lida com o sentimento mais forte que um ser humano pode experimentar: o medo. A gente sempre tem medo de quem é mais forte que nós." Aliás, Amiris Veronese, mulher de Moniz, fez um de seus papéis mais conhecidos justamente em *Escrava Isaura*, como a personagem Alba Vidal. Outra participação notável, ainda que em poucos capítulos, foi a de Henriette Morineau, uma das grandes damas do teatro, que Gilberto adorava. Ele escreveu um papel especialmente para ela, madame Madeleine Besançon, uma atriz francesa que está de passagem pelo Brasil representando a peça *Fedra*, de Racine. Em 1980, quatro anos depois, Gilberto criou outra personagem especialmente para Morineau em *Água viva*, e a batizou, fazendo uma piada para os mais atentos, como Jojô Besançon.

Escrava Isaura foi por muito tempo a novela da Globo a fazer mais sucesso no exterior. Em suas memórias, o diretor de vendas internacionais da empresa revelou que, na verdade, não foi a versão integral, de cem capítulos, mas um compacto com trinta episódios que rodou o mundo. Os mercados europeus achavam as novelas brasileiras longas, contou José Roberto Filippelli. Em 1979, durante a exibição de *Cabocla*, a Globo pediu a Benedito Ruy Barbosa que esticasse a novela porque *Olhai os lírios do campo*, que iria sucedê-la, estava atrasada. Benedito, porém, já tinha acertado sua ida para a TV Bandeirantes e não aceitou a tarefa. Foi então que a Globo decidiu exibir, entre meados de dezembro de 1979 e janeiro de 1980, um compacto de *Escrava Isaura*. "E com ela, viva!, finalmente, surgia uma novela curta", festejou Filippelli. No início da década de 1980, essa versão foi comprada pela China, e aí não parou mais. Já foi vendida para mais de cem países.

Escrava Isaura registrou uma média de 46,9 pontos, a maior audiência de uma novela das seis até então. É, até hoje, uma das cinco novelas mais assistidas dessa faixa horária. Ainda assim, bastava alguém elogiar a novela perto de Gilberto para ele dizer: "O maior fenômeno de *Escrava Isaura* é que eu, pessoalmente, acho a novela horrível. Não gosto, especialmente, do elenco, nem do meu texto. O que era bom ali era a temática do Bernardo Guimarães, que é muito forte. Mas, francamente, não gosto. Achei muito fraca."

16. VIDA A DOIS, MAS EM QUARTOS SEPARADOS

O namoro de Gilberto com Edgar, iniciado em 1972, demorou um pouco para engrenar. "Eu dizia que não era gay, que foi só aquela vez, que eu tinha namorada", conta Edgar. Mas Gilberto insistiu. Conhecendo a rotina do namorado (trabalho, faculdade, ginástica, curso de inglês, francês), Gilberto rodava a cidade, passando em cada local para deixar um pequeno cartão com uma ou duas palavras. Ao chegar em casa, no fim do dia, Edgar encontrava um último cartão. Juntando todos, ele conseguia ler uma mensagem completa, como: "Edgar, não posso viver sem você." Outra "tática" de Gilberto foi conquistar a simpatia de Marita, a mãe do namorado. Ficaram muito amigos. Edgar brigava com Gilberto "pra sempre", dizia que não queria mais vê-lo, e quando chegava em casa o encontrava tomando chá com a sua mãe. "Era difícil me livrar dele."

Ainda inseguro em tornar pública a sua orientação sexual, Edgar manteve a relação num "vai-não-vai" por algum tempo. Não apenas continuou namorando uma mulher a sério, como ainda arrumou uma namorada para Gilberto, chamada Claudia. "Não pode dar pinta", dizia Edgar. No Réveillon de 1973, no Clube Caiçaras, cada um foi com sua namorada, mas combinaram se encontrar depois da meia-noite no apartamento do amigo de Gilberto que servia de refúgio para os dois. O problema é que Claudia queria ver o sol nascer, obrigando Gilberto a inventar uma mentira: "Olha, tenho trauma de ver o sol nascer porque a minha mãe morreu com o dia amanhecendo. Tenho que ir para casa." O relacionamento arranjado de Gilberto e Claudia, claro, não durou. Já Marcia, sua primeira namorada, continuava muito próxima e se tornou amiga de Edgar também. Ela se recorda de ter ajudado na operação de despiste do namoro dos dois homens. Em algumas situações, Marcia frequentou a casa dos pais de Edgar simulando ser namorada de Gilberto.

Depois que Gilberto deixou o apartamento da família, na Aires Saldanha, em junho de 1973, e alugou um pequeno imóvel na Gustavo Sampaio, no Leme, o namoro ficou mais fácil. Edgar dormia com frequência lá, mas continuava mantendo segredo em casa. Os pais e irmãos podiam até desconfiar de algo, mas não falavam nada. "Minha mãe era muito ingênua", recorda-se. Uma vez Edgar arrancou um siso e Marita chamou Gilberto para fazer companhia ao filho e dormir em casa. Gilberto também foi professor de francês da mãe e da irmã de Edgar, na Aliança Francesa. Dava aulas para elas no período da tarde. "Tinha fofoca na Aliança. Achavam que ele tinha um caso com a minha mãe", conta Edgar.

Em todos os anos de relacionamento, Edgar só se lembra de ter sido discriminado uma vez por sua orientação sexual. Foi num show de Nora Ney e Jorge Goulart, na cervejaria Schnitt, em Botafogo. Era novembro de 1972. À porta, disseram que não era permitida a entrada de dois homens sozinhos. "Que pena", disse Gilberto. "Sou crítico de teatro, eu vim aqui fazer uma crítica do show." O recepcionista foi lá dentro e voltou: "Olha, a gente vai abrir uma exceção. Quando apagar a luz, vocês entram e sentam naquela mesa." Anos depois, Edgar se disse arrependido de terem aceitado a condição. "Se fosse hoje em dia, não entraria. Mas naquela época a gente entrou e assistiu ao show."

No início de 1976, Gilberto teve que deixar o imóvel que alugava na Praça General Osório, em Ipanema. Àquela altura, o namoro já havia engrenado e era bem público. Gilberto tinha apresentado o namorado a vários amigos em almoços e jantares em casa. Iam a estreias de teatro e a eventos sociais juntos. Enfim, eram um casal. Foi quando Edgar tomou uma iniciativa importante e perguntou ao namorado se ele não gostaria de morar junto. Era praticamente um pedido de casamento. Gilberto disse "sim". Para a união se consumar, Edgar pediu ao pai que emprestasse um dos imóveis da família. Foram morar na rua Barão do Flamengo, na primeira quadra, perto da praia do Flamengo. Edgar tinha então 23 anos e Gilberto, 30. Para todos os efeitos, eram dois amigos dividindo um apartamento. Num prédio em que também moravam primos e tios de Edgar, a fofoca corria solta: "Minha avó perguntava por que Gilberto não namorava a Estelinha [*a irmã mais velha*]."

Gilberto e Edgar viveram mais de vinte anos nesse amplo imóvel, originalmente com duas salas (uma de visitas e outra de jantar) e três quartos (um deles transformado em escritório para Gilberto). Ficava no 11º andar do prédio, o último. Em 1980, quando Gilberto estava escrevendo a sinopse de *Água viva*, Edgar convenceu o pai a construir uma cobertura no terraço e o apartamento virou um duplex. Entre as melhorias da reforma, o casal ganhou uma pequena piscina, que Gilberto apelidou de "bebedouro de elefante". Alguns anos depois, já recebendo muito bem como autor da Globo, Gilberto decidiu comprar o apartamento de baixo, no décimo andar, criando um triplex. Ouviu conselhos de um amigo: "Cuidado, um dia você briga com o Edgar e não tem nada." O andar de baixo foi usado de início como depósito e depois serviu para hospedar amigos. O artista plástico americano Jack Brusca, amigo de Gilberto, hospedou-se lá várias vezes. A atriz Odete Lara morou no apartamento durante um período de dificuldades.

Um dos segredos do relacionamento de quase cinquenta anos de Gilberto e Edgar foi estabelecido de partida, assim que se mudaram para o apartamento: quartos separados. "Nunca dividi quarto nem banheiro com ninguém, desde criança", conta Edgar. O apartamento na Barão do Flamengo tinha um banheiro grande, que Gilberto adorou, mas Edgar o convenceu a dividi-lo em dois. Sempre dormiram em quartos separados.

Morando juntos, saindo juntos, recebendo convidados em casa e sendo convidados juntos para os mais variados eventos, Gilberto e Edgar naturalizaram o fato de formarem um casal. Ambos tinham fascínio pelo universo da alta sociedade e não tiveram muita dificuldade de serem aceitos nessa espécie de clube fechado. Edgar, nascido e criado num ambiente de elite econômica, conhecia intuitivamente os códigos do clube. Gilberto, observador acurado, sempre disse que aprendeu muito a respeito dos ricos e famosos assistindo aos filmes da era de ouro de Hollywood e dando aulas particulares de francês nas casas de alguns de seus alunos. Na visão da amiga Hildegard Angel, o fato de Gilberto ter alcançado status social por meio do próprio trabalho chamava a atenção. "Ele tinha conteúdo social. Não era um *snob*", diz. "Não era um precioso ridículo, como tantos que a gente conhece. Era um cavalheiro."

A partir de 1978, com o enorme sucesso da novela *Dancin' Days*, Gilberto e Edgar começam a aparecer lado a lado em fotos de colunas de jornal, como as de Perla Sigaud (pseudônimo de Hilde), no caderno de variedades do *Globo*, e na coluna de Carlos Swann, no primeiro caderno do jornal. Por uma década (1974 a 1984), o responsável pela coluna foi Carlos Leonam, acompanhado de outros jornalistas, como Fernando Zerlotini e Anna Ramalho.

Ao tratar Gilberto e Edgar como um casal, esses colunistas ajudaram a atenuar preconceitos. Um bom exemplo é uma nota publicada em outubro de 1982, no Swann, relatando que os dois foram "anfitriões" de um evento. A nota não apenas expressa de forma natural a vida do casal, como dá uma boa ideia do círculo de relações que os dois estabeleceram:

> Anfitriões de um simpático jantar em torno de Jack Brusca, Gilberto Braga e Edgar Moura Brasil reuniram anteontem um grupo em que confraternizavam *socialites* e estrelas da televisão. Estavam lá, por exemplo, Gilse e Mauro Campos, Suely e Ricardo Stambowsky, Tanit e Albert Levy, Ana Maria Lamego, Lolly Hime, Irene Magalhães, Hugo Gauthier, Rudi Crespi, José Halfin, Ivo Pitanguy, José Carlos Reis. E mais Tônia Carrero, Mila Moreira, Lidiane e Tony Ramos, Edwaldo Pacote, Lauro Corona. Entre outros.

No saguão de entrada do apartamento, decorado por Titá Burlamaqui, Gilberto e Edgar penduraram uma obra da artista plástica Wanda Pimentel, feita em homenagem à união deles. O pequeno quadro exibia as duas faces de um envelope de carta, dispostas uma acima da outra. A primeira trazia os nomes dos destinatários, Gilberto Tumscitz Braga e Edgar Moura Brasil, além do endereço deles. E a segunda, o nome do remetente, Wanda Pimentel, e o seu endereço. Era uma forma elegante, inteligente, de comunicar que formavam um casal. Em 2022, esse quadro estava na casa de Edgar em Angra dos Reis (RJ). Várias obras de Wanda foram vistas na novela *Vale tudo*, atribuídas à personagem Heleninha Roitman (Renata Sorrah), a sensível e alcoólatra artista plástica filha da vilã Odete Roitman (Beatriz Segall).

Caso pudesse haver alguma dúvida ou questionamento sobre o status de Gilberto e Edgar como casal, isso foi reconhecido publicamente por ocasião da morte de Marita Abrantes de Andrade, em 8 de setembro de 1986. No anúncio que a família mandou publicar no *Jornal do Brasil* convidando para a missa de sétimo dia da mãe de Edgar, o nome de Gilberto aparece ao lado dos nomes do pai e dos quatro filhos.

17. DONA XEPA, A FEIRANTE QUE ABRIU PORTAS

Exibido o último capítulo de *Escrava Isaura*, em 5 de fevereiro de 1977, Gilberto Braga só deveria ter motivos para festejar. A novela havia sido um grande sucesso de audiência, a melhor do horário, e isso se devia, em boa parte, ao seu trabalho. Houve críticas negativas, como sempre, mas também muitos elogios. Até Nelson Rodrigues, grande ídolo de Gilberto, contou que assistia. Mas o novelista não estava plenamente satisfeito. Havia algo que o incomodava: ele já estava na Globo havia cinco anos, mas nunca tinha sido chamado para conversar com Boni.

Na mesma época de *Escrava Isaura*, a Globo exibiu *Estúpido cupido* na faixa das sete. Foi o primeiro trabalho de Mario Prata na emissora. Diferentemente de Gilberto, Prata já conhecia Boni e frequentava a sala do chefe. Numa das idas ao escritório, contou que estava com medo de escrever a sua primeira novela. "Não assistia a novela nem tinha televisão", disse. Boni, então, sugeriu que Prata se encontrasse com Janete Clair e Dias Gomes para conversarem. "Você fica três horas no escritório da Janete vendo ela trabalhar. Não pergunta nada, pra não atrapalhar. Fica só olhando", recomendou o chefão.

Nas lembranças do autor de *Estúpido cupido*, Gilberto também participou dessa espécie de "laboratório", ou "imersão", como se diz hoje. Os dois jovens autores passaram o dia com o casal de veteranos e, ao final, deram um pulo em um bar. Foi quando Prata contou que a porta da sala de Boni estava sempre aberta para ele, deixando Gilberto com uma pulga atrás da orelha. "O Prata ficava comentando: 'Ah, o Boni disse isso, o Boni falou aquilo.' Eu não sabia nem que cara tinha o Boni. Tinha uma inveja danada do que o Mario Prata conversava com o Boni, o famoso Boni."

Para Gilberto, o problema se resumia ao fato de Prata ser um autor de novelas e ele ser visto como mero adaptador, e, ainda por cima, da faixa de menor prestígio, a das seis. Para conhecer Boni, Gilberto achava que precisaria escrever algo autoral — uma novela das sete, por exemplo. Sonhava ser convidado para essa tarefa, mas não se sentia seguro para pedir. Foi nesse contexto que teve a ideia de propor à Globo uma novela baseada em *Dona Xepa*.

A peça de Pedro Bloch, que em 1952 consagrou a atriz Alda Garrido no papel da feirante que se sacrifica pelos filhos, não tinha história nem para dez capítulos. O que interessava a Gilberto era a personagem. Com base nela, poderia criar uma história sua, original. Seria também uma oportunidade de "sair do século XIX", como disse, para tratar de uma época atual e mostrar que era capaz de escrever diálogos contemporâneos. Se tudo desse certo, pensou, após *Dona Xepa* seria chamado para escrever uma novela das sete — e conheceria Boni.

Dona Xepa estava no radar de Gilberto desde 1974, quando ele assistiu a uma montagem dirigida por Francisco Milani com Vanda Lacerda no papel-título. Na crítica publicada em sua coluna no *Globo*, ele observou que a peça de Pedro Bloch, "um clássico da dramaturgia brasileira", envelhecera e, sem uma atualização, tinha "poucas possibilidades de comunicação total". Pedro Bloch não se opôs à adaptação, muito pelo contrário. Deu várias entrevistas festejando que sua obra chegaria à televisão.

Na crítica à montagem de *Xepa* com Vanda Lacerda, em 1974, Gilberto percebeu que a mãe criada por Bloch tinha afinidade com outra mãe, Stella Dallas, a personagem do filme homônimo de King Vidor protagonizado por Barbara Stanwyck, em 1937. No famoso melodrama, Stella é uma mulher simples que se casa com um homem rico, Stephen Dallas (John Boles), com quem tem uma filha, Laurel (Anne Shirley). Stephen, porém, abandona o lar para ficar com uma antiga namorada. Stella faz de tudo para criar Laurel sozinha e se dedica completamente à filha. Com o tempo, porém, a menina passa a se interessar pelo estilo de vida luxuoso do pai e Stella, fingindo ser alcoólatra, leva a filha a se aproximar dele. Após se mudar para a casa de Stephen, Laurel se casa com um playboy em uma grande festa, que Stella espia pela janela, da rua. "*Dona Xepa* é *Stella Dallas*.

Eu vi *Stella Dallas* em criança, com a minha avó, em Ramos. Mas isso ficou na minha cabeça. Quando eu fiz *Dona Xepa*, eu usei *Stella Dallas*", diria Gilberto, décadas depois.

Para a primeira novela das seis baseada num texto contemporâneo, a Globo fez uma aposta segura com a indicação de Yara Cortes para viver a feirante humilde que protagoniza a história. A atriz, já veterana, havia brilhado muito no ano anterior ao lado de Paulo Gracindo em *O casarão*. Rosália, a antipática filha de Xepa, foi vivida por Nívea Maria, que vinha de uma série de papéis de mocinha ou heroína. Casada com o diretor Herval Rossano, ela conta que pediu a Gilberto o papel da vilã. Nas colunas de jornais e revistas, prosperou uma suposta reclamação de Yara Cortes sobre Herval, dizendo que ele não gostava dela e sugerindo que o diretor privilegiava a esposa nas gravações. A coisa cresceu a ponto de as duas atrizes começarem a se estranhar no estúdio. "Isso me ajudou, porque a Rosália ignorava a Xepa, ela sentia vergonha daquela mãe", contou Nívea.

A novela trazia, ainda, Reinaldo Gonzaga como Edson, o outro filho de Xepa (na peça ele era inventor, na novela virou escritor). Rubens de Falco e Edwin Luisi, o vilão e o mocinho de *Escrava Isaura*, também estavam no elenco, assim como Cláudio Cavalcanti, Ângela Leal, Ida Gomes e João Paulo Adour, entre outros. Para viver Glorita, a *socialite* falida que antagoniza com Xepa, Gilberto sonhava com Renata Fronzi, a quem havia ofendido em 1971 (ao escrever numa crítica que a atriz se saía muito bem "num papel que pede uma moça mais jovem"), mas a Globo não deixou que ela saísse da linha de show. O papel ficou com Ana Lúcia Torre.

Dona Xepa provocou um grande debate na imprensa sobre o papel das mães na criação dos filhos. Foi a primeira de muitas polêmicas que Gilberto causou com suas tramas de temática urbana e contemporânea. Em uma crítica na revista *Veja*, a psicanalista Maria Rita Kehl lamentou que a novela "desenterra preconceitos e valores equívocos" que não deveriam voltar, como "a apologia da supermãe". Outro problema, escreveu, era o fato de a protagonista encarnar o "folclore da pobreza", reforçando um preconceito de que as pessoas dos subúrbios "são inofensivas como crianças, inocentes e felizes em sua pobreza material em função de uma extrema pobreza mental".

Gilberto ficou ofendido — e respondeu. Na visão do autor, a crítica baseava-se mais no texto de Pedro Bloch do que em sua adaptação. Para ele, era fundamental deixar claro que havia renovado a Xepa original, buscando mostrar que a protagonista não era apenas a "coitada" que os espectadores enxergavam: "O público se liga nas qualidades da Xepa e faz vista grossa dos seus defeitos. É a chamada empatia total. Em parte, é claro, devido à grande interpretação desta artista maior que é Yara Cortes. Mas, também, porque precisa de heróis."

Programada para ter 120 capítulos, *Dona Xepa* foi esticada em mais doze. Para Gilberto, a reta final da novela foi um pesadelo. Durante uma aula de ginástica, o seu ombro direito saiu do lugar e ele foi obrigado a passar por volta de trinta dias engessado da cintura para cima. Ainda faltavam cerca de trinta capítulos para o fim. A Globo contratou uma secretária a quem Gilberto ditava os capítulos ou os gravava e enviava as fitas para serem transcritas. Ele dizia que não gostou de nada que fez nesse período. "Sou um autor de diálogos e, ao ditá-los a uma secretária, como tenho sido obrigado a fazer, perco todo o domínio", lamentou.

Dona Xepa registrou média de audiência de 46,5 pontos, quase a mesma que *Escrava Isaura*. Está também, até hoje, entre as cinco maiores audiências de novelas das seis na história da Globo. Desde os primeiros capítulos, a trama caiu no gosto do público, chegando a picos de 59 pontos, índices incomuns nessa faixa. Foi a quarta parceria entre Gilberto e Herval Rossano — todas bem-sucedidas.

O sucesso, porém, acabou sendo responsável por um fato que causou tumulto na produção. Com poucos meses de *Dona Xepa* no ar, Daniel Filho telefonou para Gilberto convidando-o a escrever uma novela das oito. Era uma promoção ainda maior do que ele esperava. Escrever a novela das sete já seria bom. Empolgado, a primeira coisa que Gilberto fez foi ligar para Herval, achando que ele ia lhe dar os parabéns pelo convite.

— E você aceitou? — perguntou o diretor.

— Claro! Novela das oito, pra mim, vale a pena fazer — respondeu.

— Mas você é meu — reagiu Herval.

— Como sou seu?

— Você é o principal escritor do meu horário — disse o diretor.

— Isso não quer dizer que eu seja seu — respondeu Gilberto. — Sou contratado da TV Globo. Você me contratou? Era você que me pagava? Brigaram e nunca mais se falaram, segundo Gilberto.

◎convite de Daniel a Gilberto ocorreu em função de problemas com *Espelho mágico*, novela que estava indo ao ar na mesma época de *Dona Xepa*, no horário das oito. Criada por Lauro César Muniz, foi uma enorme ousadia, ainda maior do que *Escalada* e *O casarão*, suas novelas anteriores. Por volta do capítulo 25, Lauro introduziu uma novela dentro da novela, chamada *Coquetel de amor*. Sua intenção era fazer um coquetel de histórias e clichês do dramalhão, "uma homenagem aos pioneiros do rádio, às estruturas dos criadores da telenovela, como a Janete Clair e Ivani Ribeiro". O problema é que Janete não entendeu como homenagem, mas como uma gozação com ela. Para complicar ainda mais, *Espelho mágico* não agradou à audiência. "Desafiei a lei da gravidade, com total apoio do Daniel e do Boni", contou Lauro, refletindo sobre o tombo que sofreu. De fato, ele recebeu total apoio da direção. Segundo Daniel, Boni lhe disse na ocasião: "Prefiro que alguém faça uma merda tentando fazer algo novo do que faça uma merda fazendo uma coisa velha."

O convite para escrever a próxima novela das oito, substituindo *Espelho mágico*, ocorreu em meados de julho. Na metade de agosto, porém, Gilberto engessou o braço e ficou com condições de trabalho muito limitadas. No início de setembro, a Globo escalou Janete Clair para escrever a trama que sucederia a de Lauro. Em 6 de dezembro, estreou *O astro*. Lauro só voltaria ao ar dois anos depois, em 1979, com *Os gigantes*. Ao escrever sobre *Dona Xepa*, Artur da Távola afirmou que a movimentação de Daniel Filho e Boni prejudicara Gilberto: "Ele estava todo pimpão escrevendo direitinho a sua *Dona Xepa* quando chegaram e disseram: 'Você agora vai escrever a novela das oito que entrará no lugar de *Espelho mágico*.' Ora, escrever a novela das oito é o sonho de qualquer autor." Por isso, observa, o interesse de Gilberto por *Dona Xepa* caiu e a novela perdeu qualidade. Na sequência, quando os executivos decidem que será Janete a autora da próxima novela das oito, e não mais Gilberto, eles dão um nó na cabeça do novelista. "Ora, não há cuca que resista!", conclui Artur da Távola.

Aparentemente, Gilberto reagiu bem aos acontecimentos. Três dias antes da estreia de *O astro*, num gesto que reforça a afinidade do pupilo com a mestra, ofereceu uma feijoada a Janete em seu apartamento no Flamengo. Ainda em dezembro, foi confirmado como o autor da novela das oito seguinte, programada para o segundo semestre de 1978. Entre mortos e feridos, o seu plano havia dado certo. Com *Dona Xepa*, deixou de ser considerado apenas um adaptador e ganhou o status de autor de novelas. "Aí eu conheci o Boni e escrevi *Dancin' Days*", resumiu.

18. ABRA SUAS ASAS, SOLTE SUAS FERAS

No final de janeiro de 1978, enquanto o Brasil começava a se perguntar quem havia matado Salomão Hayalla, mistério lançado por Janete Clair logo no capítulo 42 de *O astro*, Gilberto Braga se dirigia a uma casa na rua Pacheco Leão, no Jardim Botânico, não muito distante da sede da Globo, onde ficava a equipe do *Globo Repórter*. Foi recebido no mais prestigiado programa jornalístico da emissora pelo diretor-geral, Paulo Gil Soares, e por Raul Silvestre, um dos repórteres. O motivo da visita era o episódio *As condenadas*, exibido pela Globo em 2 de novembro do ano anterior, a que Gilberto queria assistir. Dias antes, Janete Clair havia telefonado para ele e dito: "Pede este *Globo Repórter* pra você ver. É capaz disso te dar alguma ideia."

Dirigido por Jotair Assad, *As condenadas* resumia duas semanas de trabalho da equipe do *Globo Repórter* no presídio feminino Talavera Bruce, no Rio. A proposta do documentário era mostrar o dia a dia das presidiárias, o que faziam, os trabalhos que tinham, as relações afetivas com outras mulheres dentro da cadeia. Assad ficou frustrado porque não teve autorização para gravar com as presas políticas, embora tenha conversado com elas. "As coisas melhores que tinha, não pude colocar no ar", lamentou.

Gilberto assistiu ao programa na moviola e ficou conversando com Paulo Gil e Silvestre sobre os bastidores do episódio. Num sinal de que se interessara pelo assunto, uma semana depois voltou à sede do *Globo Repórter*. Queria mais informações. Perguntou sobre a solidão e a carência das presas. "Foi uma espécie de laboratório", contou Silvestre. No roteiro escrito pelo jornalista Washington Novaes, *As condenadas* se encerra com uma presa deixando o Talavera Bruce e o questionamento: "Será que ela volta, não volta?"

Seis meses depois da visita de Gilberto, na segunda-feira 11 de julho, estreava *Dancin' Days*, sua primeira novela das oito. Na terça-feira da semana seguinte, dia 18, *As condenadas* foi reapresentado na TV, agora com o status de ser "o documentário que inspirou a novela". Para a equipe do jornalístico foi uma grande alegria. "Todo mundo ficou realizado de ver que o trabalho deu frutos em outra área", disse Silvestre.

Os relatos de Jotair Assad e Raul Silvestre sobre a visita de Gilberto ao *Globo Repórter* acrescentam informações sobre a polêmica em torno da autoria de *Dancin' Days*. Por muito tempo prosperou a informação, mencionada na autobiografia de Daniel Filho, de que a ideia central fora de Janete Clair. Ela não apenas havia sugerido que Gilberto assistisse ao programa jornalístico, como também teria dito: "Por que você não faz uma novela sobre uma mulher que sai da prisão, depois de muitos anos, e a sua dificuldade em se readaptar à sociedade?" Gilberto, claramente, nunca se sentiu à vontade com essa versão. Dizia privadamente que era "folclore", mas evitava desmenti-la com ênfase. Talvez porque fosse verdade ou talvez porque não quisesse parecer deselegante com a mestra que tanto o apoiara e ajudara.

O fato é que, em diferentes entrevistas, Gilberto muitas vezes citou outras duas fontes de inspiração. Em primeiro lugar, a radionovela *Presídio de mulheres*, transmitida pela Rádio Nacional, que ele ouvia em casa quando criança. A outra referência é o filme *Se tivesse que refazer tudo* (*Si c'était à refaire*), de 1976, dirigido por Claude Lelouch, com Catherine Deneuve, Anouk Aimée e Charles Denner. Lançado no Brasil em 1977, o filme conta a história de uma mulher presa como cúmplice do assassinato de seu chefe, que a estuprara. Ela teve um filho, Simon, que permanece em um orfanato durante os dezoito anos em que ela cumpre a pena. Ao sair, a mulher busca se reconciliar com o garoto.

É inquestionável que Janete sugeriu a Gilberto assistir ao *Globo Repórter*, o que ele fez, mas não é possível afirmar com certeza quem criou o chamado *storyline* da novela, a frase que resume a ideia central. No caso, esta seria assim: "A trajetória de Júlia Matos, que deixa a prisão após onze anos e busca se aproximar da filha, Marisa, que foi criada por sua irmã, a milionária Yolanda Pratini." Essa questão, diga-se, só é relevante porque *Dancin' Days* se tornou uma das novelas mais celebradas da história. Tivesse alcançado menos repercussão ou fracassado, ninguém ia querer reivindicar o título de autor da ideia central da trama.

Gilberto sempre disse que se sentia mais à vontade escrevendo sobre o que conhecia bem, os universos da classe média e da alta sociedade. E essa é uma característica visível em suas principais novelas e minisséries. Ainda assim, nenhum outro trabalho seu foi tão pessoal e autorreferente quanto *Dancin' Days*. Geograficamente, ambientou parte importante da trama na Copacabana de sua juventude, a da rua Aires Saldanha e adjacências, incluindo Miguel Lemos e avenida Atlântica. "Estou escrevendo, principalmente, sobre gente que eu conheço. Quase todas pessoas medíocres, mas por quem tenho grande ternura. É o painel de um bairro decadente, mas não totalmente desprovido de charme", disse na época.

O diplomata Cacá, que atua inicialmente como chefe do cerimonial da Prefeitura do Rio, é um tipo muito calcado em experiências pessoais. Tal qual o personagem, que escolheu a profissão por influência dos pais, Gilberto também se sentiu pressionado a tentar essa carreira. Deixou então que Cacá mostrasse em *Dancin' Days* o quanto essa profissão poderia ser burocrática e tediosa, o que descobrira em 1968, quando visitou na Europa o seu primeiro grande amor, batizado aqui como Diplomata. Da mesma forma, a preocupação do personagem com promoções e o quadro de acesso do Itamaraty são situações que Gilberto viu durante o namoro com o Diplomata. Cacá, assim como Gilberto, sonhava ser cineasta. A certa altura da novela, o personagem larga o Itamaraty e, para sobreviver, vira crítico de cinema. "O Cacá era uma espécie de *alter ego* do Gilberto", resume Antônio Fagundes, que viveu o personagem. "Ia ser diplomata, sabia francês, frequentava psicanalista, gostava de Mahler. Era um pouco a cabeça dele."

Sobre a turma das viúvas da praia da novela, Gilberto dizia que todas elas existiram. Yedda Braga foi uma inspiração explícita para criar a personagem Áurea (Yara Amaral), uma dona de casa sem maior ambição, preocupada com a filha, Inês (Sura Berditchevsky), e desconfiada da fidelidade do marido, Aníbal (Ivan Cândido). Quando ele morre, num acidente, Áurea se vê desamparada e despreparada para a vida real, conforme ocorreu com a mãe de Gilberto após a morte de Durval. Aníbal tinha muito do pai de Gilberto, inclusive a morte prematura. E Inês, segundo Gilberto, carregava elementos da relação dele com os seus pais.

Gilberto escreveu *Dancin' Days* tendo diante de si, na parede, um quadro com a imagem de sua mãe. É uma pintura de Geraldo Orthof, baseada numa fotografia de Yedda. Ela está sentada, ao lado de um vaso de flores simples, com o braço direito repousado na mesa, o rosto apoiado sobre a mão esquerda e os olhos direcionados para cima — talvez para o artista, talvez para o infinito. O olhar é sério, mas não triste. Ela usa um vestido grená e cobre os cabelos com um lenço da mesma cor.* Anos depois da exibição da novela, Gilberto fez uma autocrítica e reconheceu que simplificou demais o conflito entre os personagens. "O marido aparece como antipático e a esposa como vítima, quando na vida dos meus pais não teria sido assim", disse.

Acompanhando *Dancin' Days* de perto, Janete Clair tinha lido na sinopse que Áurea se suicidaria algum tempo depois da morte de Aníbal. Um dia, ela telefonou para tratar do assunto: "Gilberto, você continua com essa ideia de a Áurea se suicidar?", quis saber. "Continuo", respondeu. "Não faça isso", pediu Janete. "A espectadora se identifica totalmente com a Áurea. Se você fizer ela se suicidar, vai ficar muito baixo-astral." Gilberto se convenceu e providenciou um final feliz para a personagem.

Um dos núcleos centrais da novela era o apartamento onde Júlia (Sônia Braga) havia alugado um quarto para morar. Viviam ali Carminha (Pepita Rodrigues), uma professora de ginástica batalhadora; seu pai, Alberico (Mário Lago), sempre com ideias de negócios mirabolantes; e sua mãe, Esther (Lourdes Mayer), tentando pacificar os problemas causados pelo marido. Também moravam lá a simpática e querida Verinha (Lídia Brondi), jovem órfã criada pela família; a empregada, Marlene (Chica Xavier), tratada como um membro da família; e seu filho, Paulo César (Júlio Luís). O garoto, na vida real, era filho de Madalena, empregada do apartamento de Gilberto. Era um espaço de enorme circulação de pessoas, simpático e caloroso. Foi inspirado abertamente no apartamento da amiga Ângela Carneiro, que morava na rua Miguel Lemos. Ângela se tornaria colaboradora de várias novelas de Gilberto.

---

* Em 2022, o quadro estava pendurado num corredor do apartamento de Edgar Moura Brasil, no Arpoador.

Outra recomendação de Janete que entrou para o folclore da novela foi a inclusão de uma cena de beijo entre os protagonistas, Júlia e Cacá. Os personagens só se conheceriam no capítulo 25, o que Janete considerava uma temeridade. Em qualquer novela, ensinou, o primeiro beijo entre os personagens principais deve ocorrer até o capítulo 16, no máximo. Gilberto, então, inventou uma cena em que eles se conhecem acidentalmente, por causa do atropelamento de um cão, vão juntos a uma clínica veterinária e se beijam, sem que sejam apresentados um ao outro. E só voltam a se encontrar, como previsto, no capítulo 25.

A melhor prova de que Gilberto apreciava as recomendações de Janete é que vários autores que foram seus parceiros posteriormente, como Ricardo Linhares e Sérgio Marques, relatam ter ouvido esta e outra lições de Janete da boca dele. Uma das favoritas é a fórmula simples que a novelista ofereceu para resolver o impasse na história do casal vivido por Renata Sorrah e José Augusto Branco em *Corrida do ouro*. "Troca!", ensinou. "Faz com que ele deixe de gostar dela e ela se apaixone desesperadamente por ele." É um tipo de solução, dizia, que serve para qualquer trama empacada.

Dancin' Days fisgou um novo público para as novelas com o retrato muito autêntico que Gilberto traçou daquele universo de classe média de Copacabana e, também, dos ricos. Dois casais importantes na história provaram que era possível mostrar a alta sociedade sem fazer uma caricatura grosseira ou preconceituosa. Um era formado por Horácio (José Lewgoy) e Yolanda Pratini (Joana Fomm). O outro trazia Franklin (Cláudio Corrêa e Castro) e Celina Souza Prado Cardoso (Beatriz Segall). Tanto Yolanda quanto Franklin vão representar vilões, é verdade, mas verossímeis. O pai de Cacá teme que o namoro com Júlia atrapalhe a carreira do filho. Já Yolanda é uma arrivista, com fé absoluta na ideia de que um bom casamento é o passaporte para a ascensão social.

O papel de Yolanda, destinado originalmente a Norma Bengell, caiu no colo de Joana Fomm após Daniel Filho brigar com a protagonista do filme *Os cafajestes* e demiti-la no início das gravações. Gilberto não ficou nem um pouco chateado com a saída de Norma. "Ela me telefonava para reclamar de tudo." Um dia, a atriz disse: "Gilberto, tem uma cena em que a Yolanda manda a irmã tomar um banho de loja e ir a São Paulo para arranjar um marido rico." Gilberto confirmou: "É. Essa é a história." "Mas isso é imoral", reclamou a atriz. "É. Na novela a gente precisa de personagens imorais", respondeu o autor.

Joana Fomm, que faria Neide, a secretária de Celina e Franklin, regravou cenas de Yolanda dos doze primeiros capítulos. A atriz teve alguma dificuldade, no início, em compor a grande vilã da novela. Buscou inspiração na relação conturbada que teve com a mãe. Até que Daniel Filho, com quem havia trabalhado junto no teatro, deu duas dicas. Primeiro, disse para a atriz lembrar que a mãe a amava muito também. E, depois que a personagem já estava pronta, sugeriu: "Agora faz como se você fosse Dercy Gonçalves." Regina Viana foi contratada para o papel de Neide.

Como se sabe, Joana Fomm brilhou muito no papel da irmã de Júlia. Brilhou tanto que, com dois meses de novela, virou personagem de um episódio saboroso, até hoje repetido. Certo dia Joana telefonou para a casa de Gilberto. Madalena, a empregada, atendeu. Sabendo quem estava do outro lado da linha, reclamou com a atriz pelas maldades que Yolanda estava cometendo com Júlia. A par da história, Gilberto explicou a Madalena que, se alguém merecia uma bronca, seria ele, que escrevia as cenas. "Eu sei disso, mas conheço o senhor muito bem. Aquilo que ela está fazendo com a coitada da Júlia só pode ser coisa dela mesma."

Gilberto sonhava com Betty Faria como Júlia Matos, mas hesitou antes de sugerir o nome a Daniel Filho. A atriz e o diretor haviam sido casados e protagonizaram uma separação tumultuada. Mesmo assim, Daniel disse a Gilberto que não via problemas. "Seria a pessoa certa para o papel." E consultou Betty. A atriz, porém, preferiu continuar à frente do *Brasil Pandeiro*, programa musical lançado naquele ano. "Eu não tinha condições psicológicas de fazer um trabalho junto com ele [*Daniel Filho*]. Fiquei muito triste de não poder fazer, mas ia ficar mais triste ainda de trabalhar com ex-marido e filho pequeno", disse Betty.

Foi então que Daniel sugeriu Sônia Braga. Só que havia um problema. A atriz tinha 28 anos, e a personagem era mãe de uma adolescente. O diretor "envelheceu" Sônia e durante a novela foi tirando a maquiagem e a rejuvenescendo. A iluminação na primeira fase é toda de cima para baixo, ajudando a transmitir essa impressão. Gilberto, inicialmente, foi contra. Ele preferia Yoná Magalhães. "Mas Boni e Daniel Filho, que tinham fixação em juventude, impuseram." Ao final, se rendeu: "Deu tudo certo. Sônia é uma atriz brilhante."

Outra escalação complicada foi a de Alberico. Gilberto queria muito Paulo Gracindo no papel, contudo ele havia sido escalado para protagonizar *Sinal de alerta*, de Dias Gomes, exibida na mesma época. Para o lugar de Gracindo surgiu o nome de Lima Duarte, no entanto, o próprio ator, nascido no interior de Minas, reconheceu que não tinha o perfil e o sotaque adequado para fazer aquele típico morador de Copacabana. O personagem, que tem traços do avô materno de Gilberto, o "vô Braga", foi vivido brilhantemente por Mário Lago. "Filho de comerciantes, ascendência portuguesa, sólida classe média do início do século. Tem o comércio nas veias, mas desde cedo tendência ao fracasso por falta de espírito prático. Farofeiro, orgulhoso de pequenos feitos do passado", descreveu Gilberto na sinopse.

O título original da novela, dado por Daniel, era *A prisioneira*, mas foi alterado junto com uma modificação que acabou entrando para a história. Na sinopse de Gilberto, Yolanda e Horácio Pratini eram donos de um restaurante refinado. O autor nem sabia o que era uma discoteca. Até que Daniel foi a Nova York, assistiu a *Embalos de sábado à noite* e voltou com a ideia de ambientar a novela num cenário como aquele. Era o toque de frescor que Boni havia sentido falta ao ler — e rejeitar — a sinopse original. Gilberto teve o trabalho apenas de adequar o texto. Para batizar a discoteca, a Globo adquiriu de Nelson Motta os direitos de uso da marca "Frenetic Dancing Days Discothèque". Havia o temor, porém, de que um título em inglês provocasse rejeição. Boni bancou a ideia e sugeriu apenas que fosse encurtado para *Dancin' Days*.

Além de Janete, Gilberto também submeteu a leitura da sinopse a Lauro César Muniz. Foi o coautor de *Corrida do ouro* quem sugeriu o nome de Antônio Fagundes para viver Cacá. Fagundes acabaria se tornando um dos atores favoritos de Gilberto. Gloria Pires, que já havia feito alguns papéis como criança, ganhou o seu personagem mais importante até então, Marisa, filha de Júlia. Lauro Corona (como Beto) também faz o seu primeiro papel de destaque numa novela. Foi escolhido em teste.

Para saber quais atores de *Dancin' Days* agradaram ao autor e passaram a fazer parte da sua "patota", basta ver os que voltaram a trabalhar com ele. Entre os que já eram veteranos é possível citar José Lewgoy, Milton Moraes, Beatriz Segall, Antônio Fagundes, Joana Fomm, Mário Lago, Ivan Cândido, Yara Amaral, Jacqueline Laurence e Lourdes Mayer, além da novíssima Gloria Pires, que também se tornaria uma favorita de Gilberto. Mas nem todas as escolhas do elenco agradaram ao novelista. Para piorar, por inexperiência, durante a novela Gilberto atendia ao telefone para ouvir sugestões e reclamações de atores. Aprendeu uma grande lição e evitou fazer isso posteriormente. Regina Viana, por exemplo, reclamou que não havia justificativa para a sua personagem, Neide, enlouquecer e chantagear outro personagem. Ela podia até ter razão, mas Gilberto se irritou com a cobrança e nunca mais a escalou para novela alguma.

Com mais prestígio a partir do sucesso de *Dancin' Days*, Gilberto também vai influenciar outras áreas, como figurino, cenografia e trilha sonora. Aliás, a produção musical de Guto Graça Mello é uma das queixas que o autor guardou da novela. Uma nota de jornal, arquivada por ele em casa, traz a descrição das principais músicas escolhidas pelo produtor e no final a frase: "Gilberto Braga, o autor da novela, satisfeito." Com a caneta, ao lado, Gilberto acrescentou: "Porra!" Ao longo dos anos, em inúmeras oportunidades, o novelista criticaria algumas das escolhas do produtor musical.

Não havia como não gostar da contagiante música de abertura, com as Frenéticas, ou de "João e Maria", com Chico Buarque e Nara Leão, tema de Marisa e Beto, mas ele desaprovou na época várias outras escolhas, em especial "Amanhã", de Guilherme Arantes, tema de Júlia. Gilberto conta que, ao final da novela, já tinha ficado amigo de Guto Graça Mello e falou abertamente com o produtor sobre a sua insatisfação com a trilha musical. O produtor teria se explicado assim: "Quando li a sinopse, achei tão ruim que imaginei que iam tirar essa novela do ar muito rapidamente. Então, botei qualquer coisa."

Entre as muitas ousadias e novidades de *Dancin' Days*, talvez a mais corajosa tenha sido a forma como Gilberto promoveu a "virada" de Júlia Matos no meio da novela. A ex-presidiária passou setenta capítulos sofrendo, sendo humilhada e perdendo oportunidades profissionais e afetivas por causa do seu jeito simplório e sincero de agir. É presa uma segunda vez, passa seis meses na cadeia e, então, se transforma numa mulher esperta e interesseira. A oportunidade surge após o tímido e desajeitado Ubirajara (Ary Fontoura), dono de uma academia de ginástica, revelar que é, na verdade, um milionário. Vivendo discretamente com três cadelas em um pequeno apartamento, ele acaba expondo sua paixão secreta por Júlia, e ela topa se casar com ele pensando em se dar bem na vida. Docilmente, Ubirajara aceita se submeter a todos os caprichos e exigências dela. Monta um apartamento de luxo para Júlia na avenida Atlântica, aceita morar separado dela e concorda que ela passe uma temporada na Europa em companhia da amiga Solange (Jacqueline Laurence).

Sem muita sutileza, Gilberto mostra que se estabelece uma relação comercial por parte de Júlia com Ubirajara. A protagonista da novela se transforma numa figura que, nos tempos de *A Dama das Camélias*, seria chamada de cortesã. Aliás, Gilberto faz uma referência explícita ao romance de Dumas Filho na cena em que Cacá, bêbado, atira joias em direção a Júlia e diz: "Eu posso comprar você também." O diretor Gonzaga Blota, que substituiu Daniel Filho após os primeiros trinta capítulos de *Dancin' Days*, teve dificuldades com essa virada da trama. Antes de gravar a cena em que Júlia convence Ubirajara a morarem em apartamentos separados, o diretor procurou Daniel. "Acho melhor substituir o Gilberto. Ele pirou. A heroína virou puta." E Daniel respondeu: "Mas a história que nós estamos fazendo é essa." Na reta final da novela, Blota foi substituído por um trio de diretores: José Carlos Pieri, Marcos Paulo e Dennis Carvalho.

A prostituição, diga-se, será um tema recorrente na obra de Gilberto, que escreveu papéis muito interessantes para personagens que podem ser vistas como prostitutas. Além das protagonistas de *A Dama das Camélias* e *Dancin' Days*, vale lembrar o núcleo em torno da cafetina Olga (Fernanda Montenegro), em *O dono do mundo*; de Paula Lee (Malu Mader), a garota de programa que é protagonista da minissérie *Labirinto*; de Ester Delamare, de *Força de um desejo*, igualmente interpretada por Malu; e de Bebel, a inesquecível prostituta vivida por Camila Pitanga em *Paraíso tropical*.

Na volta da temporada europeia, dando início ao que será a vingança contra a irmã e contra todos os que atrapalharam o seu esforço de reconquistar a filha, Júlia ressurge na inauguração da discoteca de Hélio (Reginaldo Faria) totalmente "repaginada". É o famoso capítulo 79 da novela. Ela está com os cabelos mais curtos, modernos, usa um bustiê dourado minúsculo, calça esportiva vermelha, meias de lurex e sandália de plástico de salto alto. Dançando na pista com Paulette, do grupo Dzi Croquettes, a personagem promoveu um terremoto e marcou para sempre a carreira da figurinista Marília Carneiro. "Foi a primeira vez que senti o gostinho da fama. Fiquei encantada", contou. Gilberto se divertiu com a repercussão do novo visual de Júlia: "Eu achava que estava escrevendo uma história de duas irmãs que brigavam por uma filha. Que nada. Eu estava fazendo uma história sobre uma meia de lurex."

Uma das cenas mais famosas de *Dancin' Days* é a última briga e a reconciliação entre Júlia e Yolanda, gravada no interior do hotel Copacabana Palace. É uma cena longa, coreografada em detalhes, na qual as duas se ofendem, partem para a agressão e, a certa altura, reconhecendo a afeição que existe entre ambas, se dão conta do ridículo da situação e começam a rir. O detalhe menos conhecido é que a cena foi inteiramente calcada na briga e reconciliação das personagens de Anne Bancroft e Shirley MacLaine no filme *Momento de decisão*, de Herbert Ross, lançado dois anos antes. "Copiei mesmo", contou Gilberto.

Outra novidade de *Dancin' Days* foram as participações especiais de várias personalidades e celebridades da época, reforçando a ideia de atualidade da trama. Na primeira parte da novela, o próprio Gilberto apareceu como convidado da inauguração da Discoteca 17, dançando com Yolanda Pratini. Danuza Leão, Djenane Machado, Ney Latorraca, Moacyr Deriquém, Lauro César Muniz e o então senador Magalhães Pinto foram outros dos convidados naquela noite. Nana Caymmi e Gal Costa apareceram em capítulos diferentes cantando. No célebre capítulo 79, na inauguração da nova discoteca, as Frenéticas surgiram cantando o tema de abertura da novela. Na sua nova fase, quando vira uma *socialite*, Júlia recebe em seu apartamento a visita da colunista Hildegard Angel, acompanhada de Jorginho Guinle e de Edgar Moura Brasil.

Dancin' Days estreou em 10 de julho de 1978 registrando média de audiência de 70,5 pontos no Rio. Ao final da primeira semana, a média era de 74. O público logo percebeu que havia algo novo naquela novela. A crítica também, como resumiu Valério Andrade, na *Manchete*: "Finalmente, surge algo de novo no horário das oito da Rede Globo." Em 21 de setembro, a novela teve pico de 80 pontos. Em outubro, após a virada de Júlia Matos e a inauguração da nova discoteca, a novela registra média de 72,9 pontos. Em novembro, a americana *Newsweek*, uma das principais revistas semanais da época, publica matéria intitulada "Brazil's Dancin' Days" e anota: "De simples programa de televisão, saltou para a categoria de fenômeno nacional." Em seus 174 capítulos, *Dancin' Days* registrou média de 60 pontos — a mais alta de uma novela das oito até então. Esse índice seria superado nos anos seguintes, mas até hoje a trama de Gilberto está entre as dez maiores audiências do horário.

Bancado por Boni e Daniel Filho, com a bênção de Janete Clair, Gilberto chegou lá. "A gente sabia que ele estava apto a fazer isso. Ao final, nós todos estávamos convencidos de que ele era um dramaturgo pronto, perfeito", disse Boni. Esgotado física e emocionalmente, Gilberto guardou outra lembrança: "Até hoje eu não sei como consegui escrever *Dancin' Days* sozinho." Contudo, gostou muito da experiência. Não apenas por causa dos elogios, também pelo aumento de salário. "Não subiu tanto quanto eu queria, mas subiu", confessou.

Dancin' Days está no seleto grupo de novelas que se transformaram em "fenômenos culturais". Além do enorme sucesso com o público habitual, das classes C e D, interessou ao universo das classes A e B. Gerou polêmicas nos jornais. Influenciou a moda feminina. Sua trilha sonora estourou nas rádios e nas casas noturnas. Ajudou a popularizar a onda das discotecas. Ainda deu uma mãozinha, mesmo que não fosse necessário, para colocar Sônia Braga no lugar mais alto das estrelas de cinema e televisão do país naquele momento. Não menos importante, promoveu Gilberto Braga, o adaptador de textos literários do horário das seis, diretamente ao primeiro time de autores de novelas da Globo, ao lado justamente de Janete Clair.

19. PEDIDO DE BONI: "ME ESCREVE SÓ MAIS UMA NOVELA"

Nada será como antes para Gilberto Braga depois de 27 de janeiro de 1979, dia em que foi ao ar o último capítulo de *Dancin' Days*. A Globo não havia apenas descoberto um novo autor de novelas das oito; havia vislumbrado uma forma de se comunicar com a elite econômica do país no horário nobre de novelas. Na avaliação de Boni, já então o principal executivo da empresa, para ampliar a audiência da televisão, para chegar a 50% ou 60% do público, a Globo tinha que falar com todo mundo, com todas as idades, todos os gêneros, todas as classes sociais. As novelas não chegavam ao topo da pirâmide. Com Gilberto, a emissora identificou essa possibilidade. Dias Gomes e Lauro César Muniz também conheciam e conviviam com esse universo, mas a visão política dos dois os levava a retratar a elite de uma forma que a Globo enxergava como maniqueísta. "Eles tinham um certo desprezo pelas classes mais elevadas. O Gilberto, não. Gilberto estava à vontade, correndo solto", diz Boni.

Gilberto ainda não possuía uma noção completa do que representava para a Globo quando foi recebido por Boni, de forma calorosa, em seu escritório, após o encerramento de *Dancin' Days*. O chefão o cumprimentou com entusiasmo, falou o que achava da novela, o que ela trouxera de novo para a televisão. Num gesto de grande deferência, perguntou: "O que você gostaria de fazer agora, na TV Globo?" Gilberto, com a sinceridade de sempre, respondeu: "O que eu gostaria era de não escrever mais novelas. Foi penoso escrever *Dancin' Days*. A minha vida ficou um horror." Ainda digerindo o desabafo, o executivo ouviu o pedido de Gilberto: "Gostaria de escrever séries." Com a experiência acumulada no trato com autores, Boni disse: "Você tem razão, Gilberto. Deve ser horrível, sim. Mas vou te pedir só um favor, um favor pessoal mesmo. Me escreve só mais uma novela, só mais umazinha. Depois você faz *Malu mulher*."

Imagine se Boni tivesse atendido ao pedido de Gilberto. Ainda naquele ano, o jovem novelista iria escrever *Água viva*, exibida em 1980. Jamais escreveu um único episódio de *Malu mulher*. E nunca mais parou de escrever novelas. Daí em diante ele foi, de contrato em contrato, sempre escrevendo novela. Sempre achando que não dava, até o dia em que se conformou. "Acho que vou morrer escrevendo novela", pensou. Naquele momento, a maior alegria de Gilberto era o contato direto com Boni, sem a intermediação de Daniel Filho. Realizou um sonho. "Minha relação era só com o Boni. Ele me levou para almoçar no Iate Clube para falar de pescaria." Gilberto superou, com folga, a inveja que sentia de Mario Prata.

Antes de se reunir com Boni, porém, Gilberto consultou o padrinho Daniel Filho sobre uma questão delicada. Ele queria pedir duas passagens aéreas para viajar de férias com Edgar, mas temia que Boni reagisse mal. "Ele pode recusar as passagens, mas não por você ser homossexual. Isso é besteira", garantiu Daniel. De fato, Boni deu as duas passagens que ele pediu. Anos depois, Gilberto diria que foram as únicas passagens dadas por Boni sem ser de primeira classe.

Antes da viagem, ainda havia o Carnaval. E as festas de fevereiro deixaram evidente que Gilberto, o autor de *Dancin' Days*, tinha se tornado um personagem do Rio de Janeiro. Apareceu, com e sem Edgar, em inúmeras colunas de jornais e revistas. Foi chamado para ser jurado do desfile de fantasias do Monte Líbano. Participou, empolgado, do Baile do Vermelho e Preto. E ainda foi citado numa daquelas reportagens sobre modismos de verão que os cariocas adoram. No caso, era uma matéria sobre pessoas que levavam cadeirinha para a praia.

No final de março de 1979, Gilberto ofereceu em seu apartamento um jantar para a madrinha Janete Clair. Depois, ele e Edgar viajaram para os Estados Unidos e a Europa, com passagens dadas pela Globo e previsão de ficarem no exterior por três meses. O roteiro incluiu visitas à Disney World, em Orlando, onde Gilberto deu autógrafos a fãs brasileiros. Também foram a Nova York, Lisboa, Londres, Madri e Paris.

Antes de sair de férias, Gilberto demonstrou publicamente sua gratidão a Daniel Filho. Enviou uma longa carta à *Status*, uma revista de linha semelhante à da *Playboy*, comentando uma grande reportagem publicada sobre Daniel. Com o título "O poderoso chefão da Rede Globo" e destacando que ele já teria se relacionado com "mil mulheres", o texto da edição de fevereiro de 1979 apresentava o diretor como um "cafajeste" da pior espécie. Daniel ficou arrasado. Na carta, Gilberto descreve vários episódios em que foi ajudado e orientado por Daniel. Torna pública até uma afetuosa sugestão do diretor: "Achou que a psicanálise podia me ajudar e me levou ao seu próprio psicanalista." Ao final do texto, atribui sua mudança de carreira ao amigo: "Se não fosse Daniel Filho, em vez de estar escrevendo *Dancin' Days*, eu estaria agora dando aulas na Aliança Francesa."

Outra marca original de Gilberto chamou a atenção nesse início de 1979. No boletim semanal que a Globo divulgava à imprensa, o autor de *Dancin' Days* fez uma surpreendente autocrítica sobre seu trabalho à frente da novela. Entre outras coisas, disse que alguns personagens (Yolanda, Júlia, Cacá, Áurea) foram mais bem desenvolvidos do que outros. "O Alberico, por exemplo, acho que esgotei bem antes do final, tornando-o redundante. O Jofre se esgotava constantemente. O Hélio também. Neide foi um suplício, uma personagem que já nasceu falsa", disse. Gilberto afirma, ainda, que a novela teve "uma fase de embromação" e que sofreu muito ao escrever as cenas das personagens Áurea e Yolanda: "Elas têm muito a ver com pessoas que conheci, mulheres castradas, perdidas, mal preparadas para a vida, sufocadas." Por fim, observa: "Eu não sei escrever 174 capítulos de papos interessantes."

Artur da Távola ficou encantado com a análise de Gilberto. "É a primeira vez que vejo um autor de telenovelas no Brasil vir a público com uma tal consciência analítica a respeito da própria obra. Também nisso Gilberto Braga está inovando", escreveu. "É o primeiro autor que vejo vir a público de peito assim tão aberto discutir virtudes e falhas da própria obra." E decretou: "Nasceu um autor de telenovelas. Isso precisa ser dito em alto e bom som, pois é uma novidade."

20. ENTRANDO NA CASA DOS RICOS

Dancin' Days foi uma espécie de exame de admissão de Gilberto no horário nobre. Por cinco anos, a Globo contou apenas com dois autores, Janete Clair e Lauro César Muniz, revezando-se na faixa das oito. A partir de 1979, passa a dispor de um terceiro, o que amplia as opções e o tempo para planejar cada nova novela. Como se tivesse sido desafiada pelo sucesso da estreia de Gilberto, Janete veio logo na sequência com a saga de André Cajarana (Tony Ramos) em *Pai herói*, que acabou se tornando um de seus maiores sucessos de audiência. Em seguida, porém, Lauro tropeçou com *Os gigantes* — nas suas palavras, "uma novela que realmente foi meu maior desastre na TV", e que o levou a ser demitido após criticar publicamente a Globo.

A rejeição do público fez com que a novela de Lauro tivesse apenas 147 capítulos, bem menos do que *Dancin' Days* (174) e *Pai herói* (178). O fracasso de *Os gigantes* acabou por jogar pressão sobre Gilberto, obrigando-o a acelerar a produção da sinopse da sua nova trama. É assim que vai nascer *Água viva*. Curiosamente, o enorme sucesso dessa segunda novela das oito de Gilberto terá, entre outras repercussões, o efeito de ajudar a Globo a encontrar um novo autor para o lugar de Lauro no horário nobre.

Água viva estreou em 4 de fevereiro de 1980 e já naquele mês Gilberto antecipou, numa entrevista à revista *Romântica*, o passo que planejava dar. "*Dancin' Days* eu fiz sozinho. Se não conseguir agora, peço ajuda no meio do caminho, já que não sou onipotente. Sou muito favorável à criação de duplas." Em meados de março, com pouco mais de trinta capítulos já exibidos, Gilberto se consultou com Daniel Filho. "Acho que novela não é coisa para uma pessoa só fazer. Você acha que pega mal se eu disser isso ao Boni?" Daniel não apenas encorajou Gilberto a seguir em frente, como ainda sugeriu o nome de Manoel Carlos para auxiliá-lo. Ao ser consultado, Boni foi totalmente simpático à ideia. "Nunca ofereci um parceiro para escritor nenhum porque ninguém me pediu", disse ele.

Gentil, Boni falou para Gilberto escolher quem ele quisesse. Com a sugestão de Daniel em mente, Gilberto procurou Manoel Carlos, que estava feliz em seu canto, escrevendo novelas das seis. "Você vê alguma vantagem em fazer o horário das oito?", quis saber Maneco. "O dinheiro", respondeu Gilberto, com a sinceridade habitual. "Isso para mim não é vantagem", observou Manoel Carlos antes de topar o convite.

Para tentar evitar fofocas, Gilberto combinou com a Globo e com Maneco chamar a imprensa para fazer uma foto dos dois juntos e explicar o que estava por trás da decisão. Afinal, *Água viva* estava indo muito bem no Ibope, tanto no Rio quanto em São Paulo. Não havia nenhum problema com a novela. O que havia era a agonia de Gilberto com o excesso de trabalho. "Escrever 150 capítulos sozinho é massacrante. Eu já estou sem energia até para fazer amor", disse ele aos jornalistas. "A novela será sempre dele. Ajudo a partir do capítulo 60, mas sempre respeitando a sinopse original", acrescentou Maneco.

Assim que saiu a primeira matéria a respeito, Janete Clair telefonou para Gilberto, inconformada. "Vi no jornal. Você chamou mesmo o Manoel Carlos? Se você está com algum problema, eu te ajudo e ninguém precisa saber." Pouco depois, Gildoca, a madrinha de Gilberto, também telefonou: "Meu filho, o que é isso que estou lendo?" Após ouvir as explicações do afilhado, ela completou: "Mas a Janete escreve sozinha."

A parceria de Gilberto com Manoel Carlos em *Água viva* é histórica. Vários autores contaram com ajuda para escrever novelas, seja porque tiveram problemas de saúde durante o processo, seja porque a emissora julgou necessário supervisionar, tutelar ou intervir em novelas problemáticas. Porém, nunca antes um autor, por iniciativa própria, havia feito um pedido desses à Globo. A reação de Janete mostra que o gesto de seu "afilhado" foi entendido, inicialmente, como um sinal de fraqueza. Mas não era. Gilberto já havia se dado conta de que escrever novelas — seis capítulos por semana, 22 laudas por dia — era um processo industrial. Ele dizia se ver muito mais como "operário da dramaturgia" do que como "poeta".

Com seu pedido a Boni, Gilberto abriu uma porteira. Escrever novela poderia, sim, ser um processo coletivo. Autores poderiam, sim, dividir o trabalho com colaboradores. Nascia ali, em 1980, o embrião da "sala de roteiro", a ideia de que o texto de uma novela pode ser capitaneado por um autor com a colaboração de vários outros escritores. Gilberto promoveu e liderou uma revolução.

Polivalente, Manoel Carlos já havia feito quase de tudo na televisão desde os seus primórdios, na década de 1950. Escreveu para o *Grande Teatro Tupi*, dirigiu *Família Trapo*, fez roteiros para Chico Anysio, Hebe Camargo e programas musicais, como *O fino da bossa* e *Esta noite se improvisa*. Também ajudou a criar o *Fantástico*, do qual foi diretor. Em 1978, fez parte da equipe comandada por Daniel Filho que desenvolveu a série *Malu mulher* e, em seguida, escreveu duas novelas das seis, *Maria, Maria* e *A sucessora*. Após o trabalho em *Água viva*, Maneco foi promovido a autor das oito, na vaga de Lauro César Muniz. Em 1981, assinou *Baila comigo*, um sucesso aprovado com louvor, e passou então a se revezar com Janete e Gilberto no horário.

Originalmente intitulada *Vento norte*, a novela foi, afinal, batizada como *Água viva* por sugestão de Gilberto, que era fã do LP de Gal Costa, com esse mesmo título, lançado em 1978. É, possivelmente, a sua novela com mais personagens do universo da chamada alta sociedade. Nelson Fragonard (Reginaldo Faria) é um playboy que sempre viveu de renda e nunca precisou trabalhar. Tem barco, lancha, é campeão de pesca marítima e vive cercado de belas mulheres. Seu irmão mais velho, Miguel Fragonard (Raul Cortez), com quem não se dá bem, é um cirurgião plástico reconhecido internacionalmente. Responsável e trabalhador, multiplicou a herança deixada pelos pais. Há um outro núcleo de ricos em torno de Stella Simpson (Tônia Carrero), uma *socialite* chique, moderna e bem-humorada. E há ainda um núcleo ao redor de Lourdes Mesquita (Beatriz Segall), uma mulher muito bem relacionada, que vive como organizadora de festas do *high society* carioca.

A novela é movida por dois triângulos amorosos bem tradicionais. O primeiro opõe os irmãos Fragonard na disputa pela mesma mulher, Lígia Prado (Betty Faria). Ela é uma típica alpinista social que quer um casamento com um homem rico, mas vive um amor verdadeiro com outro. O outro triângulo é formado pelos jovens Janete (Lucélia Santos), uma estudante batalhadora e honesta, Sandra (Gloria Pires), a imatura filha de Miguel, e Marcos (Fábio Jr.), estudante de medicina e filho de Lourdes.

Apesar da embalagem sofisticada, *Água viva* se sustenta, na verdade, graças a um dramalhão muito elementar, a história de uma órfã, Maria Helena (Isabela Garcia), que sonha ser adotada e conta com a ajuda de Sueli (Ângela Leal) para descobrir o seu pai verdadeiro. Gilberto nunca escondeu que a inspiração para essa história açucarada foi o musical *Annie*, que estreou na Broadway em abril de 1977 e permaneceu em cartaz por seis anos. Gilberto também não nega copiar, abertamente, velhos filmes americanos que o marcaram: Stella tem muitos traços de Mame Dennis, a tia Mame, uma *socialite* extravagante, exuberante e quebrada vivida por Rosalind Russell em *A mulher do século* (*Auntie Mame*), uma comédia de 1958. Já Sueli lembra Ginny, a personagem que Shirley MacLaine interpretou em *Deus sabe quanto amei* (*Some Came Running*), drama de Vincente Minnelli, com Frank Sinatra e Dean Martin, também de 1958.

Um possível erro de escalação foi corrigido já com as gravações iniciadas. Beatriz Segall, inicialmente, seria Stella Simpson e Tônia Carrero faria Lourdes Mesquita. Após ver algumas cenas, Daniel Filho se deu conta de que Tônia conseguiria dar um toque mais bem-humorado à *socialite* e Beatriz faria melhor a vilã. Sugeriu, então, a troca, que implicou a regravação de algumas cenas. E ambas brilharam em seus papéis.

Em *Água viva*, Gilberto apelou pela primeira vez a um recurso que se tornaria quase obrigatório em suas novelas: o "quem matou?". A vítima, no caso, foi Miguel Fragonard, e o assassino, revelado no final, era Kleber, ex-marido de Stella. José Lewgoy, um dos atores prediletos de Gilberto, ficou furioso de viver o assassino — e reclamou com o autor. Como interpretava um personagem muito querido e simpático, temeu que pudesse perder oportunidades de fazer publicidade após aparecer como o assassino de Miguel.

Prestigiado, Gilberto interferiu mais na escalação do elenco. Tetê Medina, atriz de teatro que admirava, fez Lucy Fragonard, mulher de Miguel, que morre logo no início da trama na explosão de uma lancha.

Raul Cortez, consagrado como ator de teatro, estreou na Globo nessa novela. Outra escalação memorável foi a de Henriette Morineau. Ela vive Jojô Besançon, uma francesa rica, amiga de Stella Simpson e Lourdes Mesquita, que chega ao Rio para passar uns dias e protagoniza cenas divertidíssimas com Tônia Carrero. Segundo Gilberto, a escalação de madame Morineau tanto em *Escrava Isaura* quanto em *Água viva* atendeu a pedidos da atriz Jacqueline Laurence. "Ela estava precisando de dinheiro. Encaixei ela", contou.

Com *Água viva*, Gilberto se firma como um autor que sabia descrever a elite carioca. O seu grande patrimônio, dizia, foi a experiência como professor particular de francês. "Eu entrava na casa dos ricos. Dei aula em toda a Zona Sul. Prestava atenção." Outra referência, sempre disse, era o cinema: "Eu tinha uma boa educação por causa do cinema. Via os filmes do Minnelli todos, gostava daquilo." Ficou conhecido por traçar um retrato realista e, muitas vezes, crítico de personagens da alta sociedade, sem desagradá-los muito. Os ricos gostavam, acreditava Gilberto, porque achavam sempre que ele estava falando de outro, da vizinha. "O Gilberto Braga é o Joãosinho Trinta das novelas. Em cena só aparecem lanchas, iates, aviões a jato, cheques milionários, mansões, mulheres lindíssimas, nomes VIPs, joias etc.", anotou Zózimo Barrozo do Amaral em sua coluna no *Jornal do Brasil*.

A *socialite* Beki Klabin inspirou várias cenas de Stella Simpson, que morava num apartamento na avenida Atlântica (Beki morava na Vieira Souto, também de frente para o oceano). Uma das mais divertidas era o hábito de mandar o mordomo buscar um balde de água do mar para ela borrifar nas costas enquanto pegava sol na piscina da cobertura. A personagem de Betty Faria, Lígia Prado, foi inspirada em uma conhecida estilista carioca com clientela entre os estratos mais ricos da sociedade. Miguel Fragonard tinha traços de Ivo Pitanguy, o famoso e badalado cirurgião plástico. Gilberto contou que visitou a clínica do médico para ver como era.

Em abril de 1980, a revista *Manchete* publicou uma reportagem de quatro páginas ouvindo a opinião de nove figuras da alta sociedade carioca sobre a novela. Intitulada "O soçaite vs *Água viva*", a matéria de Jeff Thomas mostrou que, entre os ricos, havia alguma irritação, mas muito prazer também em se verem retratados por Gilberto.

A colunável Josephina Jordan criticou: "Exageraram bastante. Não conhecem a verdadeira sociedade. O telespectador, o povo, como sempre, é enganado." Já Beki Klabin se disse orgulhosa de ser identificada como Stella Simpson: "Aquela fantasia e ostentação já existiu e ainda existe... Tônia faz minha vida." O príncipe dom Pedro de Orléans e Bragança relatou um problema prosaico: "Acho a novela muito boa, embora não a acompanhe diariamente porque minha televisão pega o canal 4 com dificuldade."

Helena Gondim, responsável pela publicação de *Sociedade brasileira*, uma espécie de guia dos ricos e famosos cariocas, elogiou: "Tem mais coisa certa do que errada. Vejo diariamente e gosto." O mesmo disse Claude Amaral Peixoto: "Pelo que vi, não há dúvida de que existe muita semelhança entre os personagens da novela e o *soçaite*." Assim como Helô Amado: "Em cada personagem é possível identificar alguém. A novela trata de uma fase atual. Só perdi o capítulo em que apareço." O playboy Jorginho Guinle, que foi comparado a Nelson Fragonard, também gostou: "Vendo um capítulo ou outro é possível verificar que o autor é até simpático ao retratar certos personagens."

Além de Josephina Jordan, outras duas figuras conhecidas das colunas sociais manifestaram hostilidade aberta em relação à novela. Helena de Brito e Cunha, que era conhecida como a "fada madrinha" das cerimônias de casamento da alta sociedade carioca, se incomodou por ser vista como inspiração para Lourdes Mesquita: "É possível que a personagem tenha sido escrita com base no meu trabalho. Entretanto, garanto que não sou odiada como a Lourdes. Nem uso aqueles tipos de expediente que decididamente condeno." Helena se recusou a ser fotografada pela *Manchete* ao lado da atriz Beatriz Segall, da mesma forma que Ivo Pitanguy não quis fazer foto ao lado de Raul Cortez: "Veja bem, nada tenho contra o Raul Cortez. Trata-se apenas do personagem, que nenhuma semelhança tem comigo." Ainda na revista, lembrando que estavam falando de uma obra de ficção, Gilberto observou: "De todas as opiniões, confesso que só me magoa um pouco a de D. Josephina Jordan. É só uma novelinha, D. Josephina, não estamos querendo enganar nem aborrecer ninguém."

Até o poeta Carlos Drummond de Andrade deu sinais de que acompanhava a trama com atenção. Em sua sagrada coluna no *Jornal do Brasil*, comentou a cena da morte de Miguel Fragonard e descreveu um suposto diálogo, no qual sua empregada, Floripes, pedia ao poeta que telefonasse para a Globo e solicitasse a volta do personagem assassinado. No *Globo*, Artur da Távola refletiu sobre a ambiguidade que Gilberto já então deixava transparecer no seu retrato dos ricos: "De um lado ele critica as formas de vida e de ser da classe dominante. De outro, ele coloca nessas formas o máximo de charme, de aspiração, de universo mágico e encantatório. Ele reflete sobre a própria ambiguidade do real."

Água viva é uma das novelas que contrariam o senso comum de que Gilberto só fazia personagens femininas fortes. De fato, ele vinha de uma sequência de novelas — *Helena, Senhora, Escrava Isaura, Dona Xepa* e *Dancin' Days* — protagonizadas por mulheres marcantes. Nesta última, em particular, houve críticas ao personagem Cacá, vivido por Antônio Fagundes, por sua fragilidade e imobilidade. Mas o mesmo não se podia dizer dos irmãos Miguel e Nelson Fragonard, ambos personagens fortes e bem-acabados. Gilberto conta que por volta do capítulo 100, depois de uma cena de briga entre os dois irmãos, Fagundes telefonou. "E dizem que você não sabe fazer personagens masculinos fortes? Sabe. Você não faz pra mim."

Uma semana antes do último capítulo foi publicado um livro com a versão romanceada do roteiro de *Água viva*. Tratava-se de uma ideia de Alfredo Machado, dono da editora Record. Machado já havia proposto um projeto semelhante sobre *Dancin' Days*, mas que não chegou a ser realizado. Dessa vez, com mais planejamento, uma escritora foi contratada desde o início da novela para ir adaptando os capítulos à medida que eram escritos. A autora do livro, uma amiga de Ângela Carneiro, havia escrito dezesseis livros de aventura para adolescentes. Ela leu as 3.200 laudas dos 159 capítulos da novela, acrescentando detalhes ao comportamento e ao modo de ser de alguns personagens para produzir um romance de 388 páginas. "Fazendo esse livro, acho que aprendi a fazer novela e gostaria de fazer uma. Já disse isso ao Gilberto e ele prometeu me apadrinhar", contou ela. Seu nome: Leonor Bassères. Nem ela nem Gilberto sabiam então, mas a adaptação de *Água viva* seria o início de uma grande amizade e de uma parceria fundamental.

Um pouco antes de começar a escrever *Água viva*, Gilberto comprou uma nova máquina de escrever elétrica da IBM, semelhante à que aparece na foto que ilustra a contracapa do livro baseado na novela. Para testar o equipamento, ele escreveu um breve texto, encontrado postumamente por Edgar.

Meu querido Gilberto,

Isso é, em princípio, um teste pra ver o quanto é gostosinha a nossa nova IBM. Poderia, no entanto, acabar sendo qualquer coisa melhor. Quero deixar claro, aqui, o quanto gosto de você. Essa máquina é apenas uma lembrança mínima, que nem sequer de longe lhe poderá dar ideia de o quanto esse amor é imenso, infinito.

Vamos ser mais felizes. Saudáveis. Acordar cedo. Dormir cedo. Ir à ginástica. Escrever uma boa novela, pra se orgulhar do trabalho e sair na capa da *Manchete*. Quanto mais houver um equilíbrio entre o que queremos e o que fazemos, bem mais perto deveremos estar da felicidade. Eu quero. Vamos tentar, tá legal? A psicanálise pode ajudar muito, tenho a impressão. Mas as decisões mais importantes, a força interior tem que vir de dentro de nós. Vamos e venhamos, a vida está boa! Há muito o que conquistar, mas nunca houve tanta coisa já conquistada. Será que ter coisas passa a ser uma desvantagem? Queremos crer que não. Unidos venceremos.

Ainda mais que, diga-se de passagem, a IBM nova é uma delícia, e escrever novela aqui vai ser muito mais gostoso. Tudo pode ser muito mais gostoso. Não vamos esquecer como foi boa a sensação de entrar no Regine's e sentir os *flashes* de todos aqueles fotógrafos na nossa cara. Quero mais. É preciso fazer por onde. E depois, em setembro, Nova York. Coragem, rapaz. Leia isso de vez em quando, pra ver se dá ânimo.

P.d.B.*

G.

---

* *"Pour de bon"*: termo em francês equivalente a "para sempre". Gilberto sempre usava o termo ao concluir cartas e bilhetes para Edgar.

*Gilberto e sua irmã,
Rosa Maria, em 1949*

ACIMA
Rosa Quarterolo, "vovó Rosinha", como chamada pelos netos — assassinada pelo marido, padrasto do pai de Gilberto, 31 dias antes do nascimento dele

AO LADO
Primeira comunhão de Gilberto (11 anos) com os irmãos, Rosa Maria (8 anos) e Ronaldo (6 anos)

AO LADO
Gilberto no Carnaval de 1947

ABAIXO
Filhos em um dos passeios semanais de domingo com o pai no Centro do Rio de Janeiro

ACIMA
Gilberto Braga em 1947

AO LADO
Pais de Gilberto, Yedda e Durval, no casamento do tio Darcy no Mosteiro de São Bento, em 1951

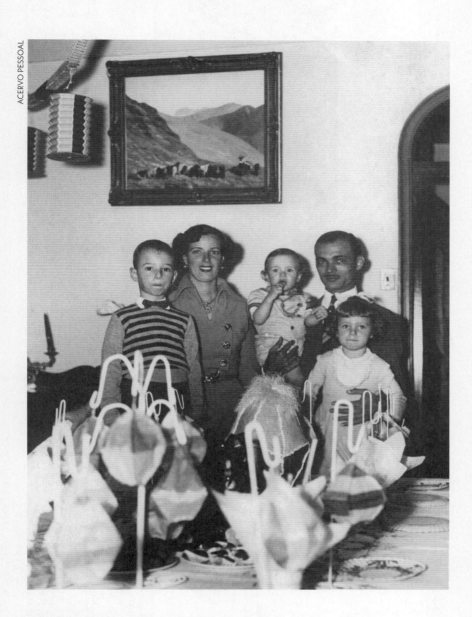

A família de Gilberto (à esquerda) na casa da Tijuca em 1954

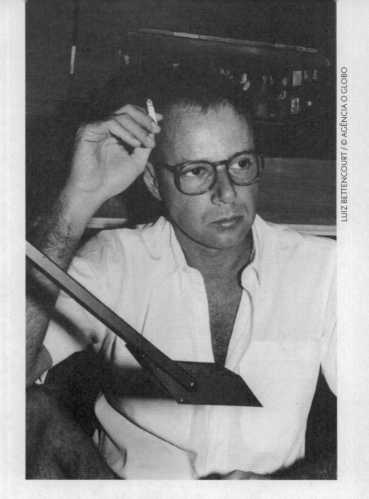

Gilberto Braga durante a década de 1980, quando lançou grandes sucessos como Água Viva, Anos Dourados *e* Vale Tudo

Gilberto em sua casa do Flamengo

ACERVO PESSOAL

AO LADO
Gilberto no Globo em 1972

ABAIXO
Gilberto e Zezé Motta. Atriz interpretou Sônia, emblemática personagem de Corpo a corpo, *uma das primeiras novelas a abordar racismo em horário nobre*

PÁGINA AO LADO, ACIMA
Gilberto Braga entre Simone Cox, diretora da Aliança Francesa de Copacabana e uma de suas melhores amigas, e Pelé

PÁGINA AO LADO, ABAIXO
Beatriz Segall e Gilberto Braga em 1978

© RENATO DOS ANJOS

ACERVO VOGUE 1978

NO ALTO
Da esquerda para a direita, Cláudia Abreu, Gilberto Braga e Malu Mader

ACIMA
Da esquerda para a direita, Gilberto, Fernanda Montenegro e Nelson Rodrigues em 1975, em entrevista na Sociedade Brasileira de Autores Teatrais

NO ALTO
Sérgio Marques, Gilberto, Ângela Carneiro, Leonor Bassères e Alcides Nogueira em reunião de trabalho sobre Força de um desejo

ACIMA
Gilberto e Silvio de Abreu (1986), em Nova York

AO LADO E ABAIXO
Dois dos sobrinhos queridos, Daniela Tumscitz e Bernardo Araujo

PÁGINA AO LADO, ACIMA
Da esquerda para a direita, tia Gildoca (Gilda Peixoto), madrinha de Gilberto, ele e Rosa Maria em 1995

PÁGINA AO LADO, ABAIXO
Gilberto com sua irmã, Rosa Maria, curadora da Bienal do Livro do Rio de Janeiro por mais de vinte anos, e Daniel Filho

ACIMA
Edgar e Gilberto em 1977

AO LADO
Casamento de Edgar Moura e Gilberto Braga em 2014, após 41 anos de união

O sonho de sair na capa da *Manchete*, citado na carta, foi realizado. Na última semana da novela, em agosto, a revista traz Raul Cortez com um revólver apontado para Gilberto e a mensagem: "A vingança de Fragonard". Não conseguiu, porém, manter uma vida saudável durante o processo criativo. Muito pelo contrário. Seguiu com o hábito de escrever até tarde da noite e acordar no final da manhã, ou no início da tarde. Gilberto calculou ter consumido 8 mil cigarros e uns cem litros de café enquanto digitava os capítulos de *Água viva* na nova IBM.

Ainda assim, dizia-se feliz — e tinha bons motivos para isso. Ao longo dos seus 159 capítulos, *Água viva* foi um enorme sucesso, quase do tamanho de *Dancin' Days*. Nos primeiros vinte capítulos, registrou média de 56 pontos, a maior que o horário das oito já tivera no primeiro mês. No Rio chegou a 80 pontos em 21 de fevereiro, um índice de reta final de novela de Janete Clair. O último capítulo teve picos de 88 pontos no Rio e 79 em São Paulo. A média geral da novela foi de 58 pontos, o que a deixa, até hoje, entre as dez maiores audiências dessa faixa horária da Globo.

Inaugurando um ritual que se repetiria ao longo dos anos, Gilberto convidou o elenco para assistir — e festejar — ao último capítulo da novela em sua casa. Em setembro, renovou contrato com a Globo por mais dois anos. Como previsto na cartinha, partiu para uma viagem de três semanas a Nova York com Edgar. Em outubro, de volta ao Rio, hospedou em sua casa o artista plástico Jack Brusca, que se tornou um grande amigo. Em março do ano seguinte, apresentado por Gilberto, Brusca inaugurou uma exposição na cidade com enorme badalação nas colunas sociais.

As colunas, aliás, não largam mais Gilberto. No Carnaval de 1981, ele surge onipresente em fotos de jornais e revistas divertindo-se, entre outros registros, no júri do Baile dos Enxutos, assistindo aos desfiles no camarote da Riotur, no Gala Gay, no Canecão, e ainda hospedando em sua casa o discotecário (ainda não se falava DJ) cubano Raul Rosas.

Mas, como dizia na carta, ainda havia muito o que conquistar.

21. PROIBIDO DIZER QUE UM PERSONAGEM É GAY

Há duas maneiras de se lembrar de *Brilhante*, a terceira novela das oito de Gilberto Braga, lançada em 28 de setembro de 1981. O próprio autor, nos últimos anos de vida, a rejeitava. Considerava que não havia sido uma novela bem-sucedida e se referia a ela com adjetivos duros: "baixo-astral", "triste", "fraca", "um fracasso retumbante". Já Fernanda Montenegro, cuja atuação como Chica Newman é até hoje reverenciada, avalia que o folhetim é um bom exemplo de como Gilberto foi "um ser avante do seu tempo".

Gilberto queria contar a história de uma mãe aristocrática e autoritária que não aceitava a homossexualidade do filho, Inácio, para quem estava previsto, além de um bom casamento convencional, suceder os pais no comando dos negócios de joias da família. Com a confiança adquirida após dois sucessos extraordinários, em *Dancin' Days* e *Água viva*, Gilberto decidiu colocar esse conflito no centro da trama, mesmo sabendo que o assunto ainda era tabu para a maior parte da sociedade, além de ser proibido pela Censura Federal. Boni e Daniel Filho aprovaram a ideia, mas não ignoravam que estavam pisando em campo minado.

O embate com a Censura por causa da caracterização de Inácio como homossexual começa já na apresentação da sinopse e se estende até a análise do último capítulo da novela, seis meses depois. Documentos inéditos, guardados numa caixa do Arquivo Nacional, em Brasília, descrevem a obsessão dos censores em impedir qualquer menção explícita à orientação sexual do personagem. Como se fosse um crime, realmente. Em 1981, apenas quarenta anos atrás, os guardiões da moral entendiam que o grande público não deveria nem mesmo ouvir menções à palavra "homossexual" às oito da noite.

Uma prova de que a Globo sabia onde estava se metendo é que na sinopse enviada para a aprovação da Censura há o cuidado de não indicar explicitamente a orientação sexual do personagem. Interpretado por Dennis Carvalho, antes de ser batizado como Inácio ele foi chamado de Olivério. O texto sublinha que os pais o queriam ver casado, mas ele resistia à ideia. "Nunca se ligou suficientemente a uma mulher para ter vontade de constituir família, e reage com perplexidade diante da obsessão da mãe em vê-lo casado", disfarçava a sinopse.

Os censores não precisaram de muito esforço para perceber que se tratava, nas palavras de um deles, de um "personagem problemático", e logo advertiram a Globo de que iriam acompanhar com lupa tudo o que dizia respeito ao filho de Chica Newman. Em parecer, eles registram que, entre os vários assuntos que "devem receber tratamento adequado e condizente com o horário em que será apresentada a novela", está "o comportamento de Olivério".

Em 12 de agosto de 1981, analisando com antecedência os capítulos 7, 8, 9 e 10, os censores afetam erudição e citam a obra de Freud ao manifestar estranhamento com a relação entre Chica e Olivério/Inácio. "Será uma ligação afetiva simplesmente mãe x filho ou haverá algo relacionado com o complexo de Édipo, uma vez que o filho é solteirão, problemático, e por outro lado a mãe está sempre provocando um casamento para Olivério?" Em setembro, sempre em chave moralista, após uma cena em que Inácio chega completamente bêbado em casa, recomendam mais compostura ao rapaz: "Não deixar o personagem Inácio exceder-se em bebidas alcoólicas, sendo que o apresentado a respeito poderá ser considerado como limite máximo."

Em novembro, num parecer sobre os capítulos 51, 52 e 53, os censores ameaçam "futuros cortes" nas cenas do relacionamento entre Inácio e o decorador Sérgio (João Paulo Adour). Eles percebem, e autorizam, "uma leve insinuação de homossexualismo entre Inácio e o amigo com quem divide o apartamento", mas deixam claro que não vão tolerar, "caso o envolvimento entre Inácio e Sérgio seja mostrado explicitamente". Em dezembro, ao analisarem o capítulo 72, os censores se referem à homossexualidade como "o problema" de Inácio. Sim, para a Censura, era um "problema". Talvez por isso eles tenham aprovado sem cortes uma cena terrível que trata do assunto. A imperial Chica oferece dinheiro a Sérgio para que ele se afaste de Inácio e deixe o país: "O tratamento da situação foi bem conduzido, não havendo motivos para cortes, pois não há exaltação ao estímulo a tal conduta."

Em janeiro de 1982, os censores se dão conta de que, durante a gravação do capítulo 107, houve a inserção de uma fala que não estava no texto submetido previamente à Censura. E mandam cortar: "Durante o reencontro de Sérgio e Inácio fica evidente o relacionamento homossexual que houve entre ambos, através da fala abaixo, não contida no texto, mas inserida na gravação: 'mas quando a gente ama...'. Obedecido o corte, o capítulo tem condições de ser exibido no horário habitual, após as vinte horas."

Não há registro nos documentos da Censura de outra "insubordinação", muito celebrada, que teria sido protagonizada por Fernanda Montenegro. Do estúdio, ela telefonou para a casa de Gilberto e pediu que ele autorizasse o uso da palavra "homossexual" num diálogo com Luiza, a personagem de Vera Fischer. "Não autorizei porque eu tinha certeza que iam me cortar a cena", contou ele. Mesmo assim, por causa da pressão de Fernanda, houve um acréscimo e Luiza mencionou "os problemas sexuais do seu filho". A fala não foi cortada.

O casamento arranjado por Chica entre Inácio e a esperta Leonor (Renata Sorrah) também vira um problema para Gilberto. A Censura o proíbe de explicitar uma das condições que cercam esse acordo, justamente a mais interessante: Inácio e Leonor não transam. O espectador não pode saber disso, determinam os censores. Analisando os capítulos 127 e 128, em fevereiro, eles exigem cortes no trecho em que Leonor evidencia o desejo de manter relações sexuais com Inácio, que se recusa, lembrando o pacto que fizeram de um casamento de conveniência. "Nestas passagens, também fica claro que o comportamento de Inácio prende-se à sua condição de homossexual."

Quando Leonor acaba se apaixonando de verdade por Inácio, a questão fica ainda mais dramática. Os censores mandam cortar, por exemplo, um diálogo no capítulo 137, em que ela diz: "Eu não tô me sentindo feliz porque eu tô me sentindo rejeitada. Eu quero você, Inácio. Eu te amo." E ele responde: "Nós fizemos um pacto, você não tem o direito de fazer isso comigo, Leonor." A tesoura também é implacável no capítulo 145, quando Inácio quer se separar e Leonor suplica: "Eu preciso amar. Eu quero amar." E Inácio diz: "Todo mundo precisa, mas não a mim, Leonor. Não tem chance nenhuma de dar certo." Justificando-se, o censor observa: "O motivo das restrições é que, em cenas bastante longas, deixa evidente o clamor de Leonor por relações de sexo contra a oposição cerrada do marido, confirmando a condição de homossexual dele." Um último corte é determinado no capítulo 152, quando Inácio mostra a Leonor os limites do acordo que fizeram. A frase que conclui o seu raciocínio é vetada: "Você tá transferindo esse problema, achando que se tiver uma relação de amor comigo vai resolver alguma coisa."

O último capítulo (155) é aprovado com louvor pela Censura. Ainda que Inácio se despeça de *Brilhante* partindo para os Estados Unidos com o namorado Cláudio (Buza Ferraz), nada é comentado sobre o assunto. Na análise do censor que leu o texto previamente, registra-se: "Dona Chica, em conversa com Inácio, culpa-se por haver tentado esquematizar a vida do filho. Ele, porém, numa atitude de compreensão, fala de seus atos de 'escapismo', de fuga, de covardia, aos quais só agora reage buscando na arte o seu modo de vida. Ele dá um recital, ao qual comparecem todos, inclusive Leonor, e a seguir despede-se, partindo juntamente com Cláudio, para os Estados Unidos."

Na visão de Fernanda Montenegro, o que deixou de ser dito na cena não diminui a sua relevância. Ao contrário. "Gilberto é um pioneiro. *Brilhante* termina com a mãe aceitando que aquele filho vá embora com o seu apaixonado", diz ela. É nesse sentido, avalia a atriz, que Gilberto foi um precursor. Ele provocou uma discussão, intrigou os espectadores e os fez pensar. O fato de, posteriormente, desprezar a novela não diminui a importância do que alcançou com *Brilhante*. Do ponto de vista da história da teledramaturgia, esse terceiro folhetim moderno de Gilberto não apenas realçou o anacronismo do que vinha antes dele, incluindo a obra de Janete Clair, como também indicou temas e caminhos para o que viria a seguir.

O pioneirismo de Gilberto é reconhecido mesmo pelos críticos mais ferozes, como o conservador Ferreira Netto, que vocifera na

Folha da Tarde: "Honestamente, não sei aonde o autor pretende chegar. Se é o que pretendia, ele já pode se considerar satisfeito em ser o primeiro a lançar uma telelágrimas-gay na televisão do Brasil, porém é bom não se empolgar tanto." É possível imaginar o desgaste psicológico sofrido por Gilberto nesse duelo com a Censura ao longo de mais de seis meses, tendo que ouvir comentários rudes e preconceituosos. Com Inácio, Gilberto sonhava mostrar que, no ambiente da elite econômica, um homossexual poderia viver naturalmente sem que fosse preciso explicar qualquer coisa ou distingui-lo com alguma palavra ou observação. Não conseguiu. Na vida real, essa situação já era uma realidade para ele próprio. Gilberto e Edgar formavam um casal como outro qualquer. Frequentavam eventos e recebiam convidados em casa na condição de casal.

Brilhante foi, de fato, uma novela acidentada, e não apenas por culpa da perseguição da Censura. Antes mesmo da estreia, houve uma crise causada pelo corte de cabelo de Vera Fischer. Falando assim, parece cômico — mas não foi. Vera ganhou o papel de protagonista da trama depois que Sônia Braga, a primeira escolha de Gilberto, rescindiu contrato com a Globo para fazer o filme *Gabriela*, uma produção internacional. Assim que ficou definida a escolha de Vera, Daniel Filho chamou a figurinista Marília Carneiro e disse: "Eu quero a Vera com o cabelo da Ingrid Bergman no filme *Por quem os sinos dobram*." Basta ver o cartaz do filme de Sam Wood para perceber que a atriz sueca contracena com Gary Cooper usando cabelos curtos, cacheados e castanhos. Marília repassou a referência dada por Daniel ao cabeleireiro, e ele fez igualzinho. "E foi uma burrice que nunca mais na minha vida eu repeti. Agora, se eu tenho que cortar um cabelo, eu boto uma peruca antes, para ver se vai ficar bacana ou não", diz Marília, rindo.

Vera Fischer, a loira mais bonita do Brasil, surgiu em cena com os cabelos curtos e escurecidos. Foi um choque. Ninguém gostou. Uma pessoa em especial tinha mais motivos do que todo mundo para detestar: Tom Jobim. Ele ficou furioso. A pedido da Globo, Tom havia composto a valsa "Luiza", uma obra-prima, dedicada à personagem de Vera Fischer. Segundo ele, Gilberto não quis dar a sinopse. "Preferiu me deixar à vontade, no 'escuro'. Eu só sabia o nome da personagem." A letra, que ficou pronta em cima da hora, fazia menção evidente aos longos cabelos loiros de Vera:

Vem me dar um beijo
E um raio de sol
Nos teus cabelos
Como um brilhante que partindo a luz
Explode em sete cores
Revelando então os sete mil amores
Que eu guardei somente pra te dar
Luiza Luiza Luiza

Marília Carneiro diz que Gilberto não reclamou do visual de Vera. Talvez por causa da reação de Tom: "Eu não vou mais compor. Essa Luiza não é a minha. A minha era loira." A decisão de Daniel Filho tinha a ver com o enredo da novela, e o diretor não fazia ideia de que a música de Tom conteria uma referência ao cabelo da atriz. Luiza, uma designer de joias, era uma mulher de classe média, simples, que andava de ônibus. Não podia aparecer, dizia Daniel, com cara de deusa inatingível. Para atenuar a decepção causada pelo novo visual de Vera, Marília acrescentou um colarzinho de bandana, um detalhe que virou moda.

Outra confusão foi causada pelo colaborador escolhido por Gilberto para ajudá-lo em *Brilhante*. Após a parceria muito bem-sucedida com Manoel Carlos, Gilberto ganhou luz verde da Globo para manter o esquema, dividindo o trabalho com outro roteirista. O escolhido para a tarefa foi Euclydes Marinho. Cinco anos mais novo do que Gilberto, ele acumulava pouca experiência até então, mas já tinha o seu nome nos créditos de dois programas de alta qualidade: as séries *Ciranda cirandinha* (1978) e *Malu mulher* (1979). Gilberto o convidou justamente por apreciar os diálogos dessas séries. "Euclydes é um dos maiores dialoguistas do país", justificou.

O trabalho em dupla, porém, não deu certo desde a partida. Em um depoimento à própria Globo, em 2008, Euclydes contou que ao receber um telefonema de Gilberto, convidando-o para ser colaborador em *Brilhante*, ouviu: "Para trabalhar comigo, você vai ter que fazer o que eu mandar, sem dar palpite. Você quer?" Em 2019, ao ser confrontado por Artur Xexéo com as palavras de Euclydes, Gilberto se sentiu ofendido. "Jamais falaria isso para ele", disse.

O fato é que a parceria foi interrompida por volta do capítulo 80. "Não aguentei", disse Euclydes. "Eu não pedi, eu comuniquei a ele que estava saindo. Eu era maluco. Era jovem e meio rebelde. Saí batendo a porta", contou. Em telefonema a Gilberto, ele teria dito: "Estou de saco cheio desse negócio. Não estou aguentando nem achando a menor graça. Além de tudo, não posso conversar com você, não posso nem trocar uma ideia. É muito chato escrever assim." Para substituir Euclydes Marinho, Gilberto recorreu a Leonor Bassères, a autora do livro baseado em *Água viva*, publicado um ano antes. A aposta deu certo demais. Leonor se tornaria a mais frequente parceira de Gilberto. Trabalharam juntos por 23 anos, em mais de uma dezena de projetos.

Foi com a ajuda de Leonor que *Brilhante* deu uma virada. A trama original, na qual o personagem de José Wilker morria em Londres e reaparecia com outro nome no Rio, não funcionou. Havia sido inspirada abertamente em *Um corpo que cai* (*Vertigo*), de Hitchcock. "Plagiei mesmo", dizia Gilberto. "Mas não ficou bom." A trama principal, entre Paulo César e Luiza, os personagens de Tarcísio Meira e Vera Fischer, também não agradou aos espectadores. Já o drama de Inácio era mantido sob rédeas curtas pela Censura e o grande público, aparentemente, não entendia a história. Com a morte de Vitor Newman (Mário Lago), no capítulo 103, Gilberto ficou à vontade para desenvolver a história que conquistou os espectadores — a relação da viúva, dona Chica Newman, com seu motorista, Carlos, vivido por Cláudio Marzo. Era uma trama improvável, mas deu muito certo.

Deu tão certo que o plano de Gilberto de punir Chica pelo que ela havia feito de ruim em toda a novela teve que ser deixado de lado. O autor era contra premiar Chica com o amor de Carlos, mas Boni e Daniel Filho discordaram. "Chica Newman, a megera mais amada da TV", como disse uma revista, merecia um final feliz. Houve uma espécie de intervenção interna e foi gravado um novo desfecho para os personagens. Chica está numa agência de viagens comprando uma passagem de navio para a Europa quando, ao sair, reconhece o carrão esperando-a. O motorista sai do veículo e, em vez de abrir a porta de trás, como sempre fez para Chica, abre a porta do passageiro. Os dois se encaram, ela entra no carro, Carlos fecha a porta e eles saem pela avenida Atlântica trocando olhares amorosos. E assim terminou a novela. Gilberto garante que não se sentiu contrariado com a decisão. "Novela é trabalho de equipe", minimizou.

Os sinais de que *Brilhante* não seria um estouro foram percebidos desde a estreia. O primeiro capítulo registrou 66 pontos na primeira meia hora e caiu para 48 no Rio. Em São Paulo começou com 53 pontos e terminou com 42. Mas houve períodos com médias superiores a 60 pontos e picos de 72 no Rio e 56 em São Paulo. Nas semanas finais, em abril de 1982, *Brilhante* registrou média de 74 pontos no Rio e 64 em São Paulo. Terminou com uma média geral de 45 pontos, cerca de 18% a menos do que havia marcado *Água viva*. Não foi um enorme sucesso, mas está longe de ter sido um fracasso. A ação da Censura foi tão traumática que, quase quarenta anos depois, um dos últimos projetos que Gilberto apresentou à Globo foi justamente um *remake* de *Brilhante*.

22. O MITO DO GILBERTO ALIENADO POLITICAMENTE

Em 1982, ocorreu a primeira eleição direta para governador desde a instauração da ditadura militar. Também foram eleitos senadores, deputados federais e estaduais, prefeitos (menos os das capitais) e vereadores. No processo de "abertura lenta, gradual e segura", determinado pelos militares, ainda haveria a campanha pelas Diretas Já em 1984 e a eleição indireta de Tancredo Neves, em 15 de janeiro de 1985, para sepultar de vez o regime implantado em 1964.

As eleições de 15 de novembro de 1982 foram animadíssimas. No Rio, os candidatos a governador eram Leonel Brizola (PDT), Moreira Franco (PDS), Miro Teixeira (PMDB), Sandra Cavalcanti (PTB) e Lysâneas Maciel (PT). Exilado entre 1964 e 1979, Brizola foi a grande atração da campanha. Darcy Ribeiro, seu candidato a vice-governador, batizou de "socialismo moreno" a doutrina de Brizola, baseada na aproximação com ativistas afro-brasileiros.

A três dias das eleições, o nome de Gilberto Braga apareceu entre as centenas de signatários de um manifesto publicado no *Jornal do Brasil*. Intitulado "Ao povo do Rio de Janeiro", o texto ocupava metade da página 17 e pedia votos para Brizola. Gilberto aparece no bloco de assinaturas de figuras do mundo de "arte e espetáculos". Há também signatários das áreas de ciências sociais, direito, educação, jornalismo e saúde. "Temos lutado contra o arbítrio, a violência, a corrupção, a fome, a miséria, a hipocrisia, os casuísmos e o autoritarismo", afirmavam os apoiadores ao declararem voto em Brizola.

Gilberto revelou posteriormente que, apesar de ter assinado o manifesto, votou em Miro Teixeira. O voto naquela ocasião era "vinculado", ou seja, o eleitor tinha que escolher candidatos de um mesmo partido para todos os cargos em disputa, sob pena de ter o voto anulado. Gilberto contou que ficou muito dividido, oscilando entre

PDT e PMDB, ambos de oposição ao regime militar, e acabou votando no segundo.

A assinatura de Gilberto no manifesto ajuda a desfazer um mito sobre o novelista — o de que ele seria alienado politicamente. Esse mito foi difundido, em parte, por ele próprio nas muitas entrevistas em que falou de sua infância e juventude. Ele sempre contou que o adolescente do curso clássico no Colégio Pedro II, entre 1961 e 1963, só queria saber de cinema e teatro e não dava a menor bola para a então efervescente situação política do país.

Da mesma forma, não há registro de qualquer crítica sua ou participação em protestos nos anos que se seguiram ao golpe militar de 1964. No período, ele está dando aulas particulares de inglês e francês, estudando na Aliança Francesa e pensando em Molière e Racine. No início de 1968, com bolsa de estudos, passou três meses em Paris divertindo-se, indo ao cinema e ao teatro, e não observou nenhum sinal da revolta estudantil que explodiria em maio e entraria para a história. Sim, esse Gilberto era alienado. Ainda assim, em sua casa nunca se falou "revolução de 64", como propagavam os militares, e sim "golpe militar".

A partir da década de 1970, escrevendo casos especiais e novelas para a Globo, Gilberto paulatinamente vai mostrando que tem consciência política e, à sua maneira, começa a se posicionar. Em 1976, ao decidir adaptar *A escrava Isaura* para o horário das seis, ele observou que faria algumas mudanças na história porque não considerava o romance de Bernardo Guimarães abolicionista, e sim "bastante reacionário e até racista".

Sérgio Marques, que entre 1991 e 2015 seria um de seus mais constantes colaboradores, acredita que Gilberto começa a se mostrar um autor mais consciente a partir de *Brilhante* (1981). Segundo o roteirista, quem exerceu uma influência considerável sobre ele foi Leonor Bassères, uma pessoa progressista que não gostava da ditadura. Marques afirma que ouviu essa avaliação tanto de Gilberto quanto de Leonor. Em todo caso, dizer que Gilberto adquiriu consciência política não significa que tenha se tornado um autor engajado politicamente, como Dias Gomes ou Lauro César Muniz, o que ele nunca foi. Mas não era alienado.

Após a derrota da emenda das "Diretas Já" no Congresso, em abril de 1984, Gilberto assinou em junho outro manifesto de nítida coloração política, intitulado "Tancredo Já". O documento, em apoio ao político mineiro na eleição presidencial indireta programada para 15 de janeiro de 1985, contava com a assinatura de cerca de 150 figuras ilustres do Rio, entre políticos, artistas, escritores e jornalistas. "A eleição do governador Tancredo Neves significa o avanço inexorável da frente democrática, a quebra do ciclo autoritário, a transição com Constituinte, uma nova política econômica capaz de arrancar o país de sua mais dramática e cruel recessão", dizia-se no texto.

Em setembro de 1984, estabelecido que a disputa seria entre Tancredo e Paulo Maluf, Gilberto responde a uma enquete de jornal justificando o seu voto no primeiro: "Não sou absolutamente ligado em política, mas, pelo que observo, uma das únicas coisas eficazes nesta área é a alternância de poder. No nosso caso, em minha opinião, a escolha que apresenta essa alternância é Tancredo Neves." Em agosto de 1993, entrevistado pela revista americana *New Yorker*, Gilberto disse uma frase que surpreendeu muita gente: "Nunca sofri nenhuma limitação no meu trabalho. Mas estou ciente de que quando assino um contrato com a TV Globo estou, na verdade, como pessoa de esquerda, aceitando limitações."

Em julho de 1994, ouvido pelo *Jornal do Brasil*, contou que votou em Luiz Inácio Lula da Silva, do PT, no primeiro e no segundo turno das eleições presidenciais de 1989. "Tenho grande fascínio pela figura do Lula, o discurso dele me impressiona desde a primeira vez que o ouvi falar, senti firmeza." A um mês da eleição presidencial de 1994, em setembro, disse a *O Globo* que estava em dúvida entre Lula e Fernando Henrique Cardoso: "Mas tendo mais para o Lula depois do [*Rubens*] Ricupero", afirmou, numa referência ao vazamento de uma frase dita privadamente pelo então ministro da Fazenda: "Eu não tenho escrúpulos; o que é bom a gente fatura, o que é ruim a gente esconde."

23. "JANETE CLAIR JÁ TEM UMA... EU QUERO GILBERTO BRAGA"

A década de 1980 foi uma das mais produtivas da carreira de Gilberto Braga. Escreveu cinco novelas das oito e duas minisséries, várias delas de grande repercussão e muita qualidade. O seu trabalho não demorou a ser identificado por características próprias, únicas. Não era preciso fazer exame de DNA; bastava uma chamada, mesmo sem o nome do autor, para saber que uma nova novela de Gilberto estava a caminho. Tornou-se fácil detectar os traços que atestavam a autenticidade das suas obras, mesmo quando ele cometia erros. É o caso, por exemplo, da novela mais previsível e menos relevante que fez nesse período, *Louco amor*, exibida entre abril e outubro de 1983. Para o bem ou para o mal, é um autêntico Gilberto Braga.

Muita gente atribuiu os problemas da novela à decisão da Globo de antecipar a estreia em cerca de um mês. Essa mudança no cronograma ocorreu em consequência da morte do ator Jardel Filho, protagonista de *Sol de verão*, segunda novela das oito que Manoel Carlos escrevia sozinho. Bastante abalado com a súbita morte do amigo, sentindo-se sem condições de continuar o trabalho, Maneco solicitou afastamento, no que foi prontamente atendido. Lauro César Muniz assumiu a redação dos últimos capítulos da novela, que foi encurtada — em vez de 150 capítulos, ela se encerrou no 137, em 19 de março.

Em 2 de março, ainda não havia nenhum capítulo pronto da novela de Gilberto. Por isso ele argumentou que não tinha como estrear no dia 21. A Globo concordou, então, em remarcar a estreia para 11 de abril. Entre o final de *Sol de verão* e a estreia da nova trama, a emissora apresentou um compacto de *O casarão*. O que deixou a direção da Globo de cabelo em pé foi o senso de oportunidade da Bandeirantes, que aproveitou a reprise no horário nobre da concorrente para estrear a novela *Sabor de mel*, de Jorge Andrade, estrelada por Sandra Bréa e Raul Cortez. O Ibope de *O casarão* despencou, naturalmente.

É inegável que Gilberto e Leonor Bassères, que assinou como colaboradora desde o primeiro capítulo, escreveram os capítulos iniciais de *Louco amor* sob intensa pressão. No entanto, não é plausível citar essa pressão como justificativa para a falta de originalidade da novela. Ora, não foi a pressa que levou Gilberto a escrever uma história sobre um tema tão batido como a paixão entre jovens de classes sociais diferentes — no caso, a filha da ricaça e o filho da empregada. Ou a entupir a trama de entrechos típicos dos dramalhões. Ele próprio reconheceu isso: "Usei todas as armas do folhetim para conquistar o público."

Gilberto sempre defendeu que a prioridade de qualquer novela é a comunicação direta com o público. Em *Brilhante*, ele ficou com a sensação de que falhou nessa missão. Por culpa da Censura, a novela resultou hermética para parte dos espectadores e houve uma queda significativa da audiência em relação às suas novelas anteriores. Faz sentido, por isso, acreditar que *Louco amor* é uma tentativa de retomar a comunicação fácil com o público. Isso explica por que, no dia da estreia, Gilberto já baixa as expectativas, definindo a nova produção como "simplesmente um folhetim de televisão". Ajuda também a entender por que, seis meses depois, *Louco amor* figure como um grande sucesso de audiência, com média de 50 pontos, uma diferença considerável em relação a *Brilhante*, que ficara em torno de 45.

É verdade que houve pouca originalidade na armação da trama, mas Gilberto deixou a sua marca nas franjas, a começar pelo elenco. *Louco amor* evidencia que, a essa altura, o novelista já reúne uma "patota" de atores ao redor de si. Profissionais que ele admira e em quem confia: José Lewgoy, Mário Lago, Antônio Fagundes, Gloria Pires, Lauro Corona, Tônia Carrero, Reginaldo Faria, Rosita Thomaz Lopes, Milton Moraes, Chica Xavier. Gilberto pensou em Tônia para viver a grande vilã, Renata Dumont, mas o papel acabou ficando com Tereza Rachel. Tônia interpretou Muriel, uma mulher rica, carismática e moderna, que se contrapõe à megera. O papel foi criado originalmente para Fernanda Montenegro, mas a atriz, envolvida com a antológica montagem teatral de *As lágrimas amargas de Petra von Kant*, declinou.

O núcleo principal, mais uma vez, é uma família da elite, liderada por um embaixador, o rico e gentil André Dumont, vivido por Mauro Mendonça. Ele é casado pela segunda vez com Renata, uma mulher esnobe, arrivista, fascinada pelas colunas sociais e manipuladora. Para viver a protagonista, Patrícia, filha do primeiro casamento do embaixador, Gilberto aceitou a sugestão de escalar Bruna Lombardi — e depois se arrependeu. "Houve erros graves de escalação. Não gostei de trabalhar com a Bruna", disse. Ele achou o trabalho da atriz fraco.

No prólogo da novela, Patrícia e Luís Carlos (Fábio Jr.), o filho da empregada, se apaixonam, contra a vontade de Renata. Numa cena destinada a chocar, Luís Carlos é humilhado por Renata e proibido de entrar na casa durante uma festa em comemoração aos 17 anos de Patrícia. Ele, então, solta os cães da residência, que invadem os salões e ferem André. Na sequência, Patrícia é enviada para a Europa, onde passa seis anos. Apesar do melodrama exagerado, os ótimos diálogos de Gilberto continuam a chamar a atenção. Assim como ocorreu em *Dancin' Days*, e vai se repetir em *Vale tudo* e *Celebridade*, Gilberto cria em *Louco amor* uma série de situações em torno de uma revista de moda e comportamento. É um ambiente sempre muito útil para expor guerra de vaidades, puxadas de tapete e vilanias variadas.

Como em *Brilhante*, Rosita Thomaz Lopes é novamente escalada para viver uma mulher chique, amiga da protagonista. Ela é Nanda, mãe de Guilherme (Reginaldo Faria), o dono da revista *Stampa*, e amiga de Renata. Por meio dela, Gilberto discute os critérios que levam os ricos e famosos a ter mais ou menos status. Numa cena, ela é questionada sobre o fato de o ex-jogador Pelé não figurar no guia *Sociedade brasileira*. Também em chave irônica, Gilberto reservou um detalhe cômico para a cena solene em que as maldades da vilã Renata são reveladas pela empregada Isolda (Nicette Bruno) e pela jornalista Claudia (Gloria Pires): ela morre de vergonha de seu nome verdadeiro, Agetilde Rocha.

No imaginário popular, *Louco amor* sobreviveu como a novela em que José Lewgoy e Lady Francisco viveram um casal tão engraçado quanto improvável. Ele era o milionário excêntrico Edgar Dumont, irmão mais velho de André, e dava sinais de estar com um princípio de demência. Ela fazia Gisela, uma ingênua manicure que se encanta pelo velho. Lewgoy tinha um bordão acionado sempre que era confrontado por sua falta de memória — "E eu não sei?", dizia, ofendido. Tal qual *Brilhante*, que terminou com Dona Chica e seu motorista, *Louco amor* acabou com uma divertida cena protagonizada por Edgar e Gisela.

O "quem matou?" girava em torno de Márcio (Carlos Alberto Riccelli). Ele é o filho que a megera Renata teve fora do casamento e foi criado por Agenor (Mário Lago), um *chef* de cozinha respeitado que, no final da novela, descobre-se que é o pai da vilã. Márcio morre por engano, na explosão de uma lancha, um crime que era destinado a matar Edgar. Gilberto nunca escondeu que parte importante do melodrama de *Louco amor* foi inspirada no clássico *O morro dos ventos uivantes*, de Emily Brontë. Disse várias vezes que *Louco amor* foi a sua "pior novela". Também classificou a experiência como "horrorosa" e contou que chegou a ser recriminado por Boni, apesar da ótima audiência alcançada pelo folhetim. "Você não está aqui para isso", disse o chefe. "Janete Clair já tem uma. Eu quero Gilberto Braga."

Louco amor terminou em 21 de outubro. No início de novembro, Gilberto e Edgar partiram, como de hábito, para uma longa viagem aos Estados Unidos e à Europa. Eles estavam em Paris quando chegou a notícia da morte de Janete Clair. A novelista estava se tratando de um câncer no intestino enquanto escrevia *Eu prometo*, exibida na faixa das dez. Ela morreu no dia 16 de novembro, aos 58 anos. A novela foi terminada por Gloria Perez com a ajuda de Dias Gomes. De Paris, Gilberto enviou um depoimento sobre a "madrinha":

> Janete me ensinou tudo. Era uma grande amiga. Foi, sem dúvida, a pessoa com mais vocação para escrever novelas. Nós todos escrevemos novelas, como poderíamos fazer qualquer outra coisa. Janete é a novela brasileira. Era uma pessoa muito generosa e soube passar a sua técnica a outros escritores. Sinto-me como um filho que perdeu a mãe.

Em 56 palavras, Gilberto conseguiu resumir a importância de Janete em sua carreira. Nenhum outro autor teve, antes ou depois, tamanha influência na trajetória do novelista.

24. CORPO A CORPO: DIABOS E RACISMO NO HORÁRIO NOBRE

Três novelas das oito escritas por Gilberto Braga na década de 1980 estão entre as que nunca foram reprisadas no *Vale a pena ver de novo*, a tradicional faixa vespertina da emissora: *Brilhante* (1981), *Louco amor* (1983) e *Corpo a corpo* (1984). No caso de duas delas, as razões não se limitam aos problemas com a adequação da trama ao horário. A primeira, altamente problemática, foi rejeitada originalmente por parte da audiência. A segunda, popularíssima, mas apelativa, era rejeitada pelo autor. Mas e a terceira, que Gilberto considerava uma de suas melhores novelas e registrou excelente audiência ao ser exibida? Nesse caso, é preciso buscar a explicação em suas próprias qualidades.

Corpo a corpo é uma novela muito ousada que parte de uma premissa bem fantasiosa, dentro de uma trama totalmente naturalista. Eloá (Débora Duarte) supostamente faz um pacto com o diabo, encarnado em Raul (Flávio Galvão), em troca de crescimento profissional. Fã dos filmes de Alfred Hitchcock, Gilberto mantém o espectador sob suspense durante boa parte da história, sem esclarecer se o personagem é o Satanás ou não. Até a Censura se confundiu e, dias depois da estreia, mandou dois ofícios para a Globo pedindo esclarecimentos sobre "os possíveis fenômenos sobrenaturais". Os censores temiam que a novela pudesse causar "dano iminente à formação psíquica" do público infantil. Em resposta, a Globo enviou uma carta na qual Gilberto informava que não havia nada de sobrenatural na trama. Era tudo um golpe.

Para um autor que sempre disse privilegiar o entretenimento acima de tudo, Gilberto surpreende ao colocar em debate, por meio de Eloá, um tema sério e essencial: o lugar da mulher na sociedade. Seu marido, Osmar (Antônio Fagundes), que trabalha na mesma empresa, é um sujeito acomodado, sem grandes ambições. O que acontece quando a mulher faz mais sucesso que o homem e se coloca hierarquicamente em posição superior à dele no mesmo ambiente de trabalho?

Corpo a corpo foi também a primeira novela da era moderna a colocar em destaque, entre os personagens principais, um casal inter-racial, vivido pela arquiteta Sônia (Zezé Motta) e o engenheiro Cláudio (Marcos Paulo). Houve algumas poucas tentativas semelhantes, como a ocorrida em 1969, na TV Excelsior, na novela *Vidas em conflito*, de Teixeira Filho, uma história protagonizada pelos personagens Débora (Leila Diniz) e Rodney (Zózimo Bulbul). Segundo o pesquisador Fábio Costa, o romance entre a mulher branca e o homem negro foi esvaziado "em razão do desagrado de telespectadores com a temática, manifestado por meio de cartas".

Na trama de Gilberto Braga, o amor entre Sônia Rangel e Cláudio Fraga Dantas terá inúmeras repercussões, com discussões importantes e educativas sobre racismo. Joana Fomm, no papel de Lúcia Gouveia, uma *socialite* falida que faz de tudo para manter a pose, vai ser apresentada como uma personagem abertamente racista, que diz barbaridades sobre Sônia. Alfredo Fraga Dantas (Hugo Carvana), empresário poderoso, pai de Cláudio, também não esconde o seu preconceito. Numa solução com ares de Janete Clair, ao final o vilão precisará de uma transfusão de sangue para sobreviver e será salvo justamente pela nora.

Gilberto colocava *Corpo a corpo* no mesmo patamar de *Dancin' Days* e *Vale tudo*, suas duas novelas mais populares. "Fiz a novela que eu quis", dizia, orgulhoso. Ao mesmo tempo, sempre manifestou frustração com o fato de a novela não ter permanecido no imaginário popular. Ao longo dos anos, desenvolveu a teoria de que a trama não era tão lembrada quanto as outras duas por causa da escalação de Débora Duarte para o papel principal. "Débora Duarte é grande atriz, na época da novela estava fantástica, mas é pouco para primeiro nome, e isso é essencial", disse. Essa avaliação pode soar injusta, mas Gilberto a repetiu tantas vezes que parecia, realmente, convencido dela: "Débora fez brilhantemente o papel, mas não era a Sônia Braga em *Dancin' Days*. E isso conta muito pra uma novela ficar. O público se liga muito em estrelas."

Novamente atuando como única colaboradora, Leonor Bassères escreveu todas as tramas relacionadas à empresa de Alfredo Fraga Dantas. Começa aí a sua fama de autora que tinha paciência e curiosidade para escrever as chamadas "histórias de escritório", que existem em toda novela e poucos gostam de escrever. Como quase toda etiqueta, essa também é simplista e reduz muito a realidade. Todos que conheceram Leonor a descrevem como altamente eclética e talentosa. A autora, no entanto, ficou com essa fama.

A novela promoveu também o reencontro e, de certa forma, uma reconciliação de Gilberto com Glória Menezes, a protagonista de *A Dama das Camélias* (1972), seu primeiro caso especial, a quem ele tecia críticas. O novelista só guardou elogios para a atriz em *Corpo a corpo*, no papel da enfermeira Tereza, o verdadeiro demônio da história. Um segundo reencontro importante que ocorre em *Corpo a corpo* é com Dennis Carvalho, que foi um dos três diretores da fase final de *Dancin' Days* e ator em *Brilhante*. Dedicando-se prioritariamente à carreira de diretor, Dennis assume o comando de *Corpo a corpo*, dando início a uma parceria histórica com Gilberto. Foi do diretor, a propósito, a sugestão de um segundo diabo na trama.

Entre novelas e minisséries, Gilberto e Dennis farão dez trabalhos em conjunto, até 2015. A afinidade entre os dois foi total. Dennis conta que, a partir dessa novela, estabeleceu o ritual de falar diariamente com Gilberto. Metódico, o autor esperava o capítulo terminar para telefonar para o diretor. "Eu já sentava na poltrona, me preparava, quando entravam os créditos, tocava o telefone." Gilberto comentava o capítulo, dizia o que tinha achado e ouvia a opinião de Dennis. Uma relação profissional marcada por muita franqueza e que acabou indo muito além. Tornaram-se amigos íntimos e fraternos. Quando um filho do diretor morreu precocemente, em 1991, Gilberto se comportou como um irmão. Ainda no hospital, ficou ao lado de Dennis, abraçado, até o fim.

Dennis se diverte contando sobre o dia em que seu pai, Erasmo, conheceu Gilberto, anos depois. Durante uma conversa com o autor, perguntou a ele se tinha filhos. "Não, seu Erasmo. Eu sou homossexual e sou casado com aquele moço ali", disse, apontando para Edgar. O pai de Dennis, naturalmente, levou um susto. Edgar reclamou com Gilberto, que respondeu: "Pai de amigo meu tem que saber de tudo. Depois dos 60 anos eu falo o que eu quiser, do jeito que eu quiser."

Gilberto deve a Dennis a sugestão para escalar Malu Mader em *Corpo a corpo*. A indicação dará início a outra parceria histórica, em sete trabalhos, entre novelas e minisséries. Dennis havia assistido a Malu no Tablado, em 1983, na famosa montagem de *Os doze trabalhos de Hércules*, de Monteiro Lobato, dirigida por Carlos Wilson Silveira, o Damião. "Cara, essa garota é bonita e boa atriz", pensou. E a escalou para um papel em *Eu prometo*, última novela de Janete Clair.

Para entrar em *Corpo a corpo*, no ano seguinte, Malu foi submetida a um teste por Dennis e se saiu muito bem. Ganhou um ótimo papel, o de Bia, a filha caçula, e preferida, de um dos protagonistas, o empresário Alfredo Dantas (Carvana). Numa novela que colocava em questão o machismo, a personagem encarnava uma das feministas da trama. Apesar da afinidade desde o início, Malu e Gilberto só se conheceram pessoalmente no jantar que festejou o final da novela, na casa de Rosa Maria, irmã do novelista.

Malu Mader não foi uma revelação apenas para Gilberto. O Brasil se encantou com a atriz, que passou a ser requisitada para entrevistas, ensaios fotográficos e publicidade. Em março de 1985, dividindo com Tônia Carrero a capa da *Ilustrada*, o caderno de entretenimento da *Folha*, a jovem atriz ganhou a seguinte descrição: "Malu Mader é tudo que as meninas cariocas gostariam de ser: bonita, passou no vestibular de Letras da PUC, faz sucesso na novela das oito e namora o ator Marcos Paulo."

A novela lançou, ainda, Andréa Beltrão, num dos seus primeiros papéis em novelas, Luiza Tomé e Lilia Cabral, pela primeira vez na Globo. Vários atores da "patota" de Gilberto estão em *Corpo a corpo*: Isabela Garcia, Lauro Corona, Joana Fomm e, como não poderia faltar, Antônio Fagundes. Mais uma vez, como já estava se tornando tradição, Fagundes viveu um personagem fraco numa novela repleta de personagens femininas fortes.

Segundo Fagundes, o conflito entre Eloá e Osmar, o seu personagem, é inspirado no drama *Nasce uma estrela*, que já teve quatro versões em Hollywood. Em vez de a personagem feminina ser cantora, era engenheira na novela. Consciente de que o personagem masculino do casal era fraco, Gilberto telefonou para Fagundes, por volta do capítulo 80, e disse: "O seu personagem acabou. Não sei mais o que fazer com ele. Mas preciso do Osmar para o final." O ator, então, ganhou uma folga e foi para São Paulo fazer teatro. A última cena entre os personagens de Fagundes e Débora em *Corpo a corpo* também foi abertamente copiada de outro clássico do cinema americano, *My Fair Lady*. Eloá está em casa, ao telefone, tratando de um caso de milhões de dólares. Osmar chega e, satirizando um comportamento machista, senta no sofá, estica as pernas e fala: "Meus chinelos."

Nada chamou mais a atenção em *Corpo a corpo* do que a discussão sobre racismo proposta por Gilberto. Mas não exatamente como seria desejável. O que mais repercutiu não foi a corajosa forma encontrada pelo novelista para falar do assunto, mas a reação do público. A imprensa especializada preferiu destacar ataques aos atores envolvidos na trama, em especial Zezé Motta e Marcos Paulo. O ator relatou que sua secretária eletrônica ficou entupida de recados racistas. Já a atriz revelou que foi muito assediada nas ruas por fãs que diziam que ela era "uma sortuda" por ter conquistado um "gatão branco". Zezé também ouviu ameaças e ofensas mais pesadas, como a de que não tinha o direito de beijar um homem branco bonito.

Buscando o apoio dos espectadores, o novelista teve o cuidado de apresentar Sônia como uma heroína. É uma mulher batalhadora, ótima pessoa, que não encontra chances no mercado de trabalho como arquiteta e, então, abre por conta própria uma empresa de paisagismo. Em oposição, para não deixar qualquer dúvida sobre quem eram os vilões, Gilberto carregou nas tintas ao compor os personagens de Hugo Carvana e Joana Fomm, Alfredo e Lúcia, que a certa altura se casam. "Ela se tornou uma das minhas personagens mais odiadas — e olha que não foram poucas as megeras que vivi", contou Joana. Mas ela própria ressaltou que muitas reclamações que ouviu não foram de condenação ao seu preconceito racial, mas contra a sua falta de educação. Racista de carteirinha, Lúcia Gouveia dizia ter "horror a negro". Por conta própria, a atriz acrescentou falas, como "odeio pobre", "odeio gentinha", ampliando a rejeição que a personagem sofreu. Gilberto ficou encantado.

Em janeiro de 1985, com menos de dois meses de novela no ar, Zezé Motta elogiou publicamente "a coragem de Gilberto Braga de furar o cerco". Gilberto ficou orgulhoso, mas não por muito tempo. Em março, Ruth de Souza, que vivia Jurema, a mãe de Sônia, deu uma entrevista à revista *Amiga,* criticando a pouca importância de sua personagem na trama e "a maneira quase desumana com que os personagens brancos falam dos negros". A primeira resposta de Gilberto foi dizer que Ruth de Souza o deixou "muito magoado". Depois, defendeu o seu trabalho: "Uma forma de eu me posicionar contra o preconceito racial foi mostrar todos os personagens positivos da novela como voluntariamente antirracistas, enquanto que todos os vilões são justamente o contrário." Ao final de *Corpo a corpo*, tanto Gilberto quanto Ruth foram premiados, por indicação da vereadora Benedita da Silva, com a medalha Pedro Ernesto. A atriz não foi à Câmara dos Vereadores receber a honraria.

O ano de 1984 havia sido o último da ditadura militar, ainda que a Censura Federal só tenha sido extinta com a Constituição de 1988. A expectativa de tempos mais favoráveis levou a Globo a produzir novamente *Roque Santeiro*, a novela de Dias Gomes que havia sido censurada no dia da estreia, em agosto de 1975. Para dar mais tempo à produção, *Corpo a corpo* foi esticada em vinte capítulos, sendo exibida até 21 de junho de 1985. Gilberto não reclamou. Em maio, seu contrato fora renovado com a Globo por mais um ano.

Após 179 capítulos, *Corpo a corpo* registrou uma média de 52 pontos, a melhor audiência de uma novela das oito desde *Baila comigo*, em 1981. Na revista *IstoÉ*, Artur Xexéo festejou: "Mais do que a trajetória de uma engenheira bem-sucedida, casada com um homem medíocre, que sobe na vida através de um pacto com o Diabo, *Corpo a corpo* é uma bem urdida trama sobre a relatividade do bem e do mal."

Quando *Roque Santeiro* começou a bater recordes atrás de recordes (terminou com média de 62 pontos), Gilberto já estava bem longe, aproveitando as férias. Em setembro, ele partiu com Edgar para uma longa viagem, que começou pela Disney e terminou em Paris. Acompanhadas de perto por colunistas de jornal e de revistas, essas viagens ganharam ares lendários, mas eram muito mais simples do que pareciam.

25. DE GUARATINGUETÁ A PARIS

Apesar da infância sem qualquer luxo, os irmãos Gilberto, Rosa Maria e Ronaldo guardaram lembranças de algumas viagens de férias especiais. Uma dessas aventuras foi passada no verão de 1961, em Guaratinguetá (SP), na casa da tia Gildoca, cujo marido, Floriano, servia na importante base aérea localizada na cidade. Então com 15 anos, Gilberto registrou essa temporada no Vale do Paraíba escrevendo diariamente para Aloísio, colega de Pedro II e que posteriormente seria namorado e marido de Rosa. "Aqui, como em São Lourenço, as noites são frias, os dias são quentes. Agora são 11 horas da manhã. Está calor. Gostaria de ir à piscina, mas ela está interditada. Vou tomar banho de chuveiro. Hoje é domingo. Até amanhã."

São dias passados no cinema, vendo filmes B, como *Emissário de outro mundo*, de Roger Corman ("que bomba!", informa), ouvindo discos de cantores americanos (Roger Williams, Glenn Miller), lendo edições antigas da revista *Manchete*, que Floriano colecionava, e vivendo algumas aventuras: "Acabamos indo ao cassino. Aprendi a jogar sinuca. Delicioso. Acordei há cerca de duas horas e estou lhe escrevendo. Até amanhã. Vou estudar latim." Também houve, como registra a correspondência com o amigo Aloísio, algumas férias em São Lourenço (MG), a famosa estância hidromineral, de clima ameno e com um famoso parque de águas, com laguinho, onde os veranistas podiam remar.

A primeira — e inesquecível — viagem de Gilberto ao exterior ocorreu no início de 1968, quando ganhou a bolsa da Aliança Francesa e passou três meses em Paris, dividindo com um colega um quarto no último andar da escola. Tinha 22 anos. De volta ao Rio, Gilberto sempre alimentou o desejo de repetir a experiência, mas ainda não fazia ideia de como. Somente em janeiro de 1976, na sequência de quatro trabalhos bem-sucedidos na Globo (*Corrida do ouro*, *Helena*, *Senhora* e a continuação de *Bravo!*), realizou um velho desejo e partiu com

Edgar, com passagem dada por Boni, para uma viagem de mais de dois meses de férias entre Europa e Estados Unidos.

O novelista tinha, então, 30 anos. Não podia saber ainda que esse primeiro *tour* seria repetido umas vinte vezes ao longo de quatro décadas. Ao final de cada trabalho importante na Globo, o casal fará as malas e rumará para o Hemisfério Norte. Um ritual de causar inveja, repleto de detalhes incríveis, que vão sendo aperfeiçoados com o tempo, mas também excessivamente metódico e previsível.

Invariavelmente, as viagens de Gilberto e Edgar começavam pela Flórida, especificamente pela Disney, prosseguiam com uma parada mais longa em Nova York, depois incluíam poucos dias de desfrute em alguma capital europeia, como Londres, e terminavam com uma longa permanência em Paris. Gilberto tinha a mania de voltar sempre aos mesmos lugares — as mesmas cidades, os mesmos hotéis, os mesmos restaurantes — e demonstrava pouca curiosidade de conhecer lugares novos. O que ele mais gostava mesmo era de se sentir como um morador local de Nova York e de Paris: ir ao cinema, andar a pé e sair para jantar. Resumindo sua estada em Paris, certa vez ele disse: "Paris, você sabe como é: cinema, cinema, comer, comer."

São várias as histórias que mostram o completo desinteresse de Gilberto em ampliar as opções de destino para suas férias. Certa vez, na Holanda, Edgar e um amigo, o iluminador José Carlos Reis, foram conhecer Madurodam, uma cidade em miniatura, tradicional atração turística perto de Haia. Gilberto, por sua vez, preferiu ficar no hotel, em Amsterdã, lendo. "Um terraço de café, calma, paz", registrou. Numa viagem, concordou em rodar um pouco pela Itália, mas logo ao chegar a Veneza pareceu arrependido. "Não sei o que estou fazendo aqui neste shopping center decadente. É tão melhor ir ao cinema. Estou até com medo do resto da Itália. Não vejo a hora de voltar para Paris", escreveu numa carta a Rosa.

Edgar perdeu a conta das vezes em que chegavam a um lugar que não conheciam, Gilberto olhava e falava: "Vamos embora, está muito chato isso aqui." O sobrinho Bernardo Araújo, após uma viagem ao Canadá, telefonou ao tio para relatar a experiência. "O que você achou do Canadá?", quis saber Gilberto, aparentemente demonstrando curiosidade. "Achei Montreal lindo, gostei de Quebec", respondeu Bernardo. "Que legal. Não vou, não!", encerrou Gilberto.

Entre o fim de uma novela e o início de uma viagem, durante um mês mais ou menos, Gilberto se preparava com afinco. Estudava os destinos, fazia reservas em todos os restaurantes que pretendia visitar, comprava ingressos para os espetáculos teatrais, combinava os encontros com os amigos que desejava ver e encomendava livros e DVDs, que já os aguardavam quando ele chegava ao destino. Uma semana antes do embarque, fazia a mala. Era uma operação que dava gosto de ver. Primeiro, listava as roupas que ia levar, o "rol", como dizia — roupas de inverno, roupas de verão, roupas de primavera. Deixava, então, a mala pronta e um dia depois desfazia tudo. O objetivo era apenas ver como ia ficar.

Toda a informação acumulada em cada viagem era arquivada de forma muito bem organizada. A novelista Maria Helena Nascimento, que foi colaboradora em quatro novelas de Gilberto, recorda-se de ter pedido dicas para uma viagem a Paris e se impressionado com o volume transbordante de informações que ele acumulava. Gilberto abriu o computador e voltou com uma lista do que botar na mala para viajar em agosto, onde se hospedar e o que comer, entre outras coisas.

Um detalhe que parece não combinar com o perfil mais sério e intelectual de Gilberto era o seu gosto pela Disney World. "Muito próximo do meu ideal de felicidade", disse uma vez. Desde a segunda viagem, eles sempre foram à Disney antes de rumar para Nova York. Edgar resume bem: "Gilberto queria descansar antes de ir pra Nova York. Como Caxambu. Eu ia no parque; Gilberto não achava graça, não tinha saco. Gostava mesmo de ficar no hotel, deitado, na piscina." Bernardo Araújo confirma: "Ficava naquele luxo, comendo bem, enquanto Edgar adorava os brinquedos."

Em mais de uma ocasião, Gilberto comentou que as viagens funcionavam como um processo de descompressão do desgaste sofrido enquanto escrevia novelas. Ou, como dizia, do período em que "estavam me chupando a alma". Em Nova York, por exemplo, um dos seus grandes prazeres era perambular pelo Village, ir ao cinema, ao teatro e, não menos importante, ficar sem fazer nada. Como explicou a Rosa, justificando a demora em responder a uma carta dela: "Sinal de que não tenho tempo para nada, entre mil filmes velhos e, *carrement* (francamente), ficar coçando o saco. Como é bom!" No fundo, Gilberto estava longe de apreciar o turismo, a movimentação entre uma cidade e outra. O que queria mesmo era esvaziar a cabeça e ficar tranquilo, sem maiores preocupações, num lugar agradável. "Até agora, está muito claro para mim que não gosto mesmo de viajar. Não compensa. Acho um pouco chato. Embora os lugares sejam bonitos", registrou numa outra carta à irmã, escrita em Amsterdã.

Numa mesma viagem a Nova York, por exemplo, assistiu a shows de Ella Fitzgerald, Sarah Vaughan, Lena Horne, Bobby Short e Alberta Hunter, além de óperas, balés, peças de teatro, musicais e muitos filmes, antigos e recém-lançados. Já o circuito de museus e galerias não o atraía tanto, embora conhecesse muito e gostasse de artes plásticas. Após visitar um dos mais importantes museus de arte moderna do mundo, o Museum of Modern Art (MoMA), desabafou: "Serviu para mostrar mais uma vez que eu não tenho saco para museu. Mais do que um pintor por dia, eu não assimilo direito."

"Gilberto não era muito companheiro em Nova York", conta Edgar. De dia, ele ia para um lado e o marido para outro. Gilberto gostava de loja de discos, cinema, hotel e casa de amigos. Edgar ia a museus, apreciava bater perna pela cidade. Os dois só se encontravam de noite, antes de ir ao teatro e jantar. Em Paris, a mesma coisa. Como testemunhou o sobrinho Bernardo, o gosto de Gilberto não era nada óbvio. Certa vez, ele desviou o táxi em que estavam e pediu ao motorista que os levasse até a Beekman Street, uma rua de dois quarteirões no leste de Manhattan, com casas geminadas, charmosamente restauradas, e prédios de apartamentos elegantes. "Não é bonitinha?", perguntou Gilberto. A visita se resumiu a isso, conhecer uma rua. "Ele tinha uma coisa muito visual em tudo, muito esteta", conta Bernardo. Gilberto também gostava dessa rua porque era ali que morava, no romance *A mulher do século*, a personagem Mame Dennis, a tia Mame, que inspirou a personagem Stella Simpson, vivida por Tônia Carrero, em *Água viva*.

Nas primeiras viagens, Gilberto se hospedou na casa de amigos. Em 1979, em Nova York, ficou no apartamento do diplomata sueco

Johan Nordenfelt, que posteriormente visitou em Estocolmo. Em outras ocasiões em Manhattan, hospedou-se no *loft* do artista plástico Jack Brusca e no apartamento do novelista Silvio de Abreu. Numa das primeiras viagens com Edgar, teve também a companhia de Marcia Graça Mello, a primeira namorada, que ficou na casa de uma amiga. Em Paris, em algumas visitas, Gilberto se hospedou no apartamento de Simone Cox, a madame Cox, diretora da Aliança Francesa de Copacabana, na época em que foi professor.

À medida que o tempo passou e Gilberto foi enriquecendo, as viagens ganharam ares mais sofisticados. Frequentemente, ele enviava informações sobre as férias para colunistas com quem tinha bom relacionamento ou amizade. Hildegard Angel, em especial, documentou em detalhes, em colunas de jornal, várias viagens do amigo, sempre festejando o seu sucesso e o bom gosto das escolhas. Em setembro de 2001, por exemplo, ela publicou esta nota:

> Hoje, dia 6, sabem onde o Gilberto Braga está? Em Figueiras, na Espanha, com mesa para jantar reservada no restaurante Bulli, a quintessência da sofisticação gastrô. Amanhã segue para Londres, Capital Hotel. Depois, o Madison, na Rive Gauche, em Paris; o Splendido, de Portofino; o Hotel Villa La Principessa, em Lucca; o Park Hotel de Siena; o Hotel Castello dell'Oscano, perto de Assis; o Grand Hotel Piazza Ognissanti, em Florença; o Carlton Baglioni, de Milão; o Gritti, de Veneza... para voltar ao Rio no dia 10 de outubro e meter bronca na sua próxima novela. Não vai faltar inspiração.

Daniel Filho se recorda de algumas viagens em companhia de Gilberto e Edgar, tanto em Nova York quanto em Paris. Numa delas, quando estava casado com a atriz Márcia Couto, os quatro alugaram um carro e fizeram um *tour* gastronômico pela Provence, na França. Gilberto havia feito reservas para almoço e jantar nos melhores restaurantes em cada cidade por onde passaram. Uma refeição melhor do que a outra. "Chegou uma hora em que falei: 'Não dá mais!' E fomos comer um sanduíche de mortadela e tomar uma Coca-Cola", contou Daniel.

As temporadas em Nova York eram as mais agitadas socialmente, repletas de encontros, festas e inaugurações — e não apenas com brasileiros. "Recebi telefonema de Gilberto Braga. Almoçou com Clive Barnes, crítico de teatro do *New York Times*", informou Hilde, em uma ocasião. Em uma reunião promovida por Jack Brusca, certa vez, Gilberto conheceu o teatrólogo Edward Albee, autor de *Quem tem medo de Virginia Woolf?*. Daniel Filho, também presente, lembrou que ele ficou encantado. Mas, em seus relatos, Gilberto, que era muito fã do teatro de Albee, o descreveu como "um homem muito bonito, mas não muito simpático".

Foram tantas as viagens a Nova York e Paris que Gilberto e Edgar resolveram investir em imóveis nas cidades preferidas. "Gilberto tinha muita vontade de ter apartamento em Paris. Fui várias vezes para lá. Selecionei dois ou três", relata Edgar. Em outubro de 2009, eles compraram um confortável apartamento na charmosa rue Séguier, perto do Sena. Com três quartos e sala, passou por uma longa reforma, comandada por Edgar, que também decorou o imóvel.* Em setembro de 2012, Gilberto e Edgar inauguraram o apartamento comprado em Nova York, também em local privilegiado, na esquina da rua 59 com Park Avenue.

---

* O apartamento foi vendido em 2021. "Os vizinhos eram muito chatos. Coloquei ar-condicionado, reclamaram. Dava muito trabalho", contou Edgar.

26. ANOS DE MORALISMO E PRECONCEITO

Em agosto de 1985, Gilberto foi convocado para uma reunião na Casa de Criação Janete Clair, a divisão da Globo criada meses antes com o objetivo de avaliar, selecionar e elaborar projetos e roteiros para produções da emissora. Inicialmente, a divisão foi comandada por Dias Gomes, auxiliado por Doc Comparato, Ferreira Gullar e Euclydes Marinho. De fato, ficava numa casa, fora dos domínios da emissora, mas no mesmo bairro, o Jardim Botânico. Nessa reunião, Gilberto ouviu que um dos primeiros projetos da Casa seria a realização de cinco minisséries de época, cada uma ambientada numa década do século XX, sem qualquer exigência de temas. A ele caberia escrever uma história ambientada na década de 1950.

Gilberto gostou da ideia, mas tinha um compromisso inadiável: as férias. No início de setembro, ele e Edgar partiram para o tradicional *tour* por Disney, Nova York, Londres e Paris. Passaram dois meses e meio fora do país, divertindo-se, como sempre, entre idas ao cinema, peças de teatro e bons jantares. Ao retornar, na segunda quinzena de novembro, Gilberto já tinha uma ideia: "Vou fazer um *Clamor do sexo* brasileiro."

Produzido e dirigido por Elia Kazan e lançado em 1961, *Splendor in the Grass* foi um grande sucesso de crítica e público e ganhou o Oscar de Melhor Roteiro do Ano. É protagonizado por uma magnética dupla de jovens atores, Natalie Wood e Warren Beatty, ela já com uma indicação ao Oscar por *Juventude transviada*, ele em sua estreia no cinema. O filme conta uma história dramática — e em várias passagens bem pesada — de um amor sufocado pela repressão sexual, nos anos 1920, no Kansas. O drama começa com os dois então adolescentes e avança mostrando os seus encontros e desencontros pelos anos seguintes.

Até o fim da vida, Gilberto recitava de cabeça, em inglês, os melancólicos e lindos versos do poema "Splendor in the Grass", de William Wordsworth, que a personagem de Natalie Wood lê no fim do filme: "*Though nothing can bring back the hour/ Of splendor in the grass,/ of glory in the flower;/ We will grieve not, rather find/ Strength in what remains behind.*"* Em vez do Kansas agrário e conservador em 1928, o ambiente escolhido é a Tijuca urbana e igualmente conservadora em 1956. Em vez de Wilma Dean e Bud Stamper, filhos de famílias de classes sociais diferentes, Gilberto vai contar a história de dois jovens ainda na adolescência, Lurdinha (Malu Mader) e Marcos (Felipe Camargo), criados também em ambientes muito diversos.

Além do eixo inspirado em *Clamor do sexo*, Gilberto ergueu a história com base em *As praias desertas*, o drama que ele próprio havia escrito, na década anterior, para um caso especial. É praticamente um *remake*. No lugar de Júlio (Juca de Oliveira), o arquiteto idealista que queria construir casas populares, mas se submete ao sogro e ergue mansões, surge Dornelles (José de Abreu), major da Aeronáutica que adora pilotar aviões, mas é pressionado pelo sogro (José Lewgoy), o brigadeiro Campos, a ocupar postos burocráticos, de prestígio político. A mulher rica e fútil, que ignora as aspirações do marido, papel de Yoná Magalhães em 1973, é vivida por Nívea Maria em *Anos dourados*. Em vez de se apaixonar pela recepcionista de uma sauna (Dina Sfat), o protagonista agora se encanta pela caixa de uma boate, Glória (Betty Faria).

Fundindo essas duas referências, temperando-as com vários novos ingredientes, Gilberto vai construir uma história com química própria, incrivelmente cativante. A proposta da Casa de Criação revela-se uma grande oportunidade para que ele transforme em matéria de ficção as muitas recordações que tinha da infância nos arredores do América, do Bandeirinha e do Instituto de Educação. Depois de *Dancin' Days*, na qual reviveu inúmeras vivências de sua juventude em Copacabana, *Anos dourados* vai resultar em um de seus trabalhos mais pessoais — e mais queridos.

---

* Numa tradução literal, seria: "Embora nada possa trazer de volta o tempo do esplendor na relva, da glória em uma flor; não lamentaremos, e encontraremos força com o que fica para trás."

Gilberto escreveu sozinho *Anos dourados*, mas contou com uma assessoria luxuosa. Como tinha 10 anos em 1956, a mesma idade de Pedro Paulo (Daniel Fontoura), o irmão de Lurdinha, convocou um grupo de amigos um pouco mais velhos para abastecê-lo com lembranças e histórias do período. Foram dois encontros em seu apartamento, no Flamengo, que ele apelidou de "reunião de ajuda o teu irmão". Na primeira, apenas mulheres: a atriz Tônia Carrero, a pesquisadora Marília Garcia e a produtora Tereza Aragão. Na segunda, só homens: o ator e cineasta Hugo Carvana e o jornalista Carlos Leonam. Em outro encontro, o jornalista Evandro Carlos de Andrade também deu dicas.

Pelo menos duas histórias engraçadas nasceram dessas conversas. Evandro contou a lenda da jovem e bonita viúva que vivia numa casa apenas com o filho pequeno e a empregada, incendiando a imaginação dos adolescentes da Tijuca. Na minissérie, Urubu (Taumaturgo Ferreira) consegue, com a ajuda da empregada, Marlene (Lys Beltrão), ser recebido pela viúva e conta vantagem aos amigos. Leonam relatou a Gilberto que um dia o professor do seu colégio perguntou aos alunos o que eles queriam ser quando crescessem. Um deles, chamado Ronaldo, mas conhecido como Cabeleira, deixou o mestre sem palavras respondendo: "Quando eu crescer, quero ser dono de *rendez-vous*." No último episódio de *Anos dourados*, Marcos pergunta a Urubu que profissão ele pretende seguir e o malandro responde: "Tô pensando, assim, vagamente, em entrar pro comércio. Eu queria uma coisa que desse bastante dinheiro. Tô pensando em ser dono de *rendez-vous*."

Carvana lembrou que havia uma rivalidade enorme — e muitas brigas de rua — entre as turmas do Pedro II e as do Colégio Militar, mas essa situação foi adaptada para uma briga entre duas turmas do mesmo colégio. O ator também falou sobre a lenda, nunca comprovada, de que haveria um "*rendez-vous* das normalistas" na Tijuca, cuja cafetina seria uma professora. Essa história não passou pelo crivo de Gilberto.

Os amigos e amigas ajudaram, ainda, na escolha da trilha sonora, essencial numa minissérie de época. Vários citaram a canção "I Apologize", cuja gravação de Billy Eckstine acabou se tornando o tema de Lurdinha e Marcos. Outras dicas incorporadas foram "All of You", cantada por Ella Fitzgerald, e "What a Difference a Day Makes", com Dinah Washington. Já "Smoke Gets in Your Eyes", tema de Rosemary (Isabela Garcia), com The Platters, já tinha sido usada por Gilberto em *As praias desertas*. Aliás, para deixar clara a influência do caso especial, a canção-título do programa, cantada por Elizeth Cardoso, foi repetida em *Anos dourados* como tema de Glória e Dornelles.

Gilberto se envolveu pessoalmente na produção musical, a ponto de pedir a Tom Jobim a música de abertura. O compositor leu a sinopse e criou o lindo tema "Anos dourados". Depois, telefonou para Gilberto e disse, maroto: "Vem aqui em casa ouvir a música. E traz a Malu Mader." Antes de tocar, avisou: "Olha, fiz um bolerinho. Se você não gostar, eu faço outro." Tom, que havia se aborrecido na época de *Brilhante*, porque compôs "Luiza" para uma Vera Fischer loira e ela apareceu com os cabelos escurecidos na novela, dessa vez não colocou letra. Gilberto decidiu, então, pedir a Chico Buarque, um velho parceiro de Tom. Mas Chico não conseguiu fazer a tempo. Na mesma época, ele estava gravando o programa *Chico & Caetano*, exibido pela Globo. Só no segundo semestre de 1986 o compositor colocou letra na canção, que foi gravada por Maria Bethânia no LP *Dezembros* e também está no disco *Passarim*, de Tom, com participação do próprio Chico. Trinta e três anos depois, Gilberto ainda não havia superado a chateação que o episódio lhe causou: "Eu, francamente, não gosto muito da letra."

Anos dourados foi exibida de segunda a sexta, durante quatro semanas, em maio de 1986. Ao estrear, no dia 5, a minissérie tinha apenas três capítulos prontos. As gravações de um episódio ocorriam num dia, a sonorização e a edição eram feitas no dia seguinte, e no outro dia ele era exibido. O diretor Roberto Talma, queridíssimo pelo elenco, enfrentou dificuldades e atrasou um pouco o trabalho.

Edgar Moura Brasil atuou como assistente de direção de Talma. Repetiria a função como assistente de Daniel Filho em *O primo Basílio* e, depois, em *Estrela Dalva*, uma peça dirigida por Talma. Antes de se fixar como decorador, Edgar tentou várias atividades: trabalhou com economia, foi crítico de teatro da *Tribuna da Imprensa*, fez artesanato e lidou com *merchandising*. Também cursou faculdade de arquitetura, quando já atuava com decoração, mas não se formou.

Diferentemente da dura avaliação que fez da grande maioria de seus trabalhos, Gilberto gostou de quase tudo em *Anos dourados*. Chegou a classificar como "brilhantes" algumas cenas, como as do primeiro capítulo em que Lurdes e Marcos se conhecem. Só ficou um pouco frustrado com as casas de muro alto que serviram de cenário para as cenas de rua. Na sua memória, as casas da infância na Tijuca tinham portão baixo e jardim.

Gilberto ficou encantado com Malu Mader em *Corpo a corpo* e, ao ter a ideia de *Anos dourados*, escreveu o papel de Lurdinha pensando nela. Já Felipe Camargo, que nunca havia trabalhado em televisão, foi escolhido para viver Marcos ao longo de uma bateria de testes, da qual Cássio Gabus Mendes também participou. Betty Faria voltou a trabalhar com Gilberto num dos papéis pelos quais ele tinha mais carinho: o de Glória, a mulher desquitada que fumava e tinha uma cabeça mais arejada naqueles anos 1950. A personagem foi inspirada numa amiga da mãe de Gilberto, chamada Dalva, que morava em Copacabana. Quando ela morreu, o novelista enviou um buquê de rosas para a filha, com um cartão em que dizia: "Gostava muito da sua mãe." Também há traços da personagem em outra amiga da mãe, dos tempos de Tijuca, chamada Lourdes. Por fim, José de Abreu ganhou o papel de Dornelles após uma longa indefinição. A minissérie já estava em pré-produção, quando Talma lhe telefonou: "Pega um táxi e vem aqui pro oitavo andar." Era onde ficava a sala dos principais executivos da Globo. Diante de Daniel Filho, Talma, Gilberto e outros diretores, Abreu quase infartou quando foi convidado para ser o protagonista.

Lurdinha e Marcos enfrentam dois problemas ao longo de toda a minissérie. À maneira de *Clamor do sexo*, os personagens vivem num ambiente em que o sexo entre namorados é algo completamente proibido. A menina deveria se manter virgem até o casamento e o rapaz só podia transar com prostitutas. Como diz Morreu (Milton Moraes) para o filho: "Tem três tipos de mulher: tem a mulher séria, que você vai casar, outra é para você tirar um sarro e a profissional, que é pra você quebrar um galho." Esse moralismo de fundo religioso vai atormentar e levar ambos a situações próximas da loucura, como ocorre no filme de Elia Kazan.

O outro problema é o preconceito de classe que Marcos, por ser filho de mulher desquitada e de pai músico, sofre por parte dos pais de Lurdes, o médico Carneiro (Cláudio Corrêa e Castro) e a dona de casa Celeste (Yara Amaral). Esse preconceito acaba ficando em segundo plano diante do drama causado pela interdição ao sexo, mas é uma questão mais forte e atemporal.

Chamada pela revista *Contigo* de "a verdadeira Lurdinha de *Anos dourados*", Marcia Graça Mello afirma que essa história teria sido inspirada na reação de seu pai, um advogado bem-sucedido, ao namoro dela com Gilberto, o filho de um escrivão de polícia. Sérgio Marques considera *Anos dourados* uma obra-prima — uma história escrita nos anos 1980, situada nos anos 1950, mas que aborda, com muita habilidade, preconceitos que não foram superados pelo tempo. Marques só lamenta o peso dado na história ao filme de Kazan. "Em *Clamor do sexo*, a questão central é a perda de virgindade. Na minissérie, é o preconceito contra o namoro com o filho de uma desquitada."

Muitas qualidades foram atribuídas a *Anos dourados*, mas o que ficou para Malu Mader, "além do forte traço feminista", foi "o elogio à bondade dos personagens", segundo ela, algo incomum na obra de Gilberto. A atriz tem razão ao observar que o novelista é mais festejado como um grande criador de vilãs e vilões. Marcos e Lurdinha, apesar de bons, eram cativantes e interessantes. "Me orgulha ter feito uma personagem por onde ele expressou tão bem a transformação pelo amor." Malu conta que, assim como Lurdinha, ela própria foi se transformando ao longo da história. Durante as gravações da minissérie, decidiu sair da casa dos pais e morar sozinha. "*Anos dourados* me mostrou a dimensão mais profunda e mágica da profissão." Ao *Jornal do Brasil*, Gilberto se declarou: "Se a Malu Mader não fosse namorada de um dos meus melhores amigos, gostaria de casar com ela e ter filhos."

Gilberto teve alguns embates com Yara Amaral sobre os rumos da terrivelmente preconceituosa Celeste. A atriz se inspirou na própria mãe para criar o tipo e sofreu muito para dizer algumas falas horríveis a Lurdinha. Por exemplo, quando a jovem engravida de Marcos, a mãe sugere que ela faça um aborto: "Você soube o que fazer para se perder, vai saber também o que fazer para se salvar." Comentando uma cena em que Celeste toma um ponto sobre coletivos de animais com Pedrinho, a atriz perguntou a Gilberto: "É comédia?" E, confessando que Celeste também tinha características de Yedda, sua mãe, o novelista disse: "De jeito nenhum. A gente acha engraçado, mas não é comédia; saber o coletivo de camelo [*cáfila*] era uma das coisas mais importantes da vida na cabeça da minha mãe!"

Anos dourados começou com números habituais para o horário das dez, em torno de 39 pontos no Ibope. Mas foi subindo. A última semana registrou média de 55 pontos no Rio, um índice que não era alcançado havia anos no horário. O último capítulo, que começou às 22h40, deu 68 pontos. Os aplausos vieram de todos os lugares, de espectadores famosos e anônimos que se identificaram e se comoveram com a triste história. Dentro da Globo, Boni classificou *Anos dourados* como "um espetáculo". Gilberto disse que foi o seu maior sucesso em termos de repercussão, até maior do que *Vale tudo*. "Eu cheguei até a ficar arrogante. E eu me lembro que eu não sou assim muito metido a besta, de achar que eu sou o maioral, mas em *Anos dourados* eu fiquei meio bestinha."

Na primeira reprise de *Anos dourados*, dois anos e meio após a exibição original, em outubro de 1988, a Globo causou uma grande polêmica ao cortar o final do personagem de Antônio Calloni, que vivia Claudionor, o Clau-Clau, melhor amigo de Urubu e Marcos. Foi, a propósito, o primeiro trabalho de Calloni na televisão. À maneira de inúmeros filmes americanos, no final um narrador (Paulo César Pereio) contava o que havia acontecido com cada personagem após o fim da história.

O texto sobre Clau-Clau era lido depois de ser conhecido o destino do menino Pedrinho, irmão mais novo de Lurdes. "Apesar da pressão de Celeste, que queria carreira militar ou medicina, Pedro Paulo ingressou na faculdade de arquitetura, em 1966. Foi preso durante uma passeata do movimento estudantil, em 1968. A família tentou inutilmente localizá-lo nas prisões militares." Na sequência, Pereio narrava: "Claudionor só se casou uma vez, tem dois filhos e faz até hoje uma bela carreira militar. Marcos cortou relações com ele em 1969 porque, lotado no Centro de Informações do Exército, ao contrário de outros ex-colegas, Claudionor recusou-se a ajudá-lo em sua tentativa desesperada de localizar Pedro Paulo na época do seu desaparecimento." Nunca houve explicações para a autocensura da Globo.

27. BRASIL! MOSTRA TUA CARA!

A reconquista da democracia no Brasil foi um processo extremamente atribulado e resultou num acúmulo de frustrações. É uma história que passa pela rejeição da emenda das "Diretas Já", em abril de 1984, prossegue com a eleição indireta de Tancredo Neves, em janeiro de 1985, e ganha tons dramáticos com a internação hospitalar do presidente eleito na véspera da posse, em 14 de março. A agonia de Tancredo em hospitais durou quase quarenta dias, até a sua morte, em 21 de abril de 1985. O vice-presidente, José Sarney, uma figura que fez carreira política sob as bênçãos da ditadura, tornou-se, assim, o primeiro presidente da chamada Nova República e governou o país até 15 de março de 1990.

Sarney herdou um Brasil com sérios problemas econômicos, altos índices de endividamento, inflação crescente e enorme insatisfação popular. Muitos nomes do seu ministério eram ligados à ditadura militar. O presidente restabeleceu eleições diretas, legalizou partidos proscritos e convocou a Constituinte. Três planos econômicos — Cruzado, Bresser e Verão — causaram impactos momentâneos, mas não solucionaram os problemas que afetavam a população e o setor produtivo. Houve inúmeras denúncias de corrupção em todas as esferas do governo com acusações que não prosperaram, inclusive ao próprio presidente. A insatisfação com o quadro político levou uma ala do PMDB, que apoiava o governo, a fundar o PSDB, em junho de 1988.

É nesse contexto que, pela primeira vez em sua carreira, Gilberto Braga definiu o tema de uma novela antes mesmo de ter uma história para contar. Uma novela sobre ética, determinada a responder: "Vale a pena ser honesto num país onde todo mundo é desonesto?" Mais ambiciosa do que *Brilhante* e *Corpo a corpo*, *Vale tudo* será um tratado magistral sobre esse Brasil da segunda metade dos anos 1980. E é também uma aula sobre a arte do folhetim.

A Globo ainda exibia *O outro*, de Aguinaldo Silva, em julho de 1987, quando Gilberto recebeu a missão de escrever uma novela que estrearia em maio do ano seguinte, após *Mandala*, de Dias Gomes. Leonor Bassères, que naquele momento estava ajudando Gilberto a adaptar *O primo Basílio* para uma minissérie, foi logo incorporada à equipe que faria a nova novela. No final de dezembro foi anunciada a grande novidade no time: Aguinaldo Silva, uma sugestão do próprio Gilberto, sempre na luta para ver se aliviavam a sua carga de trabalho, como explicou.

O ponto de partida de *Vale tudo*, como é amplamente sabido, foi uma conversa num almoço familiar. A certa altura, Ronaldo, irmão mais novo de Gilberto, fez um comentário sobre o tio Darcy Braga, irmão de Yedda e Gildoca, que havia feito carreira na Polícia Federal. Darcy não estava presente ao almoço. "Um delegado da PF que passa seis meses em Foz do Iguaçu volta milionário. Mas era tão honesto... Nunca trouxe uma garrafa de uísque", disse Ronaldo. O irmão de Gilberto observou, ainda, que Darcy não parava em lugar nenhum porque não entrava no "esquema". Cansado, pediu para sair da PF. "Tio Darcy podia estar rico", repetiu Ronaldo. Foi quando Gilberto teve o estalo: "Você acha que alguém não pode ser honesto e ganhar dinheiro? Não vale a pena ser honesto no Brasil?"

Essa conversa foi recriada no vigésimo minuto do primeiro capítulo da novela, exibido em 16 de maio de 1988. A cena, exageradamente didática, se passa em Foz do Iguaçu, na casa onde moram Salvador (Sebastião Vasconcelos), sua filha, Raquel (Regina Duarte), e sua neta, Maria de Fátima (Gloria Pires). Salvador está perto da aposentadoria após 35 anos no Tesouro Nacional, a área do governo responsável, entre outras atribuições, pelo recolhimento de impostos federais. Maria de Fátima pede a ele que deixe entrar no Brasil, sem pagamento de impostos, uma mercadoria de um recém-conhecido seu, César (Carlos Alberto Riccelli).

A ideia central da novela aparece nesse diálogo entre os dois. "Será que se meu avô livrar a cara de um amigo meu pra pagar uma mixaria de um imposto vai levar o Brasil à falência?", ironiza Fátima. "O país já foi à falência. Econômica, moral", responde Salvador. "Vovô, eu tô falando de meia dúzia de videocassetes", insiste a neta, que o ridiculariza chamando-o de "o último homem honesto do Brasil". O diálogo avança até que Fátima observa: "Tem colega seu que tem apartamento de duzentos metros quadrados em Ipanema." É a deixa para a fala final de Salvador, a mais contundente. "Eu não queria um apartamento de mil metros quadrados em Paris, se tivesse que dormir toda noite com peso na consciência de ter contribuído para o tráfico de drogas, para o contrabando pesado. Porque quem é conivente também é responsável", diz ele. "E, depois, princípio, dignidade e honra não são palavras abstratas, Fátima. Porque quando eu morrer, além dessa porcaria de casa no fim de mundo, eu queria muito te deixar de herança princípio, dignidade e honra."

Ainda no primeiro capítulo, Sebastião morre repentinamente e Fátima, sem que Raquel saiba, vende a casa da família e viaja para o Rio de Janeiro com o dinheiro. Na sinopse, entregue em fevereiro de 1988, essa situação só ocorreria por volta do capítulo 20. Mas Daniel Filho, que supervisionou o projeto, determinou que o antagonismo entre a mãe e a filha deveria aparecer desde o início.

Na escalação do elenco, Gilberto queria Daniel Filho como Marco Aurélio, mas Boni vetou. O grande vilão acabou ficando com Reginaldo Faria, que a essa altura já era da turma de atores queridos de Gilberto. Para Daniel, então, Gilberto criou o papel de Rubinho, o ex-marido de Raquel. Também da "patota" vieram Antônio Fagundes, Gloria Pires e Beatriz Segall. Regina Duarte ainda não tinha trabalhado com Gilberto, mas estava na mira. Ela havia sido escalada para fazer *O primo Basílio*, porém, com o adiamento da minissérie, foi deslocada para a novela. Gilberto telefonou para Regina e perguntou se ela queria fazer "a boa ou a má". Após alguns dias, a atriz disse que preferia interpretar Raquel. "Depois, com o sucesso da Maria de Fátima, ela se arrependeu. Deveria ter escolhido fazer a má. Ninguém gostava da Raquel. Era chata mesmo", contou Gilberto.

Além das consequências da honestidade do tio Darcy, Gilberto teve um segundo estalo para fazer *Vale tudo* ao assistir a um show de Gal Costa no Canecão, nos primeiros meses de 1988. Fazia parte do repertório da cantora a inspiradíssima "Brasil", música composta por Cazuza, cujo refrão dizia:

Brasil!
Mostra tua cara
Quero ver quem paga
Pra gente ficar assim
Brasil!
Qual é o teu negócio?
O nome do teu sócio?
Confia em mim

Imediatamente após ouvir Gal, Gilberto falou: "É a música da abertura da novela." "Brasil" faz parte do LP *Ideologia*, o terceiro solo de Cazuza, gravado entre o final de 1987 e o início do ano seguinte, após o seu retorno dos Estados Unidos, onde havia buscado tratamento contra a aids. Foi composta em parceria com Nilo Romero e George Israel originalmente como tema do filme *Rádio Pirata*, de Lael Rodrigues. Outra música desse LP, "Faz parte do meu show", também integrou a trilha de *Vale tudo* como tema da personagem Solange Duprat (Lídia Brondi).

Há ainda um terceiro elemento na base do tripé que ergue *Vale tudo* — e, como não poderia deixar de ser, trata-se de um filme americano dos anos 1940. "Nós vamos fazer *Mildred Pierce*", anunciou Gilberto a Aguinaldo Silva na primeira reunião de trabalho, com a presença também de Leonor, no apartamento do Flamengo. O confronto central entre Raquel e Maria de Fátima — a devoção instintiva da mãe pela filha inescrupulosa e manipuladora — foi abertamente inspirado no drama dirigido por Michael Curtiz e protagonizado por Joan Crawford. "Que bom. Adoro um melodrama", respondeu Aguinaldo.*

Quinze anos antes desse encontro, Aguinaldo e Gilberto haviam sido contemporâneos no *Globo*, um como subeditor da área de Cidade e o outro como crítico teatral. Aguinaldo guardava a imagem de Gilberto chegando de smoking à noite na redação do jornal para escrever a crítica de alguma estreia, que era publicada no primeiro caderno.

---

* O filme de Curtiz, intitulado no Brasil *Alma em suplício*, é baseado no romance *A história de Mildred Pierce*, de James M. Cain (Companhia das Letras). Em 2011, a HBO exibiu uma nova versão da história, a minissérie *Mildred Pierce*, dirigida por Todd Haynes e estrelada por Kate Winslet.

"Às onze e meia da noite, chegava aquele homem elegantíssimo, escrevia o texto dele e eu editava", contou.

Gilberto sempre atribuiu muito do sucesso de *Vale tudo* à sintonia, na aparência improvável, com Aguinaldo. Tinham hábitos muito diferentes, a começar pelos horários de sono. Gilberto acordava às cinco da tarde e Aguinaldo às cinco da manhã. Antes da estreia da novela, eles se reuniam a cada duas semanas, aos domingos, no apartamento de Gilberto, para criar as tramas de blocos de seis capítulos. Aguinaldo, que morava no Jardim Oceânico, na Barra da Tijuca, passava antes pela churrascaria Majórica, na rua Senador Vergueiro, no Flamengo, comia uma picanha fatiada, tomava duas caipirinhas e só então ia para a casa de Gilberto. Leonor, que morava em Copacabana, já estava lá quando Aguinaldo chegava. O mordomo, Ângelo, fazia as honras da casa até o patrão aparecer na sala, normalmente por volta das 19 horas. As reuniões iam até as quatro da manhã. "E saíamos eu e Leonor pelas ruas do Flamengo, esperando passar um táxi e conversando sobre como era bom fazer aquilo", recorda-se Aguinaldo.

Após a reunião, Aguinaldo fazia a chamada escaleta, detalhando o que iria acontecer, cena a cena, em cada um dos seis capítulos de uma determinada semana. Gilberto, então, determinava quem ia escrever o quê de cada capítulo. Para ele próprio, reservava as cenas do núcleo de Odete Roitman — gostava também das cenas de brigas entre Raquel e Fátima e de cenas de amor. Leonor desenvolvia as histórias de Marco Aurélio, entre outras. Aguinaldo apreciava escrever para o núcleo de Poliana (Pedro Paulo Rangel), Aldeíde (Lilia Cabral) e Consuelo (Rosane Gofman). Mas há relatos de que os três se alternavam em todos os núcleos.

Semanalmente, um funcionário da Globo, conhecido como Caju, deixava na casa de Aguinaldo, de manhã bem cedo, um envelope com as indicações resumidas de Gilberto sobre as histórias que ocorreriam ao longo de uma semana. Como o prédio de Aguinaldo não tinha porteiro, Caju deixava o envelope no chão, na portaria, e Aguinaldo descia para pegar. "Eu ficava pensando: E se alguém pegar essa porra de envelope e sumir com ele?" Aguinaldo então descia três, quatro vezes, de madrugada, para ver se o bendito envelope já tinha chegado. O novelista chegou a ter uma crise hipertensiva por causa dessa rotina estressante. Certa vez, ao descer, encontrou dentro do envelope um bilhete que provava a confiança que Gilberto tinha nele: "Aguinaldo, hoje não estou a fim. Te vira!" Por coincidência, era a semana de uma sequência que entrou para o folclore de *Vale tudo* — a decisão de Odete Roitman de contaminar uma maionese para boicotar o bufê de Raquel e Celina (Nathalia Timberg). "Não comam esta maionese", grita Celina na cena clássica, impedindo a tragédia.

Além da grande questão ética, que foi uma espécie de nuvem ao longo de toda a novela, *Vale tudo* enfrentou dois temas importantes, que até hoje costumam provocar polêmicas e, eventualmente, rejeição: alcoolismo e homossexualidade. O primeiro permitiu a Renata Sorrah viver um dos personagens mais marcantes de sua carreira. A frágil e carente Heleninha Roitman é uma artista plástica talentosa mas atormentada. Oprimida desde sempre pela mãe autoritária, tem também uma relação difícil com o filho.

A personagem protagonizou inúmeras cenas tragicômicas, ainda hoje lembradas pelo público. Numa delas, embriagada, é confrontada por Odete Roitman, que questiona onde está seu marido. "Vem cá, vê se ele está aqui no meu bolso", Helena responde. Em outro momento, já separada de Ivan (Antônio Fagundes), vai a uma boate com William (Dennis Carvalho) e acaba tomando um porre. Animada, puxa o acompanhante para a pista de dança e grita: "DJ, toca um mambo *caliente.*" Tal como o fotógrafo Alfredo (Fernando Torres) em *Louco amor*, Heleninha recorre ao Alcoólicos Anônimos no final da novela e consegue, com ajuda de William, enfrentar o alcoolismo. Nas duas novelas, a trama foi desenvolvida por Leonor Bassères.

Para discutir o direito de herança de casais homossexuais, Gilberto criou um casal de mulheres, vivido por Cecília (Lala Deheinzelin) e Laís (Cristina Prochaska). A trama foi abertamente inspirada na situação vivida pelo fotógrafo Marco Aurélio Cardoso Rodrigues, que viveu dezessete anos com o artista plástico Jorge Guinle Filho. A mãe de Guinle contestou na Justiça o testamento do filho, morto em 1987, que tratava Rodrigues como herdeiro. Na ocasião, Gilberto se manifestou: "Há quanto tempo ele vivia com o Marco? O casamento homossexual tem que ser tratado da mesma maneira que o casamento heterossexual."

Gilberto não contava, porém, que a Censura Federal continuaria a tesourar novelas durante a Nova República. Cenas que foram ao ar em julho tratando da história do casal Cecília-Laís ainda sofreram cortes. A Censura só deixou de existir em 5 de outubro de 1988, no meio da novela, com a promulgação da nova Constituição. Por isso *Vale tudo* entrou para a história, também, como a última novela das oito a passar pelo crivo da Divisão de Censura de Diversões Públicas.

As principais cenas do casal de mulheres eram escritas por Leonor Bassères. A coautora também atuou como um braço direito de Gilberto em questões práticas que envolviam a novela. Como ele trabalhava de madrugada e acordava no fim da tarde, os editores de *Vale tudo* eram instruídos a ligar para Leonor se o capítulo estivesse longo e fosse preciso cortar uma cena, ou se estivesse curto e fosse necessário acrescentar algo previsto para o capítulo seguinte. Ao rememorar esses episódios com amigos, Leonor, brincando, chamava Gilberto de "Bela Adormecida".

Além da dupla de autores que o auxiliava, Gilberto contava, como sempre, com uma rede de colaboradores informais. Um deles, o sobrinho Bernardo Araújo, foi consultor na criação do personagem Thiago, vivido por Fábio Villa Verde. Ele era o filho problemático de Marco Aurélio e Heleninha. Um menino rico, inseguro e asmático. Gilberto consultou Bernardo sobre hábitos dos jovens daquela idade e, também, pediu ajuda em relação a questões técnicas sobre o uso da bombinha durante uma crise de asma. Outro colaborador em *Vale tudo* foi Cazuza. O cantor indicou Otávio Müller a Gilberto. "Tenho um primo que é um ator maravilhoso. Você tem que botar ele numa novela sua." Gilberto acatou o que se revelou uma ótima sugestão e o escalou como Sardinha, o amigo de Solange (Lídia Brondi). Foi seu primeiro papel na TV.

Ainda não foi em *Vale tudo* que Antônio Fagundes ganhou um grande papel. O seu Ivan é um personagem que raramente tem brilho próprio. Vive uma paixão por Raquel, com quem posteriormente tem um conflito após descobrirem, por acaso, uma mala com 800 mil dólares. E depois ainda se casa com Heleninha por interesse. "Eu sempre falei para o Gilberto que o que eu mais admirava nele é que ele conseguia fazer heróis éticos sem serem chatos", diz.

Gloria Pires considera *Vale tudo* a melhor novela que ela fez e enxerga Maria de Fátima como "um presentão". A atriz guarda lembrança especial de uma das cenas antológicas da trama, quando Raquel, mãe de Fátima, destrói o vestido de casamento da sua personagem. "Gilberto tem um coração ferido pela própria história dele", diz a atriz. "Ele consegue trazer essa qualidade, o leão ferido que consegue ser rasgado, cruel, radical em sua dor. A dor que os personagens vivem é profunda."

Outra cena que está em todas as antologias de momentos emblemáticos das novelas é o final do personagem Marco Aurélio. O picareta consegue escapar da polícia e fugir do Brasil num jatinho particular. Virando-se para a câmera, o personagem dá uma "banana" para nós, espectadores. Reginaldo cita o ator italiano Gian Maria Volonté para refletir sobre o impacto das ações de Marco Aurélio: "Fazer um personagem fascista numa história em que você acusa o fascismo é enriquecedor para o ator porque ele está passando uma mensagem política." Para surpresa de Reginaldo, porém, muitos espectadores festejaram a "banana" de Marco Aurélio — gente do mercado financeiro, grandes especuladores que viviam de negócios com o capital.

Cássio Gabus Mendes, que viveu Afonso, protagonizou outra das cenas icônicas de *Vale tudo* — o flagrante em Maria de Fátima e César. Após ser longamente enganado pela mulher, ele finalmente pega os dois juntos na cama. A cena foi gravada nos estúdios da Globo, no Jardim Botânico. Quando os atores entraram para ensaiar, estava cheio de gente, secretárias, *office boys*, gente do jornalismo. Como se fosse um jogo de futebol. A cena ficou famosa por uma frase de César para Afonso: "Eu não transo violência!" Muito aguardada, e catártica, a cena ajudou *Vale tudo* a registrar naquele dia 88 pontos no Rio e 77 em São Paulo. "Trabalho com índices de audiência desde 1976 e nunca vi uma novela dar 88 num capítulo normal, de meio de caminho, a dois meses do final", escreveu a colunista Lúcia Leme.

Por qualquer ângulo que se olhe, *Vale tudo* foi a novela de Odete Roitman. Maria de Fátima foi uma vilã inesquecível, mas gerava algum tipo de identificação ou empatia porque, afinal, era humana. Odete, não. Odete parecia personagem de uma distopia. Era um tipo saído da mente de Gilberto, uma mulher riquíssima e má, preconceituosa, invejosa, com fé absoluta na crença de que o dinheiro move o mundo e compra tudo e todos. Requintada, mas sem um pingo de amor ao próximo, Odete tinha nojo literal de pessoas pobres. "Você reserva para mim a suíte presidencial de um desses hotéis limpinhos aí. De preferência que não tenha um bando de mendigos na porta tentando agarrar a gente", diz a personagem à irmã, Celina (Nathalia Timberg), ao anunciar que está voltando ao Brasil. "A única solução para a violência é a pena de morte", disse, certa vez. "E, para ladrão, para assaltante, cortar a mão em praça pública. Se cortasse a mão dessa gente, diminuiria o índice de violência nesse país. Não tenha a menor dúvida."

Por tudo que fez, não surpreendeu ninguém que Odete fosse assassinada na reta final. A morte estava prevista desde a sinopse e o assassino deveria ser Marco Aurélio. Mas o sucesso extraordinário de audiência e a repercussão de *Vale tudo*, muito acima da média, transformou o corriqueiro "quem matou?" em um evento sem precedentes na história das novelas. Houve uma verdadeira histeria midiática.

Entre novembro e dezembro, o vazamento de uma série de informações sobre a morte da vilã evidencia que a especulação que tomou conta do país foi criada pela própria emissora e amplificada pela imprensa. Em 4 de dezembro, a *Folha* trouxe os resultados de uma pesquisa do Datafolha sobre a novela. Para 72% dos paulistanos, Odete Roitman deveria ser punida exemplarmente. A morte era o castigo preferido por 38%. Só Boni, Daniel Filho, Gilberto e Dennis sabiam quem seria apontado como autor do crime. A preocupação com o vazamento aumentou depois que a Globo acertou uma ação comercial com a Maggi, que envolvia um sorteio no *Fantástico* com prêmios para quem acertasse o nome. Se vazasse antes da hora, a Globo poderia ser alvo de uma ação judicial.

No dia 16 de dezembro, foi gravada a cena do enterro de Odete. No dia seguinte, na primeira página do *Globo*, a gravação da cena é tratada, ironicamente, como uma notícia real: "Foi enterrada ontem no jazigo da família Roitman, no Cemitério São João Batista, no Rio, a empresária Odete Roitman, presidente da TCA, a megera da novela *Vale tudo*." Em 20 de dezembro, o elenco recebeu o último capítulo de *Vale tudo* sem algumas páginas e com um pedido de desculpas dos autores: "Estamos morrendo de vergonha de mandar para vocês este último capítulo desfalcado das páginas de dois a nove, numa tentativa de manter em segredo o assassino de Odete Roitman. Mas durante a novela tivemos o dissabor de ver todas as nossas tramas reveladas pela imprensa."

O capítulo da morte foi ao ar apenas em 24 de dezembro, noite de Natal, treze dias antes do término da novela. Em outra pesquisa do Datafolha, os paulistanos apontaram quem deveria ser o assassino: Maria de Fátima (25%), César (22%), Marco Aurélio (10%), mordomo Eugênio (10%), Walter (5%),* Ivan (3%), Raquel (3%), Heleninha (2%), "cometerá suicídio" (2%), Celina (1%), Afonso (1%), outras respostas (4%), não sabe (12%). Se tivesse que morrer mais alguém na novela, o paulistano gostaria que fossem Maria de Fátima (21%), Marco Aurélio (13%) e César (9%).

Dennis deixou para gravar a cena da revelação do "quem matou?" no dia da exibição do capítulo final, em 6 de janeiro de 1989. A gravação terminou por volta das 14 horas. "Três dias antes, liguei para o Gilberto. Quem é o assassino? Você já mudou de novo?", perguntou o diretor. "Dennis, quem é a mulher que tem a cara de mais louca do elenco?", respondeu Gilberto. "Falei: Cássia Kis." E ele: "Acertou!" A atriz adorou que Leila, sua personagem, tenha sido escolhida como a assassina da vilã da novela. Ao saber da decisão, Aguinaldo também aprovou a escolha e sugeriu: "Não dá um tiro só, não. Descarrega tudo que tem no revólver."

Numa publicação da editora Globo com o título da novela, lançada depois do final, constam as "cenas alternativas", jamais gravadas, com os outros três supostos autores da morte de Odete Roitman: Marco Aurélio, César e Fátima. O sucesso de *Vale tudo* foi anunciado já no primeiro mês, quando a novela registrou médias de 70 pontos no Rio e 65 em São Paulo. No final de julho, a Globo mandou esticar a trama até janeiro de 1989. Em vez de 180 capítulos, seriam 204. Na véspera do capítulo final, *Vale tudo* chegou a 89 pontos, seu maior pico. Na média geral, marcou 61 pontos, até hoje a quinta melhor audiência de uma novela das oito.

O Brasil mostrou a sua cara. E o público gostou.

---

* Walter (João Bourbonnais) era o namorado de Odete Roitman no episódio da maionese envenenada.

28. "OH, BASÍLIO!"

Quando Daniel Filho contou a Roberto Marinho que ia começar a produção de uma minissérie baseada no romance *O primo Basílio*, o empresário deu um pulo na cadeira. Com os olhos arregalados, e após se certificar de que não havia mais ninguém na sala, ele disse: "Mas, Daniel, no livro tem um minete!" O termo, pouco usado no português falado no Brasil, significa sexo oral em mulheres. Em décadas de trabalho na Globo, conta Daniel, essa foi a única vez que o dono da emissora interferiu em uma produção sua. "Curiosamente, as outras cenas, em que não se alterou um fotograma, eram bem mais ousadas", registrou o diretor.

Escrito em 1878, *O primo Basílio* traça um retrato ácido e frequentemente demolidor da sociedade lisboeta, mostrando a hipocrisia e a futilidade da elite. A história gira em torno do casamento da jovem burguesa Luísa com o engenheiro Jorge, um funcionário público bem-sucedido. Durante uma viagem dele a trabalho, um primo de Luísa, por quem ela fora apaixonada na juventude, volta a Lisboa e a seduz. O caso extraconjugal é descoberto pela criada Juliana, que passa a chantagear a jovem patroa. Basílio, um conquistador cínico, deixa Luísa à própria sorte. *O primo Basílio*, junto com *O crime do padre Amaro* e *Os Maias*, é uma das obras maiores de Eça de Queiroz. Daniel sonhava já havia alguns anos transpô-la para a televisão brasileira.

Quando soube que Daniel estava se movimentando para adaptar o romance, em 1987, Gilberto Braga fez um gesto inédito: ofereceu-se para participar do projeto. "Já tem autor?", perguntou. O diretor, claro, aceitou a oferta. Além de admirador, Gilberto corretamente enxergava uma grande afinidade entre o seu mundo e o de Eça de Queiroz. "O cinismo e o ceticismo estão sempre presentes em nossas obras", dizia.

Muitos anos depois, numa daquelas suas declarações feitas para chocar, Gilberto deu outra justificativa para o pedido que fez a Daniel: "Foi um truque meu para demorar a voltar a novelas. Como Daniel ia dirigir, e ele ia querer o melhor texto possível, me ofereci para fazer a adaptação. Ganhei um ano para escrever, calminho, eu e Leonor [*Bassères*]." A principal parceira de Gilberto possuía uma formação clássica e teve papel fundamental na adaptação. "Tive muita ajuda da Leonor. Ela estudou bastante Eça de Queiroz. Ela é coautora", reconheceu Gilberto.

Daniel convidou Gilberto e Regina Duarte para um jantar em sua casa, quando discutiram pela primeira vez a ideia. Regina, que queria fazer o papel de Luísa, acabou se afastando do projeto e foi chamada para protagonizar *Vale tudo*. Antônio Fagundes também chegou a ser reservado para a minissérie e teve o mesmo destino de Regina — foi escalado para a novela das oito.

Dessa vez, o elenco não seria a "patota" de Gilberto. Fernanda Torres e Malu Mader chegaram a ser citadas como candidatas ao papel principal, mas a escolha de Daniel recaiu sobre Giulia Gam. Então uma atriz de teatro já conhecida em São Paulo, ela possuía pouquíssima experiência em televisão — havia feito apenas o papel de Jocasta na primeira fase de *Mandala*. Já a criada Juliana coube a Marília Pêra. Foi uma escolha excelente, mas rendeu muita dor de cabeça. A atriz, inicialmente, se sentiu mal em fazer uma personagem que Eça descreve como de aparência horrorosa. Em mais de uma ocasião, Marília se trancou no camarim para chorar e precisou ser convencida a gravar.

No período de gravações, entre dezembro de 1987 e fevereiro de 1988, Daniel acumulava a função de diretor da minissérie com o comando da Central Globo de Produções. Dava expediente pela manhã no Jardim Botânico e depois rumava para os estúdios Herbert Richers, na Usina, na Zona Norte. Por indicação de Roberto Talma, José de Abreu foi diretor-assistente de Daniel, com a missão de ser um anteparo do chefe. Abreu se recorda de uma das vezes que Marília não queria gravar. Ela havia passado pelo camarim de Giulia Gam e visto cinco camareiras ajudando a atriz a se arrumar enquanto ela ia entrar em cena feia, com um vestido preto e os dentes estragados. Marília não deixava o marido vê-la caracterizada como a personagem, que ela chamava de "urubu" e "esse corvo".

Tony Ramos foi convocado para viver Jorge, o marido traído — foi seu primeiro trabalho com Gilberto. Para interpretar Basílio, Gilberto queria Fábio Jr., mas o galã e dublê de diretor Marcos Paulo ganhou o papel. A minissérie contou ainda com Sérgio Viotti como o Conselheiro Acácio; Pedro Paulo Rangel como Sebastião, o melhor amigo de Jorge; Louise Cardoso como a empregada Joana; Beth Goulart como Leopoldina, a melhor amiga de Luísa; e José de Abreu como o médico Julião. Sem falar nos ótimos Marilu Bueno (Dona Felicidade), André Valli (Ernesto Ledesma) e Zilka Salaberry (Tia Vitória). É um elenco e tanto!

Como em *Helena* e *Senhora*, a adaptação de *O primo Basílio* é muito respeitosa ao texto original. Falas inteiras são reproduzidas na íntegra, eventualmente fora da ordem em que aparecem no romance. Edgar Moura Brasil, que foi assistente de direção de Daniel Filho, lembra-se de uma de suas funções no estúdio: "Eu ficava com o roteiro na mão para os atores não mudarem uma palavra do texto." Gilberto acha que Daniel pesou a mão na direção. Dizia que o seu texto era mais leve, divertido. E criticava o diretor por ter feito um melodrama. "Ficou lento. Eu ria muito quando escrevi", disse.

O primo Basílio estreou em 9 de agosto de 1988, na faixa das 22h30, depois de *Vale tudo* e do humorístico *TV Pirata*. A minissérie foi exibida de terça a sexta, ao longo de quatro semanas, até 2 de setembro. Não aumentou a audiência do horário, mas não deixou cair. Registrou média de 35 pontos no Rio e 30 em São Paulo. O crítico Gabriel Priolli, no *Jornal da Tarde*, elogiou a fidelidade ao original e o duelo entre Giulia Gam e Marília Pêra. "As duas estão impressionantes em cena." Já Cora Rónai, no *Jornal do Brasil*, criticou a direção, que deveria ser mais ágil e eficiente, segundo ela. Cora avaliou a série como "muito morna".

Boni ficou bastante orgulhoso com o trabalho, a primeira adaptação de Eça de Queiroz pela Globo: "Doutor Roberto achava que seria impossível adaptar o romance porque havia uma quantidade de sexo muito grande na história do Eça. Foi uma série linda, dirigida pelo Daniel, um trabalho elogiado inclusive em Portugal." No capítulo 7 do romance, Eça descreve assim a cena de sexo oral que preocupava o dono da emissora:

Basílio achava-a irresistível; quem diria que uma burguesinha podia ter tanto chique, tanta queda? Ajoelhou-se, tomou-lhe os pezinhos entre as mãos, beijou-lhos; depois, dizendo muito mal das ligas "tão feias, com fechos de metal", beijou-lhe respeitosamente os joelhos; e então fez-lhe baixinho um pedido. Ela corou, sorriu, dizia: "não! não!" E quando saiu do seu delírio tapou o rosto com as mãos, toda escarlate; murmurou repreensivamente:

— Oh, Basílio!

Ele torcia o bigode, muito satisfeito. Ensinara-lhe uma sensação nova; tinha-a na mão!

Na versão em DVD, lançada em 2007, consta a famosa cena de sexo oral, cortada da exibição original. É uma cena muito discreta, que mostra os primeiros beijos, mas termina sem que o espectador veja o rosto de Luísa. Com a tela escura, ouve-se apenas a exclamação: "Oh, Basílio!"

29. COLOCANDO A MÃO NO TEXTO DE COLEGAS

Contratados a peso de ouro, mas nem sempre ocupados, os autores de novelas da Globo passavam às vezes longos períodos de folga. Eram, por isso, requisitados com alguma frequência para auxiliar os colegas. Gilberto, por exemplo, mesmo com o sucesso sem precedentes de *Vale tudo*, ficou dois anos e cinco meses fora do ar. Não que tenha reclamado, muito pelo contrário. Em todo caso, não ficou o tempo todo de braços cruzados e foi convocado a cumprir pequenas tarefas nesses intervalos entre duas novelas.

A missão mais importante foi ajudar Silvio de Abreu em *Rainha da sucata*. Silvio vinha do horário das sete, onde emplacara vários sucessos com comédias rasgadas, e estava fazendo a sua primeira das oito. Na nova faixa, tentou equilibrar humor e drama, mas estava se atrapalhando. Para piorar, o irmão de Silvio teve uma doença grave e ele precisou acompanhar o quadro de perto. Escrevendo sozinho, Silvio consultava Gilberto. Em maio de 1990, o amigo observou: "Acho que você está misturando muito comédia com drama." Silvio reconheceu que, pressionado pelos prazos de entrega, estava dando mais ênfase ao que sabia fazer melhor — comédia. Isso, porém, prejudicava as outras histórias da trama. Gilberto, então, sugeriu: "Vamos separar. Os personagens de comédia são esses e os de drama são aqueles." Silvio concordou, mas achou que não daria conta de fazer essa mudança de uma hora para outra. Foi quando Gilberto propôs: "Você me esquematiza nove capítulos, que eu escrevo para você." Silvio jamais se esqueceu do gesto do amigo: "Eu estava no horário em que ele é o rei. Por que ele vai me ajudar? Porque ele é uma pessoa legal, um bom profissional e não tem medo de concorrência."

Em junho de 1990, a Globo exibiu a minissérie *A E I O... Urca*, criada por Carlos Manga e Doc Comparato e escrita por Antônio Calmon

210

e Comparato. É uma história ambientada no Rio dos anos 1940, em torno do Cassino da Urca. A convite do diretor Dennis Carvalho, Gilberto fez a produção musical da minissérie — uma seleção de sucessos nacionais e internacionais que estiveram em evidência entre 1939 e 1946. Gilberto já havia feito a produção da trilha de *Anos dourados*, ambientada nos anos 1950, e ainda faria a de *Anos rebeldes*, passada nos anos 1960. O que chama a atenção nesse "bico" é o fato de não ter tido relação nenhuma com o texto de *A E I O... Urca*, apenas com a música. Gilberto procurou selecionar músicas que evocassem os anos de glória do cassino, fossem representativas da época e ao mesmo tempo bonitas. "Tenho um compromisso com a beleza", contou. A trilha inclui o samba "Adeus batucada", cantado por Carmen Miranda; "Night and Day", de Cole Porter, cantada por Ella Fitzgerald; o tango "Fumando espero", com Libertad Lamarque; e "Mulher", de Custódio Coimbra e Sadi Cabral na voz de Sílvio Caldas.

Ainda em 1990, Gilberto ganhou o crédito de "supervisor de texto" da novela *Lua cheia de amor*. Escrita por Ana Maria Moretzsohn, com Ricardo Linhares e Maria Carmem Barbosa, era uma espécie de *remake* de *Dona Xepa*. No lugar da feirante Xepa, havia a camelô Genu (Marília Pêra), como a mulher simplória que se sacrifica para garantir um futuro aos filhos, o batalhador Rodrigo (Roberto Bataglin) e a ambiciosa Mercedes (Isabela Garcia). Gilberto considerou o seu trabalho "um pouquinho frustrante" porque os autores, segundo ele, não queriam refazer *Dona Xepa* e usaram poucos elementos da novela original, que ele havia escrito em 1977. "Não tenho assim nenhum carinho especial pelo projeto", disse.

A primeira vez que Gilberto ajudou na novela de outro autor foi em *Bambolê* (1987), de seu amigo Daniel Más. Conhecido — e ferino — colunista social da *Última Hora*, Más já havia feito alguns trabalhos como roteirista de televisão. Em 1985, ele escreveu a novela *Um sonho a mais* e, dois anos depois, veio com o projeto de uma trama ambientada na década de 1950. Gilberto e Silvio de Abreu ajudaram Más a escrever a sinopse, a delinear os personagens e a criar algumas tramas paralelas. Os dois sugeriram que, para se sentir mais seguro, Más escrevesse a novela a partir de algum romance de época, e ele fez isso. A trama parte de *Chama e cinzas*, de Carolina Nabuco.

A situação mais crítica que Gilberto enfrentou com novelas alheias ocorreu nos últimos dias de 1992. Ele estava de férias, curtindo o sucesso alcançado por *Anos rebeldes*, quando tomou conhecimento, como todo mundo, do brutal assassinato de Daniella Perez. A atriz tinha 22 anos e foi morta com golpes de punhal pelo também ator Guilherme de Pádua e por sua esposa, Paula Thomaz. Daniella e Pádua contracenavam como os personagens Yasmin e Bira em *De corpo e alma*, escrita por Gloria Perez, mãe da atriz, então em exibição no horário das oito.

O assassinato ocorreu na noite de segunda-feira, 28 de dezembro, após uma longa jornada de gravações no estúdio Tycoon, alugado pela Globo. Na terça-feira, dia do velório e do enterro de Daniella, Gloria Perez pediu à direção da Globo para continuar escrevendo *De corpo e alma*. Gloria disse a Daniel Filho que o trabalho seria a única escapatória que teria para não morrer junto com a filha. "Se eu parar, enlouqueço." E solicitou que o destino dos dois personagens, Yasmin e Bira, fosse escrito por outro roteirista. A Globo, então, escalou Gilberto Braga, Leonor Bassères e Ana Maria Moretzsohn para o trabalho.

A delicada missão começou pela revisão dos capítulos já escritos que incluíam a participação dos dois atores. Segundo Gilberto, Gloria fez apenas um pedido: "Não quero qualquer tipo de vingança contra o Bira." Leonor Bassères contou que eles decidiram tirar imediatamente a imagem do personagem do ar. "Eu não aguentava ver a cara do Bira. Me dava vontade de quebrar a TV quando ele aparecia", explicou. As cenas já gravadas por Pádua foram simplesmente eliminadas da trama.

Yasmin ficou ainda uma semana no ar. Gilberto e Leonor aproveitaram o perfil da personagem, uma bailarina, para criar uma saída de cena que fizesse sentido dramaturgicamente. A jovem recebeu um convite para dançar profissionalmente no Caribe, fato mencionado por outros personagens, e assim a personagem "viajou". A última cena de Daniella Perez foi exibida em 19 de janeiro. Quando os atores receberam o capítulo 146, que fazia uma homenagem à atriz, havia uma mensagem de Gilberto e Leonor: "Se alguém julgar que um diálogo não está de acordo com o perfil do personagem pode solicitar mudança."

212

Quatro anos depois, em 1996, num outro período de entressafra, Gilberto foi convocado para uma nova aventura como supervisor. Ele deveria ajudar Miguel Falabella e Maria Carmem Barbosa na primeira novela dos dois, *Salsa e merengue* (1996). Foi uma experiência que deu bastante errado, mas rendeu momentos engraçados. Típica novela das sete, *Salsa e merengue* era leve, bem-humorada, moderna, com ótimos diálogos, situações inesperadas e tipos bem cariocas. A experiência durou cerca de um mês. "Falabella não presta atenção em nada do que eu falo", reclamou Gilberto a Maria Carmem. Um exemplo de divergência: a vilã, uma mulher rica e chique, vivida por Deborah Bloch, caía de um barco no rio São Francisco no primeiro capítulo e Gilberto queria que os autores reescrevessem a cena. "Uma mulher rica não vai cair dentro d'água no São Francisco", argumentou. "As minhas mulheres ricas caem dentro d'água", respondeu Falabella.

"Falabella não precisava de supervisão de texto", logo concluiu Gilberto. "Gilberto entendeu que nossos universos eram completamente diferentes", disse Falabella. Ainda assim, o autor de *Salsa e merengue* considerou a experiência positiva. Na lembrança de Falabella, Gilberto foi muito amoroso, sempre elegante e nunca fez *bullying*. "Ele mandava eu reescrever e eu dizia que não ia reescrever. Foi um mês muito agradável", conta. Na lembrança de Gilberto, foi uma missão impossível. "Eu pedia para ele reescrever a cena, ele se recusava. 'Pra frente é que se anda', ele dizia."

Gilberto só foi repetir a experiência de supervisão, ainda uma vez, quinze anos depois. E esta foi, seguramente, a sua atuação mais bem-sucedida. Ele acompanhou o desenvolvimento de *Lado a lado*, escrita por João Ximenes Braga e Cláudia Lage, ambos estreando como autores solo após experiências como colaboradores. Foi João Ximenes quem sugeriu o nome de Gilberto, pois já tinha trabalhado com ele em *Paraíso tropical* (2007) e *Insensato coração* (2011).

A novela se passava no Rio, no início do século XX. O centro da trama era a amizade entre as amigas Isabel (Camila Pitanga) e Laura (Marjorie Estiano), uma amparando a outra o tempo todo. Após ler a sinopse, Gilberto observou: "Vocês sabem que vão ter que fazer esse casal se separar, né?" E a dupla de novatos, surpresa, agradeceu: "Mas é claro! Não tínhamos pensado nisso." Isabel e Laura eram uma espécie de casal, no sentido de parceria. Cláudia e João criaram, então, um conflito na segunda fase da trama que opõe uma à outra. Posteriormente, tudo se elucida e elas retomam a amizade, lado a lado, até o final.

Gilberto também chamou a atenção de Cláudia e Ximenes sobre o andamento muito lento de uma história em torno do teatro, na primeira fase. Mas, como Miguel Falabella em *Salsa e merengue*, eles ignoraram o alerta. Até que as pesquisas com grupos de espectadores detectaram o problema. Era o que menos agradava na novela. "Ele apontou antes, mas a gente insistiu", conta Cláudia. "Tinha uma abertura para discordância numa boa. Ele dava espaço para a gente fazer o que queria mesmo ele sabendo que seria um erro." No início da segunda fase, Isabel retorna milionária de uma temporada em Paris, quando ensinou samba aos franceses. Lendo os capítulos, Gilberto reparou que os autores não haviam escrito nenhuma cena que mostrasse a personagem dançando. "Está faltando uma apresentação dela maravilhosa para mostrar tudo que tinha conquistado", alertou, levando-os a criar uma cena caprichada.

Há uma homenagem dos autores de *Lado a lado* a Gilberto que pouca gente percebeu na época da exibição. Beatriz Segall faz uma participação como a patroa de Isabel. O seu nome na trama é madame Besançon. Esse sobrenome é o mesmo que Gilberto usou para batizar as duas personagens que Henriette Morineau interpretou em suas novelas *Escrava Isaura* e *Água viva*. Gilberto viu o seu trabalho ser coroado, no final, com o prêmio Emmy Internacional dado a *Lado a lado*, superando uma outra novela brasileira de 2012, o megassucesso *Avenida Brasil*. Cláudia, João Ximenes e o elenco ganharam um jantar na casa do novelista para comemorar a conquista.

30. O DONO DO MUNDO: UMA OUSADIA QUE CUSTOU CARO

Antônio Fagundes esperou treze anos por Felipe Barreto. Um dos atores mais queridos de Gilberto Braga, ele atuou em quatro das seis primeiras novelas das oito do autor. Foi Cacá (*Dancin' Days*), Jorge Augusto (*Louco amor*), Osmar (*Corpo a corpo*) e Ivan (*Vale tudo*) — uma sucessão de homens fracos, inseguros, indecisos e manipuláveis. "Escreve uma Maria de Fátima pra mim que eu transformo em homem", provocava Fagundes. Até que Gilberto aceitou o desafio e criou o charmoso e execrável cirurgião plástico de *O dono do mundo* — um personagem inesquecível, mas que abalou a carreira do novelista.

Homem elegante, com prestígio social, casado com Stella (Gloria Pires), a filha de um milionário, Felipe logo mostrou que alimentava enorme desprezo pelos mais pobres. Ao saber que um funcionário seu, Walter (Tadeu Aguiar), ia se casar, apostou com um amigo que conseguiria levar a noiva virgem, Márcia (Malu Mader), para a cama antes do marido. Felipe, então, presenteia o casal com uma viagem de lua de mel ao Canadá e dá um jeito de viajar junto, sob a alegação de que tinha negócios a tratar. A certa altura, o médico consegue afastar o rapaz do hotel e seduzir a moça, concretizando o plano. Desesperado ao flagrar a mulher nos braços do patrão, Walter sai de carro e sofre um acidente fatal.

O dono do mundo havia estreado numa segunda-feira, 20 de maio de 1991, com média de 48 pontos. Na quarta-feira, a audiência já caiu para 44. Na quinta, quando Márcia bateu na porta do quarto de Felipe, acreditando na conversa sedutora do médico e perdeu a virgindade com ele, o Ibope despencou para 35 pontos. Uma queda de audiência desse tamanho — 13 pontos em quatro dias na primeira semana de uma novela — era algo sem precedentes até então. O alarme disparou na Globo, e a vida de Gilberto se tornou um inferno pelos oito meses seguintes, até 3 de janeiro de 1992, quando foi ao ar o último capítulo da trama.

No início de 1991, Gilberto estava escrevendo, com Sérgio Marques, a minissérie *Anos rebeldes*. Já tinha nove episódios prontos quando foi convocado a se dedicar exclusivamente à novela que iria suceder a *Meu bem, meu mal*, de Cassiano. *Anos rebeldes* ficaria para o ano seguinte. Para escrever *O dono do mundo*, Gilberto propôs a ampliação do time de colaboradores. Depois de quatro novelas escritas com a ajuda de Leonor Bassères (a última, *Vale tudo*, com a parceria também de Aguinaldo Silva), em *O dono do mundo* três outros roteiristas, além de Leonor, vão assinar o trabalho — Ângela Carneiro, Ricardo Linhares e Sérgio Marques.

Daniel Filho, que se afastara da Globo para um período sabático naquele ano, havia sido contra a realização da novela. Após ler a sinopse, escrita por Gilberto, Leonor e Marques, ele disse a Boni que não tinha como aquela história se transformar numa novela romântica. "Como você vai torcer pelo casal? Dois escrotos." Daniel repetiu os argumentos diante de Gilberto e Dennis Carvalho em sua sala: "Essa novela é muito ruim, Gilberto. Quem vai se interessar pela história de um cara que aposta que vai ter a noite de lua de mel com a garota?" Gilberto ficou com lágrimas nos olhos, segundo Dennis. "Eu não quero assistir a uma novela em que o tema é esse", continuou Daniel.

Boni disse que conversou com Gilberto e ouviu que a personagem de Malu seria dopada pelo personagem de Fagundes. Ou seja, seria violentada inconscientemente. "Eu disse para ele que isso aí faria com que o herói da novela fosse um vilão. Mas se é a história de um vilão, vamos fazer assim." Posteriormente, Boni disse que pode ter entendido errado o que Gilberto falou. Ele considera que a sequência exibida no início da novela foi "um erro de dramaturgia". Sérgio Marques, por sua vez, assegura que alertou Gilberto sobre o impacto da cena em que Felipe seduz a virgem Márcia: "Isso é cruel, está cruel." Após o trabalho na sinopse, Marques foi tirado da equipe para escrever a novela *Salomé*, exibida entre junho e outubro daquele ano. Encerrado o folhetim, ele retornou ao time de *O dono do mundo*.

216

Diante da rejeição da audiência, a Globo encomendou às pressas uma pesquisa qualitativa, com grupos de discussão. Rapidamente ficou claro que o público não se incomodara com a atitude machista de Felipe Barreto. Inaceitável, na visão dos entrevistados, foi Márcia ter cedido à sedução do canalha e traído o marido. Foi a simplória professora que bateu na porta do quarto do sedutor, observaram muitos espectadores. "Se ele tivesse batido na porta dela, o público teria gostado. Passei o resto da novela tentando consertar isso", lamentou Gilberto. O novelista preocupava-se em sempre começar as suas tramas com algo impactante. Mas quando você ultrapassa o limite de aceitação do público você cria um efeito inverso ao que pretendia, avaliou Boni. Errando, entre aspas, Gilberto desnudou o público.

Os problemas de audiência de *O dono do mundo* foram agravados por um fato imprevisto: a estreia, no mesmo dia, no SBT, de *Carrossel*, novela infantil da mexicana Televisa. Ao final da primeira semana, era evidente que a trama de Gilberto estava perdendo público para a história da professora Helena. Com média de 43 pontos nos primeiros seis capítulos, *O dono do mundo* atingiu o mais baixo índice de audiência na comparação com as seis novelas anteriores da Globo na primeira semana de exibição em São Paulo.*

Em entrevista à *Folha*, Silvio Santos tripudiou: "Se a Globo não estiver satisfeita com o Gilberto Braga, eu estou de portas abertas para recebê-lo. Ele é um bom autor." Em uma campanha publicitária de *Carrossel*, criada pela agência W Brasil, o SBT fez piada com a cena de *O dono do mundo* que provocara rejeição do público: "A única coisa que a nossa professorinha dá é audiência. Viu, Felipe?" Abaixo, vinha uma imagem da professora Helena (Gabriela Rivero) com o seguinte texto: "Felipe, não adianta vir se engraçando para o lado da nossa professorinha, não. Ela não é nem um pouco boba pra cair numa cantada sua. Mesmo porque, apesar de ser mexicana, ela odeia homens de bigode."

---

* Média de audiência na primeira semana em São Paulo: *O dono do mundo*: 43 pontos; *Meu bem, meu mal*: 50; *Rainha da sucata*: 61; *Tieta*: 64; *Salvador da pátria*: 62; *Vale tudo*: 56.

Na primeira semana de junho, depois de duas semanas de novela, Boni convocou Daniel Filho e Silvio de Abreu para conversarem com Gilberto. Daniel se recorda do desabafo irritado do autor de *O dono do mundo*: "Eu não sei por que faço novela! Eu não entendo de novela! Eu não gosto de novela!" Para Silvio foi uma oportunidade de retribuir a ajuda dada por Gilberto em *Rainha da sucata*. Com apenas doze capítulos à frente do que estava indo ao ar, havia uma boa margem de manobra para mexer no andamento de *O dono do mundo*, mas era preciso agilidade. Gilberto, conta Silvio, entrou em pânico.

Ainda perplexo com a não aprovação do público, o novelista concordou em acelerar algumas tramas e acentuar outras. Assim, informou que no capítulo 19 Márcia descobriria que seu romance com Felipe não passara de uma aposta, e a partir do capítulo 25 ele deixaria muito claro o péssimo caráter de Felipe Barreto. O perfil de Márcia também seria mudado. A personagem se transformaria numa mulher vingativa e não apenas magoada ou rancorosa.

O dono do mundo é um marco pelo fato de ser a primeira novela escrita por Gilberto após a extinção da Censura, em 1988. Para um escritor da sua geração, era um momento histórico. Permitia que ele parasse de se autocensurar. Por ironia, a própria empresa o obrigava a mudar a novela. Patrícia Andrade, então colunista do *Globo*, lembra-se de que, no auge da crise, Gilberto foi ao jornal conversar com ela. Ele estava com muita raiva. No fim da redação havia um café, onde as pessoas fumavam. Estava cheio de gente. Falando alto, Gilberto dizia que havia sido censurado. "Fiquei muda. Ficou um silêncio no café", conta.

Ricardo Linhares tinha menos de 30 anos nessa sua primeira experiência de trabalho com Gilberto. Linhares relembra bem as conversas com o autor para alterar o perfil da personagem de Malu Mader. O colaborador sugeriu que Márcia fosse ao consultório e desse um tiro no cirurgião. "Pelo amor de Deus, Ricardo. É exagerado", opôs-se Gilberto. "Vamos pegar o bisturi, então?", propôs Linhares. "O bisturi, tudo bem. Porque ele é cirurgião plástico." Linhares acredita que a afinidade com Gilberto nasceu dessa tensão criativa: "Eu gosto do exagero e Gilberto prefere a contenção. Casou muito bem."

O roteirista conheceu de perto, nesse trabalho como colaborador, o cuidado de Gilberto com os detalhes em torno de cada cena. A certa altura da trama, Márcia entrava no apartamento de Karen (Maria Padilha) e Júlio (Daniel Dantas) para roubar um vestido. Outro roteirista talvez tivesse feito a personagem entrar, roubar e sair. Linhares, não. Ele gostava de desenvolver esse tipo de situação. Ele fez Márcia entrar, ser obrigada a se esconder atrás do sofá quando as crianças chegavam, superar outras armadilhas e quiproquós, que duram quase um bloco, até conseguir sair pela porta dos fundos. Gilberto leu a cena e disse: "Nossa, tá maravilhoso. Só tem um problema. Ela não pode sair levando o vestido. Ela tem que pegar um cabide, porque uma mulher não sai levando um vestido sem um cabide."

Entre as mudanças exigidas pela direção da Globo, a que mais irritou Gilberto foi a entrada de Paulo Gorgulho como Octavio, um jovem médico, bom caráter, que valoriza a ética médica e disputa o coração de Márcia, em oposição ao nada ético Felipe Barreto. O ator havia feito enorme sucesso no ano anterior em *Pantanal*, da Manchete, com dois papéis: foi José Leôncio na primeira fase e um dos filhos dele, José Lucas, na segunda. Gilberto resistiu enquanto pôde à pressão de Daniel Filho. "Você é muito arrogante", disse Daniel. "Se entrar Paulo Gorgulho, vai subir 10 pontos no dia seguinte." Gilberto, finalmente, aceitou a imposição, mas reclamou pelo resto da vida. "O público não torce para uma heroína que hesita entre o Fagundes e o Gorgulho. Os atores têm que estar no mesmo nível. E o Fagundes estava no seu apogeu."

Dois personagens terão papel essencial na virada de Márcia. Primeiro, Olga Portela, a cafetina de luxo vivida por Fernanda Montenegro. Ela vai acolher Márcia e ajudá-la em seu plano de vingança contra Felipe Barreto. E depois Herculano, papel de Stênio Garcia, um homem de origem humilde que enriquecera graças ao próprio esforço e é sogro de Felipe. Amigo de Olga, ele se apaixona por Márcia ao ser apresentado a ela.

Com ternura e alegria, Olga recomendava às suas jovens protegidas: "Não aceite dinheiro. Dinheiro é sujo. Aceite apartamentos, viagens, joias... Se depois você for vender, o problema é seu." A personagem gerou muita fofoca porque teria sido inspirada numa paulista quatrocentona que vivia no Rio. Era uma conhecida *socialite*, mundana, que recebia muitos artistas em sua casa. Segundo a jornalista Joyce Pascowitch, a Olga da vida real teria inventado um acepipe que fez muita fama — miniacarajés recheados com caviar. Ângela Carneiro, que conhecia bem a fonte de inspiração de Gilberto, certa vez escreveu uma cena em que Olga manda a empregada comprar algo num comércio em Copacabana, onde vivia a verdadeira *socialite*, e não no Flamengo, onde Olga mantinha seu apartamento. Gilberto percebeu o erro a tempo e o corrigiu.

Outro personagem marcante de *O dono do mundo* foi Beija-Flor (Ângelo Antônio), primo de Márcia. Ele foi desenvolvido por Leonor Bassères e Aguinaldo Silva, que havia sido convidado por Gilberto para ser coautor da novela, mas Daniel Filho vetara. Ainda assim, ele deu palpites "por baixo do pano" durante a elaboração da sinopse. Gilberto se impressionou com o personagem. "Se eu usar a história de vocês, essa passa a ser a história principal", disse a Aguinaldo e Leonor. O papel foi reduzido, mas acabou sendo fundamental diante da rejeição sofrida por Márcia. Beija-Flor caminhava para se tornar um marginal, mas virou um bom rapaz, um exemplo de ética. "Colocamos um raio de sol na novela", contou Gilberto. O personagem é apaixonado por Thaís (Letícia Sabatella), ignorando que ela se prostitui para ascender socialmente — mais uma personagem de Gilberto com essa característica. Para acelerar a súbita virada de Beija-Flor, ele fez o Supletivo em questão de duas semanas.

Cercado por sua "patota" — Antônio Fagundes, Gloria Pires, Malu Mader, Fernanda Montenegro, Nathalia Timberg, Kadu Moliterno, Jacqueline Laurence e atores que sempre apreciou, como Daniel Dantas, Maria Padilha e Hugo Carvana, além do diretor Dennis Carvalho —, Gilberto não enfrentou nenhum problema com o elenco. "Ninguém deu trabalho, ninguém telefonou se queixando." Foi Gilberto quem telefonou para Malu Mader com a intenção de explicar a virada de Márcia. A atriz tinha 25 anos e ficou abalada com a rejeição sofrida por sua personagem. "Ele conversou comigo de forma muito delicada sobre as mudanças que precisavam ser feitas, o que me ajudou a enfrentar a situação", contou. Malu diz que se fiou em um ensinamento de Maria Clara Machado, diretora do Tablado, onde ela começou: "O fracasso dá caráter."

Antônio Fagundes lamentou que justo quando ganhou um personagem forte, mau-caráter, o público não aceitou. Mas nunca reclamou. Ao contrário, admirou a atitude de Gilberto, que seguiu em frente com a história que imaginou. "Hoje em dia, se uma trama não dá certo, eles cortam essa trama. O Gilberto peitou. Ele tinha uma história para contar. E ele contou." Anos depois, Gilberto disse que considerava Felipe Barreto um vilão da estatura de Odete Roitman ou Maria de Fátima. "Eu sigo um conselho do Hitchcock, que é fazer o vilão com muito charme."

Ao longo da história, Felipe Barreto dá vários sinais de que se regenerou, tanto profissional como afetivamente. É uma transformação radical, que culmina, na cena final da novela, com um novo casamento, dessa vez com a filha de um fazendeiro rico. Nos últimos segundos, porém, ele olha para a noiva, depois vira-se para a câmera e diz, com um sorriso nos lábios: "E é virgem." Fagundes se sentiu vingado: "Gilberto tirou o tapete do público. É uma coisa de mestre."

Cabe levar em consideração, quando se analisam os problemas da novela, o contexto do país naquele momento. Se *Vale tudo* (1988) foi a novela certa na hora certa, ao propor uma discussão sobre ética numa época de frustração com os primeiros anos da Nova República, *O dono do mundo* (1991) pode ter sido a novela certa na hora errada. Foi difícil engolir um vilão execrável e cruel como Felipe Barreto num tempo em que o sentimento predominante não era mais de frustração, mas de raiva. O Brasil vivia o governo Collor, iniciado em 1990 com o violento confisco da poupança, alvo em 1991 de inúmeras denúncias de corrupção que resultariam, no ano seguinte, na renúncia do presidente.

Nos seus piores momentos, *O dono do mundo* chegou a registrar médias de audiência próxima dos 30 pontos. Na terceira semana, uma das mais críticas para *O dono do mundo*, a novela das sete, *Lua cheia de amor*, em sua reta final, teve audiência superior à trama das oito. Com as mudanças, quase imediatas, os números começaram a melhorar. Em 10 de julho, *O dono do mundo* marcou 49 pontos em São Paulo. Em outubro, já estava com audiência bem razoável, entre 45 e 50 pontos em São Paulo e entre 50 e 55 no Rio. A novela teve média geral de 43 pontos, uma das mais baixas, até então, no horário.

Na véspera da estreia de *O dono do mundo*, em maio de 1991, a jornalista Leila Reis perguntou a Gilberto: "O que ainda não foi feito em novela de TV?" E ele respondeu: "Uma história em que um cara transa com a noiva virgem antes do noivo." Essa audácia junta-se a outras que Gilberto cometeu em sua carreira e que resultaram em problemas. Foi também o caso do personagem gay em *Brilhante* (1981) e do beijo de duas idosas em *Babilônia* (2015). São todos problemas decorrentes da coragem e da ousadia únicas do autor.

31. ANOS REBELDES NA TELA E NAS RUAS

Gilberto Braga ainda carregava a injusta fama de "alienado" quando sugeriu à Globo uma minissérie sobre os "anos de chumbo" da ditadura militar no Brasil. Sua ideia inicial era escrever uma história sob o ponto de vista de uma pessoa que teve um amigo que desapareceu na ditadura. Refletindo melhor, porém, ele se deu conta de que seria anticlimático descrever o período sob o olhar de alguém que não o viveu com intensidade. O espectador teria interesse em saber justamente onde estavam e o que fizeram os militantes políticos que lutaram, foram presos e, em alguns casos, desapareceram. Foi quando Gilberto procurou o roteirista Sérgio Marques. Eles se conheciam socialmente, mas Gilberto sabia do passado de Marques como militante de esquerda durante o regime militar. O novelista encomendou algumas cenas ao colega e, para surpresa de ambos, perceberam que os estilos combinavam muito bem.

Nascido em 29 de dezembro de 1944, um ano antes de Gilberto, Marques se formou na década de 1960 na Faculdade Nacional de Direito, da Universidade Federal do Rio de Janeiro (UFRJ), e foi vice-presidente do Caco, o histórico e aguerrido Centro Acadêmico Cândido de Oliveira, da faculdade. Nessa época, foi militante da primeira versão do Movimento Revolucionário Tiradentes (MRT), que atuou no início dos anos 1960. Em 1964, estava no clandestino Partidão, de onde foi expulso em 1967 após apoiar a campanha pelo voto nulo nas eleições estaduais de 1966 (os comunistas defendiam participar). Colaborou ainda na organização da primeira Vanguarda Popular Revolucionária (VPR), em 1966, mas não entrou no grupo. Marques era a favor da luta armada contra o regime militar, mas não atuou em nenhum grupo que empreendeu ações. "Continuei ligado às pessoas. Não reneguei", diz. Foi preso, respondeu a alguns Inquéritos Policial-Militares (IPMs) e deixou o Rio em 1971 em direção ao Nordeste.

Na Globo desde 1984, Marques se fixou inicialmente na Casa de Criação, ao lado de Ângela Carneiro, onde lia roteiros, analisava sinopses e dava pareceres. Ele ocupou a vaga da poeta Ana Cristina Cesar, morta no final de 1983. Em 1986, foi colaborador de Regina Braga e Eloy Araújo no *remake* de *Selva de pedra* e, em 1989, colaborou em *Pacto de sangue*, de Regina. A pedido de Daniel Filho, escreveu a própria novela, *Salomé*, em 1991. No mesmo ano, estreou como colaborador de Gilberto no esboço de *Anos rebeldes* e em *O dono do mundo*. Foi o início de uma longa parceria. Marques tem seu nome nos créditos de nove trabalhos de Gilberto.

O ponto de partida de *Anos rebeldes*, a relação entre o militante de esquerda engajado João Alfredo e a individualista Maria Lúcia, foi inspirado em *The Way We Were* (*O nosso amor de ontem*), filme de 1973 dirigido por Sydney Pollack, com Barbra Streisand e Robert Redford. Gilberto e Marques apenas inverteram os papéis. No filme, que se passa em vários momentos a partir da Segunda Guerra Mundial, Katie Morosky é uma mulher judia de esquerda, enquanto Hubbell Gardiner é um protestante anglo-saxão sem nenhuma inclinação política. Eles se apaixonam, apesar das diferenças de origem e temperamento. Katie será uma militante política ao longo de toda a vida, enquanto Hubbell será um roteirista de sucesso, mas nada engajado.

A dupla já havia escrito nove capítulos de *Anos rebeldes* quando o trabalho foi interrompido, no início de 1991. Ricardo Linhares e Ângela Carneiro colaboraram nessa etapa do processo. Gilberto passou, então, a se dedicar integralmente a *O dono do mundo*, e deixou a minissérie na gaveta. Quando o trabalho foi retomado, em março de 1992, após as férias de Gilberto nos Estados Unidos, o país vivia o terceiro — e mais turbulento — ano do governo Collor. As denúncias de corrupção já eram mencionadas na imprensa e se tornariam o assunto dominante a partir de maio. Na última semana do mês, Pedro Collor, irmão mais novo do presidente, deu uma entrevista bombástica à revista *Veja* denunciando um esquema de corrupção política envolvendo Paulo César Farias, tesoureiro de Fernando Collor.

Gilberto estava tenso e alimentava várias preocupações naquele momento. A principal, naturalmente, era se a Globo daria apoio incondicional à minissérie. Ele conhecia muito bem os problemas enfrentados por Dias Gomes naquele início de 1992. Dias havia adaptado a sua peça mais famosa, *O pagador de promessas*, para uma minissérie da Globo em doze episódios, mas que foi ao ar com apenas oito, entre 5 e 15 de abril. O dramaturgo havia atualizado a história com temas como especulação imobiliária e exploração da terra por latifundiários. "Conseguimos negociar com o dr. Roberto [*Marinho*] a eliminação dos quatro capítulos adicionados, voltando à versão original", contou Boni. Dias quis deixar a emissora, mas Boni o convenceu a ficar.

Em maio, a Globo confirmou que Boni pediu mudanças no texto de *Anos rebeldes*, mas assegurou que Roberto Marinho havia aprovado a sinopse. Após ler os primeiros nove capítulos, o executivo observou que, ao chegar em 1968, a história tratava apenas de política. "Não tem uma cena de amor neste episódio", reclamou. A solução encontrada foi abordar os acontecimentos de 1968 ao longo de três episódios, encadeando melhor os fatos históricos com o enredo ficcional. Gilberto e Marques sempre afirmaram que Boni estava certo e que não houve nenhuma censura à minissérie. "Foi um erro de carpintaria nosso", disse Marques.

Outra preocupação de Gilberto era com a situação política do país. Com Collor sob pressão do Congresso e da imprensa, surgiram rumores de golpe militar. "Você acha que tem chance de darem um golpe?", Gilberto perguntou a Marques. "Acho muito difícil, porque Collor não tem apoio, inclusive das Forças Armadas, para dar um golpe", respondeu. "E no caso de darem um golpe, a gente vai ser preso?", quis saber Gilberto. "Se derem, a gente vai ser preso, sim. Lamento dizer, mas você vai antes de mim, porque você é o autor principal dessa merda", disse Marques. "Eu desconfiava disso", concluiu Gilberto.

A Globo exibiu *Anos rebeldes* em vinte episódios, de terça a sexta, entre 14 de julho e 14 de agosto de 1992. Três dias depois da estreia, o Exército divulgou uma nota intitulada "A história que não foi contada", direcionada aos que classificava como "revisionistas de plantão". A nota assinada pelo chefe do Centro de Comunicação Social do Exército, general Gilberto Serra, por ordem do ministro Carlos Tinoco, não menciona a minissérie, mas o recado pareceu claro. "Momentos de um passado recente, que tiveram sua origem na Revolução Democrática de 1964 — movimento que, cumpre enfatizar, foi deflagrado pelo clamor popular, a exigir a preservação de uma nação ameaçada pelo passionalismo ideológico —, vêm sendo reescritos segundo ótica deturpada, porquanto tendenciosa."

Em nome de Roberto Marinho, Cláudio Mello e Souza, secretário da presidência das Organizações Globo, respondeu: "Fico perplexo diante de uma reação como essa. Não houve jamais de parte da Rede Globo e muito menos de Gilberto Braga e seus colaboradores qualquer intenção tendenciosa no sentido de deixar bem ou mal esta ou aquela facção da sociedade." Representando Gilberto nas principais polêmicas causadas pela minissérie, Sérgio Marques também reagiu à pressão dos militares: "Isso aí é a opinião e o estilo do ministro do Exército a respeito de um período da História do Brasil. *Anos rebeldes* não emite opinião sobre a época, apenas conta uma história passada naqueles tempos. Não esperava uma reação assim e não vejo razão para isto."

Além do conhecimento empírico de Sérgio Marques e da vasta pesquisa feita por Gilberto, a Globo assegurou uma retaguarda considerável para a realização da minissérie. A emissora comprou os direitos de dois livros, *Os carbonários*, de Alfredo Sirkis, e *1968, o ano que não terminou*, de Zuenir Ventura. Também contou com a consultoria da historiadora Rosa Maria Araújo, irmã de Gilberto, e do documentarista Silvio Tendler, que selecionou imagens reais da época e as misturou com cenas da minissérie, criando poderosas vinhetas que ajudavam a sinalizar as passagens de tempo.

Além da colaboração acadêmica na minissérie, Rosa Maria inspirou uma trama dos primeiros episódios. Maria Lúcia (Malu Mader) pede insistentemente aos pais, o jornalista Orlando (Geraldo Del Rey) e a dona de casa Carmem (Bete Mendes), um quarto só para ela no apartamento em que moram. A situação, vivida pela irmã de Gilberto na vida real, tem em *Anos rebeldes* a função dramatúrgica de mostrar o individualismo da personagem, preocupada com questões pessoais enquanto o pai e o namorado, João Alfredo (Cássio Gabus Mendes), discutem questões políticas essenciais. "Acho engraçado. A Maria Lúcia fala como se um quarto fosse a coisa mais importante da vida de uma pessoa", espanta-se João.

Os autores pegaram vários fragmentos de histórias reais e colocaram na boca e na pele de outros personagens. Avelar (Kadu Moliterno), professor do Pedro II, é preso em casa enquanto assiste ao anúncio do AI-5 na televisão. Essa situação foi vivida, *ipsis litteris*, pelo poeta Ferreira Gullar. Tanto João Alfredo quanto Marcelo (Rubens Caribé) reproduzem situações vividas por Alfredo Sirkis. Heloísa, a personagem de Cláudia Abreu, foi parcialmente inspirada em Helena Bocayuva Cunha, acusada de participação no sequestro do embaixador americano Charles Burke Elbrick, em 1969. O advogado Toledo (Emílio de Mello), que ajuda perseguidos pela ditadura, foi uma homenagem ao advogado e político Marcelo Cerqueira. O editor Queiroz (Carlos Zara) foi inspirado em Ênio Silveira, da Editora Civilização Brasileira. E Galeno, papel criado especialmente para Pedro Cardoso, é uma espécie de *alter ego* de Gilberto — gostava de cinema e de arte, era menos politizado que os amigos e, depois de escrever peças de teatro, termina a minissérie como autor de novelas.

Brincando, Gilberto dizia que ele era Maria Lúcia e Sérgio Marques era João Alfredo. A propósito, os protagonistas foram batizados com esses nomes em homenagem a um casal muito amigo de Gilberto, Lucinha e João Araújo, pais de Cazuza. Edgar, o personagem de Marcelo Serrado, é também um carinho do autor ao marido. Gilberto batizou inúmeros personagens de novelas e minisséries consultando o seu caderno de telefones.

Em declarações aos jornais na época, Gilberto adorava reforçar a imagem de que ignorara a agitação dos anos 1960: "A minha alienação política não foi um tempo perdido. Enquanto alguns estavam na luta armada, eu lia Proust." Malu Mader, que esteve muito próxima a Gilberto por duas décadas, não compra essa imagem do autor alheio às grandes questões do mundo: "O Gilberto não tem nada de alienado. A obra dele prova o contrário." Sérgio Marques acrescenta um ponto fundamental: "Diferentemente do que se supõe, as discussões que a gente teve em *Anos rebeldes* não era eu tentando puxar mais para a esquerda. Ao contrário." Gilberto tendia a propor cenas que glorificavam as ações do grupo de João Alfredo, mas Marques colocava o pé no freio.

A grande surpresa de *Anos rebeldes* foi Cláudia Abreu. Ela roubou a cena no papel de Heloísa, filha do milionário Fábio Brito (José

Wilker) e da bela e entediada Natália (Betty Lago). Na primeira parte da minissérie, Heloísa é uma jovem de temperamento rebelde que enfrenta o pai, mas aparentemente é fútil e alienada. Na segunda parte, Heloísa se engaja na luta armada e atua em ações clandestinas, incluindo assaltos e sequestros. A jovem guerrilheira loira e linda conquistou o Brasil. Cláudia foi escalada por vontade de Gilberto, que já havia visto a atriz em outros trabalhos na emissora. "Um dia, no corredor da Globo, cruzei com o Gilberto. Ele colocou a mão no meu rosto e disse: 'Beauty! Adoro você.' Foi muito amoroso. E tomei um susto. Sabia quem era, mas nunca tinha visto."

Heloísa tem pelo menos duas cenas antológicas na minissérie. Na primeira, após ser torturada, mostra ao pai, um apoiador da ditadura, as marcas de queimadura de cigarro no peito. Na segunda, a cena de sua morte, ela é fuzilada por policiais durante uma abordagem na rua. "Ao matar Heloísa, fiquei duas semanas sem dormir", exagerou Gilberto. "Aumentei minha dose de Lexotan, enchi o saco dos meus amigos. Foi muito duro, triste, horrível, nem escrevi a cena. Pedi ao Sérgio que fizesse o texto, mas depois nem consegui ler."

Anos rebeldes teve uma pré-produção muito cuidadosa. O momento mais marcante foi um encontro do elenco com Bete Mendes na casa do diretor Dennis Carvalho. A atriz, que foi militante política e sofreu tortura durante a prisão, em 1970, elegeu-se deputada federal pelo PT em 1983. Bete não costumava falar sobre a experiência da tortura, mas se propôs a dar um depoimento ao elenco. Foi uma noite memorável, poderosa e forte, um dos materiais mais ricos a que o elenco teve acesso. "Acendeu um interruptor", disse Cássio Gabus Mendes. "A gente tinha material de pesquisa, tinha livros, mas é bem diferente. Foi um clique maravilhoso, nesse sentido, de você começar a enxergar a atmosfera, que ambiente é esse."

As gravações, no estúdio Cinédia, ocorreram até poucos dias antes do encerramento. Foi nos intervalos do trabalho, com a televisão ligada, que vários atores se deram conta de que a minissérie estava sendo citada como inspiração para os protestos contra o presidente Collor. No dia do último episódio, 14 de agosto, houve marchas contra o presidente em várias cidades. Uma faixa, no Rio, dizia "Anos rebeldes, próximo capítulo: fora Collor, impeachment já".

No *New York Times*, em 21 de agosto, o correspondente James Brooke escreveu uma grande reportagem sobre os protestos contra Collor e no sétimo parágrafo registrou: "Mas a rebelião dos estudantes também foi estimulada por um drama de televisão extremamente popular, *Anos rebeldes*, que gira em torno dos dias de glória do ativismo estudantil no Brasil — as marchas de rua contra o regime militar do final dos anos 1960." No dia 26, o cineasta Arnaldo Jabor escreveu na *Folha*: "Se a história se repete ou não, é difícil saber: mas que a TV faz milagres, não há dúvida. Os anos rebeldes estão de volta. [...] Acreditem ou não, os moços saíram da inércia triste muito pela interpretação de Cláudia Abreu na minissérie de Gilberto Braga. Não é loucura. Cláudia é tão boa atriz que fez milhões de jovens entender o que é a indignação política e o amor a uma luta."

Não é possível afirmar com segurança qual foi o real impacto da minissérie sobre os protestos, mas a fama ficou. Gilberto atirou no que viu (a ditadura), mas acertou no que não viu (os protestos contra Collor). "A vida encontrou a arte de maneira explosiva. Foi muito forte", disse Cláudia Abreu. "Ficou uma sensação boa de ter contribuído para estimular aqueles protestos", disse Malu Mader. Mais pé no chão, Cássio Gabus Mendes acha que pode ter havido alguma influência, mas também muito exagero. Em todo caso, ele entendeu o peso da minissérie ao ser convidado a subir no palanque em uma manifestação. "Sou totalmente a favor do movimento, mais do que vocês, talvez, mas vocês querem levar o João Alfredo para o palanque, não o Cássio." Já Gilberto ficou orgulhoso: "Líderes estudantis da época me disseram que a minissérie ajudou a levar os jovens para a rua. O que mais pode querer um escritor de televisão?"

32. OS FILMES E PEÇAS QUE (NÃO) ESCREVEU

Boni gostava de contar a história sobre o dia em que levou Gilberto para jantar no premiadíssimo restaurante Daniel, em Nova York. Ao apresentá-lo ao *chef* Daniel Boulud, o principal executivo da Globo disse, em francês: "*Mon ami, Gilberto Braga, est un grand auteur brésilien*" (Meu amigo, Gilberto Braga, é um grande autor brasileiro). Imediatamente, Gilberto o corrigiu, também em francês, lógico: "*Pardon. Moi, je ne suis pas un auteur. Je suis simplement un écrivain de feuilleton*" (Desculpe. Eu não sou um autor. Sou simplesmente um escritor de folhetins). Puro charme, evidentemente. Tanto que Boulud emendou com um elogio ao francês impecável do amigo levado por Boni ao restaurante. E envaideceu Gilberto perguntando: "Como é que um francês escreve na TV Globo?"

A frase dita a Boulud diz muito sobre um dilema que Gilberto manifestou ao longo de toda a vida. Para alguém com cultura e talento, que se formou assistindo ao melhor do cinema e do teatro feitos no mundo, escrever novelas de televisão poderia, de fato, soar como algo menor. Inúmeras vezes, Gilberto manifestou publicamente o desejo de ser cineasta ou autor teatral. Falava isso sempre em oposição ao seu trabalho como autor de novelas. Após o sucesso de *Corpo a corpo*, por exemplo, ele disse: "Quero ver se consigo escrever uma coisa que me agrade, sem pensar em ter que agradar a todo mundo."

Artur Xexéo perguntou diretamente a Gilberto por que ele não quis fazer teatro, roteiro de cinema ou escrever um livro. Gilberto respondeu: "Preguiça. Tinha me dado bem em televisão. Achei bobagem tentar." Xexéo insistiu, indagando se o novelista não se via desafiado intelectualmente a fazer outras coisas. "Você atinge um público muito maior com TV do que com um filme, peça ou romance." O amigo e parceiro Daniel Filho, que convidou Gilberto para escrever roteiros de cinema e tantas vezes o ouviu falar sobre o desejo de produzir algo que não novelas, resumiu assim: "Várias vezes Gilberto falou em escrever uma peça, várias vezes falou em escrever um filme e várias vezes preferiu viajar e ficar um ano de férias."

Há, ainda, a questão material. Como alguém muito bem-sucedido na vida adulta, mas que precisou, na juventude, trabalhar em loja e em banco para ajudar a família, Gilberto apreciava a estabilidade proporcionada pelo contrato com a Globo. Em 1994, ao comemorar vinte anos de sua primeira novela (*Corrida do ouro*), foi questionado se a televisão supriu o desejo que tinha de ser cineasta. Ele respondeu: "Gosto de ser funcionário. Um dos maiores prazeres que tenho é o de receber o contracheque no fim do mês, pagar as contas e ver que sobrou um pouquinho. Minha família era classe média."

Nunca cogitou, de fato, largar a emissora e se arriscar em outra atividade. Mais de uma vez repetiu uma frase que, ouvida hoje, soa antipática, mas é apenas uma reação aos que cobravam que ele fosse algo que não queria ser: "Não pretendo me aposentar. Minha última novela vai ser quando eu morrer, porque o meu condomínio é muito caro. E tenho apartamento em Nova York e Paris, os condomínios são caros."

Gilberto teve muitas oportunidades de não ser "simplesmente um escritor de folhetins", mas não quis mesmo. A sua brevíssima parceria com Walter Salles, em meados de 1993, ajuda a entender a forma como lidou com esse dilema. O cineasta ainda não havia começado a filmar *Terra estrangeira*, mas já tinha desenvolvido a ideia original de *Central do Brasil*. Depois de décadas de ditadura militar e do caos gerado pelo governo Collor, a história de um menino que parte em busca do pai no coração do país e de uma escrevedora de cartas que se outorga uma segunda chance respondia ao desejo premente de discutir quem nós queríamos ser, naquele momento da nossa história, diz Salles. "A busca de Josué pelo pai era também a busca de um país possível", conta.

O cineasta colocou a ideia central do filme em quinze páginas e mostrou a Rubem Fonseca e Millôr Fernandes, que o incentivaram a seguir em frente com o projeto. Na sequência, Salles conversou com diversos possíveis roteiristas que poderiam ir desenvolvendo o roteiro do filme, desde jovens curta-metragistas até autores consagrados do cinema e da televisão, entre os quais Gilberto Braga.

A minissérie *Anos rebeldes* tinha sido exibida no ano anterior. "O registro do filme, próximo do melodrama, era um território do qual Gilberto tinha um conhecimento afiado", avaliou Salles. "Gilberto foi muito atencioso, leu o texto de *Central* com atenção, mas não achou que seria a pessoa ideal para roteirizar o filme." Em vários outros momentos, Gilberto usou um mesmo argumento para rejeitar propostas de trabalho — o de que não sabia escrever sobre o que não conhecia. Em entrevista ao *Jornal do Brasil* em agosto de 1993, contou que chegou a escrever algumas cenas, mas não mostrou a Salles. "Desisti por não me sentir capaz, porque a história não se passava no Rio e com a classe média. É um *road movie* com personagens pobres, que viajavam até o Nordeste."

Na década de 1970, já atuando como autor da Globo, Gilberto fez alguns poucos trabalhos fora da televisão. Em 1972, ano em que escreveu *A Dama das Camélias*, também traduziu a peça *Os amantes de Viorne*, de Marguerite Duras, a pedido do ator Paulo Autran. Foi a primeira peça de Duras montada no Brasil.

No ano seguinte, por indicação de Glória Menezes, que havia protagonizado *A Dama das Camélias*, Gilberto foi convidado a aprimorar o roteiro de *O descarte*, filme de Anselmo Duarte, que teria cerca de 1 milhão de espectadores. O roteiro é do próprio Anselmo, com base no livro *Um crime perfeito*, de Flávio Manso Vieira. Gilberto, que ainda usava o sobrenome Tumscitz, ganhou o crédito de "diálogos adicionais". *O descarte* recebeu a Coruja de Ouro, prêmio dado pelo Instituto Nacional de Cinema (INC), na categoria de Melhor Montagem (Carlos Coimbra) de 1973.

Em 1975, convocado por Gracindo Júnior, Gilberto traduziu a peça *The Odd Couple*, do americano Neil Simon, para uma montagem dirigida por Jô Soares. *O estranho casal* já havia sido traduzido em 1966 por Millôr Fernandes, mas Gracindo disse que o texto não foi encontrado nem na Sbat nem na Censura. A peça estreou em novembro, no Teatro Ipanema, com Gracindo Júnior e Carlos Eduardo Dolabella nos principais papéis, além de Jorge Cândido, Jorge Botelho, Augusto Olímpio, Célia Coutinho e Teresa Austregésilo.

Nos créditos da montagem, o nome de Jô Soares aparece não apenas como diretor, mas também como tradutor, ao lado do de Gilberto.

Foi o próprio tradutor que pediu a inclusão do nome de Jô em função do acréscimo de alguns "cacos" ao texto feitos pelo diretor. Gilberto entendeu que não seria justo aparecer como único tradutor. Na *Veja*, a tradução foi elogiada: "Deram ao original diálogos de um saboroso coloquialismo." Wilson Cunha, na *Manchete*, também gostou: "Jô Soares e Gilberto Braga optaram por substituir a (calculada) sofisticação do duelo verbal tão característico de Simon por um deboche bem brasileiro, ou carioca, se preferirem." Já Yan Michalski, no *Jornal do Brasil*, detonou: "A situação de *O estranho casal* transmite impressão de inautenticidade e elaboração forçada." Foi a última experiência de Gilberto como tradutor teatral. Em junho de 2009, a peça ganhou nova montagem no Rio, com Carmo Dalla Vecchia e Edson Fieschi. Gilberto foi consultado, reviu a tradução e aprovou a montagem.

Em 1978, Gilberto escreveu com Paulo Porto o roteiro de *Fim de festa*, baseado numa ideia de Porto. O filme estreou, sem muito sucesso, em junho de 1979. A direção também é de Paulo Porto, que é, ainda, um dos intérpretes, ao lado de Maria Fernanda, Denise Bandeira e Zaira Zambelli. A sinopse informa que se trata da história de um casal da sociedade carioca, Marcelo e Márcia, em crise matrimonial provocada pela futilidade da mulher. Marcelo, então, abandona o lar e vai para Angra dos Reis, onde conhece Lena, uma jovem moderna que mora num barco com uma amiga entalhadora, Tânia.

No *Jornal do Brasil*, Carlos Fonseca deu apenas uma estrela e observou: "Não ultrapassou os limites nada satisfatórios de um novelesco e frio melodrama." No *Globo*, Valério Andrade considerou o filme regular (bonequinho sentado), mas elogiou o roteiro de Gilberto. "*Fim de festa* conta com um roteiro que, apesar de certas insuficiências decorrentes da falta de densidade psicológica, conseguiu resolver satisfatoriamente o problema dos diálogos, sem recorrer à carpintaria literária. Mérito que deve ser atribuído a Gilberto Braga (*Dancin' Days*) e a Péricles Leal, este também autor da história original."

Gilberto nunca mais se aventurou em traduções ou roteiros e, salvo algum tesouro que ainda venha a ser encontrado, não escreveu nenhuma outra obra de ficção além de novelas, minisséries e casos especiais.

33. *PÁTRIA MINHA*, UMA NOVELA NO PRIMEIRO CADERNO DO JORNAL

Talvez por modéstia, talvez porque preferisse sustentar a imagem de que seria "simplesmente um escritor de folhetins", Gilberto Braga nunca deu muita trela à ideia de que as novelas *Vale tudo* (1988), *O dono do mundo* (1991) e *Pátria minha* (1994) formam um corpo só. Admitir que idealizou uma trilogia para expor uma elite predadora, sem consciência social e com aversão aos pobres, aos negros e aos gays, seria admitir que seu trabalho era importante e tinha função. E isso é um fato, querendo Gilberto ou não. Essas três novelas faziam perguntas incômodas. "Vale a pena ser honesto num país onde todo mundo é desonesto?", ele indagou na primeira. "Vale a pena ser ético num país onde ninguém respeita a ética?", questionou na segunda. Agora, a pergunta era: "Vale a pena continuar no Brasil? O país tem solução?"

O que mudou muito entre 1988 e 1994 foi a resposta que Gilberto e seus colaboradores ofereceram. Após o ceticismo representado pela "banana" de Marco Aurélio ao fugir do Brasil e o niilismo mostrado na cena em que Felipe Barreto seduz a professorinha virgem, agora havia esperança no ar. O confronto entre um homem poderoso, Raul Pelegrini (Tarcísio Meira), e uma menina sem poder nenhum, Alice (Cláudia Abreu), estava destinado a ter um final feliz. "Hoje estou mais esperançoso, há uma luz no fim do túnel", avisou Gilberto.

Esse é o tom que inspira o autor, ajudado por Sérgio Marques, Leonor Bassères, Ângela Carneiro e Alcides Nogueira (depois substituído por Maria Helena Nascimento) a desenhar *Pátria minha* no primeiro semestre de 1994. Superado o turbulento governo Collor, o Brasil vivia os tempos da "República do pão de queijo". Sob o comando do mineiro Itamar Franco, preparava-se o Plano Real, que iria estabilizar a moeda e domar a inflação, enquanto Romário prometia trazer a Copa do Mundo para casa.

O ponto de partida da história era o conflito entre um casal de imigrantes, Pedro (José Mayer) e Ester (Patrícia Pillar), que mora nos Estados Unidos e não sabe se deve continuar lá ou regressar ao Brasil. Gilberto contou ter se inspirado num casal conhecido que vivia em Orlando: ela queria ser americana, ele queria voltar para o Brasil. O papel de Ester, pequeno, era destinado a uma participação especial de Sônia Braga, mas não houve acordo com a Globo quanto ao cachê pedido. O título veio do poema homônimo que Vinicius de Moraes escreveu em Barcelona, em 1949, e que Gilberto sabia recitar de cor.

Com o passar dos anos, Gilberto faria duas avaliações sobre *Pátria minha*. Primeiro, fora um erro escolher um assunto tão sério para uma novela. Segundo, os problemas pessoais de Vera Fischer e Felipe Camargo atrapalharam a novela. No papel de Lídia Laport, uma ex-modelo que tenta ascender socialmente a qualquer preço, uma típica personagem gilbertiana, Vera era uma das protagonistas da trama. Camargo fazia Inácio, um personagem menor em outro núcleo da história. Com a novela em andamento, os dois atores foram afastados pela direção da Globo, levando Gilberto a matar seus personagens num incêndio.

A expectativa da Globo era de que *Pátria minha* fosse uma espécie de *Vale tudo 2*. Mas não deu certo, avaliou Boni. Além do problema com Vera Fischer, o principal executivo da emissora lamentava que a novela, de cunho político, não tenha seguido o que estava previsto na sinopse e tenha mudado de rumo. Gilberto promoveu abertamente a Ação da Cidadania Contra a Fome, a Miséria e Pela Vida, movimento criado pelo sociólogo Herbert de Souza (Betinho). "O grande drama do brasileiro hoje em dia, que eu saiba, é comer", disse Gilberto ao ser questionado sobre o tema central da novela.

Boni também achou que Gilberto deu ênfase maior do que se imaginava à questão da aids (vários personagens falavam sobre a importância do uso da camisinha). "A história deu uma mudada e não era mais aquilo que a gente imaginava." Um mês depois da estreia, a *Folha* publicou que executivos do segundo e terceiro escalões da

Globo estavam criticando o "tom panfletário" da novela, assim como as lições de cidadania ou críticas sociais que os personagens citavam nas mais variadas situações.

Depois de três novelas e uma minissérie dirigidas por Dennis Carvalho, Boni achou que Gilberto deveria se renovar um pouco, o que implicava trabalhar com um novo diretor. Luiz Fernando Carvalho, que havia impressionado o executivo com seu trabalho em *Renascer*, de Benedito Ruy Barbosa, exibida no ano anterior, foi convocado para a missão. "Eu preciso que você dirija a próxima novela do Gilberto", disse a Luiz Fernando, num tom que não deixava muitas opções. Mal disse isso, Boni telefonou para Gilberto e comunicou: "Luiz Fernando está indo para aí. Quero que ele seja o diretor da sua próxima novela."

No dia seguinte, Luiz Fernando se reuniu com Gilberto no apartamento do novelista, no Flamengo. Foi uma conversa cordial, com ambos tentando entender melhor as eventuais afinidades que teriam. Gilberto sugeriu que assistissem juntos ao primeiro capítulo de *Vale tudo*, de que ele gostava bastante, para saber a opinião do diretor. "O que você achou?", quis saber. "Não faria desse jeito", respondeu. "Sinto falta de silêncios. Tenho a sensação de que todos os personagens têm muita facilidade para falar." Ao fim de cinco reuniões, sempre cordiais, nas quais trocaram ideias sobre a história de *Pátria minha* e discutiram soluções que o diretor propôs, tudo indicava que havia bem mais diferenças do que afinidades entre os dois. "Estava embolado", resumiu Luiz Fernando.

No último encontro, a certa altura, o interfone do apartamento tocou. Era o porteiro. Ele falou algo para Gilberto, que arregalou os olhos e perguntou ao diretor: "O seu carro é uma Parati azul?" Era. O diretor havia comprado um carro desse modelo havia poucos meses. "Você estacionou em frente ao prédio?", perguntou Gilberto. "Sim", respondeu Luiz Fernando. "Ele acaba de ser roubado." O diretor, então, se levantou, apertou a mão do novelista e disse: "Gilberto, obrigado por tudo. Um dia desses a gente se encontra." E foi embora. "Achei que aquilo ali foi um sinal bem claro", pensou Luiz Fernando. Questionado por outros autores sobre o que ocorreu, Gilberto contava outra versão. Dizia que foi ele quem rejeitou o diretor, e não o contrário. Considerou que Luiz Fernando foi muito atrevido e, de certa forma, desrespeitoso. "O Luiz queria, por exemplo, que eu ousasse mais, que fizesse coisas diferentes do que venho fazendo, me desprendesse dessa minha experiência. E eu não tenho coragem", disse Gilberto. "E o dinheiro não é meu."

Sem acordo com Luiz Fernando, a Globo tirou Dennis Carvalho de *Fera ferida* (Marcos Paulo o substituiu) e o levou para o projeto de *Pátria minha*. Ele e Gilberto seguiriam trabalhando em dupla até *Babilônia*, em 2015 — uma parceria de 35 anos. Gilberto definia sua relação com Dennis como um casamento bem-sucedido, no qual não havia competição nem imposição de ideias. Dennis, por sua vez, dizia que Gilberto reclamava quando ele propunha algo mais moderno ou menos convencional. Segundo o diretor, o novelista era muito conservador. Rejeitava todas as propostas mais ousadas. "Fiquei amigo dele porque ele era uma pessoa muito transparente. Sabia que ele nunca ia me trair, dar uma facada nas costas. Tudo que ele achava de ruim no meu trabalho ele falava. Eu também falava", resume Dennis.

Como a Globo não queria estrear uma novela durante a Copa do Mundo, *Fera ferida* foi esticada e *Pátria minha* foi ao ar em 18 de julho de 1994, no dia seguinte à final, vencida justamente pelo Brasil. Foi uma coincidência que reforçou o tom algo patriótico da trama. Com eleições gerais naquele ano, o horário da propaganda eleitoral gratuita levou a novela a ser exibida uma hora depois do padrão, às 21h30, até meados de outubro. Gilberto foi muito questionado por tratar de uma temática tão séria, sobre a realidade brasileira, num ano de eleição.

Com três meses de novela, infelizmente *Pátria minha* começou a ser ofuscada na imprensa por outra espécie de novela, mais apimentada, tendo como assunto principal atrasos e ausências de Vera Fischer nas gravações. Em 2 de novembro, o noticiário sobre *Pátria minha* deixaria definitivamente o segundo caderno dos jornais e passaria a estampar as páginas do primeiro caderno. "Vera Fischer foi agredida por Felipe Camargo", informava *O Globo* na primeira página. "Depois de uma briga feia — que resultou no antebraço esquerdo da atriz quebrado — Vera saiu correndo, de camisola, pelo condomínio onde mora, gritando e mostrando as marcas no seu corpo." Segundo o jornal, a atriz teria tido uma crise de ciúmes provocada por cenas quentes entre Inácio (Felipe) e Cilene (Isadora Ribeiro). "Conta-se que Felipe teria quebrado o braço de Vera em legítima defesa, já que a mulher o ameaçava com uma faca", registra *O Globo*.

Na dúvida se a personagem de Vera deveria aparecer na novela com braço quebrado ou, simplesmente, sumir por alguns capítulos, a Globo acabou optando pela segunda opção. A decisão implicou regravações de cerca de vinte capítulos. No dia 4 de novembro, o colunista Zózimo Barrozo do Amaral publica no *Globo* foto de Vera com o braço engessado dançando na casa noturna Sweet Home. Zózimo escreve: "Vera Fischer é Lídia na novela *Pátria minha*. Na ficção, confusa, entra num processo de estresse e cai de cama. Na vida real, confusa, Vera vai para a pista da Sweet Home." Em 9 de novembro, após dezesseis dias afastada, a atriz voltou a gravar sem gesso.

A situação parecia ter se acalmado, mas os problemas com a atriz ressurgiram no início de janeiro de 1995. Dennis Carvalho se lembra de que havia uma cena externa prevista para começar às 10 horas. Às 10h30, um assistente o avisou: "Vera ainda não veio." Dennis então ordenou: "Manda um produtor na casa dela." O produtor foi lá, a empregada atendeu, entrou na casa e voltou com a seguinte informação: "Dona Vera mandou dizer que está gripada e só vai ficar boa às 13 horas." A crise se agrava no dia em que ela volta a faltar a uma gravação. Gilberto, que tinha o hábito de acordar às cinco da tarde, estava dormindo. Dennis ligou para Boni. "Não sei o que eu faço", disse. "Tira ela da novela agora!", respondeu. "Calma, Boni. Não é assim", devolveu o diretor, tentando colocar panos quentes — todos sabiam que a medida extrema seria péssima.

No seu primeiro trabalho como roteirista da Globo, Maria Helena Nascimento viveu, com perdão do clichê, um verdadeiro batismo de fogo. Ela testemunhou, certa madrugada, Gilberto conversar com Vera ao telefone e, em seguida, informar à equipe: "Ela quer sair; então vamos reescrever tudo para tirá-la da novela." Os roteiristas começaram a discutir como proceder quando ela telefonou novamente. "Desistiu de sair; achou que seria melhor ficar", informou Gilberto. A equipe, então, retornou ao que havia planejado originalmente. Até que ocorreu uma terceira ligação. Foi quando Gilberto deu um basta e falou para Vera: "Você vai sair."

No dia 6 de janeiro, abaixo do título "Na marca do pênalti", *O Globo* noticia que, depois de dois dias faltando às gravações de *Pátria minha*, Vera corria o risco de ser definitivamente afastada da novela. Uma semana depois, no dia 13, o desfecho do drama é anunciado na primeira página do jornal. É a segunda notícia com maior destaque, abaixo da manchete: "Militares ocupam 11 favelas do Alemão". O título informa: "Vera e Felipe são afastados de *Pátria minha*". E o subtítulo: "Atrasos e faltas ao trabalho motivaram decisão da diretoria da Globo". A nota oficial divulgada à imprensa comunica que a direção da Globo determinara a Gilberto que retirasse os personagens de Vera e Felipe de *Pátria minha*, devido a "constantes indisciplinas de horários dos dois atores, prejudicando o ritmo das gravações e o andamento da novela". A emissora, porém, avisava que iria manter os contratos com os dois.

Só no dia 26 de janeiro, treze dias depois do afastamento, Vera Fischer se pronunciou a respeito. Em uma longa carta, ela inicialmente ironizou o "plantão Vera Fischer" à porta do condomínio onde morava e dizia esperar que após a carta os plantonistas "tenham permissão de voltar para suas casas e redações". E pedia: "Eu simplesmente gostaria de viver meus problemas em paz. A Lídia Laport morre queimada na fogueira das vaidades da novela das oito, mas a história de Vera Fischer, que não é Joana d'Arc, continua." A nota prossegue: "Recuso o rótulo de bode expiatório da produção. A partir do acidente com o meu braço, tudo o que acontece com a novela — de indefinições da trama a atrasos das gravações — passou a ser minha culpa."

Vera disse que foi ela quem pediu o afastamento. "Além de estressada e com problemas pessoais, estava insatisfeita com os rumores e notícias publicadas na imprensa sobre os transtornos que eu estaria causando à novela." Na carta, Vera reconhece seus atrasos, mas diz que não era a única a atrasar: "Sobre a indisciplina, motivo alegado para o meu afastamento, creio que a produção de uma novela, pela própria natureza do trabalho, é um grande exercício de indisciplina [...]. Atrasos dentro da produção de *Pátria minha* não eram um privilégio meu."*

---

* Vera Fischer foi procurada três vezes para dar um depoimento para este livro, duas por intermédio de sua empresária e uma diretamente, no Teatro Raul Cortez, em São Paulo, onde estava encenando *Quando eu for mãe quero amar desse jeito*. Ela respondeu que não queria falar sobre Gilberto.

Um detalhe curioso sobre a novela que se sobrepôs à novela é que várias notícias sobre os transtornos causados por Vera Fischer durante as gravações foram vazadas para a imprensa por Gilberto e Dennis. O autor ligava para colunistas de jornais pedindo que noticiassem os atrasos da atriz. Ele achava que se isso saísse na imprensa ela mudaria seu comportamento. Pelo menos um jornalista foi convidado por Dennis a ir ao estúdio ver o impacto causado em *Pátria minha* pelos problemas pessoais de Vera. Segundo o diretor, ela estava "destruindo" a novela; o plano de filmagem não era cumprido. Como Gilberto, Dennis queria que os fatos fossem divulgados numa tentativa de frear a atriz. Não funcionou.

Não foi a primeira vez que a Globo afastou um ator no meio de uma novela por indisciplina. O ineditismo da situação em *Pátria minha* é que Vera era a protagonista da trama. Para fazer par romântico com o personagem de José Mayer no lugar de Vera, a Globo convidou Bruna Lombardi e Silvia Pfeifer, mas o papel acabou ficando com Luiza Tomé.

A novela em torno de Vera Fischer deixou em segundo plano um acontecimento histórico em *Pátria minha*: o primeiro confronto aberto entre uma entidade representativa dos direitos dos negros e os autores de um folhetim da Globo. Em cenas exibidas nos primeiros dias de novembro, o empresário Raul Pelegrini (Tarcísio Meira) acusa Kennedy (Alexandre Morenno), o jardineiro de sua mansão, de ter roubado joias e documentos de seu cofre. "Você abriu meu cofre, negro safado!" Kennedy responde dizendo que não fez nada. "Desde quando acredito na palavra de um crioulo? Vocês quando não sujam na entrada, sujam na saída. Foi vingança? Vingança porque não deixei você estudar? Você pensa que conseguiria aprender alguma coisa? Não sabe que o cérebro de vocês é diferente do nosso?"

Na *Folha*, o jornalista Hélio Guimarães comentou a cena: "Gilberto Braga não é só um escritor de telenovela. Cada vez mais assume o papel de principal cronista da TV brasileira. Na última quinta, criou a cena mais violenta de racismo que uma telenovela já ousou exibir." Tarcísio Meira ficou chocado: "Esse personagem extrapolou tanto no seu preconceito que me sinto muito triste e aborrecido com o papel. Um Raul Pelegrini canalha desses tinha de fazer parte do meu currículo. Não consigo ter prazer em interpretá-lo. Ele diz coisas que me chocam."

Na visão do grupo Geledés/SOS Racismo, a cena trazia um problema bem mais grave do que a denúncia do racismo cometido por um homem branco da elite econômica. A cena feria a autoestima da comunidade negra porque a vítima não reagia às agressões. Na notificação à Globo, a entidade exigia que Kennedy fosse conscientizado por outros personagens negros, e não por um branco, como a Globo havia feito. Em uma cena, o personagem Osmar (Nuno Leal Maia) ainda por cima cometera o erro de dizer que o Brasil possuía uma lei, a Afonso Arinos, para combater o racismo — a lei já não vigorava na ocasião. Na defensiva, a emissora inicialmente acusou o Geledés de racismo, mas uma semana depois voltou atrás e prometeu exibir uma cena em que Zilá (Chica Xavier) condenaria o racismo e daria conselhos a Kennedy.

Com tantos contratempos, *Pátria minha* terminou com média de 45 pontos no Ibope, abaixo do mínimo esperado pela Globo para o horário — 50 pontos. Era a segunda novela seguida de Gilberto que frustrava a emissora em matéria de audiência: *O dono do mundo* registrara média de 43 pontos. A concorrência entre autores também estava cada vez maior. Depois de *Pátria minha*, encerrada em março de 1995, só em outubro de 2003, após oito anos e seis meses, Gilberto retornaria ao horário das oito, com *Celebridade*. Novos tempos...

34. A "DISNEYLÂNDIA DO BOM GOSTO" NO ARPOADOR

Com seu jeito imprevisível e errático de dirigir uma rede de televisão, Silvio Santos tomou várias decisões surpreendentes ao longo de sua trajetória à frente do SBT. Uma delas foi o investimento em novelas brasileiras. O empresário sempre abasteceu o seu público com folhetins mexicanos dublados, mas entendia que produzir as próprias novelas traria algo mais, e não apenas em matéria de audiência e publicidade. Olhando para a programação da Globo, Silvio entendeu a importância da teledramaturgia nacional como um elemento que poderia ser a espinha dorsal de uma emissora. Produzir novelas, porém, sempre custou muito mais caro do que exibir programas de auditório.

O SBT fez uma primeira aposta entre 1982 e 1985, com a produção de uma quinzena de títulos. A experiência, no entanto, não teve um seguimento regular. Uma década depois, houve uma segunda onda, com a produção de *remakes* de *Éramos seis*, de Silvio de Abreu e Rubens Ewald Filho, *As pupilas do senhor reitor*, de Lauro César Muniz, e *Sangue do meu sangue*, de Vicente Sesso. Mas não bastava refazer novelas. Foi nesse momento que Silvio Santos se deu conta de que precisava de grandes autores e tramas originais para impulsionar o projeto. E onde estavam os grandes autores? Na Globo. Teve início, então, uma história de negociações que abalou o mercado — e elevou os salários dos novelistas a níveis estratosféricos.

Em fevereiro de 1996, Silvio contratou Walther Negrão, Benedito Ruy Barbosa e Gloria Perez. Os três concordaram em migrar para o SBT assim que terminassem seus contratos com a Globo. Silvio também tentou levar Aguinaldo Silva, mas não conseguiu. Silvio de Abreu, igualmente, foi alvo de uma investida do dono do SBT. Ele estava satisfeito na Globo, mas considerava que não ganhava bem. "Vou pedir cinco vezes o que ganho, ele recusa e acabou", pensou. Mas Silvio Santos disse sim. Silvio de Abreu estava na Globo desde 1978 e, com razão, achou que seria indelicado aceitar o convite do SBT sem conversar com a emissora. "Não fala com a Globo que eles não vão deixar você sair", alertou Silvio Santos. "Eu tenho que dar uma satisfação", respondeu o novelista. "Tá bom, vai lá falar. Mas, seja lá o que eles te oferecerem, eu pago 20% a mais", prometeu Silvio Santos.

Silvio de Abreu foi falar com Boni. "Trabalho aqui há dezoito anos, adoro, a TV é ótima, mas recebi uma proposta que não dá para dizer não." Boni perguntou: "Quanto?" O novelista deu o valor. "Um momento", pediu Boni. O executivo saiu da sala e foi ao encontro de Roberto Marinho. Voltou e disse: "Não aceitamos." Silvio Santos havia proposto a Silvio de Abreu que ele fizesse um contrato de três anos para escrever duas novelas. "Falei para o Boni que ficava, mas queria fazer uma novela a cada três anos." A Globo topou. Boni pediu a Silvio que não contasse a ninguém o que haviam acertado. Mas o novelista respondeu: "Desculpa, não me dou com outros autores a ponto de falar de salário, mas o Gilberto Braga é meu amigo pessoal e a gente sempre ganhou parecido. Para ele, vou ter que falar." Boni concordou: "Mas só fala para ele."

Na sequência, Silvio de Abreu foi ao apartamento de Gilberto, no Flamengo, e contou a história. Boni elevou o salário de Gilberto e ainda convenceu Negrão, Gloria e Benedito a cancelarem seus acordos com o SBT apresentando uma generosa proposta de elevação salarial. A Globo pagou indenizações milionárias ao SBT e manteve todos os seus autores em casa, agora ganhando salários muito altos.

Em novembro de 1996, Gilberto Braga, Dias Gomes, Aguinaldo Silva, Silvio de Abreu e Benedito Ruy Barbosa ganhavam 53 mil reais por mês. Esse valor equivalia, em novembro de 2022, a cerca de 450 mil reais mensais. Estima-se que os salários triplicaram ao longo do "ataque" conduzido por Silvio Santos. Além dos altos valores mensais, os autores do primeiro time ganhavam participação nos lucros obtidos com a venda das tramas para o exterior e com as inserções de *merchandising*. Os novelistas premiados com aumento salarial também ganharam "luvas" de cerca de 1 milhão de reais na renovação de seus contratos (algo como 8,5 milhões de reais em 2022).

Boni se recorda muito bem desse momento em que um dos rivais descobriu que só tirando os autores de novelas da Globo poderia fazer uma concorrência de fato à emissora. "Receberam uma bela cantada e uma bela oferta. Com amor e dinheiro, é difícil recusar", conta o executivo. Boni confirma que reajustou os salários dos autores convidados por Silvio Santos e de outros também. "Achei injusto atender somente os que tinham tido proposta. Achei que eu tinha que estender aos outros, principalmente aos que foram fiéis à empresa e não tinham aceitado convite para sair."

Gilberto chamou de "um dinheiro astronômico" o que ganhou após a investida de Silvio Santos. Até então, ele achava que ia morar até o fim da vida no confortável triplex na rua Barão do Flamengo, para onde havia se mudado com Edgar em 1976. Mas mudou de ideia. O sonho de consumo de Gilberto sempre fora um apartamento luxuoso na avenida Atlântica, em Copacabana, que ele considerava a vista mais bonita do mundo. Com o dinheiro ganho da Globo, começou a procurar o imóvel.

Visitou vários na avenida Atlântica, mas também nas avenidas Vieira Souto, em Ipanema, e Rui Barbosa, no Flamengo. "Achei a vista da Vieira Souto sem grande interesse. A Rui Barbosa, um pouco triste. E a Atlântica, bem mais interessante vista do alto do que embaixo", resumiu. Foi, então, que dirigiu seu olhar — e as buscas — para o Arpoador. "É a única parte da praia que só tem o barulho do mar. Realmente, um lugar de sonho." O Arpoador é o nome da ponta da praia de Ipanema. São cerca de quinhentos metros, ocupados com apenas nove edifícios e um parque (Garota de Ipanema). Só é possível chegar a esse trecho a pé; o acesso de carros é autorizado apenas aos moradores. O local é um dos pontos preferidos de surfistas.

Quando encontrou o apartamento dos seus sonhos, Gilberto resolveu, antes de fechar negócio, fazer um teste. Passou uma noite no pequeno hotel que há no Arpoador. Pediu para ficar no quarto andar, na mesma altura do imóvel que queria comprar. Mal conseguiu dormir por causa do barulho insuportável. Por volta das nove da manhã, ao deixar o hotel, estava decidido a não comprar mais o apartamento. Antes de voltar para casa, porém, Gilberto decidiu caminhar até a grande pedra, na ponta da praia. "A luminosidade é indescritível.

A calma era total. Eu parecia estar numa cidadezinha do interior." Resolveu então que colocaria vidros duplos nas janelas e música para disfarçar o ruído depois de acordar.

O "apartamentaço", como ele dizia, foi adquirido ainda em 1996, mas Gilberto e Edgar se mudaram apenas no ano seguinte, após uma grande reforma. É um imóvel de 980 metros quadrados, com entradas, como três outros prédios nesse trecho, pela avenida Francisco Bhering e também pela rua Francisco Otaviano. Aos poucos, Gilberto e Edgar começaram a receber amigos para jantares e festas, despertando enorme interesse pelo apartamento. Alguns colunistas ajudaram a saciar a curiosidade, com descrições detalhadas. Hildegard Angel contou que o "apartamento-pinacoteca" foi decorado por Edgar, discípulo de Titá Burlamaqui, com obras dos artistas Roberto Magalhães, Wanda Pimentel, Ascânio MMM, Ivald Granato e Yone Saldanha. O apartamento "não é entulhado, não tem panos, não é suntuoso. É elegante. Edgar está definitivamente lançado", promoveu Hilde.

A colunista Danuza Leão contou que o imóvel estava dando o que falar por causa de uma pequena sala só para guardar fitas de vídeo, catalogadas pelo país de origem, "que deixa no chinelo muitos clubes de vídeo da cidade". Hilde chamou o apartamento de "Disneylândia do bom gosto" e citou o "quarto-maracanã", de enormes proporções, de Gilberto. Silvio de Abreu também se impressionou com o tamanho do espaço. "Quarto grande!", exclamou. "Não. Tenho o básico", respondeu Gilberto. "Uma cama para dormir, um sofá para receber uma visita, uma mesa para tomar café da manhã e uma cadeira para o médico conversar comigo."

Entrou para o anedotário sobre o apartamento uma observação de Humberto Saade, fundador da Dijon, uma marca de roupas muito badalada nas décadas de 1980 e 1990. Saade ficou famoso por ter revelado a modelo Luiza Brunet como garota-propaganda da marca. Adepto da ostentação, ele se impressionou com a aparente simplicidade da decoração. "Edgar, você é craque, conseguiu efeito com coisas simples e baratas", elogiou. "As cômodas inglesas, os pratos chineses, as pratas, os Ascânios e Krajcbergs tremeram. De rir, naturalmente", tripudiou Hilde.

"Meu ideal de vida está num bom apartamento, carro, paz interior", dizia Gilberto. "Não tenho vergonha nenhuma de querer dinheiro. Não tenho sonhos malucos de ter avião, helicóptero. Quero mais descanso possível para curtir meu apartamento, comer bem. Para você ter ócio, precisa ter grana." O apartamentaço no Arpoador foi o ápice da realização desse sonho.

35. *LABIRINTO* E O FIM DA "ERA BONI"

A experiência de *Pátria minha* (1994) foi dolorosa para todos os envolvidos e, de alguma forma, traumática. Entre o final da novela das oito e a estreia da minissérie *Labirinto* (1998), Gilberto ficou três anos e oito meses sem mostrar um novo trabalho na televisão — o maior intervalo em branco até então em sua carreira de autor. No período enfrentou dificuldades que ainda não conhecia, como o veto total a uma sinopse de novela. Além disso, testemunhou uma mudança de grande impacto, a saída de José Bonifácio de Oliveira Sobrinho, o Boni, e a chegada de Marluce Dias da Silva ao comando da Globo.

Entre idas e vindas, Gilberto, Sérgio Marques e Leonor Bassères conviveram quase três anos com a minissérie. Entre outubro de 1995 e fevereiro do ano seguinte, o trio desenvolveu a primeira sinopse, com o título provisório de *Alta rotatividade* e a ideia central, que vingou: a história de um assassinato numa festa de Réveillon na avenida Atlântica, com público classe A, e o envolvimento na trama de uma garota de programa de luxo. O projeto inicial era de uma minissérie com quarenta capítulos (no final foram vinte) e desde sempre Gilberto sonhou com Malu Mader ou Cláudia Abreu para viver a garota de programa (o papel ficou com Malu). Mesmo sendo fã de Hitchcock, a inspiração maior de Gilberto foi uma série de TV americana dos anos 1960, *O fugitivo*, depois transformada em filme, com Harrison Ford. Ainda assim há algo de hitchcockiano no esforço do herói de *Labirinto* em provar a inocência por um crime que não cometeu.

O elenco da série é basicamente um compêndio da "patota" de Gilberto. Quase todos os seus atores mais queridos estão lá, entre protagonistas, coadjuvantes e participações especiais. Fabio Assunção vive André, filho de Octacílio (Paulo José), o milionário assassinado na festa de Ano-Novo. Antônio Fagundes faz Ricardo, amante de Leonor, a mulher de Octacílio, interpretada por Betty Faria. André é acusado injustamente de ter cometido o crime, foge e dá início a uma luta para provar sua inocência. Para isso conta com a ajuda de Paula Lee, a garota de programa vivida por Malu. Também fazem parte do elenco José Lewgoy, Isabela Garcia, Daniel Dantas, Marcelo Serrado, Deborah Evelyn, Taumaturgo Ferreira, Tetê Medina, Cláudia Abreu e Maria Padilha, entre outros.

Quando Gilberto pensou em *O fugitivo*, imaginou grandes cenas de ação, o que acabou não acontecendo. A Globo não dispunha dos recursos tecnológicos necessários para executar várias das sequências imaginadas. "Delirei", reconheceu anos depois. Por falta de condições técnicas, o diretor Dennis Carvalho estima que cortou as cenas de ação pela metade.

Concebida em 1995, mas gravada e exibida apenas em 1998, *Labirinto* acabou gerando muita expectativa, mas provocou frustração. "Boas tramas policiais são inverossímeis por natureza. O problema de *Labirinto* é a ingenuidade do roteiro", criticou Artur Xexéo no *Globo*. "Trata-se de um *thriller* policial recheado com sexo, mas devidamente filtrado por uma estética publicitária, que não abre brechas para que seja considerado vulgar ou apelativo, mas é ao mesmo tempo capaz de satisfazer o apetite médio", escreveu Fernando Barros e Silva na *Folha*, classificando a minissérie como "um suflê para a classe média".

Gilberto se defendeu nos jornais, afirmando que *Labirinto* era só entretenimento: um suspense sem maiores críticas sociais. Lembrou que havia crítica de costumes, gozação com a elite. O personagem de Lewgoy, por exemplo, reclama da Revolução Francesa. "Foi a maior desgraça", diz. Mas a intenção maior era fazer uma série de "muita ação e pouca reflexão". A audiência não foi ruim. Na estreia, em 10 de novembro de 1998, registrou 25 pontos, acima da média do horário, e nos seus melhores momentos chegou a 30 pontos, indo ao ar por volta das 23 horas.

Labirinto tinha tudo para dar certo, mas não aconteceu. Não foi um fracasso, longe disso, mas não cumpriu as expectativas que gerou dentro e fora da Globo. Betty Faria se lembra de ter dito a Gilberto: "Eu acho que não acertei aquela personagem." E, gentil como sempre, ele respondeu: "Mas ninguém acertou nada em *Labirinto*."

O período entre 1995 e 1998 não foi fácil para Gilberto, e a história da sinopse de *Festa de aniversário* mostra bem isso. No final de 1996, o mesmo trio que fez *Labirinto* (Gilberto, Leonor e Sérgio), mais Maria Helena Nascimento, começou a trabalhar no desenvolvimento de uma novela das oito. Entre fevereiro e abril do ano seguinte, a sinopse foi avaliada e rejeitada três vezes.

A história, originalmente, se passava em três fases diferentes, o que exigiria um grande elenco. Era uma história de disputa familiar. Um homem razoavelmente rico tinha uma filha com a empregada, que depois morria. O tema era a rivalidade do resto da família com essa filha bastarda. Boni disse a Gilberto para fazer a novela apenas no tempo presente. O executivo temia que, como já havia ocorrido anteriormente, a audiência caísse quando mudasse de fase. Para Gilberto, essa primeira fase era fundamental. Apenas relatar de boca os acontecimentos do passado enfraqueceria a trama, dizia. Não por acaso, após adaptarem o projeto às exigências de Boni, em abril a sinopse foi novamente vetada.

Notícias sobre a troca na direção da Globo circulavam desde o início de 1997, quando Boni deixou o comando das operações da TV para assumir uma vice-presidência. Mas continuou cuidando da estratégia da televisão até o final do ano. A partir de 1998, e até 2001, ocupou a função de consultor. Em seu lugar ficou Marluce Dias. Ela havia entrado na Globo em 1991, como superintendente executiva. Foi responsável pela criação, em 1993, do Programa de Gestão Participativa (PGP), assumiu a gestão de outras áreas da empresa em 1997 e, no ano seguinte, a direção-geral.

Boni era uma figura da televisão. Só de Globo, tinha trinta anos. Em 1969, tornou-se diretor-geral da Central Globo de Produções. Em 1970, atuou como superintendente de produção e programação da Rede Globo, abaixo apenas de Walter Clark. Com a demissão deste, em 1977, tornou-se o braço direito de Roberto Marinho. A partir de 1980, ocupou o cargo de vice-presidente de Operações, onde ficou até o final de 1997. Já Marluce era uma executiva de outra área. Antes de entrar na emissora, entre 1986 e 1991, foi diretora de recursos humanos e organização da cadeia de lojas de departamento Mesbla. Ela começou na direção-geral da Globo oficialmente em fevereiro de 1998.

249

A troca de Boni por Marluce representou uma mudança drástica na história da Globo. Realmente, o fim de uma era. Quanto a Gilberto, pode-se afirmar, sem qualquer dúvida, que o auge de sua produção se deu sob a gestão de Boni e Daniel Filho. Segundo Sérgio Marques, a "era Marluce" foi um período de diálogo com pessoas que não entendiam de televisão. "Te confesso que não foi ruim, porque eles interferiam muito menos." Com Boni e Daniel era muito mais difícil, diz. "Porque eles entendiam muito de televisão."

36. O ANFITRIÃO IMPECÁVEL

Na escala de prestígio social dos cariocas, quem podia dizer que compareceu a "um jantar na casa do Gilberto" estava um degrau acima dos demais mortais. Não que fossem raros, mas eram eventos que o anfitrião tornava especiais e lendários. Estar entre os dez convidados de Gilberto para um *petit comité*, como diziam os colunistas sociais, era um símbolo de status, um sinal de que você fazia parte de um grupo selecionado.

Gilberto e Edgar adoravam receber. Os primeiros registros em colunas sociais de jantares oferecidos pelo casal datam de 1979, depois do sucesso alcançado por *Dancin' Days*. Eles moravam no Flamengo e promoviam, como registram os colunistas da época, dois tipos de jantar. Um, mais tradicional, para o estrito grupo da chamada "alta sociedade", figuras da elite econômica que praticavam sem parar esse ritual de "receber para jantar". E havia também os mais divertidos e animados, com convidados do mundo cultural, os atores e diretores do círculo de Gilberto na Globo, além de músicos, artistas plásticos, gente do teatro e professoras da época do Pedro II.

Para Edgar, nascido em um ambiente de classe social alta, esse tipo de ritual era entendido como uma extensão básica do cotidiano de uma figura da elite. Quase uma obrigação, que ele executava naturalmente. Para Gilberto, não. O filho de seu Durval e dona Yedda aprendeu sobre a "arte de receber" vendo filmes de Hollywood e dando aulas particulares de francês para os ricos. Quando se tornou um autor consagrado da Globo, ganhando bem, Gilberto passou a demonstrar um enorme prazer promovendo jantares e festas. Como se tivesse nascido para isso.

Silvio de Abreu lembra-se de Gilberto dizer, modestamente: "Eu não sou fino. Edgar é que é." Patrícia Andrade recorre à imagem de *O príncipe e o mendigo*, de Mark Twain, para confirmar essa impressão. Gilberto falava de Edgar como se fosse um príncipe e de si próprio como se tivesse saído de um lugar inferior. "Eu sou classe média tijucana, que depois foi para Copacabana", dizia. Lauro César Muniz, que frequentou a casa de Gilberto ainda no Flamengo, pensa diferente: "Ele tinha um requinte. Às vezes, achava que era mais do Edgar que dele. Mas não. Era dele mesmo. Gilberto curtia a alta burguesia e a famosa alta sociedade carioca."

Iniciado no Flamengo, o ritual dos "jantares do Gilberto" tomou outra proporção quando o casal se mudou para o "apartamento-pinacoteca", no Arpoador. No amplo imóvel, Gilberto e Edgar vão refinar a arte de receber bem. Nos primeiros anos, os convidados sempre tinham direito a um *tour* guiado pelos quase mil metros quadrados, com direito a explicações sobre as obras de arte e uma parada especial no *closet* que Gilberto transformou em videoteca, com alguns milhares de fitas de vídeo e DVDs de filmes.

Metódico, Gilberto montava várias listas. Numa, registrava a agenda dos eventos da semana. Em outra, os convidados. Anotava quem recusara convites. Em uma terceira lista, registrava quem faltara. "Gilberto tem por hábito fazer pequenas listas de convidados, porque, como anfitrião perfeito que é, sabe que assim a conversa é mais agradável e todos falam com todos (não confundir com de todos)", diz a amiga Hilde, afiada. Havia ainda a lista dos cardápios que ofereceu em cada jantar, para evitar repetições. As informações sobre a agenda da semana eram passadas para o mordomo, Ângelo, que liderava o time de empregados, os quais Gilberto gostava de chamar de "funcionários". Por muitos anos, o jantar era feito em casa; a partir de certo momento, ele começou também a encomendar fora, em bufês ou restaurantes.

Gilberto, aliás, mantinha uma relação muito informal e de certa intimidade com os empregados do apartamento. Era querido por eles. Nos últimos anos de vida, mais recluso, imprimia no computador letras de música que gostava e cantava para uma pequena plateia, formada pela cozinheira, Mônica, e a secretária, Bia.

Os jantares eram servidos num ambiente isolado da sala de estar por uma porta de correr. Na hora agá, Ângelo aparecia na sala e abria, descortinando a mesa posta. Não sem ironia, uma pessoa próxima definiu esse ritual como "uma coisa meio Versailles, palaciana".

Numa época em que fumar ainda não era algo de mau gosto, sempre havia um pequeno cinzeiro para cada comensal. Esse detalhe foi marcante para Antônio Fagundes: "A gente fumava entre um prato e outro. Achei chiquérrimo." Gilberto gostava de cuidar também do *placement*, o lugar de cada um à mesa. Filha da roteirista Ângela Carneiro, Raquel se lembra de um jantar em que Gilberto ordenou: "Não vai sentar com a sua mãe, não. Vai sentar perto do Caetano." Helena Godoy, professora do clássico, se recorda de ter sido apresentada a Renata Sorrah num jantar. "Ele me apresentou a vários artistas", conta.

Ângelo era um personagem essencial nos jantares. Gilberto chamava o mordomo de Ângelo Castroville para dar um ar nobre ao funcionário, cujo sobrenome, na verdade, era Castro. Expansivo e divertido, Ângelo atendia ao telefone invariavelmente dizendo: "Residência de Gilberto Braga e de Edgar Moura Brasil!" Quando era alguém que ele conhecia, e gostava, como Patrícia Andrade, a recepção era efusiva: "Maravilhosa!!! Deusa!!!" E informava: "Gilberto está dormindo, mas tem que falar que ele saiu." Ângelo era torcedor apaixonado do Fluminense, do tipo que sabia tudo que acontecia com o time, e sua escola de samba de coração era o Salgueiro.

Gilberto costumava receber seus convidados de jeans e camisa branca, ou alguma outra combinação básica. Dizia que o anfitrião deveria estar sempre vestido modestamente para o caso de algum convidado que aparecesse com roupas mais simples, *underdressed*, não se sentisse mal no ambiente. Poderia até ser "um jeans de mil reais", como disse, em tom de brincadeira, o sobrinho Bernardo Araújo, mas de toda forma era um jeans que não chamava a atenção. "Você olhava e ele estava sempre simples", garante Bernardo. Edgar, mais expansivo, ou *flashy*, como diz Bernardo, vestia-se com roupas mais legais, menos sóbrias. Malu Mader se recorda de outro elemento indispensável, que também ajudava a denotar simplicidade: o onipresente pote com balas de leite da Kopenhagen.

Gilberto fazia de tudo para que seus convidados se sentissem bem. Certa vez recebeu para jantar um cantor popular, muito conhecido, e se deu conta de que não tinha discos dele em casa. Comprou alguns e colocou na estante. A irmã Rosa contou que Gilberto, muito organizado, guardava numa prateleira os presentes que planejava dar num determinado mês. Nunca deixava de mandar presentes para familiares, amigos, colegas de trabalho e jornalistas com que se dava bem.

Às vezes, os jantares misturavam lazer e trabalho. Cláudia Abreu, que foi a vários, recorda-se de um em que Gilberto contou sobre a minissérie *Labirinto*, que estava escrevendo, e perguntou: "Você não quer fazer uma cena? Uma garota de programa amiga da personagem da Malu?" Cláudia topou na hora. Na época de *Corpo a corpo*, Gilberto convidou José de Abreu para explicar a ele que seu personagem, Victor, não ia terminar com a protagonista, vivida por Débora Duarte. "Foi uma gentileza que ele não precisava ter comigo", disse o ator.

Como observou a atriz e roteirista Denise Bandeira, os jantares de Gilberto representavam, para ele, a maneira mais carinhosa de receber as pessoas. E ele não fazia isso por pose ou por superioridade. Marcar lugares à mesa, fazer os garçons circularem com salgadinhos e oferecer um cinzeirinho para cada comensal, notou Denise, eram demonstrações de afeto e cuidado. Durante os jantares ele se dividia entre as pessoas, conversava com cada uma, queria saber se gostaram da comida, se estavam confortáveis, apresentava todos a todos. Características que definem, nas palavras dela, "o anfitrião impecável".

Nesse vai e vem social, em 1988 Gilberto foi incluído no livro *Sociedade brasileira*, atualizado a cada dois anos por Helena Gondim. A publicação, com cerca de 2 mil nomes, era uma espécie de guia dos ricos, em especial, dos cariocas. No ano em que Gilberto finalmente entrou no guia, também constavam outras figuras do meio artístico e da televisão, como Boni, Armando Nogueira, Rosita Thomaz Lopes, Sérgio Mendes, Miele, Tônia Carrero, João Paulo Adour, Mario Carneiro, Miguel Faria Jr., além de escritores, como Fernando Sabino, Antônio Houaiss, Austregésilo de Athayde, Otto Lara Resende e Autran Dourado.

Cada verbete trazia nome, endereço e telefone da pessoa e ainda o nome da esposa ou do marido, conforme o caso. Edgar Moura Brasil também era citado, mas não havia menção ao fato de que ele e Gilberto eram um casal. Apenas na edição de 2002 do *Sociedade brasileira* os nomes dos dois apareceram juntos.

254

37. "FUI REBAIXADO SEM SER HUMILHADO"

A era Marluce Dias foi curta, mas inesquecível para Gilberto. A executiva permaneceu no cargo de diretora-geral da Globo entre o início de 1998 e setembro de 2002, quando se afastou por motivos de saúde. "Fui rebaixado sem ser humilhado", resumiria Gilberto anos depois, ao rever os acontecimentos que resultaram na novela *Força de um desejo*. Então um dos autores mais importantes da emissora, com nove novelas das oito no currículo, Gilberto se viu obrigado a escrever uma novela das seis para agradar Marluce. "A empresa começou a ser dirigida por pessoas que não eram de televisão, eram de finanças. Não viram *Dancin' Days*, não viram *Vale tudo*. Viram os números", lamentou. Foi uma situação muito parecida com a que sua "madrinha", Janete Clair, vivera, em 1975, forçada por Boni e Daniel Filho a deixar o horário das oito, onde reinava, para escrever *Bravo!*, uma novela das sete.

Antes de prosseguir, porém, é preciso falar sobre o projeto de refazer *Dancin' Days* que circulou em 1997. Durante a longa entressafra que Gilberto viveu após a frustração causada por *Pátria minha*, ele passou a considerar a possibilidade de reescrever a novela que o consagrara, em 1978. A Globo comprou a ideia, Daniel Filho e Guel Arraes chegaram a ser mencionados como prováveis diretores e Gilberto até entregou uma "sinopse preliminar" a Daniel. Mas o plano mudou de rumo quando Marluce assumiu a direção-geral e propôs refazer clássicos da teledramaturgia da Globo na faixa das seis. Não era uma boa ideia, como já havia sido demonstrado três anos antes. Em 1995, em comemoração aos trinta anos da emissora, Dias Gomes assinara um *remake* de *Irmãos Coragem*, grande sucesso de Janete Clair, exibido em 1970. Originalmente uma novela das oito, foi refeita para ser exibida na faixa das seis. Não deu certo. A audiência foi decepcionante.

Os dois primeiros projetos que Marluce abraçou foram o de *Dancin' Days* e o de *Pecado capital*. Gloria Perez foi escalada para o *remake* da novela de Janete Clair, enquanto Gilberto, que já havia refletido sobre refazer a sua própria trama, foi chamado pela diretora para tocar essa nova proposta. Enquanto Marluce imaginava uma versão da história de Júlia Matos mais leve e adocicada para o início da noite, o autor sonhava exatamente com o oposto. Gilberto queria refazer *Dancin' Days* de novo às oito justamente porque entendia ser a oportunidade de escrever uma novela mais forte do que a de 1978, produzida sob os olhos da Censura. "Não vai dar certo", disse Gilberto a Marluce. "Por que não?", quis saber a diretora. "Não é uma novela para as seis horas", argumentou Gilberto. "Vai dar certo. A novela é muito boa", insistiu Marluce. "Não dá. É a história da ascensão de uma puta", bateu o pé.

Constrangido com a insistência de Marluce, e preocupado em não passar uma má impressão para a nova chefe, Gilberto ofereceu uma alternativa. "O *remake* eu não faço, mas posso escrever uma nova novela das seis", disse. "Ah, eu quero", festejou Marluce. Para quem olhava de fora, estava evidente que ocorria uma disputa entre o autor e a nova diretora-geral. Só não ficou claro quem venceu. Quando a imprensa foi para cima de Gilberto, tentando entender por que iria escrever uma novela original para a faixa das seis, a explicação veio no modo "sincerão" de sempre: "Não fiquei contentíssimo, mas me convenceram que era importante para a TV Globo. Aceitei porque acho que devo isso à Globo. Gosto de receber meu salário no fim do mês e estou lá para trabalhar."

Já *Pecado capital*, reescrita por Gloria Perez, foi ao ar entre outubro de 1998 e maio de 1999. Como *Irmãos Coragem*, infelizmente a releitura do clássico de Janete Clair não agradou ao grande público — e a avaliação geral foi de que a história era inadequada para o horário em que foi exibida. A atualização da trama reduziu muito o impacto que a primeira produção havia provocado. Gilberto tinha razão sobre não refazer *Dancin' Days* no horário vespertino.

Entre os projetos que Marluce ofereceu a Gilberto, estava uma sinopse feita por Alcides Nogueira para uma novela das seis baseada na obra do Visconde de Taunay. Alcides tinha enviado o projeto para o diretor Paulo Ubiratan, que disse ter gostado. Mas Ubiratan morreu tempos depois, em 29 de março de 1998, vítima de um infarto fulminante, aos 51 anos. O diretor Marcos Paulo herdou todos os projetos que estavam com Ubiratan e, quando consultado por Marluce, mencionou este.

Gilberto e Sérgio Marques leram a sinopse e gostaram. Aflita para resolver a situação o quanto antes, Marluce, então, telefonou para Alcides. Ele estava num táxi, voltando do dentista. "Podemos falar depois? Estou indo para casa. Estou com a boca meio anestesiada", suplicou o autor. "Não. Tem que ser agora", disse Marluce, já emendando o assunto. "Marcos Paulo herdou os projetos do Ubiratan e adorou a sua sinopse. Eu queria saber se você não topa fazer uma parceria com Gilberto Braga", perguntou. "Claro que eu topo, mas antes preciso falar com ele", respondeu. "Depois você fala", encerrou Marluce.

A sinopse original de Alcides se baseava em três livros de Taunay (*A mocidade de Trajano*, *Inocência* e *A retirada da Laguna*), mas, ao longo do desenvolvimento da sinopse, em parceria com Gilberto e Sérgio Marques, a história foi sendo alterada. De essencial, ficou um tema do primeiro dos três romances — o pai e o filho que se apaixonam pela mesma mulher. "Duvido que isso veio do Taunay, veio da sua cabeça", provocava Gilberto. "Não é. Está em *A mocidade de Trajano*. Não posso pegar isso e falar que é meu", respondia Alcides. O fato é que, no final das contas, *Força de um desejo* tem um pouco de Taunay e muito dos três autores que fizeram a versão da sinopse.

Gilberto queria que a novela se chamasse *Inocentes*. Alcides preferia *Juventude*. Prevaleceu a escolha de Daniel Filho, *Força de um desejo*. Manda quem pode, obedece quem tem juízo. Nos créditos iniciais, Sérgio Marques aparece entre os colaboradores, ao lado de Marcia Prates, Lilian Garcia e Eliane Garcia, mas tanto Gilberto quanto Alcides insistiram com a Globo que ele deveria assinar a novela como um dos autores principais.

A Globo não exibia uma novela de época desde *Salomé*, em 1991. A minissérie *Chiquinha Gonzaga*, que foi ao ar em janeiro de 1999, marcou a retomada de investimentos desse tipo. *Força de um desejo* seria a joia da coroa. A emissora investiu recursos na construção de uma cidade cenográfica no Projac, na Zona Oeste, e não mediu esforços em matéria de figurinos e caracterizações. Sônia Braga, já uma estrela internacional, foi contratada para uma participação especial nos primeiros vinte capítulos. O elenco reunia a nata da "patota" de Gilberto: Malu Mader, Fabio Assunção, Cláudia Abreu, Reginaldo Faria, Nathalia Timberg, Daniel Dantas, José Lewgoy.

O enredo era atraente. Ambientada na segunda metade do século XIX, num tempo em que os barões do café começam a perder poder e o movimento abolicionista ganha força, a novela conta a história do romance conturbado entre duas pessoas de classes sociais diferentes. De um lado, Ester (Malu), a dona de um famoso bordel, e de outro Inácio (Fabio), o herdeiro das terras do barão Henrique Sobral (Reginaldo). Tudo se complica quando, num desses desencontros típicos de novela, Ester e Inácio brigam e ela se casa com o barão sem saber que ele é pai do seu grande amor.

Um dos poucos aborrecimentos de Gilberto em *Força de um desejo* foi causado por Sônia Braga. A atriz estava longe das novelas desde 1980, quando fez *Chega mais*, e topou uma participação especial após longa negociação com a Globo. A baronesa Helena Sobral, no início da novela, vive amuada, infeliz, e passa muito tempo trancada dentro do quarto. Ela é muito maltratada por Henrique, pois ele sabe que Abelardo (Selton Mello), seu filho mais novo, é, na verdade, filho de Helena com o vilão Higino (Paulo Betti). Inácio, que é filho legítimo de Helena e Henrique, não se conforma com o tratamento que o pai dá à mãe e vai embora para o Rio, onde se apaixonará pela cortesã Ester.

Gilberto e Sérgio Marques contam que Sônia se recusou a gravar uma cena em que era revelado ao público que ela ficava acordada à noite porque bebia. Segundo Gilberto, a atriz afirmou que não queria aparecer como uma pessoa dependente de bebidas alcoólicas. Um problema de imagem. "Sônia, você tá confundindo tudo. Você pode ser contra a bebida e fazer a cena. É uma história. É ficção", teria dito o autor. "Brigamos. Nunca mais nos falamos", contou Gilberto.* Sérgio Marques se recorda do episódio, mas diz que não comprometeu a novela: "Gilberto ficou irritado com a Sônia, que não queria aparecer como alcoólatra, mas foi fácil mexer no texto."

---

* Sônia Braga foi procurada três vezes por intermédio do seu assessor de imprensa, mas não respondeu aos pedidos para falar sobre os trabalhos com Gilberto Braga.

Não faltou ambição a Gilberto e Alcides. Eles sonhavam fazer uma versão tropical do filme *O Leopardo*, do cineasta italiano Luchino Visconti. Vencedor da Palma de Ouro de Cannes, em 1963, o épico recria a atmosfera vivida nos palácios da aristocracia no período da unificação da Itália, no século XIX. "A gente dizia que a novela tinha que ser um *Leopardo*", conta Alcides. Talvez por esse motivo, quando a novela não decolou no Ibope, como se esperava, surgiu a explicação de que seria muito requintada para o horário das seis.

Desde 1996, com *Anjo de mim*, de Walther Negrão, a média de audiência no horário das seis já estava oscilando em torno de 30 pontos, ou menos. Com *Pecado capital*, de Gloria Perez, atingiu seu patamar mais baixo, com média de 26,8 pontos. Esperava-se que com todo o investimento feito em *Força de um desejo*, a Globo fosse voltar ao patamar dos 30 pontos. Não foi o que ocorreu. A novela estreou em 10 de maio de 1999 com 30 pontos, mas logo na primeira semana registrou média de 27,5 pontos, caindo para 25 na segunda e 24 na terceira semana. Apesar de registrar 37 pontos no capítulo final, em 28 de janeiro de 2000, terminou com uma média de 24,4 pontos, a menor até então na faixa das seis.

Todos os depoimentos e registros da época indicam que, embora decepcionada com os números, a Globo nunca pressionou os autores no sentido de alterarem a novela para melhorar a audiência. Em 16 de janeiro de 2000, poucos dias antes da exibição do último capítulo, foi noticiado que Gilberto havia renovado seu contrato com a Globo até 2005. Ele estava satisfeito com os elogios e se sentiu apoiado internamente. A conclusão geral é que o resultado do Ibope não foi culpa da novela. A televisão aberta no Brasil estava passando por um novo momento e começava a sentir o impacto do crescimento da TV por assinatura, que iria atrair parte do público das classes A e B com uma oferta enorme de canais, programação esportiva, séries americanas, documentários e *reality shows*. As novelas continuariam a ser a espinha dorsal da programação da TV aberta, mas seria cada vez mais difícil dialogar, como Gilberto era mestre, com o público da elite econômica.

38. O BALZAC DA GLOBO

No Brasil, o prestígio dos autores de novelas sempre foi inversamente proporcional ao salário que recebiam. No campo dos que trabalham com a palavra, o romancista, o dramaturgo, o poeta, o autor de jornalismo literário e até o roteirista de cinema são mais respeitados do que aqueles que se dedicam à criação de folhetins para a televisão. Há preconceito nessa avaliação, mas também há motivos.

Os autores de novelas são herdeiros diretos de uma arte inventada na primeira metade do século XIX, o romance publicado em capítulos nos jornais franceses, o nem sempre bem afamado "folhetim". É dessa prática de literatura mal paga e feita às pressas que nasce a tradição do romance rocambolesco. Sua meta principal é fisgar o leitor e obrigá-lo a comprar o jornal no dia seguinte para saber a continuação da história. A verossimilhança da trama e a construção de personagens críveis não faziam parte das principais preocupações desses autores pioneiros, que ganhavam por linha escrita. O melodrama ajudava a chamar a atenção, e a reação do público levava os autores a alterar os rumos da trama e os perfis dos personagens a qualquer momento da história.

Como em todo ofício, há os bons e os maus autores de folhetim. Os melhores dominam a arte dos diálogos ágeis, a construção de personagens bem tipificados, fáceis de identificar, a clara descrição dos ambientes, o senso aguçado de corte dos capítulos. Já os temas vêm se repetindo pelos séculos com pouquíssimas variações. Até cruzaram o Atlântico e ajudaram a rechear telenovelas mexicanas e brasileiras: a gêmea boa e a gêmea má, a fortuna usurpada, o passado misterioso, a troca de identidades, a luta por vingança. O talento latino não passou despercebido nesse campo, pelo contrário. É possível dizer que desenvolvemos um bom time de especialistas no assunto. Como observa Marlyse Meyer em seu grande estudo sobre o folhetim, com a exportação das novelas da Globo, na segunda metade do século XX, a Europa se curvou à América Latina, em especial o Brasil.

Gilberto Braga, seria desnecessário dizer, está entre aqueles que ajudaram a tornar as telenovelas brasileiras um fenômeno cultural e sociológico de notável importância. Para quem analisa com algum distanciamento e sem preconceitos esse processo, é fácil observar como a obra de Gilberto, desde *Escrava Isaura*, em 1976, sempre despertou a atenção de estudiosos das mais diferentes áreas, da literatura à comunicação, passando pelas ciências sociais. É difícil estabelecer um *ranking* nesse campo, mas não há erro em dizer que Gilberto está entre os autores de televisão que mais foram discutidos e analisados nas universidades e que é, seguramente, aquele que mais seduziu intelectuais brasileiros.

Sem concluir um curso universitário, Gilberto teve uma formação bem heterodoxa, mas mostrou, ao começar a escrever para a televisão, que estava preparado, do ponto de vista cultural, para a tarefa. Tirou de letra a experiência como adaptador de obras literárias de Machado de Assis (*Helena*) e José de Alencar (*Senhora*) e deu mostras de sua imaginação ao levar para a TV versões do romance *A escrava Isaura* e da peça *Dona Xepa*. Mas a grande novidade oferecida por Gilberto seria de outra natureza. Janete Clair avisou primeiro: "Ele pode trazer uma contribuição principalmente quando a gente escreve para as classes mais altas. Ele tem um conhecimento literário importante." Já em *Corrida do ouro* (1974), uma novela leve para o horário das sete, era possível perceber que havia algo de novo ali. "O tratamento que ele dava aos núcleos de classe mais elevada era diferente do que a gente estava tratando habitualmente", notou Boni.

A habilidade de traçar um retrato realista tanto da elite econômica quanto da classe média carioca foi o que distinguiu Gilberto. Ele tinha um conhecimento e um sentimento sobre esse universo que nenhum outro autor da casa possuía. Gilberto não demonizava a elite. Desde sempre construiu retratos críticos, até cruéis, mas sem perder de vista o lado mais humano dos personagens. No império da hipocrisia que Gilberto descreve em suas novelas, os vilões e vilãs são críveis, capazes de gestos inesperados e imprevistos, e não maniqueístas, como autores mais engajados muitas vezes compuseram os ricos nos anos 1960 e 1970.

Graças aos retratos da elite econômica que apresenta já em *Dancin' Days* (1978), mas especialmente a partir de *Água viva* (1980), em *Brilhante* (1981), *Corpo a corpo* (1984), *Anos dourados* (1986), *Vale tudo* (1988), *O dono do mundo* (1991) e *Pátria minha* (1994), entre outras, é que Gilberto será comparado ao escritor francês Honoré de Balzac (1799-1850). Autor da monumental *Comédia humana*, considerado o pai do romance moderno, Balzac descreveu a ascensão da burguesia na França e o seu modo de vida em dezenas de livros. Alguns dos temas principais de Balzac são a ambição, o amor sob todas as formas possíveis, a conspiração da sociedade contra o indivíduo de fora, as alegrias e as misérias da glória, a vingança do amor-próprio ferido e Paris. "Por trás de tudo, o dinheiro agindo desavergonhadamente e impiedosamente", escreve Paulo Rónai na Introdução à edição brasileira de *Ilusões perdidas*.

O próprio Gilberto deu a senha para essa comparação em algumas entrevistas. Falando sobre *Louco amor* (1983), ao ser questionado se o dinheiro era o principal personagem da novela, respondeu: "O dinheiro é a minha personagem principal desde que comecei a escrever para a televisão." "Por quê?", indagou o repórter: "Deixo para os estudiosos. Mas o dinheiro, sem querer comparar, também era a personagem principal de Balzac." Em 1974, à revista *Amiga* disse que Balzac era seu autor favorito. À *Última Hora*, em 1983, citou como preferidos Machado de Assis, Balzac e Charles Dickens. A Xexéo, em 2019, elencou cinco romances que considerava fundamentais para um autor de novelas: *Dom Casmurro* (Machado de Assis), *O primo Basílio* (Eça de Queiroz), *Le père Goriot* (Balzac), *A ira dos anjos* (Sidney Sheldon) e *Princesa Margarida* (Judith Krantz).

"Eu presto atenção", Gilberto dizia quando questionado sobre a verossimilhança dos personagens de classe média e classe média alta que criava. Lendo capítulos de *O dono do mundo*, a então jornalista e hoje roteirista Patrícia Andrade notou: "Realmente, foi um Balzac, um cronista dessa nobreza." Gilberto era, de fato, um atento observador, mas também sabia onde se inspirar. Miguel Falabella conta ter aprendido uma lição importante, que Gilberto repetia sempre que havia alguma dúvida sobre caminhos a tomar pelos personagens de *Salsa e merengue*: "Quando está na dúvida, pega o Balzac."

Arnaldo Jabor, então colunista da *Folha*, mais de uma vez tentou decifrar Gilberto. Em 1994, por causa de *Pátria minha*, chamou-o de "um Balzac eletrônico". Disse ainda: "Ele é um autor de novelas com importância balzaquiana. Ele nos lê de um ponto de vista irônico e sofisticado, com o mesmo amor que Balzac tinha pela aristocracia." Em outro texto, após dizer que a novela era uma "verdadeira comédia humana de um Balzac eletrônico", observou: "O realismo não esquerdista da Globo permite que Gilberto Braga seja um claro espelho do país, porque não é ideológico."

O crítico de cinema Luiz Carlos Merten também recorreu a uma imagem parecida ao falar de Gilberto: "Chamei-o muitas vezes de Balzac do folhetim televisivo, por conta de suas cenas burguesas — Balzac conheço bem; é dos autores que releio sempre. Sabia tudo sobre a prataria, sobre o companheiro de família ilustre, tudo chiquérrimo. Gente fina é outra coisa."

Aguinaldo Silva, que conviveu muito com Gilberto durante a criação de *Vale tudo*, também traçou um paralelo do colega com o escritor francês: "É Gilberto que vem se ocupando, num veículo menosprezado, transitório, de traçar um retrato da burguesia brasileira, enfim, nossa *Comédia humana*, o que só Octavio de Faria havia conseguido, num outro momento", disse, referindo-se ao autor que escreveu os catorze volumes da *Tragédia burguesa*.

Luis Fernando Verissimo, cuja esposa, Lúcia, foi colega de Gilberto no Pedro II, também se lembrou do autor brasileiro ao escrever sobre Balzac numa crônica, em 2007. Verissimo observa que, assim como "Balzac fez de Paris não apenas cenário, mas personagem dos seus livros", Gilberto realizava algo parecido ao falar do Rio. "É possível que no futuro se descubra a topografia moral do Rio desta época numa novela popular", escreveu.

Essas comparações com Balzac faziam bem ao ego de Gilberto, mas o atrapalharam um pouco após a saída de Boni e a chegada de Marluce Dias, e a troca de Daniel Filho por Mário Lúcio Vaz no comando da direção artística. Foi um dos seus momentos mais complicados na emissora, com dificuldades para aprovar alguns projetos e mesmo dialogar com o chefe da área de criação. Tudo indica que um dos motivos era justamente a fama de "intelectual" que Gilberto passou a ter, a despeito da sua vontade. Mário Lúcio também implicava com outros autores, como Silvio de Abreu e Alcides Nogueira, que ele considerava terem uma postura superior, *blasé*. O executivo se referia jocosamente a esse time como a "Sorbonne" da Globo, numa referência à universidade francesa.

Gilberto e sua obra foram tema de inúmeros estudos acadêmicos, dissertações de mestrado e teses de doutorado, indicam pesquisas feitas em bancos de dados de grandes universidades. De todas as novelas que escreveu, *O dono do mundo* talvez seja a que mais fascina quem estuda o impacto e a recepção do seu trabalho. A brusca queda de audiência ocorrida após a mocinha Márcia ser desvirginada pelo vilão Felipe Barreto e a rejeição sofrida pela trama ajudam a entender melhor o modelo de produção de novela, analisa Lisandro Nogueira, numa dissertação de mestrado defendida na Universidade de São Paulo (USP) e publicada no livro *O autor na televisão*. Na visão de Nogueira, *O dono do mundo* "revela-se uma obra-síntese, por mostrar as possibilidades e os limites do autor-produtor, a crise de audiência em função do contexto neoconservador, o campo de forças vigente na indústria de criação e na discussão de problemas éticos de um país em constante crise moral".

A rejeição à trama também fascinou o psicanalista Tales Ab'Sáber. Classificando Gilberto como um mestre em "adentrar os jogos simbólicos do poder e das relações entre classe e dinheiro no país", ele vê um aspecto positivo na reação conservadora à novela: "O fato de Gilberto Braga não ter desvirtuado o poder sádico e cínico da parcela de elite que lhe interessava observar faz parte da grandeza da obra, tanto quanto o choque e o curto-circuito na esfera pública que ela realizou."

Em agosto de 2007, na véspera da estreia de *Paraíso tropical*, a *Folha* convidou o sociólogo Sergio Miceli, o filósofo Renato Janine Ribeiro, o crítico Ismail Xavier e o psicanalista Tales Ab'Sáber para comentar a obra de Gilberto. Na síntese do jornal, os intelectuais ouvidos "veem nas tramas de Gilberto Braga uma representação sofisticada do Brasil".

"Acho ele melhor do que os outros autores", diz Miceli. O sociólogo considera interessante a "aposta em mostrar o lado menos bonzinho, mais perverso" dos personagens. Gilberto, diz ele, "tem um lado de contrassenso, de um sentido menos domesticado" do que a maioria dos colegas de ofício. Ab'Sáber vê Gilberto como "o grande inventor moderno" da telenovela e defende que ele a levou "até o limite extremo de sua forma". Em *Vale tudo*, diz Ab'Sáber, "passa a olhar o Brasil do ponto de vista radical de uma elite beneficiária da vida nacional estagnada, que opera com liberdade cínica e violência sistemática a sua relação com uma classe média ambígua ao extremo em relação à ordem de exploração e ao descompromisso do grande dinheiro por aqui".

Renato Janine Ribeiro acrescenta: "É muito importante a exposição que ele faz dos vícios brasileiros. Uma parte da convicção que existe no Brasil de que algumas condutas são inaceitáveis se deve às novelas." Ismail Xavier observa: "Gilberto demonstra claramente que é um espectador do cinema clássico americano. E faz a ponte entre a cultura brasileira e esse cinema industrial clássico." O crítico também aponta relações com Nelson Rodrigues na obra gilbertiana.

Ao ser informado dos elogios feitos pelos quatro intelectuais, Gilberto disse: "Claro que fico prosa. Logo eu, que fugi da faculdade no segundo ano de letras e me acho tão inculto." Pura modéstia.

39. GILBERTO BRAGA PAROU O PAÍS OUTRA VEZ

Nos oito anos e sete meses em que Gilberto ficou longe do horário das oito, Manoel Carlos, Aguinaldo Silva e Benedito Ruy Barbosa emplacaram, cada um, três novelas na faixa mais nobre da Globo. O que aconteceu?

Se os vínculos de Gilberto com a Globo fossem comparados a uma relação afetiva, seria possível dizer que essa relação começou na década de 1970 como uma amizade sincera, com os casos especiais, evoluiu para um namoro, com as primeiras novelas, e virou uma paixão depois de *Dancin' Days* (1978). O casamento viveu a sua fase mais empolgante e frutífera na década de 1980, quando Gilberto escreveu cinco novelas das oito, entre as quais *Vale tudo* (1988), e as minisséries *Anos dourados* (1986) e *O primo Basílio* (1988). Já na década de 1990, mesmo mantendo uma ótima convivência, o que resultou inclusive num belo aumento salarial, o casal enfrentou alguns episódios desgastantes. O enorme sucesso de *Anos rebeldes* (1992) e os muitos elogios a *Força de um desejo* (1999) não foram capazes de esconder os desencontros vividos no período. A rejeição do público a *O dono do mundo* (1991), os transtornos ocorridos em *Pátria minha* (1994) e a recepção morna a *Labirinto* (1998) tiveram o efeito de acender um sinal amarelo na Globo.

Como diz Edgar Moura Brasil, Gilberto não era fanático por trabalho. Podia passar cinco ou seis anos sem trabalhar numa boa. Gostava mesmo é de ficar em casa lendo e vendo filmes. Ou viajando. Mas, dessa vez, ele ficou com uma pulga atrás da orelha. O projeto de *Celebridade* havia sido apresentado duas vezes — e duas vezes foi colocado na gaveta. Após o primeiro adiamento, pensou: "Ih, pô, estão sem confiança em mim." Na dúvida, partiu com Edgar para os Estados Unidos e a Europa, onde permaneceram por dois meses.

Quando a ideia foi engavetada pela segunda vez, a preocupação aumentou: "Caramba, quando acabar esse contrato, eu estou na rua, e vou ter que vender meu apartamento."

O responsável por deixar Gilberto na "geladeira" foi Mário Lúcio Vaz, diretor artístico da Globo na gestão Marluce. Em julho de 2001, ele decidiu que *Esperança* iria ao ar na frente de *Celebridade*. Foi uma aposta que não deu certo — a novela de Benedito Ruy Barbosa derrubou a audiência para 38 pontos, abaixo do mínimo desejado, de 40 pontos. Para recuperar o Ibope, em vez de chamar Gilberto, o executivo se sentiu mais à vontade para recorrer a Manoel Carlos, que vinha da bem-sucedida *Laços de família* (média de 45 pontos). Dessa vez, acertou. *Mulheres apaixonadas* teve desempenho muito bom, levando a audiência para uma faixa acima de 46 pontos. Com pouco mais de dois meses de novela, quando viu que Maneco estava corrigindo a rota do Ibope derrubado por Benedito, Mário Lúcio finalmente decidiu aprovar *Celebridade*.

Após décadas de intimidade com Daniel Filho, um tipo solar e mercurial, Gilberto se viu diante de um executivo pouco exibido e desconfiado. Carlos Lombardi, que teve muita intimidade com Mário Lúcio Vaz, descreve-o como alguém que se fazia de ingênuo, e até mesmo despreparado, por estratégia. "O mineirinho discreto, sempre vestido de branco por promessa religiosa, era mais ousado do que ele queria que percebessem." Num primeiro momento, não houve afinidade entre Gilberto e Mário Lúcio. Nas lembranças de Edgar, o executivo achava Gilberto "muito besta", com ar de superioridade. Um jantar, no apartamento do Arpoador, ajudou a quebrar o gelo e deu início a uma relação que se firmaria a partir do sucesso de *Celebridade*.

Ainda que tenha entrado para a história como uma novela sobre a obsessão pela fama, a ideia central de *Celebridade* é outra. É uma trama sobre inveja. Como em *A malvada*, o filme que inspirou Gilberto, a novela é sobre uma mulher, Laura (Cláudia Abreu), que inveja uma outra, Maria Clara (Malu Mader), e quer tomar o lugar dela. A ideia de embalar essa disputa entre Maria Clara e Laura num universo de fama e celebridade é o que Gilberto chama de "o molho da história". A proposta foi de Sérgio Marques e surgiu nas reuniões de criação da sinopse.

A mesma coisa aconteceu, por exemplo, em *Dancin' Days*. O enredo de Gilberto sobre duas irmãs que disputam o amor da filha foi ambientado, por sugestão de Boni e Daniel Filho, no mundo da discoteca. A rigor, em *Celebridade*, o que justifica o título da novela é uma história paralela, a das manicures Darlene (Deborah Secco) e Jaqueline Joy (Juliana Paes), que querem ser famosas a qualquer preço, e do bombeiro Vladimir (Marcelo Faria), que fica famoso contra a sua vontade.

Maria Clara Diniz era uma empresária, produtora de eventos, muito bem-sucedida, mas não dava para chamá-la de "celebridade". "Ninguém pede autógrafo para uma produtora", ria Gilberto, reconhecendo que forçou a barra nessa caracterização da personagem. A ideia fazia sentido na versão original do roteiro, que seria protagonizado por uma apresentadora de telejornais, mas a Globo vetou. Para justificar a fama de Maria Clara, os autores inventaram que ela havia sido uma modelo famosa no passado e mantinha um contrato de publicidade com uma marca de cosméticos. A partir de certo momento, obedecendo a uma das regras de Janete Clair ("Tira o retrato de Branca da parede"), a profissão de Maria Clara deixou de ser assunto na novela. Sumiram as menções à atividade dela. Os autores passaram a tratá-la como uma celebridade e pronto.

Aliás, o nome do folhetim deveria ter sido outro. Ainda em 2001, Gilberto citou em entrevistas que a novela se chamaria *Fama*. O título, porém, já havia sido registrado pela Bloch. Quando a Globo manifestou interesse em comprar a marca, a concorrente pediu 200 mil reais pela cessão dos direitos — um valor considerado absurdo. Gilberto bateu o pé. Queria que o título fosse comprado. Foi quando o jornalista Luis Erlanger, então diretor da Central Globo de Comunicação, trouxe uma alternativa. "Já li a sinopse e tenho um nome melhor para a sua novela", disse, sugerindo *Celebridade*. Ainda que a contragosto, Gilberto topou. E batizou como *Fama* a revista dirigida por Renato Mendes (Fabio Assunção) na novela.*

---

* No ano seguinte, produzindo um show de talentos musicais, o diretor Luiz Gleiser pensou em batizá-lo de *Fama*. Erlanger, então, contratou um advogado para comprar da Manchete o nome. Como não tinham vendido para a novela da Globo, cederam os direitos por 8 mil reais para o escritório de advocacia, que o repassou para a emissora. O programa musical estreou em abril de 2002.

Em 29 de janeiro, em meio ao processo de criação de *Celebridade*, a roteirista Leonor Bassères morreu, vítima de um câncer de pulmão diagnosticado cerca de um ano antes. Ela estava com 78 anos. Leonor foi a principal parceira de Gilberto por duas décadas, desde que escreveu a versão romanceada de *Água viva*. Seu nome está nos créditos, como coautora ou colaboradora, de dez trabalhos de Gilberto. Nascida em dezembro de 1926, Leonor era 21 anos mais velha que Gilberto, mas a diferença de idade nunca atrapalhou o trabalho da dupla. Ao contrário. O fato de pensarem diferente só enriqueceu o processo criativo. Leonor realçava também que não havia competição com o parceiro. "Leonor era um raio de luz, era impossível não gostar dela", disse Gilberto. "Era muito importante para mim em tudo."

A morte de Leonor teve o efeito de reaproximar Gilberto de Ricardo Linhares. A relação entre os dois havia ficado abalada depois que Linhares deixou a equipe de *O dono do mundo* no meio do trabalho. Posteriormente, reconheceu o erro e pediu desculpas a Gilberto. No enterro de Leonor, houve uma conversa entre os dois, que resultou na entrada de Linhares na equipe de *Celebridade*. Ele foi integrado ao time já no dia seguinte e ficou até o final da trama. Nos créditos, foi "uma novela de Gilberto Braga, escrita com Leonor Bassères, Sérgio Marques, Marcia Prates, Maria Helena Nascimento, Denise Bandeira e Ricardo Linhares".

O enorme sucesso de público e os muitos elogios da crítica ajudaram *Celebridade* a se tornar uma das novelas preferidas de Gilberto. Uma de suas satisfações era ter realizado o sonho de ser um "autor", da forma como eram os cineastas franceses da Nouvelle Vague: "Escolhi tudo: elenco, músicas, dei palpite em figurino, tudo. E discuti um assunto que estava no ar." Quem estava ao seu redor compartilha a impressão de que foi um momento especial. "Do que vi do Gilberto, *Celebridade* foi a coisa mais próxima de prazer que ele teve", conta Maria Helena Nascimento. "Foi uma euforia coletiva." Denise Bandeira, igualmente, guarda uma ótima lembrança. "Quando Gilberto me chamou para fazer *Celebridade* achei que tinha ganhado na loteria. E tinha mesmo. Uma novela das nove com Gilberto é um mestrado em dramaturgia", disse.

O clima positivo gerado por *Celebridade* acabou ajudando a abafar um grave problema, que abalou para sempre as relações de Malu Mader com Gilberto Braga. Ao longo de dezenove anos, desde *Corpo a corpo*, a atriz e o autor tinham construído uma relação de grande entendimento profissional e intimidade pessoal. Malu foi protagonista de *Anos dourados*, *O dono do mundo*, *Anos rebeldes*, *Labirinto* e *Força de um desejo*. Ela e o marido, o músico Tony Bellotto, frequentavam o apartamento de Gilberto e Edgar. Brincando, Gilberto tratava Malu como filha e dizia para Bellotto que ela estava "bem encaminhada".

Malu conta que, ao escrever a sinopse de *Celebridade*, Gilberto a consultou se preferia interpretar a vilã ou a heroína. Ela entendeu que para ele seria melhor que fizesse o papel que acabou fazendo. A intimidade era tão grande que Gilberto permitiu que Malu escolhesse o nome da personagem, Maria Clara Diniz, uma homenagem dela a Maria Clara Machado e Leila Diniz. "Ele me colocou dentro do processo de criação da novela desde o começo. Me senti como parte da turma", contou Malu, posteriormente. As gravações começaram, a novela estreou, agradou rapidamente ao público e ganhou elogios da crítica. Até que Malu se deu conta de que Maria Clara estava ficando chata. Era enganada por todos o tempo inteiro, não só pela vilã, Laura, mas também pelo noivo, pela irmã, pelo cunhado, pelo motorista, e passou rapidamente de boa a boba e burra. Na visão da atriz, os diálogos de Maria Clara pareciam escritos sem gosto e eram repetitivos.

Com receio de mexer por conta própria no texto, o que, segundo Malu, muitos atores fazem, ela optou por consultar Gilberto previamente. "Então, quando recebia os capítulos e sentia dificuldade com alguma cena, devido à minha total intimidade com o Gilberto, eu ligava para ele." Gilberto relatou que as ligações ocorriam tarde da noite e que ele, cansado, autorizou várias vezes Malu a alterar o texto de cenas que seriam gravadas no dia seguinte pela manhã. Gilberto contou que Malu chegava para gravar com Marcos Palmeira, que fazia o papel do fotógrafo Fernando, entregava a nova versão da cena, reescrita por ela, e dizia: "A cena agora é essa. Decora aí."

Certo dia, durante as gravações de uma cena entre Maria Clara e Fernando, dezenas de pessoas no estúdio levaram um susto quando Marcos Palmeira perguntou em voz alta para o diretor Marcos

Schechtman, assistente de Dennis Carvalho: "É para eu fazer o que você está me pedindo ou o que ela está me pedindo aqui no meu ouvido?" Malu imediatamente recuou e disse: "Não! Não!" Schechtman, educadamente, colocou panos quentes e a cena foi gravada.

Dennis Carvalho se recorda de Malu levantando o dedo no *set* de gravação para perguntar: "Posso falar uma coisa dessa cena?" O diretor diz que ria da situação: "Quer dirigir? Vai lá e dirige." Malu conta que entendia brincadeiras desse tipo "como uma espécie de *bullying*". E lamenta: "Isso me impedia de usar a cumplicidade diretor/atriz que deveríamos ter depois de tantos anos de trabalho juntos."

Segundo Dennis, Malu resistiu a gravar a cena mais lendária de *Celebridade*, a surra que Maria Clara dá em Laura dentro de um banheiro. Malu nega que isso tenha ocorrido, mas admite que questionou Gilberto a respeito. "Fiz algumas considerações sobre a opção pelo Ibope, por meio da catarse da vingança, em detrimento do heroísmo da personagem." Na visão da atriz, ao dar aquela violenta surra na vilã, a mocinha deixaria de ser a heroína, de fato, da novela. Mas Malu assegura que as gravações transcorreram sem qualquer problema, seguindo o texto de Gilberto e as orientações de Dennis. "Cacau [*Cláudia Abreu*], Dennis e eu estávamos muito animados, muito a fim de fazer uma cena memorável, como acabou acontecendo."

A discrição de todos os envolvidos nesse desentendimento levou para debaixo do tapete, sem escândalo, uma espécie de novela dentro da novela. Gilberto e Malu nunca romperam. Depois de *Celebridade*, participaram de eventos sociais juntos, apareceram lado a lado em fotos de estreias teatrais, mas a relação profissional terminou ali. Após quatro novelas e três minisséries, Gilberto nunca mais escalou Malu para nenhum papel. "Sinceramente, não sei por quê", diz ela.

Tratando do universo da mídia e dos famosos na novela, a conexão com a parcela do público das classes A e B voltou a ser muito eficiente. Um exemplo dessa comunicação ocorre já no primeiro capítulo, quando o jornalista Renato Mendes reclama do lugar que ganhou para ver um show do grupo britânico Simply Red. O personagem de Fabio Assunção observa que os jornalistas Zuenir Ventura, Joyce Pascowitch e Artur Xexéo ganharam lugares melhores que ele — uma referência que parte dos espectadores não deve ter compreendido, mas que alcançou um segmento do público. Xexéo, aliás, logo percebeu que Gilberto fez uma aposta segura em *Celebridade*. A novela, mostrou ele, era uma espécie de antologia de sua obra, um apanhado de tudo o que o autor já tinha feito na Globo. "O talento de Gilberto Braga está em renovar todos os seus truques, trazendo à novela sabor de novidade", escreveu o jornalista.

Após mais de oito anos longe do horário nobre, Gilberto pode dizer que foi bem recebido pela audiência. *Celebridade* marcou 49 pontos na estreia, em 13 de outubro de 2003, e manteve uma média de 47,5 pontos nos primeiros quatro capítulos, resultados festejados pela Globo. Ao final dos primeiros 25 capítulos, a média era de 43 pontos, o mesmo alcançado por *Mulheres apaixonadas*, a novela anterior. O capítulo da morte de Lineu (Hugo Carvana), anunciando o novo "quem matou?", registrou 49 pontos. O capítulo em que Maria Clara deu 27 tabefes em Laura foi o segundo de maior audiência da trama, com picos de 63 pontos e média de 57. O capítulo final, em 26 de junho, quando foi revelado que Laura matou Lineu, marcou 63 pontos. A média final foi de 46 pontos.

Vacinado contra rejeições do público, Gilberto anunciou antes da exibição do último capítulo: "Quero um final moralista mesmo. Foi muito tempo de pouca-vergonha no ar. E o grande público, felizmente, gosta dos heróis." Para não correr riscos, terminou a novela matando os dois vilões, Laura e Marcos (Márcio Garcia). "A gente percebe quando o país se mobiliza em torno de uma trama. Foi o que aconteceu com *Celebridade* e fazia tempo que não acontecia com novela alguma", escreveu Xexéo.

Após oito anos e sete meses longe do horário nobre, Gilberto devia estar inseguro no dia da estreia de *Celebridade*. Depois de 221 capítulos, era só alegria. *Celebridade* recolocou Gilberto no topo. A novela que ele passou mais de dois anos tentando emplacar entrou para a lista das melhores do autor. Com uma trama atualíssima, vilões irresistíveis, um núcleo cômico divertido e muitas referências ao universo da elite, a novela virou "o" assunto das conversas. Gilberto parou o país outra vez.

40. A CACHORRA QUE DESBANCOU A MOCINHA EM PARAÍSO TROPICAL

Celebridade restaurou o prestígio de Gilberto Braga entre a direção artística da Globo e o recolocou no primeiro time de autores, a tropa de elite habilitada a escrever as novelas das oito. Acontece que no início do século XXI a concorrência havia aumentado. Quando o último capítulo de sua novela foi exibido, Gilberto entrou em uma fila que tinha à sua frente quatro outros autores, todos com novelas já encomendadas: Aguinaldo Silva (*Senhora do destino*), Gloria Perez (*América*), Silvio de Abreu (*Belíssima*) e Manoel Carlos (*Páginas da vida*). Entre o fim de *Celebridade* e a estreia de *Paraíso tropical*, em 5 de março de 2007, haviam se passado quase três anos. Por um lado, foi um tempo bem aproveitado por Gilberto, que fez duas viagens ao exterior com Edgar. Por outro, esse intervalo acabou interferindo (e atrapalhando) a escalação do elenco.

Gilberto sempre disse que escrevia pensando nos atores que iam viver os personagens. Antes de começar a bolar uma história pedia à direção da Globo que reservasse alguns profissionais para a sua novela. Em muitas situações, criou personagens especialmente para os atores de que mais gostava. "Sempre escrevo para o ator. É como se o ator ditasse o texto. Adoro atores." Nesse novo contexto, de uma novela a cada três anos, a tarefa de reservar atores era bem mais complicada. Primeiro, porque frequentemente diversos autores queriam um mesmo ator, cabendo à direção artística decidir em caso de "disputa". Segundo, porque os atores também tinham suas prioridades e seus planos, e nem sempre era possível atender ao desejo de um determinado autor.

No primeiro semestre de 2006, um ano antes da estreia de *Paraíso tropical*, Gilberto telefonou para Cláudia Abreu. Evocando dois papéis marcantes que escreveu para a atriz, a Heloísa de *Anos rebeldes* e a Laura de *Celebridade*, Gilberto disse uma frase que Cláudia jamais esqueceu: "Eu já escrevi a boa para você, já escrevi a má, agora eu escrevi as duas. Quer fazer?" A atriz estava no meio das gravações de *Belíssima*, na qual vivia a mocinha Vitória, vítima da lendária Bia Falcão (Fernanda Montenegro), e não titubeou. "Como recusar isso? Claro que eu quero", respondeu.

"Só estou com uma angústia", disse Cláudia para Gilberto. "A Maria já tem 5 anos e a gente [*ela era casada com o cineasta José Henrique Fonseca*] está há muito tempo adiando ter o segundo filho. Preciso combinar isso com o Zé." Cláudia e o marido, então, concordaram que ela faria *Paraíso tropical* e, a partir de certo ponto, no meio da novela, deixariam de tomar cuidados para evitar a gravidez. "Isso ficou combinado entre a gente, que eu ia tentar engravidar do meio da novela pra frente. E falei isso pro Gilberto. Ele concordou."

Estava tudo acertado entre Cláudia e o marido e entre a atriz e Gilberto, até que o destino interferiu no roteiro: Cláudia engravidou bem antes do previsto. "Estava, obviamente, me prevenindo, mas aconteceu." E agora? Confirmada a gravidez, depois de um início complicado, Cláudia precisava contar a Gilberto. O encontro foi na casa dele, na segunda quinzena de agosto. A atriz disse: "Não quero que você tenha dúvidas da minha vontade de fazer. Se você quiser, eu marco agora uma reunião com a Globo e pergunto se não dá para trocar a ordem das novelas. Faço a licença-maternidade mais curta."

Gilberto, num primeiro momento, achou boa a ideia de adiar a novela. Mas a Globo não concordou, argumentando que abriria um precedente grave e deixaria a emissora refém de uma atriz. Começou, então, a corrida para encontrar uma substituta para Cláudia. A primeira opção pensada por Gilberto foi Letícia Sabatella, mas a atriz estava em *Páginas da vida*, justamente a novela que vinha antes de *Paraíso tropical*. Alessandra Negrini, outro nome sugerido, foi aprovado quase por unanimidade entre os roteiristas da novela. Só Gilberto não queria, mas acabou aceitando.

Não é que Gilberto tenha escrito as personagens de Paula e Taís especialmente para Cláudia. Na verdade, Gilberto criou *Paraíso tropical* para a atriz. Escrever uma novela protagonizada por gêmeas não era um sonho de autor. No seu entorno, inclusive, todo mundo achava o recurso meio batido. "A única função de fazer uma novela de gêmea boa e gêmea má era uma ode de amor do Gilberto à Cláudia", diz João Ximenes Braga, que integrou a equipe de roteiristas do folhetim. "Ele falou que escreveu a novela para mim", confirma Cláudia. "Eu sabia que ele tinha feito para mim. Por isso sugeri adiar."

Numa declaração à revista *Contigo*, Gilberto disse: "Não estamos tristes porque uma criança é mais importante do que uma novela. Não se pode receber notícia de gravidez com tristeza." Ele não estava mentindo. Por outro lado, jamais superou a chateação com o que ocorreu. Cláudia notou isso com o passar do tempo: "Tinha uma chateação normal, mas acho que isso evoluiu para uma coisa 'ela estava tentando [*engravidar*] e não me disse'. É um novelista. Pode ter achado que premeditei." Nunca mais trabalharam juntos.

Gilberto chegou a chamar Cláudia para a festa de encerramento de *Paraíso tropical*. Também foi à festa de aniversário de 1 ano de Felipa, nascida em 2007, e convidou a atriz para atuar numa série sobre Tom Jobim, que não chegou a ser feita. Com o tempo, porém, a amizade esfriou. "Foi uma pena. Isso nos afastou. Ele ficou com uma certa mágoa." Cláudia se recorda de ter encontrado Gilberto numa reunião na Globo, em 2016. "Gilberto, tenho muita saudade de você, eu adoro você, e não estou falando isso para trabalhar com você, porque você não precisa de mim, nem eu de você. Estou dizendo que eu gosto de você. E tenho saudades de você." Gilberto apenas sorriu. Não falou nada. "Mas me fez um bem danado", disse Cláudia.

Em 12 de outubro de 2021, aniversário de Cláudia, Gilberto mandou uma mensagem gravada para a atriz. Havia anos que não se falavam: "Cacau, aqui é Gilberto. Parabéns pelo dia de hoje. Muitos beijos. Até breve." Gilberto morreu duas semanas depois. "Como ele não andava mandando mais mensagens nos últimos anos, fiquei feliz. Tive a certeza de que nosso afeto estava lá. Mas quando ele faleceu dias depois, isso se tornou ainda mais significativo, foi como uma despedida."

Houve duas outras dificuldades na escalação de *Paraíso tropical*, mas ambas acabaram resultando em grandes acertos. Gilberto queria Selton Mello para viver Olavo, o vilão que antagoniza Daniel, papel de Fabio Assunção. O ator, contudo, não queria mais fazer novela, estava investindo no cinema com planos de dirigir um filme. Dennis Carvalho indicou Wagner Moura, mas Gilberto inicialmente recusou, sob o argumento de que o ator era franzino. Por sorte, Dennis insistiu. "É tão talentoso que mesmo franzino podia ser o galã", reconheceu Gilberto posteriormente.

Para fazer a outra personagem essencial da trama, a prostituta Bebel, Gilberto imaginou desde o início Mariana Ximenes. "Eu bolei o papel para ela." Mariana, porém, vinha de três novelas seguidas e precisava descansar a imagem. Sabendo que estava entre as atrizes sondadas para o papel, Camila Pitanga pediu ajuda à diretora Maria de Médicis, assistente de Dennis Carvalho, que recomendou: "Gilberto vai adorar se você ligar pra ele. Fala que você quer." Camila telefonou, então, para o novelista. A primeira reação de Gilberto foi dizer que enxergava Camila como uma princesa. "Você tem uma coisa meio Grace Kelly", disse. Camila respondeu dizendo que era uma atriz. "Se eu pedir para a Deborah Secco ir do meu apartamento, no Arpoador, até o Projac nua em cima de um carro do Corpo de Bombeiros, eu sei que ela vai fazer. E você eu acho que vai ter pudor", disse Gilberto. "Você tem que respeitar a sua intuição. Só queria te dizer que quero muito fazer", respondeu Camila. Horas depois, Dennis ligou para ela: "O papel é seu." Anos depois, Gilberto reconheceu: "Eu sempre tive vontade de trabalhar com Camila, mas nunca me ocorreu que ela pudesse fazer uma safada. E deu muito certo realmente."

Gilberto tratava a escolha dos elencos de suas novelas de forma muito cuidadosa. Certa vez, recusou uma sugestão dada por João Ximenes para a escalação de uma atriz argumentando que não teria vontade de jantar com ela. "Acho que ela faria bem o papel. Tem que ser boa companhia pra jantar também?", perguntou o roteirista. "Tem. Porque é patota. Eles vão passar meses juntos, é desgastante, têm de gostar muito uns dos outros ou podem pirar. Se nós acharmos que alguém não vai se enquadrar no grupo, como colega, não chamamos." E a patota de Gilberto compareceu em peso a *Paraíso tropical*: Gloria Pires, Fabio Assunção, Hugo Carvana, Isabela Garcia, Daniel

Dantas, Otávio Müller, Beth Goulart, Daisy Lúcidi e Yaçanã Martins, entre outros.

Paraíso tropical é a primeira de três novelas em que Gilberto dividiu a autoria com Ricardo Linhares. Nascido em 1962, Linhares é de uma geração que assistiu às novelas de Gilberto antes de se destacar nesse ramo. Formado em jornalismo, nunca exerceu a profissão. Após fazer cursos de roteiro, entrou para a Globo escrevendo episódios para a série *Caso verdade* e depois para o humorístico *Viva o Gordo*. Seu primeiro trabalho em novelas foi em 1987, como colaborador de Aguinaldo Silva em *O outro*. Também foi colaborador de Walther Negrão em *Fera radical*. A partir de 1989, ainda muito jovem, mas já bastante prestigiado, formou um trio com Aguinaldo e Ana Maria Moretzsohn em *Tieta*, *Pedra sobre pedra* e *Fera ferida*. Em dupla com Aguinaldo, assinou ainda *A indomada* e *Porto dos Milagres*.

Linhares classifica Gilberto como um "tutor". "Aprendi muito com ele", diz. Gilberto indicava filmes dos anos 1940 e 1950 para Linhares ver. Antes de *Paraíso tropical*, fez uma lista de filmes para assistirem juntos. "Vai ser importante para a novela", explicou. O principal foi *Palavras ao vento* (1956), um melodrama rasgado, de Douglas Sirk, com Rock Hudson e Lauren Bacall. A referência ajuda a confirmar a impressão de que Gilberto nunca renegou o melodrama, apenas o embalou com uma capa de sofisticação. Como diz Linhares: "O melodrama do Gilberto é um melodrama em que as pessoas não se rasgam, as palavras não são ditas artificialmente."

Paraíso tropical registrou 41 pontos de audiência na estreia, em 5 de março de 2007, o pior resultado de um primeiro capítulo naquela década. No final do mês, a audiência chegou a 32 pontos. Em abril, a imprensa começou a especular sobre as razões da baixa audiência e uma das explicações seria o fato de o casal romântico (Daniel e a gêmea boa, Paula) não empolgar. No final de abril, quando as gêmeas se encontram pela primeira vez (elas não sabiam da existência uma da outra), o Ibope subiu para 44 pontos. E, em maio, a novela já estava no trilho, registrando médias de 47 e 49 pontos.

Gilberto não estava conseguindo dormir nesse período. Embora sempre tivesse tomado remédios para dormir, durante *Paraíso tropical* ele fez uso de medicamentos muito fortes, receitados por uma psiquiatra. Aflito com os números da audiência, pela primeira vez pediu que fosse informado diariamente dos índices da novela. "Eu só dispensei que me mandassem essa prévia lá pelo capítulo 80, quando senti que pegou mesmo." A "virada" em *Paraíso tropical* é atribuída a dois fatos: o encontro das gêmeas Taís e Paula foi antecipado e os "amassos" entre Olavo e Bebel foram intensificados. As duas sugestões teriam sido de Mário Lúcio Vaz. Em entrevistas, ele assegurou que a história não foi alterada e que não fez nenhuma sugestão.

O fato é que o sucesso do casal formado pela prostituta Bebel e pelo vilão Olavo mudou o rumo da novela. Com um bordão introduzido por Camila Pitanga ("Sou mulher de *catiguria*"), uma química extraordinária entre a atriz e Wagner Moura e diálogos afiadíssimos, o casal roubou a cena. "Acho que a gente deu uma forçada de barra na paixão. Não era pra ser isso, e o Gilberto comprou", disse Moura. O ator contou o que dizia para a parceira: "A gente faz o que ele quer, mas vamos fazer isso render."

E como rendeu. A segunda pesquisa com espectadores da novela, realizada em julho, em São Paulo, confirmou o que já aparecia na primeira: os personagens de que o público mais gostava eram Bebel e Olavo, cuja canção-tema, de Marina, "Difícil", resumia bem a relação: "Eu tenho esse vício de gente difícil no amor." Um dia, Gilberto telefonou para Linhares e disse: "A estrela da novela é a Bebel e não adianta a gente lutar contra, porque vai sozinho."

Credita-se ao roteirista Nelson Nadotti alguns dos melhores diálogos entre Olavo e Bebel, como este, no momento em que ela descobre um crime cometido pelo amante: "Eu não vou te entregar nunca porque eu te amo. Seu idiota, seu estúpido. Eu não sou mulher de entregar o homem que eu amo mesmo ele não prestando", diz Bebel. "Você que não vale nada. Você é a cachorra mais burra desse calçadão. Porque só você não viu ainda que eu amo você também, sua cachorra! Sua piranha! Sua bandida!"

O casal protagonizou outras cenas icônicas, que mesclavam humor e romance. Uma das preferidas do público, até hoje lembrada e que virou *meme*, foi inspirada em *Uma linda mulher*, filme que levou Julia Roberts ao estrelato. Bebel ganha um banho de loja para ir a um casamento chique e é orientada pelos personagens de Yoná Magalhães (Virgínia) e Hugo Carvana (Belizário) a dizer uma única frase, uma forma de não deixar transparecer sua profissão ou, nas palavras da prostituta, "não dar pinta": "Que boa ideia este casamento primaveril em pleno outono." A reação de Olavo ao se deparar com a então ex-amante é impagável: "Você enlouqueceu, robotizou?"

A jornalista Patrícia Kogut captou, no *Globo*, o reencontro de Gilberto com a paz de espírito e o sucesso graças ao fenômeno Bebel-Olavo. "Um autor no paraíso", era o título da capa da *Revista da TV* do jornal, em 15 de julho. "A grande surpresa, ao menos para mim, é que eles não são vistos propriamente como vilões. Acho que muita gente perdeu completamente o sentido de ética. Como eles têm muito charme, uma grande parte dos espectadores torce por eles. Estou pasmo", disse o autor.

A entrevista, realizada num bar na avenida Atlântica, no Posto 6, ficou marcada por um detalhe gilbertiano. A fotógrafa Simone Marinho sugeriu fazer uma foto do autor no calçadão da praia. O bar emprestou uma escada para ajudá-la na tarefa. Durante a caminhada até o local da fotografia, Gilberto tomou a iniciativa de levar a escada, como se fosse um assistente da fotógrafa. "Era muito educado, sempre muito cavalheiro", conta Patrícia. Na véspera da publicação da entrevista, o jornal exibiu a imagem de Gilberto carregando a escada enquanto conversa com a jornalista.

Um aspecto bastante questionado em *Paraíso tropical* foi a forma encontrada por Gilberto para representar um casal de homossexuais na trama. Era formado por Rodrigo (Carlos Casagrande), assessor direto de Antenor (Tony Ramos), e Tiago (Sérgio Abreu), funcionário da recepção do Hotel Duvivier. Apesar de pedidos dos atores a Gilberto, em cena alguma da novela os dois demonstraram algum afeto maior ou intimidade. "Nós queríamos mostrar um casal gay que não vivesse conflitos amorosos e fosse totalmente aceito no ambiente de trabalho, no círculo de amigos e vizinhos", explicou Linhares. "O público é conservador, mas os autores não são."

A "normalização" do casal formado por Rodrigo e Tiago na novela expressava, no fundo, o desejo de mostrar uma situação que Gilberto vivia no seu cotidiano. A realidade brasileira, porém, era outra em 2007 (e pouco mudaria nos quinze anos seguintes). Ainda havia muito preconceito e homofobia no país. Naquela altura, a Globo ainda temia afrontar os espectadores com cenas de intimidade entre personagens gays.

Como em quase todas as suas tramas, Gilberto reservou um "quem matou?" para o final, mas não havia dúvida de que o autor da morte da gêmea má Taís seria Olavo. Para Bebel, foi reservado um desfecho irônico, que muitos entenderam como "feliz": a prostituta se torna "exclusiva" de um senador da República e acaba a novela depondo numa Comissão Parlamentar de Inquérito (CPI), onde é apontada como "laranja" do político. Ela usa um casaco de pele e debocha do senador (Dennis Carvalho) que a questiona. "Meu sonho mesmo é ser apresentadora de TV", diz ela.

O último capítulo registrou média de 56 pontos e a novela, como um todo, teve média de 43 pontos. *Paraíso tropical* foi eleita a Melhor Novela do Ano pela Associação Paulista de Críticos de Arte (APCA), que também concedeu os prêmios de Melhor Atriz a Camila Pitanga e de Melhor Ator a Wagner Moura.

41. COM UM PÉ NA ACADEMIA BRASILEIRA DE LETRAS

No embalo da repercussão extraordinária da minissérie *Anos rebeldes*, em 1992, o roteirista Flávio de Campos foi convidado a transformar o roteiro de Gilberto Braga e Sérgio Marques num romance. Foi um processo semelhante ao que havia ocorrido com a novela *Água viva*, que ganhou uma adaptação literária de Leonor Bassères em 1980. Lançado pela editora Globo, o livro fez um sucesso razoável, chegando a merecer uma segunda edição ainda em 1992.

Em junho de 2010, a minissérie voltou a ser tema de livro. Assinado pelo próprio Gilberto Braga, *Anos rebeldes: os bastidores da criação de uma minissérie* é um catatau de 630 páginas com os roteiros dos vinte episódios comentados pelo autor. Lançado pela editora Rocco, uma das maiores do país, é especialmente indicado para quem se interessa pelo ofício de roteirista e pela carreira de Gilberto. Em vários depoimentos ao longo da obra, ele fala de sua história pessoal, explica a concepção da minissérie e revela inúmeros bastidores do processo criativo. No Prefácio, Artur Xexéo festeja o livro como "uma miniautobiografia do autor".

É um baita livro, de fato, mas que deixou uma pergunta no ar. Por que Gilberto decidiu publicá-lo dezoito anos depois da exibição da minissérie? A resposta é realmente surpreendente. Gilberto ouviu a sugestão — e gostou — de se candidatar à Academia Brasileira de Letras (ABL). Para isso, antes de tudo, o candidato precisa ser autor de pelo menos um livro. E Gilberto, apesar dos milhares de laudas que já havia escrito, ainda não tinha nenhum livro com o seu nome na capa. É com a intenção de um dia se candidatar à ABL que Gilberto decide publicar a obra sobre a minissérie.

Essa história começara no ano anterior. Curtindo o período de férias entre novelas, Gilberto se encontrou com o escritor Arnaldo Niskier, a quem conhecia desde os tempos em que colaborava com a revista *Manchete*, no início da década de 1970. "Nos tornamos bons amigos", conta Niskier. Dez anos mais velho que Gilberto, Niskier compartilhava com o novelista a origem tijucana e a torcida pelo América.

Nesse encontro, em 2009, a conversa versou, a certa altura, sobre a Academia Brasileira de Letras, que Niskier conhecia como ninguém. Educador com vasta atividade na área, autor de dezenas de livros sobre o assunto, além de obras de literatura infantojuvenil, foi eleito para a ABL em 1984 e presidiu a instituição em 1998 e 1999. Gilberto saiu do encontro animadíssimo com o plano de disputar uma vaga.

Em 12 de fevereiro, a jornalista Hildegard Angel, muito amiga de Gilberto, publicou no *Jornal do Brasil* a seguinte nota: "Cozinha no forno das altas esferas de comando da Globo um projeto: entronizar Gilberto Braga na Academia Brasileira de Letras. Desde Dias Gomes, um autor de novela não chega à casa de Machado de Assis." A diferença, observava Hilde, é que Dias virou imortal graças à sua obra teatral e não à televisiva. Gilberto seria o primeiro autor exclusivamente de novelas a se tornar imortal. Seria a consagração do gênero. "Como vocês sabem, eu adoro o Gilberto. Vou fazer campanha, ai, ai", escreveu.

Gilberto procurou Paulo Rocco, com quem tinha uma boa relação pessoal. O editor assegura que não pensou no livro como um passaporte para o novelista entrar na ABL. Segundo ele, Gilberto acompanhou de perto o processo de edição. Rocco lamenta, contudo, que o livro tenha ficado muito grande e caro. "A gente faz muito livro já sabendo que não vai virar *best-seller*. São livros que a gente acha importante fazer", disse.

O processo de candidatura e eleição para a Academia Brasileira de Letras é um ritual repleto de regras, boa parte delas não escritas, que envolvem uma intensa sociabilidade e muitos gestos de boa vontade e bajulação. Isso talvez explique por que, podendo escolher entre inúmeras livrarias, bares e locais de festa, Gilberto optou por lançar o livro justamente no espaço mais austero: a ABL. No dia 8 de junho de 2010, compareceram ao evento, entre outros, os atores Bete Mendes, Luigi Baricelli, Herson Capri, Eriberto Leão, Lavínia Vlasak, Yoná Magalhães, Maria Clara Gueiros, o autor Ricardo Linhares e o jornalista Artur Xexéo.

A aproximação logo começou a render frutos. Em outubro, a Academia promoveu o debate "Telenovelas, séries televisivas e literatura", com a participação de Gilberto, do novelista Walcyr Carrasco, do diretor Ignácio Coqueiro, do ator José Wilker e do professor Muniz Sodré. Muito paparicado no seminário, que ocorreu depois do chá dos imortais, Gilberto defendeu o valor artístico das novelas, que, segundo ele, podem ser classificadas como textos literários. "Se cordel é literatura, se temos a literatura oral, as novelas também são um tipo de literatura", disse.

Ainda no seminário, Gilberto lembrou que escreveu versões para a televisão de livros como *Helena*, de Machado de Assis, *Senhora*, de José de Alencar, e *A escrava Isaura*, de Bernardo Guimarães. Segundo ele, até livros mal escritos podem render boas novelas. "*A escrava Isaura* é mal escrito e mal estruturado, mas tem um dos melhores enredos para fazer um novelão", disse.

No texto que escreveu para participar do seminário na ABL, Gilberto deixou claro que estava realmente engajado em convencer os acadêmicos. Chegou a comparar o seu ofício ao do dramaturgo. "Como o teatro, a novela, composta de falas de personagens, destina-se a ser encenada e não lida. A diferença fundamental entre as duas formas literárias é o fato de ser o teatro encenado num palco e a telenovela, através de imagens." Por muito tempo, Gilberto rebaixou a importância do que fazia, dizendo que era simplesmente um autor de folhetins. Na ABL, ao contrário, ele afirmou a originalidade do gênero, afirmando que novela é literatura, sim: "Já que ela é uma construção de linguagem verbal e ficcional, ou, como já citamos, 'uma forma de criar e recriar textos', apanágio do que é literário."

Ainda em outubro, Gilberto e Edgar ofereceram um jantar, em casa, para Marcos Vilaça, então presidente da ABL, e sua mulher, com a presença de vários imortais, entre os quais Carlos Heitor Cony, Arnaldo Niskier, Nelson Pereira dos Santos, Candido Mendes, Cícero

Sandroni, Sábato Magaldi e Ivo Pitanguy, todos acompanhados de suas esposas. Esse jantar, por um lado, representou um agradecimento à acolhida que Gilberto teve no lançamento do livro e no seminário. Mas foi também um gesto obrigatório do "balé" que envolve qualquer esboço de candidatura.

Além de convidar para jantar, há vários outros trâmites nesse ritual. O interessado precisa mandar todos os seus livros para todos os imortais, frequentar os chás, para os acadêmicos sentirem se a convivência com o eventual candidato vai ser agradável — a mesma lógica de Gilberto quanto ao elenco/patota de suas novelas e minisséries —, e ser gentil, muito gentil, com gente que mal conhece. Muitos pré-candidatos desanimam diante dessas obrigações.

A primeira cadeira a vagar depois que Gilberto manifestou interesse em entrar para a ABL foi em novembro de 2010, com a morte de Fernando Bastos de Ávila. A candidatura que mais reuniu votos dos imortais foi a do poeta Marco Lucchesi, eleito em 3 de março de 2011. Um mês antes, com a morte de Moacyr Scliar, uma nova cadeira ficou disponível, mas Gilberto não teve o impulso de lançar o seu nome. O eleito, em junho, acabou sendo outro profissional das Organizações Globo, o jornalista Merval Pereira.

Em outubro de 2011, entrevistado pela jornalista Maria Lúcia Rangel, ele reconheceu pela primeira vez que se interessou pela ABL. "Na verdade, ele foi sondado para candidatar-se a uma vaga e, em princípio, aceitou. Só espera ter tempo e paciência para a campanha. Se a Academia aceitá-lo, será o primeiro escritor só de novelas a fazer parte da casa. Aguardem", escreveu ela. Gilberto, porém, nunca mais falou no assunto. Sem explicações, desistiu do projeto. Restaram apenas especulações. Alguém certamente propôs seu nome, mas compreendendo que não teria apoio suficiente sugeriu que ele não se inscrevesse. É o que os imortais chamam de "levantamento do nome". Na visão de muitos acadêmicos, é um desgaste propor uma candidatura que não tem chances de vencer.

Marco Lucchesi assegura que o nome de Gilberto não foi cogitado quando ele se apresentou e tampouco quando Merval se candidatou. "Presumo que, quando acontece assim, fala-se com clareza: 'Dessa vez não dá.' Se quiser, você pode se apresentar. Mas, se continuar, vai ter poucos votos, ou nenhum. Não é conveniente", diz Lucchesi. "Esse negócio da Academia é muito complicado", diz Paulo Rocco. "Ninguém entra sem um apadrinhamento."

Niskier avalia que Gilberto teria chance de ser eleito nesta terceira década do século XXI. "Acho que se ele não tivesse morrido antes do tempo poderia se candidatar à Academia, nessa leva de abertura, que passou de colaboradores literários para uma atividade mais ampla. Figuras notáveis da cultura." Niskier se refere a alguns dos candidatos eleitos em 2021: a atriz Fernanda Montenegro, o compositor e cantor Gilberto Gil, o cirurgião Paulo Niemeyer, o advogado José Paulo Cavalcanti e o economista Eduardo Giannetti. "Gilberto tinha uma ação cultural muito intensa e elogiada", defende.

42. INSENSATO CORAÇÃO, "A NOVA NOVELA DAS NOVE"

A concorrência no horário das oito, que já era grande, aumentou ainda mais no final da primeira década do século XXI com a chegada de João Emanuel Carneiro. Após duas novelas das sete bem-sucedidas (*Da cor do pecado* e *Cobras & Lagartos*), o jovem autor ganhou um lugar no time de elite. Gilberto, que a essa altura já era o mais antigo autor de novelas das oito em atividade, teve que esperar a exibição de cinco folhetins antes de voltar à TV: *Duas caras* (Aguinaldo Silva); *A favorita* (João Emanuel Carneiro); *Caminho das Índias* (Gloria Perez); *Viver a vida* (Manoel Carlos); e *Passione* (Silvio de Abreu). Entre *Paraíso tropical* (2007) e *Insensato coração* (2011), ficou três anos e três meses fora do ar.

Nesse meio-tempo, já reconhecido como um autor fundamental na história da teledramaturgia brasileira, Gilberto prestou um "depoimento para a posteridade" ao MIS no Rio de Janeiro. Falou por cerca de cinco horas, das três da tarde às oito da noite, sobre a sua vida pessoal e a trajetória profissional. Por falta de espaço, os jornais nos dias seguintes exploraram apenas os aspectos mais picantes do depoimento, como as falas sobre Marluce Dias da Silva ("fui rebaixado"), Alessandra Negrini ("não tem o carisma da Cláudia Abreu") e sobre a avó Rosa ("era muito dada").

Esse período entre novelas foi marcado também por perdas de algumas referências importantes na vida de Gilberto. Em maio de 2008, morreu Paulo Alberto Moretzsohn Monteiro de Barros, o Artur da Távola, o primeiro crítico de televisão a apontar as qualidades do seu trabalho. "Entre seus inúmeros méritos, conseguiu ser político sem ser corrupto e escrever sobre TV com seriedade", disse Gilberto. Em 19 de novembro, ele assinou no *Globo* o obituário de Titá Burlamaqui, nas suas palavras, "a maior estrela da decoração brasileira".

Grande amiga e também "madrinha" de Edgar no ramo da decoração, Titá fez mais de oitocentos projetos em cinquenta anos de atividade profissional. Em fevereiro do ano seguinte, morreria o crítico de cinema Antonio Moniz Vianna, uma referência para Gilberto no período em que atuou como crítico de teatro e de quem também foi amigo. Ele enviou uma coroa de flores à família com a palavra "Gratidão".

Em outubro de 2009, Gilberto e Edgar concretizaram um projeto que vinham acalentando havia algum tempo: a compra de um apartamento em Paris. Após anos se hospedando no Hôtel Madison, em Saint-Germain-des-Prés, eles passam a ter endereço fixo na rue Séguier, não muito distante do Sena. Além de ser um conforto para quem tinha o hábito de viajar praticamente todo ano para a cidade, o casal também seguia o conselho da consultora financeira Verônica Nieckele, que os convenceu de que o momento era bom para investir em imóveis. É nessa temporada entre novelas, ainda, que Gilberto alimenta o sonho de entrar para a Academia Brasileira de Letras, aproxima-se de alguns acadêmicos e publica o livro sobre *Anos rebeldes*. Esse plano, como vimos, não prospera.

Como tantos outros trabalhos de Gilberto, o projeto de *Insensato coração*, inicialmente chamado *Lado a lado*, nasceu do desejo de ter um determinado ator como protagonista. No caso, Wagner Moura. Gilberto estava completamente encantado pelo ator que roubara a cena em *Paraíso tropical*. Depois de tantas histórias centradas em mulheres, Gilberto decidiu abrir mão de uma de suas marcas registradas e escrever uma novela que giraria em torno de dois personagens masculinos. O esboço inicial era de uma trama sobre dois irmãos, um deles terrivelmente invejoso do outro. Wagner Moura seria o gente-boa e Fabio Assunção, o irmão mau. Uma das inspirações, como não podia faltar, foi um melodrama americano dos anos 1940, *Leave Her to Heaven* (*Amar foi minha ruína*), no qual Gene Tierney vive uma mulher que engana o marido e comete vários crimes motivados por seu ciúme doentio.

Gilberto e Dennis Carvalho chegaram a conversar com Wagner Moura sobre o projeto ainda em 2007, assim que *Paraíso tropical* terminou. Gilberto entendeu que ficou "apalavrado" que ele faria a sua próxima novela, mas o ator, na verdade, nunca disse "sim".

Sem Moura, o escolhido para o papel foi Eriberto Leão, uma indicação de Dennis Carvalho. Em 2009, o ator havia se saído bem como protagonista de uma novela das seis, o *remake* de *Paraíso*, de Benedito Ruy Barbosa, no papel do mocinho que tem fama de ser "filho do diabo".

A escolha da protagonista feminina também não foi nada fácil. Após Malu Mader e Cláudia Abreu serem excluídas da "patota", Gilberto resolveu apostar em Ana Paula Arósio. Ex-modelo, ela havia superado os preconceitos que costumam envolver esse tipo de transição profissional e se firmado como uma boa atriz. Começou ainda na década de 1990 no SBT e fez uma carreira meteórica na Globo. Entre 1998 e 2010, foi protagonista em nove novelas ou minisséries, quase sempre como mocinha, incluindo elogiados trabalhos em *Hilda Furacão* (1998) e em *Terra nostra* (1999). Ao ser chamada, em julho de 2009, para protagonizar *Insensato coração*, disse: "Fui convidada pelo Gilberto Braga, o que me envaideceu muito." O autor retribuiu: "Fizemos o papel especialmente para ela."

Gilberto dizia que *Insensato coração* foi a sua única novela em que o título nasceu antes da história — no caso, no dia 17 de agosto de 2008, no velório de Dorival Caymmi, de quem gostava muito. Uma das músicas do compositor que veio à sua cabeça naquele momento foi "Só louco", que traz os versos: "Oh! Insensato coração/ Por que me fizeste sofrer". Na mesma hora, diante do corpo de Caymmi, pensou: "Puxa, *Insensato coração* seria um título bonito de novela." A trama, escrita em parceria com Ricardo Linhares, contou com sete colaboradores, a maior equipe até então: Ângela Carneiro, Fernando Rebello, Izabel de Oliveira, João Ximenes Braga, Maria Helena Nascimento, Nelson Nadotti e Sérgio Marques.

Mudanças de hábito dos espectadores levaram a Globo a fazer alterações em sua grade ao longo dos anos, no esforço de recuperar parte da audiência que estava migrando para a TV por assinatura e outras mídias. O centro nevrálgico da programação, formado por novela das sete, seguido por *Jornal Nacional* e novela das oito, seguia firme desde 1969. No entanto, pesquisas mostravam que um contingente significativo de espectadores se sentava no sofá para assistir à televisão cada vez mais tarde e também a desligava em um horário mais tardio. Assim, a novela das sete começou a ir ao ar às 19h15, depois às 19h30, sendo acompanhada pelo telejornal, que foi mudando até começar às 20h30. A novela das oito continuou sendo chamada assim por muito tempo, mesmo sendo exibida a partir das 21 horas. A Globo aproveitou a estreia de *Insensato coração* para, finalmente, alterar essa denominação clássica. Depois de mais de setenta novelas das oito, a trama de Gilberto e Linhares foi apresentada como "a nova novela das nove".

As gravações de *Insensato coração* começaram em outubro de 2010. Um dos núcleos principais da ação ficava em Florianópolis. Ocorreu, então, um fato extraordinário, sem precedentes na história da teledramaturgia brasileira: a protagonista da novela não compareceu ao seu primeiro dia de gravação e comunicou, por meio do assessor de imprensa, que não ia mais fazer a novela. Segundo uma versão que circula sobre o episódio, no seu primeiro encontro com Gilberto e Dennis, Ana Paula Arósio teria dito que não estava mais interessada em fazer mocinhas tradicionais e ouviu do autor e do diretor que a personagem seria diferente. Com vinte capítulos na mão para se preparar, a atriz teria chegado à conclusão de que aquele papel não era o que havia sido prometido para ela.

Na prática, revelou-se dois meses depois, a incompatibilidade de Arósio era com a própria carreira artística. Em 20 de dezembro, ela pediu rescisão de seu contrato com a Globo. Tinha 35 anos na ocasião, e nunca mais atuou na televisão. Restou a impressão de que ela, de fato, nunca teve vontade de fazer a protagonista de *Insensato coração*. Mas foi convencida, aceitou e depois se arrependeu. Até meados de 2023, a atriz nunca falou publicamente sobre as razões que a levaram a desistir de *Insensato coração*.

Gilberto ficou furioso com o que chamou de "atitude muito antiprofissional". Em depoimentos que deu sobre o assunto, posteriormente, de forma muito incomum, chegou a se referir a Ana Paula Arósio com palavrões. O diretor Dennis Carvalho contou que, antes da desistência, Arósio havia feito prova de roupa, leitura de texto e estado com Gilberto, na casa dele, para falar da personagem. Pediu referências de livros e de filmes a Ricardo Linhares. E até cortou o cabelo para viver o papel.

Cerca de cinquenta pessoas esperavam a atriz para gravar naquele dia em que, sem dar maiores explicações, ela não apareceu. Dennis telefonou para o diretor artístico Manoel Martins e, dramaticamente, anunciou: "Perdemos a protagonista. O que eu faço?" Martins pediu, então, algumas opções de nomes. A escolha recaiu sobre uma atriz ainda mais jovem, Paolla Oliveira, que havia causado boa impressão em duas novelas recentes da faixa das seis: *Ciranda de pedra* e *Cama de gato*.

Os problemas, porém, não se encerraram com a desistência de Arósio. No final de novembro, já com as gravações a pleno vapor, Fabio Assunção foi desligado da novela. O ator estava se tratando de uma dependência química e temeu não aguentar o ritmo de trabalho. Ele próprio tomou a iniciativa de relatar a dificuldade a Gilberto e a Dennis Carvalho, numa reunião no apartamento do autor. "É um grande amigo meu e tenho muito carinho por ele", disse o novelista. Para substituir Fabio, Gilberto e Manoel Martins ficaram entre os nomes de Caco Ciocler e Gabriel Braga Nunes, optando, por fim, pelo segundo.

No fim das contas, os três protagonistas foram diferentes dos que Gilberto desejava. Mais do que isso, a novela foi protagonizada por três atores com os quais ele nunca havia trabalhado. Os relatos de quem conviveu com Gilberto nesse período indicam que, ainda assim, ele ficou menos abalado emocionalmente com essas trocas do que com a substituição de Cláudia Abreu por Alessandra Negrini em *Paraíso tropical*. Parte da "patota" do autor se fez presente em *Insensato coração*. O elenco traz, em papéis importantes, Gloria Pires, Antônio Fagundes, Nathalia Timberg e Isabela Garcia. Há, ainda, na cota de atores queridos, Camila Pitanga, Natália do Vale, Louise Cardoso, Deborah Evelyn e Cássio Gabus Mendes, entre outros.

Gilberto e Ricardo Linhares investiram, em *Insensato coração*, em vários fios narrativos simultâneos, espalhados em uma dezena de núcleos dramatúrgicos. Era tanta história, que, no início, o espectador podia ficar em dúvida sobre qual seria a trama central do folhetim. Seria mesmo uma novela sobre a rivalidade entre os irmãos Léo (Gabriel Braga Nunes) e Pedro (Eriberto Leão)? Ou sobre a vingança da enfermeira Norma (Gloria Pires), traída pelo homem (Léo) por quem era apaixonada? Ou, ainda, sobre o amor cheio de obstáculos vivido por Pedro, o herói romântico, e Marina (Paolla Oliveira), uma mocinha convencional? Seria sobre o alpinismo social de Natalie Lamour (Deborah Secco), uma ex-participante de *reality show*? Ou sobre o amor impossível entre André (Lázaro Ramos), um predador de relações afetivas, e uma heroína, Carol (Camila Pitanga), que acredita no casamento?

Quando *Insensato coração* estreou, cerca de noventa capítulos já estavam escritos. É muito para uma novela e dificulta o trabalho de mudanças, quando necessário. Em pouco tempo, foram detectados dois problemas, que contribuíram para a novela não decolar. Primeiro, não houve a revelação imediata de que Léo (Braga Nunes) era o grande vilão. O público viu que ele cometeu algumas maldades, mas não teve a noção do tamanho da sua vilania. Segundo, a virada de Norma (Gloria Pires), a bondosa enfermeira que, após ser presa, voltará para se vingar de seu algoz, estava programada para ocorrer muito tardiamente. A primeira coisa que a equipe fez, assim que a novela estreou, foi antecipar a história de Norma e tirá-la da cadeia.

Após todos os problemas que surgiram durante a fase de escalação, a estreia da novela sem o impacto esperado abalou Gilberto. Ele se mostrou disperso e desanimado, sem vontade de mexer na trama e alterar os capítulos já escritos. Por mais de dois meses, a responsabilidade pela redação final, que era sua, ficou com Ricardo Linhares. João Ximenes, por sua vez, assumiu a função que era de Linhares e passou a fazer a escaleta.

Outra aposta que confundiu o público foi o personagem André Gurgel, vivido por Lázaro Ramos. Ele foi apresentado como o mais badalado e bem-sucedido designer do Rio de Janeiro. Sedutor profissional, em um único capítulo, sem fazer esforço, conquistou três mulheres. André foi inspirado em um dos personagens da série americana *Queer as Folk* (*Os assumidos*), que descreve as aventuras de cinco amigos gays. "Foi um erro bastante nítido", avaliou Gilberto. "Era muito falsa aquela história do André comer todas as mulheres."

A ideia inicial, de realçar o poder de sedução do personagem, acabou deixando em segundo plano o que os autores realmente queriam discutir e mostrar. André é alguém que veio de baixo, enfrentou racismo e conseguiu conquistar espaço, por mérito próprio, no campo profissional. O sucesso, praticamente uma compensação por tudo que passou até chegar lá, leva-o a adquirir confiança. Ele se torna prepotente e antipático, mas ainda assim sedutor. A originalidade do personagem é o ruído que ele causa por ser um sujeito arrogante que pertence a um universo discriminado.

Outro núcleo relevante na trama é o que gira em torno de Sueli (Louise Cardoso), mulher batalhadora e bem-humorada, que perdeu o marido e criou o filho Eduardo (Rodrigo Andrade) sozinha. Dona de um quiosque na praia de Copacabana, após descobrir que o filho é gay ela apoia sua orientação sexual e vira uma defensora dos homossexuais e da liberdade de expressão. Mas a trama se mostrou avançada demais para o padrão da Globo na época. Em uma manifestação, Sueli carregaria uma faixa com a mensagem "Eu tenho orgulho do meu filho gay", mas a alta direção da emissora vetou.

Ainda assim, no final da novela, os autores promoveram uma situação importante, ao mostrar que o casal formado por Eduardo e Hugo (Marcos Damigo) assina um contrato de união estável. Eles não puderam se beijar no próprio casamento; apenas se abraçaram. O jornalista Kleber (Cássio Gabus Mendes), que ao longo da trama demonstrou ser preconceituoso e homofóbico, se redime após descobrir que é pai de Eduardo e comparece ao casamento do rapaz.

Era 2011, primeiro ano do governo de Dilma Rousseff, a primeira mulher a ser presidente do Brasil. O país havia passado pelo escândalo do mensalão no governo Lula e os autores queriam transmitir algum otimismo. Horácio Cortez (Herson Capri), um banqueiro sem escrúpulos, imita Marco Aurélio (*Vale tudo*) e dá uma "banana" para o público ao fugir do país de jatinho, mas é preso antes que o avião levante voo. A prisão sinaliza essa fé de Gilberto e Linhares na ideia de que "acabou a impunidade" e os empresários poderiam ser presos por seus crimes.

Lançada em 17 de janeiro, *Insensato coração* atingiu 37 pontos no primeiro capítulo, mas demorou para engrenar no Ibope. Ao final do primeiro mês, a novela apresentou média de 31,7 pontos, semelhante à de *Passione* no mesmo período de tempo. Em abril, a novela registra 39 pontos, em São Paulo, o seu melhor resultado até então. Em maio, já com a virada de Norma, o Ibope chega a 40 pontos. Sobe para 43 em junho e alcança 46 pontos quando Norma é assassinada, na reta final. Não poderia faltar um "quem matou?" em uma novela de Gilberto Braga.

Desde *Paraíso tropical*, que teve média de 42,8 pontos, as audiências das novelas da oito seguiram em queda quase contínua. A partir de *A favorita* (2008), que ficou em 39,5 pontos, a média se estabelece abaixo dos 40 pontos. *Viver a vida* (35,6), *Passione* (35,13) e *Insensato coração* (35,78) confirmam a tendência. De fato, uma nova era havia chegado. A novela das nove da Globo ainda representava a maior audiência da televisão aberta brasileira, mas em um novo patamar, muito distante dos anos 1980 e 1990. Era uma tendência que continuaria sendo registrada até os dias atuais.

43. SAÚDE DELICADA

Gilberto Braga já havia passado dos 50 anos, em 1997, quando ouviu do médico uma reprimenda: precisava fazer exercícios físicos. Fumante compulsivo, levando uma vida sedentária, era um sério candidato a ter problemas cardíacos. Pior, tinha histórico familiar de doenças cardiovasculares — o pai, que também era fumante, morrera aos 44 anos, após um infarto fulminante. O novelista sempre fumou. Nos períodos de maior tensão, por causa do trabalho, fumava dois maços de Hollywood por dia. Em abril de 2000, finalmente, procurou ajuda médica para interromper o vício. Orientado por uma psiquiatra que indicou adesivos de nicotina, conseguiu parar. Estimulado pelo sucesso de Gilberto, Edgar também parou de fumar meses depois.

Em abril de 2009, depois de anos reclamando de dores no joelho, Gilberto ouviu a recomendação de fazer uma cirurgia para colocação de uma prótese. Ele estava com artrose num estágio avançado. A cirurgia, no joelho direito, foi realizada no Hospital Samaritano, com sucesso. A recuperação, lenta, à base de muita fisioterapia, ocupou-o ao longo do segundo semestre. Em dezembro, Gilberto operou o joelho esquerdo. Ele ainda estava fazendo fisioterapia e andando com alguma dificuldade quando começou a escrever *Insensato coração*, em 2010.

O problema mais grave de saúde que enfrentou foi diagnosticado no segundo semestre de 2011, ainda durante *Insensato coração*. Gilberto passou por exames médicos que constataram a existência de um aneurisma de aorta. Tecnicamente, trata-se de uma dilatação na principal artéria do sistema circulatório, que começa no coração e se estende até a região lombar. O grande risco do aneurisma na aorta é que ele se rompa — a sua correção depois que isso ocorre é muito difícil. O caso de Gilberto não demandava urgência, tanto que ele seguiu escrevendo a novela e se programou para ser operado dois meses após a exibição do último capítulo.

No início de outubro, Gilberto se internou no Samaritano para colocar um *stent* (uma prótese) a fim de facilitar o fluxo de sangue na aorta. É um tipo de cirurgia que envolve certos riscos, mas costuma registrar alta taxa de sucesso. Durante o procedimento, houve uma complicação rara, porém prevista nos livros: a isquemia da medula, também chamada de infarto de espinha dorsal. Por alguns momentos, a aorta deixa de irrigar uma parte da medula. Em consequência, o paciente pode perder a sensibilidade da cintura para baixo. "É o maior fantasma do cirurgião vascular", diz o médico Roberto Zani, que não atendia Gilberto naquela época. "É um percentual muito pequeno, mas pode acontecer em qualquer centro médico do mundo. É uma fatalidade."

Em defesa da privacidade de Gilberto, a família, inicialmente, evitou divulgar o problema. A falta de notícias oficiais abriu espaço para a divulgação de boatos e inverdades. Um jornalista escreveu que Gilberto havia sofrido um acidente vascular cerebral (AVC) "muito grave" e teria sido transferido do Samaritano para o Sírio-Libanês, em São Paulo. No dia seguinte, *O Dia* publicou um desmentido de Edgar, informando que Gilberto estava em casa, "andando e muito bem de saúde". A colunista Anna Ramalho, amiga de Gilberto, noticiou no dia 31: "Cirurgia delicada, mas bem-sucedida. Já caminha com a ajuda de um andador e está com a cabeça perfeitamente em ordem."

Em janeiro de 2012, finalmente, Gilberto começou a falar sobre o que ocorreu. À revista *Contigo*, ele disse: "Faço fisioterapia de manhã e à noite porque estou com dificuldade de locomoção devido a uma complicação no pós-operatório. O importante é que já consigo caminhar pelo apartamento." O site Ego, das Organizações Globo, registrou em 25 de janeiro algumas imagens de Gilberto. Na primeira, ele aparece numa cadeira de rodas à entrada do prédio onde morava, no Arpoador. Outras duas mostravam o novelista caminhando no calçadão da praia acompanhado por outros dois homens, não identificados na legenda.

Só em setembro, quando Gilberto e Edgar viajaram a Nova York para concretizar a compra de um imóvel na cidade, na 59st com Park Avenue, ficaria claro que o pior havia sido superado. No dia 15, a colunista Patrícia Kogut publicou uma foto do casal com Simone:

"Gilberto e Edgar recebem a visita da cantora Simone em seu apartamento em Nova York. Depois de amanhã, eles seguirão para Paris."

Em 1974, quando entrou em pânico e achou que não seria capaz de concluir *Corrida do ouro*, Gilberto pediu a Daniel Filho para ser substituído. Na ocasião, Gilberto acatou a sugestão do diretor para que começasse uma terapia. Desde aquela época, Gilberto convivia com períodos de angústia e depressão. Em 2015, ele disse que fazia uso de medicamentos desde a adolescência: "Eu perdi meu pai com 17 anos e tomo remédio desde essa época. Minha mãe se matou quando eu tinha 27 anos. Tive uma vida difícil. Isso de certa forma fortalece a gente, mas nos deixa dependentes de remédios."

Diversas vezes, Gilberto disse que tomava remédios para dormir e para controlar a ansiedade. Nunca escondeu que só conseguia pegar no sono altas horas da madrugada e acordava à tarde. Ele dizia que o sonífero era o equivalente "a uma martelada na cabeça para conseguir dormir".

44. UM CASAL MODERNÍSSIMO

"Estamos aqui para celebrar os quarenta e cinco anos de união desse casal", anunciou Maria Vitória Riera. "Quarenta e um, por favor", corrigiu Edgar, provocando gargalhadas gerais. "Na nossa idade, cada ano é precioso." Diante de sessenta amigos do casal, naquele sábado, 22 de março de 2014, a juíza de paz corrigiu o erro e prosseguiu em tom descontraído. "Eles estão juntos há muitos anos, mas é porque possuem quartos e banheiros separados. Esse é o segredo da união." Gilberto entrou no clima: "Tenho de casar porque Edgar está grávido", disse, arrancando mais risos.

Foi uma cerimônia bem musical. Os padrinhos Lilibeth Monteiro de Carvalho, Lucinha Araújo, Mônica Meyer, Jorge Delmas, Dennis Carvalho e Deborah Evelyn entraram em cortejo, por sugestão de Rosa Maria, ao som de "La vie en rose", a célebre canção imortalizada por Edith Piaf. Quando vieram os noivos, o DJ Marcos Mamede optou por duas belíssimas canções de Cazuza: primeiro, "Faz parte do meu show", da trilha de *Vale tudo*, em seguida, "Codinome Beija-Flor", da trilha de *O dono do mundo*.

O casamento homoafetivo só foi regulamentado no Brasil em maio de 2013, por meio de uma resolução do Conselho Nacional de Justiça (CNJ), dois anos depois de o Supremo Tribunal Federal (STF) reconhecer que pessoas do mesmo sexo poderiam formalmente constituir uma família. O que nem todos os convidados sabiam é que aquele casamento civil entre Gilberto e Edgar era a quarta formalização dos laços que os uniam desde 1972.

Em março de 2007, perto da estreia de *Paraíso tropical*, Gilberto deu uma entrevista à revista gay *G Magazine*. A penúltima pergunta do jornalista Marcos Maynart foi: "O que você acha que ainda falta ser conquistado pelos homossexuais?" Gilberto respondeu: "Especialmente, a aceitação do casamento, do ponto de vista prático. Meu companheiro de 34 anos não tem direito ao seguro-saúde da Globo, como no caso de meus colegas héteros. Isso precisa mudar, mas acho que estamos indo, não estamos?"

A denúncia teve enorme e imediata repercussão dentro da Globo. No dia 14 de março, em e-mail aos funcionários, a emissora informou que o plano de saúde passaria a permitir a inclusão como dependentes de companheiros do mesmo sexo. Para promover a mudança no plano de saúde, a Globo pediu que os beneficiários comprovassem a união estável. Assim, ainda em 2007, Gilberto e Edgar se dirigiram a um cartório, no Rio, e oficializaram a união. Foi o primeiro casamento.

O casal ainda iria assinar outros dois contratos de união civil. Ambos para cumprir exigências legais. O primeiro foi na França, em 2009, quando compraram o apartamento em Paris. O outro, em 2012, nos Estados Unidos, para formalizar a compra do apartamento em Nova York. Gilberto e Edgar também já haviam feito testamentos em que destinavam um ao outro o patrimônio que tinham. Estavam, portanto, mais do que unidos quando noivaram, em dezembro de 2013, durante um jantar, em Paris. "Na nossa situação, para casar, tem que ser uma festa para mil pessoas no Copacabana Palace", disse Edgar. "Não exagera", respondeu Gilberto. Dessa forma, optaram pela festa para sessenta amigos no apartamento do casal, no Arpoador.

A lista de convidados incluía, além dos padrinhos, as atrizes Gloria Pires, Fernanda Montenegro e Daisy Lúcidi, os autores Silvio de Abreu e Ricardo Linhares, o estilista Oskar Metsavaht, os empresários André Ramos e Bruno Chateaubriand, então casados, os colunistas Bruno Astuto e Anna Maria Ramalho, o casal Verônica Nieckele e Cesar Ramos Filho, os irmãos de Gilberto e de Edgar e todos os nove sobrinhos do casal. As ausências mais notadas foram das atrizes Malu Mader e Cláudia Abreu.

A cerimônia foi realizada na sala principal do amplo apartamento do casal. Tanto Gilberto quanto Edgar vestiam camisas brancas. Durante a troca de alianças, ouviu-se "Eu sei que vou te amar", na voz de Roberto Carlos. A decoração foi feita com arranjos de flores brancas: antúrios, lírios e orquídeas. O bolo, sem exageros, fazia uma homenagem aos cachorros do casal. Após o "sim", foi servido um jantar, assinado pelo bufê Pederneiras. Não houve lua de mel, porém. Gilberto já estava envolvido no processo de criação da novela *Babilônia* e não podia sair do país. Edgar viajou dias depois para Nova York na companhia de amigos. "A verdade é que vivemos em lua de mel há quarenta anos", explicou Edgar.

Bruno Chateaubriand fez, em 2021, uma observação muito pertinente sobre o casal formado por Gilberto e Edgar: "Eles podem ser considerados a verdadeira *avant-garde* do relacionamento homoafetivo no Brasil." Na visão do empresário, o casal se tornou referência para muitos, "em tempos em que ser gay era algo ruim para a maioria das famílias do nosso país". Gilberto não se reconheceu como homossexual antes dos 18 anos. Seu pai, Durval, desconfiava, mas nunca teve certeza. Ele até acompanhou o filho a um bordel no Mangue, onde Gilberto teve a sua iniciação sexual, mas achava o jeito do filho pouco masculino para o seu gosto. Quando Durval morreu, em 1963, Gilberto tinha 17 anos. Dona Yedda, que viveu até 1972, também não sabia. Ao menos não dizia nada a respeito para Gilberto. "Minha mãe era muito boba. Não notava."

Edgar também não falava sobre o assunto com os pais. Mas, a partir de certo momento, em 1976, quando ele e Gilberto decidiram morar juntos, a situação ficou subentendida. E foi aceita. A partir daquele ano, com Gilberto começando a ficar famoso como autor de novelas, aparecem as primeiras notas em colunas sociais mencionando o nome dos dois em eventos sociais. Ainda não eram apresentados como um casal, mas quem conhecia o status do relacionamento deles entendia. Gilberto e Edgar sempre foram muito discretos e gentis. Foi dessa maneira, com naturalidade, que se afirmaram publicamente como casal. "Tem gente que já nasce nobre. Nem sempre é o dinheiro", diz a amiga Lucinha Araújo.

Com intensa vida social, em 1988 Gilberto foi incluído no guia *Sociedade brasileira*, de Helena Gondim. Embora vivessem juntos havia doze anos, Gilberto e Edgar não apareceram como casal no guia, diferentemente da forma como ela apresentava casais heterossexuais. Só em 2002, a autora passou a considerar que Gilberto e Edgar eram casados. Na edição daquele ano, ela criou dois verbetes, um com o nome de Gilberto em destaque, acompanhado do nome do marido em letra menor, e outro com Edgar em destaque e o nome do novelista abaixo.

A quebra do tabu foi notícia em jornais e revistas. A colunista Hildegard Angel festejou. "Somando os 40 e muitos de Edgard Moura Brasil aos 50 e poucos de Gilberto Braga são cem anos de modernidade. Eles foram os primeiros, no contexto social carioca, a se assumirem, moderníssimos, como um casal gay", escreveu. Ao seu estilo, Gilberto afetou indiferença: "É só uma questão de formalidade. Nossos amigos nos aceitam como casal há muito tempo." Hilde nunca se esqueceu da noite em que convidou Gilberto para ser padrinho do seu casamento. Depois do jantar, ele disse a ela: "Meu companheiro é o Edgar. Quando você me convida, você convida ele." A jornalista não se incomodou com a observação. Ao contrário. Assim como Bruno Chateaubriand, ela considera que Gilberto e Edgar foram "vanguardistas".

Edgar classificou a vida a dois com Gilberto como "49 anos de respeito, afeto, carinho e amizade". Muitos amigos que conviveram com o casal compartilham a impressão de que esse resumo é bem verdadeiro. Ainda assim, como em toda relação, o casamento de Gilberto e Edgar também passou por chuvas e trovoadas. Lucinha Araújo, madrinha de casamento dos dois, relata que soube de episódios de aventuras de ambas as partes. "Eu ficava indignada, mas todo mundo me dizia que casal gay é assim mesmo." Daniel Filho, de quem Gilberto era confidente, afirma que ouviu do amigo relatos de brigas e crises — e que ajudou a apaziguar algumas situações.

Na visão de Daniel, eles viviam um "casamento aberto", o que nunca foi reconhecido por nenhum dos dois. Várias pessoas próximas, e outras nem tão próximas, relatam surpresa com a forma como Gilberto falava desabridamente sobre supostas aventuras que tivera durante o casamento. Talvez fosse apenas um jeito de contar vantagem. Também é mencionado pelos amigos que Gilberto era muito ciumento em relação a Edgar. Em 2015, numa entrevista à revista *Vogue*, Gilberto surpreendeu o repórter Hermés Galvão, que escreveu: "Gilberto diz que mantém uma imensa admiração e respeito por Edgar. 'Mas não esse respeito de não cornear, porque isso é uma bobagem. Aliás, você é gay?' O repórter responde que 'sim'. E Gilberto: 'Ah, se eu tivesse 30 anos a menos, namoraria você.'"

Na missa de sétimo dia, Edgar resumiu com muita emoção sua relação com Gilberto: "O que dizer de um amigo com quem eu convivi muito mais de dois terços da minha vida? A pessoa que eu amei, que me ensinou e com quem eu mantive um relacionamento sincero, profundo, e que eu também ajudei num crescimento mútuo." Dirigindo-se ao companheiro, completou: "Fui um felizardo em ter tido uma vida excepcional em alegrias e tristezas ao seu lado, Gilberto. Tive a extrema sorte de ter convivido com você, meigo, brilhante, e que soube captar como poucos o mundo que nos cerca. Na nossa despedida, eu vi o quanto você era amado. Enfim, meu querido, o vazio na minha vida ficou, e pensar num futuro sem você é muito difícil."

45. BABILÔNIA: ANTECIPANDO A ONDA CONSERVADORA

Babilônia, a última e mais problemática novela de Gilberto Braga, foi gestada num período de transição da Globo. Em janeiro de 2013, Carlos Henrique Schroder assumiu a direção-geral da empresa, substituindo Octávio Florisbal. Após uma década sob o comando de um profissional do marketing e da publicidade, a Globo agora seria comandada, pela primeira vez, por um jornalista. O diretor Manoel Martins se aposentou e, em seu lugar, foram nomeados quatro executivos: Ricardo Waddington, Boninho, Silvio de Abreu e Guel Arraes, cada um cuidando de uma área. A Silvio, amigo de Gilberto, coube a teledramaturgia diária (novelas).

Criada em parceria com Ricardo Linhares e João Ximenes Braga, a sinopse de *Babilônia* foi aprovada ainda na gestão de Manoel Martins, mas a novela só estreou na era Silvio de Abreu. Ainda em 2014, começou a ser anunciada como uma das principais atrações da Globo para o ano seguinte, quando seriam comemorados os cinquenta anos da inauguração da emissora. Gilberto montou uma equipe de dez pessoas — até onde se sabe, a maior que uma novela da Globo já reuniu. Além dos três autores, eram sete colaboradores: Ângela Carneiro, Chico Soares, Fernando Rebello, João Brandão, Luciana Pessanha, Maria Camargo e Sérgio Marques.

Com título inicial de *Três mulheres*, a novela teve sua estrutura formada por duas antagonistas, que seriam inimigas entre si, mas fariam um conluio para combater a protagonista. Gloria Pires e Deborah Evelyn foram escaladas como as vilãs e Camila Pitanga foi escolhida para viver a mocinha. Gilberto convidou as três ainda na fase de elaboração da sinopse e elas aceitaram. Na visão dos auto-

302

res, *Babilônia* ia contar a história de uma mulher guerreira buscando justiça para sua família, tendo como pano de fundo as tensões entre classes sociais no Brasil. O bairro do Leme, com seus contrastes, ajudaria o espectador a visualizar essas tensões. Moradora da favela, Regina (Camila Pitanga) era a batalhadora da então muito falada "nova classe C". Vivendo num apartamento com vista para o morro, Inês (Deborah Evelyn) representava a classe média ressentida. Beatriz (Gloria Pires), moradora da avenida Atlântica, simbolizava a elite predatória. Depois de duas novelas centradas em conflitos familiares, seria o retorno de Gilberto a um campo de crítica social que ele dominava muito bem.

Em outubro de 2014, a direção da Globo comunicou a Gilberto que ele deveria trocar uma das protagonistas, Deborah Evelyn, por Adriana Esteves. O sucesso avassalador da vilã Carminha de *Avenida Brasil* ainda estava na memória do público e da emissora. Com Adriana, a nova novela de Gilberto teria um atrativo a mais, acreditavam os executivos da Globo. O problema é que a personagem destinada à atriz não era uma "Carminha 2". Ao contrário. Inês era uma mulher sorumbática, mesquinha, desprovida de qualquer sensualidade. Os autores temiam que o público não fosse aceitar Adriana com essas características, justamente no seu primeiro papel após viver a grande vilã da novela de João Emanuel Carneiro. Mais do que isso, Gilberto e seu time enxergavam que Inês, subalterna a Beatriz, deveria ser vivida por uma atriz que não tivesse o mesmo status de Gloria Pires. Os argumentos não convenceram a emissora.

Em janeiro de 2015, a dois meses da estreia, os autores revelaram alguns detalhes da trama, em especial que a história avançaria por um terreno inexplorado em novelas: um casal homossexual da terceira idade vivido por Fernanda Montenegro e Nathalia Timberg. "É preciso arriscar um pouco ou a história não dá certo", disse Gilberto. Para evitar especulações sobre quando as personagens iriam se beijar, Linhares sugeriu que elas dessem um selinho logo no primeiro capítulo para tirar o assunto da pauta.

Babilônia estreou em 16 de março. O capítulo inicial teve 78 minutos de dramaturgia, fora os comerciais. Os autores e o diretor Dennis Carvalho imaginavam que a versão apresentada à direção seria reduzida para 55 minutos, tempo regulamentar em estreias, mas isso não ocorreu. A cúpula aprovou o que viu e optou por não fazer cortes. Por volta do sétimo minuto, na cena 14, as personagens Estela (Nathalia) e Teresa (Fernanda) são apresentadas ao público como um casal. Teresa está se arrumando para dormir quando Estela chega, preocupada com a filha, Beatriz (Gloria Pires), que numa cena anterior pedira dinheiro a ela. Teresa coloca a mão no ombro de Estela e a adverte: "Com a sua filha, nós temos que estar de olhos sempre bem abertos." Estela, carinhosamente, beija a mão de Teresa, que retribui fazendo carinho no rosto da companheira. As duas sorriem e se beijam na boca. Em seguida, se abraçam. A cena de carinho dura quinze segundos, no máximo.

No capítulo enviado aos atores e à equipe de gravação constava a seguinte rubrica [*orientação*] ao final da fala de Teresa: "Estela entende e aquiesce. Retribui o carinho. Elas se dão um selinho." Fernanda Montenegro decidiu por conta própria ir além do que dizia o texto e dar o beijo. O diretor Dennis Carvalho não se opôs; apenas optou por fazer diferentes tomadas, em *close* e também abertas, do beijo — ambas foram usadas. A direção da Globo assistiu ao capítulo uma semana antes da estreia e não viu nenhum problema na cena. Afinal, um ano antes, Félix (Mateus Solano) e Niko (Thiago Fragoso) haviam causado uma comoção positiva após se beijarem na boca no capítulo final de *Amor à vida*.

Fernanda explicou sua decisão: "Onde beijar? Como beijar? Só abraçar? Termina num abraço? Aí veio a ideia. Não tem chupões, não tem nada de um erótico deprimente. Nada. É uma junção de duas pessoas que se amam, na calma de um amor de cinquenta anos. É um beijo de cinquenta anos de um casal." Quem iria dizer "não" para Fernanda Montenegro? Dennis Carvalho seria a única pessoa que podia. Mas não o fez. "Estava todo mundo libertário, mas tomamos um tapa na cara da sociedade", avaliou um membro da equipe.

As reações negativas ao beijo foram enormes. Ao longo dos meses, o assunto foi intensamente debatido, com a exposição de várias teorias a respeito. A principal é que o público deveria ter sido "preparado" para a cena ao longo de algumas semanas ou meses de novela. "Foi precipitado", disse Regina Duarte. Boni também defendeu essa posição: "Se deixassem as duas sem beijar por mais duas ou três semanas, o público ia pedir: pelo amor de Deus, beija." Uma outra teoria é que a rejeição ocorreu porque eram duas atrizes muito conhecidas. Silvio de Abreu disse que Gilberto havia lhe dado essa lição quando ele apresentou Christiane Torloni e Silvia Pfeifer como um casal de lésbicas em *Torre de Babel* (1998). "Se você tivesse colocado duas atrizes que não eram conhecidas, não ia dar esse rebuliço todo", disse Gilberto. "Quinze anos depois, ele faz o mesmo erro que eu fiz", avaliou Silvio.

O beijo não apenas provocou homofobia, como também despertou preconceito contra idosos, o chamado etarismo, conforme demonstraria o cartunista Ziraldo em uma declaração à imprensa: "A Fernanda Montenegro não tem direito de fazer apologia do afeto homossexual. Grandes fãs dela estão estarrecidos com isso. E mesmo que ela estivesse pensando em ajudar as mães dos homossexuais... Mas qual é a porcentagem de mães de homossexuais?"

A principal reação ao beijo, a que mais assustou a Globo, foi orquestrada por igrejas evangélicas. No dia seguinte à estreia, começou a circular nas redes sociais uma imagem do logotipo da novela com uma tarja instando o público a "não dar audiência para a novela que quer destruir os valores da família brasileira". Na quinta-feira 19 de março, a Frente Parlamentar Evangélica do Congresso Nacional (então composta por 75 deputados federais e quatro senadores), divulgou uma nota de repúdio, convocando um boicote à novela.

Uma semana depois da estreia de *Babilônia*, na segunda-feira seguinte, dia 23, a Record TV, de propriedade do bispo Edir Macedo, fundador da Igreja Universal do Reino de Deus, estreou a novela *Os dez mandamentos*. Foi um investimento sem precedentes, com ótimo padrão, que alavancou a audiência da emissora, chegando a superar a Globo em alguns dias. A trama bíblica ia ao ar às 20h30, competindo diretamente com o *Jornal Nacional* e o folhetim infantil *Chiquititas*, do SBT.

No horário de *Babilônia*, a Globo sofria a concorrência da reprise da versão brasileira de *Carrossel*, novela infantil do SBT que havia sido exibida originalmente, com muito sucesso, em 2012. A trama voltou a ser apresentada no mesmo dia da estreia de *Babilônia*. Percebendo a reação negativa causada pelo beijo entre as personagens de Fernanda Montenegro e Nathalia Timberg, a emissora de Silvio Santos começou a promover sua reprise com uma mensagem moralista. "Novela para família é aqui", dizia a publicidade do canal.

Além do ataque promovido pela Frente Parlamentar Evangélica, reverberado em inúmeras igrejas, e das provocações do SBT, a Globo logo sentiu também a pressão vinda do Ministério da Justiça. A história que levaria Alice (Sophie Charlotte) a virar uma garota de programa explorada pelo cafetão Murilo (Bruno Gagliasso) estava sendo considerada inadequada para o horário das 21 horas. Por causa dessa trama, havia a possibilidade de o governo alterar a classificação indicativa da novela para o horário das 23 horas, o que seria um desastre sem precedentes.

O primeiro capítulo de *Babilônia* registrou 33 pontos, em São Paulo. Na terça-feira caiu para 30, na quarta marcou 29, na sexta foi a 26 e no sábado, normalmente o pior dia, deu 24 pontos. Na segunda semana, a situação foi ainda mais dramática. Marcou 29 pontos na segunda-feira e foi caindo até chegar a 22 no sábado. Se ainda houvesse alguma dúvida, os números da terceira semana deixariam claro que a Globo estava com um problemão. A novela marcou 24 pontos na segunda, 25 na terça, depois caiu para 23 entre quarta e sexta e terminou, no sábado, com 20 pontos.

A direção da Globo decidiu, então, antecipar a primeira pesquisa qualitativa, feita com um grupo de espectadoras. Essa pesquisa é realizada, normalmente, ao final do primeiro mês de novela, o que leva os autores a guardar cartas na manga para a terceira e quarta semanas. A pesquisa sobre *Babilônia* não permitiu que os entrevistados tivessem uma compreensão mais clara dos conflitos e laços imaginados para as três protagonistas. O resultado do chamado grupo de discussão mostrou que o ponto principal de rejeição à novela era a questão moral. Para as espectadoras, o beijo das duas senhoras não foi apenas um escândalo, mas uma agressão, um desrespeito, uma afronta. O público também não queria ver Alice como garota de programa nem Murilo como cafetão. Até o título da novela, *Babilônia*, foi criticado por ser, na Bíblia, uma referência a degradação moral. Outra questão que apareceu na pesquisa foi a rejeição a Inês. Adriana

Esteves estava fazendo, como desejado, uma vilã ressentida, invejosa e mesquinha. Mas o público queria ver Carminha.

As soluções propostas pela direção para resolver esses problemas começaram a descaracterizar a novela. Alice deixou de ser garota de programa e virou vendedora de loja. Passou a ser disputada pelo cafetão Murilo e pelo empresário Evandro Rangel (Cássio Gabus Mendes). Teresa e Estela nunca mais se tocariam na novela — nenhum carinho, muito menos beijo. Um dos cenários do casal, o quarto, deixou de ser usado; as duas senhoras só contracenavam na sala de estar, no escritório ou à mesa de jantar. Pior, Inês ganhou um "banho de loja" e virou uma vilã tão exuberante quanto Beatriz, uma variante de Carminha, o que atrapalhou todo o andamento da trama. Silvio de Abreu, já na função de diretor de teledramaturgia, passou a monitorar *Babilônia*. O destempero da Globo com a rejeição a *Babilônia* pode ser medido pela decisão de alterar até o logotipo e a abertura da novela doze dias depois da estreia. O tom vermelho do logo, que podia ser visto como diabólico, deu lugar a uma coloração mais leve, acinzentada e branca.

Cássio Gabus Mendes se recorda do choque que foi a reunião convocada pela emissora para comunicar as mudanças em dois núcleos da novela. O encontro, nos Estúdios Globo, ocorreu no meio da terceira semana de exibição, sem a presença de Gilberto. De um lado, estava Silvio de Abreu, "determinado a fazer as mudanças", segundo Cássio, e, de outro, Ricardo Linhares, "tentando segurar algumas coisas", explicando as viradas armadas para os capítulos seguintes e que poderiam mudar a perspectiva do público. Quando Silvio anunciou que Evandro começaria a disputar o coração de Alice com Murilo, o ator debochou. "Já sei, Silvio. Ele é o Salviano Lisboa", disse, numa referência ao personagem de Lima Duarte em *Pecado capital*, o empresário bem-sucedido que tenta conquistar o coração de Lucia (Betty Faria), que mantém uma relação tumultuada com Carlão (Francisco Cuoco).

Mais significativa foi a mudança que alterou o coração da novela. Silvio determinou que Inês fosse trabalhar na empreiteira de Beatriz e que a história passasse a ser uma briga entre elas por poder dentro da empresa. Todo o resto da novela — não só histórias paralelas,

307

mas a da própria protagonista, Regina, e sua busca de justiça pelo assassinato do pai — deixou de ser prioridade. Essa mudança teve dois efeitos negativos. Primeiro, as duas vilãs entraram numa disputa de gato e rato que se tornou enfadonha. Segundo, a mocinha foi esvaziada ao deixar de ter pontos de contato com as vilãs.

Na visão dos autores, a intervenção afetou irremediavelmente *Babilônia* e não elevou a audiência. Nas palavras de João Ximenes, a novela passou a ter "uma dinâmica de *Tom & Jerry*". Uma semana Inês entrava na sala gritando: "As ações da empresa são minhas." Na outra, era a vez de Beatriz entrar na sala berrando algo similar. Para o grande público, essas brigas soavam inverossímeis e desinteressantes. Ximenes lamenta: "As mudanças que nos obrigaram a fazer destruíram a espinha dorsal e as três protagonistas. Fomos obrigados a sustentar essas patacoadas de briga por poder na empresa por meses, até termos permissão para tentar retomar algo da trama original. Mas já era tarde."

Silvio de Abreu enxergava três problemas em *Babilônia*. Primeiro, o que ele chamou de "um excesso de maldade" — duas vilãs brigando uma com a outra. Segundo, uma mocinha fraca. "Não tinha o mesmo tamanho das vilãs." Na visão dele, o beijo entre as duas mulheres não foi um problema. "Isso é o que a imprensa falou. Mas não foi. O problema é que era uma novela que estava sendo desenvolvida de forma errada." Por "errada", Silvio considerava o fato de que Gilberto não estava, na prática, no comando de *Babilônia*. Com uma depressão severa, ele tinha dificuldades de se concentrar. Nas reuniões semanais em sua casa, com quase todo o time de autores e colaboradores, não conseguia acompanhar as conversas até o fim. Levantava-se no meio e ia para o computador fazer outras coisas. Silvio constatou o problema ao acompanhar um desses encontros. "Todo mundo falando e ele apático."

O então diretor de teledramaturgia não classifica o seu papel na história como de interventor: "Tentei ajudar os autores que estavam ali dando uma diretriz. Porque cada autor levava a novela para um lado. Tem que ter uma diretriz. Tem que ter uma cabeça que comande." Na prática, porém, Silvio interveio diretamente nos rumos de *Babilônia*. A partir do momento em que constatou a fragilidade física de Gilberto, tomou para si a responsabilidade de aprovar a escaleta de cada capítulo — a definição, cena a cena, do que vai acontecer. Olhava, fazia observações e cobrava mudanças. Na quinta semana da novela, Silvio reeditou *Babilônia*, compactando doze capítulos em seis. Um bloco (seis capítulos) foi descartado.

Resume Silvio: "O problema da novela foi que não teve o comando de Gilberto, que estava doente. E tinha muita gente para dar palpite. Não podia dar certo mesmo. Tinha dez pessoas escrevendo a novela." Edgar tem uma visão semelhante. "A última novela não foi tão bem porque o Gilberto não fez nada. Foi a época em que ele estava dopado de remédio." O próprio Gilberto, ao se recordar do período, falou sobre o assunto: "Eu estava tomando um remédio para dormir que não me fazia bem."

Na visão de Ricardo Linhares, o problema de *Babilônia* é que foi uma novela avançada demais para o seu tempo, escrita dois anos antes de ser exibida. Ele acredita que o casal de lésbicas não teria incomodado tanto alguns anos depois. Também sublinha a ousadia de ter uma protagonista negra (Camila Pitanga) namorando um galã loiro (Thiago Fragoso). Foi, ainda, a primeira novela a abordar, com sinal positivo, o sistema de cotas em universidades — Paula, a advogada vivida por Sheron Menezzes, contava que só foi capaz de obter diploma universitário por causa das cotas. Ricardo, porém, avalia que a novela pesou a mão em questões incômodas, como prostituição e violência. "As pessoas se queixavam de ver na novela o que tinha acabado de passar no *Jornal Nacional*." O autor não concorda com a ideia de que os problemas de saúde de Gilberto eram a causa do fracasso da novela. "A gente sabia o que estava fazendo", diz.

Um segundo grupo de discussão com espectadoras, realizado em maio, trouxe mais notícias ruins para *Babilônia*. A ideia de que o personagem de Marcos Pasquim, Carlos Alberto, saísse do armário e tivesse um relacionamento com Ivan (Marcello Melo Jr.), gay, negro e morador de favela, foi altamente rejeitada. Pasquim era visto como um galã e tal passo foi considerado inaceitável pelas fãs do ator. "No meu ponto de vista, fizeram um grupo de discussão antes da hora, e as mulheres disseram que não queriam que eu fosse um gay. Só que meu personagem nem tinha saído do armário", reclamou Pasquim.

Gilberto ficou em silêncio por dois meses e meio, rejeitando inúmeros pedidos de entrevista, enquanto *Babilônia* era atacada por todos os lados. Apenas em 27 de maio ele concordou em falar ao repórter Zean Bravo, do *Globo*, que vinha insistindo em ouvi-lo. Publicada no domingo, 31 de maio, a entrevista deixa transparecer a frustração de Gilberto com a repercussão negativa de *Babilônia* e a sua irritação com o público e a Globo. Ele usa duas palavras fortes, "calamitosa" e "catastrófica", para se referir à audiência da novela nas primeiras semanas — termos jamais usados pela emissora. "Basicamente, a novela chocou por causa do beijo gay e porque tinha pouco amor e muito sexo", diz. "Mas, depois das mudanças, a audiência não subiu em São Paulo. Até agora eu sofro a humilhação pública diária de perder para a novela das sete, *I love Paraisópolis*."

Sobre a repercussão de *Babilônia*, Gilberto sugeriu que o problema era com o público de São Paulo, o maior do país, que teria um gosto muito popular. Referindo-se a um personagem que apareceu em duas novelas de Silvio de Abreu, disse: "Não sei escrever para quem gosta de Jamanta. Meu universo é anti-Jamanta." Gilberto reclamou que a sinopse de *Babilônia* ficou por um ano na Globo e ninguém viu problemas. Bravo perguntou, ainda, como Gilberto estava buscando equilíbrio para enfrentar os problemas da novela. "Tomo remédio o tempo todo. O remédio me protege, mas tudo me atinge", disse. Falou, também, das consequências da cirurgia de 2011. "Não estou andando direito até agora", disse. "Faço muita fisioterapia. Metade do meu dia é dedicado a isso, mas a melhora tem sido bem devagar."

Em junho, a Globo confirmou a decisão de encurtar a novela em três semanas. Em vez de 161 capítulos, seriam apenas 143. Numa rara entrevista, o diretor-geral da emissora disse que fez muitas reuniões de avaliação com Gilberto e Silvio para tentar entender o que estava acontecendo. "Alguma coisa da trama não funcionou. Óbvio", disse Carlos Henrique Schroder. "Se você tem um produto forte, você derruba isso. Por isso acho que tem uma fragilidade do que aconteceu. E aí propicia um terreno fértil para o outro [*a concorrência*] crescer." Outra constatação de Schroder: "Há um país mais conservador do que você imagina."

Babilônia terminou em 29 de agosto de 2015 com um "quem matou?" e uma pequena vingança de Gilberto: Estela e Teresa repetiram o beijo que causou tanta polêmica no primeiro capítulo, sendo seguidas pelo casal formado por Sérgio (Claudio Lins) e Ivan (Marcello Melo Jr.). Já as vilãs Beatriz e Inês foram condenadas, ficaram numa mesma cela, fugiram juntas, continuaram suas brigas de *Tom & Jerry* até se lançarem de carro num penhasco à maneira do filme *Thelma & Louise*. Na média geral, a novela registrou audiência de 25,4 pontos, a mais baixa da história do horário. Só em 2022, *Um lugar ao sol*, de Lícia Manzo, livraria a novela de Gilberto do último lugar do *ranking* de audiências, com 22,3 pontos de média.

Em sua última novela, Gilberto acertou o alvo, mais uma vez. Nadando na contracorrente, como sempre fez, expôs a força da onda conservadora que estava se formando no país. *Babilônia* colocou o dedo na ferida para quem quisesse ver. Para alguns segmentos religiosos, a campanha contra a novela foi um ensaio do que viriam a fazer em 2018, tentando caracterizar a Globo como inimiga e misturando religião e política na campanha eleitoral daquele ano. A intervenção desastrosa na novela mostrou que a Globo não estava preparada para o que estava vindo. A direção da emissora tirou tudo o que supostamente incomodava o público e não colocou nada no lugar. Olhando para trás com calma, parece claro que houve um desmanche, muito mais do que uma operação de salvamento.

Homofobia, racismo, violência contra a mulher, corrupção, políticos em conluio com religiosos: estava tudo ali em *Babilônia*. "Os ganhos do Gilberto e suas novelas sobre o comportamento humano, de direitos não só políticos engajados, são fundamentais porque são libertários. Ele é um revolucionário dentro da novela", resumiu Fernanda Montenegro. Como escreveu a jornalista Cristina Padiglione, *Babilônia* saiu do ar para entrar na história.

46. DUAS NOVELAS E UMA MINISSÉRIE NA GAVETA

O fracasso de *Babilônia* não foi bem digerido — nem pela Globo nem por Gilberto Braga. Ele nunca mais escreveu uma novela das nove. Foi num contexto complexo, de muitas mudanças na estrutura e no comando da emissora, corte de gastos e dúvidas sobre a sua própria capacidade criativa, que Gilberto Braga fez várias tentativas de emplacar novos projetos.

Ainda em 2015, meses depois do fim da novela, ele apresentou a ideia de uma minissérie sobre Elis Regina. De pronto, Silvio de Abreu deu luz verde ao projeto. Gilberto, então, convocou João Ximenes Braga para auxiliá-lo ao longo de 2016. O programa, em seis episódios, foi entregue, mas acabou engavetado porque uma outra divisão da empresa, a Globo Filmes, também estava desenvolvendo uma minissérie sobre Elis Regina a um custo muito mais baixo. Em vez de começar do zero, como seria o caso da minissérie escrita por Gilberto, o outro projeto partia de um filme já feito, *Elis*, de Hugo Prata, com Andréia Horta no papel principal. Guel Arraes e George Moura realizaram uma adaptação que resultou na minissérie *Elis — Viver é melhor que sonhar*, exibida pela Globo em janeiro de 2019.

O segundo projeto em que Gilberto trabalhou foi uma releitura de *Brilhante*. Seria uma novela para a faixa das 23 horas, um novo horário que a Globo abriu em 2011, com o *remake* de *O astro*, de Janete Clair, escrito por Alcides Nogueira e Geraldo Carneiro. O sucesso da experiência levou a emissora, nos anos seguintes, a aprovar a releitura de outros três folhetins célebres: *Gabriela*, de Walter George Durst, *Saramandaia*, de Dias Gomes, e *O rebu*, de Bráulio Pedroso, todos exibidos originalmente na década de 1970. As novas versões foram escritas, respectivamente, por Walcyr Carrasco, Ricardo Linhares, George Moura e Sérgio Goldenberg.

312

Brilhante, como vimos, foi uma novela que traumatizou Gilberto quando de sua exibição original, em 1981, por causa da ação da Censura, que proibia qualquer menção à sexualidade de um dos protagonistas. Novamente em parceria com João Ximenes, e com a colaboração de Denise Bandeira, Gilberto buscou reescrever essa trama como de fato ele gostaria de ter feito na década de 1980. Com sessenta capítulos, rebatizada como *Intolerância* e ambientada na década de 1950, foi entregue à Globo, mas nunca produzida. O cancelamento da faixa horária das 23 horas, em 2019, foi a justificativa oficial para o engavetamento de *Intolerância*.

Em 2019, Silvio de Abreu propôs a Gilberto que adaptasse o romance *Feira das vaidades* (*Vanity Fair*), de William Makepeace Thackeray. Publicado originalmente em 1848, é uma sátira afiada da sociedade britânica no início do século XIX e se tornou um clássico, inspirando inúmeras adaptações para teatro, cinema e televisão, além de batizar uma famosa revista americana, que ainda circula. A proposta de Silvio era que fosse uma adaptação para o horário das seis. Gilberto propôs parceria a Denise Bandeira, que estava nos Estados Unidos pesquisando cursos de literatura que planejava fazer. Diante do convite, a atriz e roteirista voltou imediatamente ao Brasil para se dedicar ao projeto.

Gilberto e Denise trabalharam intensamente a partir de 2019. Com a pandemia de covid em 2020, recorreram aos aplicativos de conversa em tempo real para seguir em frente. É um período em que Gilberto está muito bem, produtivo, escrevendo, lendo e participante. Uma das dificuldades enfrentadas na adaptação, porém, é que o romance de Thackeray, com histórias de alcoolismo, abuso sexual e inúmeras tragédias, seria muito mais apropriado para uma novela das onze da noite. As restrições do horário das seis obrigaram a dupla a fazer uma série de cortes e adaptações. Gilberto e Denise também optaram por trazer a trama para o Rio de Janeiro dos anos 1920, eliminando toda uma discussão que o autor propõe sobre a aristocracia inglesa. Como resumiu Denise, a dupla encorpou o que havia de melhor em *Vanity Fair*, deixando um "perfume" do livro na novela.

Em agosto de 2021, com cerca de oitenta capítulos já escritos, Gilberto foi informado de que a Globo havia desistido do projeto.

Não foram divulgadas, de forma oficial, as razões. Especulou-se que a emissora teria decidido não mais fazer novelas de época, por causa do alto custo, e que *Feira das vaidades* não era uma opção adequada para a faixa das seis.

Nada impede que, um dia, a série sobre Elis Regina e as novelas *Intolerância* ou *Feira das vaidades* sejam realizadas. Mas antes há uma questão a ser resolvida. A Globo entende que todo o material inédito escrito por Gilberto pertence à emissora. Por esse entendimento, apenas a emissora pode dar um destino a esse legado. Não é esta a visão de Edgar Moura Brasil. Em 2023, o marido de Gilberto reconhecia que todo o material produzido pela emissora pertence a ela, mas não o conteúdo inédito, que ficou na gaveta. Se não houver acordo, o caso possivelmente chegará à Justiça.

47. ÚLTIMO CAPÍTULO

O aniversário de 75 anos de Gilberto, em 1º de novembro de 2020, foi passado em Angra dos Reis, numa casa comprada meses antes. Foi a primeira vez que ele esteve no local. Já não se sentia muito bem. Ficou a maior parte do tempo vendo filmes no segundo andar da residência. Descia apenas para almoçar e jantar. Nessas ocasiões, divertia os amigos presentes cantando. A irmã Rosa Maria guarda vídeos em que ele aparece imitando Clementina de Jesus e interpretando sambas e canções do repertório de Frank Sinatra.

No dia 18 de outubro de 2021, cerca de 270 autores e roteiristas da Globo participaram de uma reunião virtual destinada à apresentação de Samantha Almeida, recém-contratada para o novo cargo de diretora de criação da Globo. O clima entre os roteiristas da Globo não era bom naquele momento. Quase diariamente os sites traziam notícias de cortes e demissões de autores e diretores da emissora. Como Gilberto, que havia sido informado recentemente do cancelamento do projeto de *Feira das vaidades*, vários outros colegas enfrentavam dificuldades, com engavetamento de roteiros já prontos.

Samantha foi apresentada pela Globo como "uma das principais lideranças femininas do Brasil ligadas à inovação e à diversidade no mercado de comunicação". Ela ia comandar a área responsável por fomentar a criação de conteúdo no entretenimento e também pela gestão das equipes de autores, pesquisadores e produtores de conteúdo. A nova diretora não tinha nenhum histórico de atuação em dramaturgia nem em criação artística. Ao longo de vinte anos de carreira em publicidade, atuara principalmente no setor de planejamento.*

---

* Um ano depois, em outubro de 2022, Samantha deixaria a função e assumiria a recém-criada área de Diversidade e Inovação em Conteúdo, uma "diretoria transversal", alinhada aos compromissos assumidos de promoção da diversidade e da inclusão nos conteúdos e nas equipes.

Quando Ricardo Waddington, então no comando da área de entretenimento, abriu a reunião para perguntas e comentários, vários autores pediram a palavra. Para surpresa geral, um deles foi Gilberto: "Eu gostaria de dizer que estou muito feliz de estar aqui com todos vocês. E participar desse encontro. Muito bom. E gostaria de dar as boas-vindas a Samantha." Só isso. A fala surpreendeu e comoveu os mais próximos. Gilberto raramente se manifestava em eventos desse tipo. Seria a última aparição pública dele.

Quatro dias depois, no dia 22, devido a uma febre alta e persistente, o médico Roberto Zani determinou que ele fosse internado no Hospital Copa Star, em Copacabana. Uma tomografia constatou uma perfuração no esôfago, um fato gravíssimo, que provocou uma septicemia (infecção generalizada). Gilberto morreu no início da noite do dia 26. Faria 76 anos em 1º de novembro.

Na origem do problema sofrido por Gilberto estava uma esofagite de refluxo grave, que era tratada, mas ainda assim perfurara o esôfago. A primeira notícia publicada sobre a morte acrescentava que Gilberto sofria de Alzheimer. Segundo Zani, ele nunca foi diagnosticado com esse mal; a informação foi excluída da nota publicada pelo *Globo*, mas ainda segue sendo reproduzida em sites na internet.

Nos últimos dez anos de vida, Gilberto sofreu as consequências da isquemia de medula ocorrida durante a cirurgia para a implantação do *stent* de correção de aneurisma na aorta. A isquemia levou, num primeiro momento, à perda de sensibilidade nas pernas, parcialmente recuperada à base de muita fisioterapia. A mobilidade foi prejudicada também pelas duas cirurgias no joelho que Gilberto havia feito em 2009. Ele ainda não estava andando perfeitamente quando teve o problema causado na cirurgia vascular. Em alguns períodos, Gilberto chegou a ter três fisioterapeutas, um para fazer alongamento muscular, outro que cuidava da sua coluna e um terceiro que o ajudava a se exercitar.

Além de fisioterapia, foram anos de muita medicação. Há relatos de períodos em que a medicação produziu efeito errado, deixando-o apático, "fora do ar", como definiu um amigo. "Começou a ficar dopado", contou Edgar, em 2019. Desde o ano anterior, pelo menos,

Gilberto contava com a ajuda de um enfermeiro. Lucinha Araújo se lembra de vê-lo com esse auxiliar em 2018, no aniversário de 70 anos de Rosa Araújo, irmã do autor. O enfermeiro ficava longe; quando ele queria ir ao banheiro, auxiliava-o. Gilberto não conseguia ficar em pé sozinho.

Por causa da depressão, possivelmente, Gilberto se distanciou de vários amigos. São muitos os relatos de pessoas próximas sobre seu súbito afastamento nos anos anteriores à sua morte. Nenhum desses comentários é acompanhado de histórias de briga ou desentendimento. Mesmo parentes registram dificuldades de falar com Gilberto em alguns períodos nesses últimos anos. A repercussão imediata da notícia de sua morte deixaria claro, caso ainda houvesse alguma dúvida, o lugar único que ele ocupara. A Globo o saudou como "um dos maiores dramaturgos da história da televisão brasileira", uma definição incontestável, seja em termos qualitativos, seja em quantitativos.

Em 49 anos de atividade, sempre na Globo, entre 1972 e 2021, Gilberto escreveu cinco casos especiais, cinco novelas das seis, duas novelas das sete, doze novelas das oito e quatro minisséries — um total de 3.055 capítulos.

Falando apenas de novelas produzidas para o horário nobre da Globo e índices de audiência alcançados, é possível dizer que Janete Clair, Aguinaldo Silva e Gilberto são os três maiores autores da história da emissora. Janete e Aguinaldo escreveram mais — quinze cada um, contra doze de Gilberto. Os três têm novelas entre as dez maiores audiências dessa faixa; Gilberto também contabiliza duas novelas entre as dez maiores audiências das seis.

Num país em que a telenovela adquiriu uma importância sem paralelo no entretenimento da população, é difícil estabelecer qual o maior entre todos os autores. Pensando em cinco critérios — pioneirismo, padrão de qualidade da produção, impacto causado, influência sobre os que vieram depois e discussões provocadas —, uma lista dos dez maiores autores de novela no Brasil poderia ser formada por Aguinaldo Silva, Benedito Ruy Barbosa, Cassiano Gabus Mendes, Dias Gomes, Gilberto Braga, Gloria Perez, Ivani Ribeiro, Janete Clair, Lauro César Muniz e Walther Negrão.

A lista de Lauro César Muniz é diferente dessa e coloca Gilberto em primeiro lugar:

> Considero o Gilberto o maior autor de novelas do Brasil. Respeito demais o trabalho de Dias Gomes, Jorge Andrade, Walter George Durst, Walther Negrão, mas o Gilberto tem um dom muito especial para telenovela. Ele acredita piamente. Não faz só para ganhar dinheiro, embora ele diga sempre que é o que o motiva. Ele faz por paixão e o resultado está aí. As novelas do Gilberto são as mais bem-feitas e as mais bem escritas desde que ele começou nesta guerrinha nossa.

A fala de Lauro capta um dos sinais contraditórios que Gilberto emitiu inúmeras vezes ao longo da carreira — a ideia de que não dava importância ao seu trabalho. Uma falsa ideia, evidentemente. Gilberto gostava de fazer esse tipo. Ele não apenas tinha consciência da relevância do que fazia, como também ficava aflito e até se desesperava quando percebia que o público não estava apreciando ou entendendo alguma trama de suas novelas. Gilberto teve uma formação intelectual aparentemente heterodoxa, mas que resultou muito sólida. É uma formação que mistura, em doses equivalentes, a frequência ao "poeira" Bandeirinha, ao cinema Roxy e aos bancos escolares do Pedro II, uma paixão pela cultura francesa e a experiência como crítico de teatro.

Tudo isso somado explica por que, no início da década de 1970, Gilberto achava a televisão algo menor e desimportante na comparação com o teatro e o cinema. Tinha desdém mesmo. Foi parar lá, de fato, porque precisava encontrar uma profissão que o remunerasse melhor. Mas, após ser provocado a se comunicar com as grandes audiências da televisão, rapidamente se deu conta de que tinha muito a dizer e sabia como fazer isso.

É nesse ponto que Gilberto se diferencia da maior parte dos autores de telenovela. Como diz Ricardo Linhares, ele é "o pai da moderna dramaturgia brasileira". Recorrendo ao melodrama sem medo, mas com algum pudor, e usando as melhores técnicas do folhetim, ele conseguiu imprimir uma marca autoral a um entretenimento de característica industrial, como é a novela. Falando da sua aldeia, a Copacabana de classe média em que viveu, foi universal. Para descrever os ambientes da elite que frequentava, combinou uma dose de afeto com outra de mordacidade e traçou retratos impagáveis de um realismo espantoso dos ricaços da Zona Sul carioca.

Como Boni logo percebeu, as novelas de Gilberto chamaram a atenção da classe AB, um público que torcia o nariz para a programação mais popular. Do ponto de vista do negócio da televisão, baseado em publicidade, não poderia haver coisa melhor. O Balzac da Globo foi muito útil para a empresa.

Silvio de Abreu, outro autor a colocar Gilberto também no topo, registra algumas das suas marcas em comparação com outra mestra, Janete Clair: "Ele dá uma categoria ao melodrama que a Janete não tinha. Não é que a Janete é inferior, é diferente. Acho ele o melhor. Consegue fazer com que o produto tenha uma característica muito diferenciada de outros autores."

Gilberto Braga foi o maior protagonista de uma era, entre as décadas de 1970 e 1990, quando as novelas paravam o Brasil. Eram assunto nas ruas e nos jornais. Produziam discussões, mudavam comportamentos. Desde cedo, Gilberto arriscou abordar na tela temas tidos como polêmicos, ou tabus, como racismo, homossexualidade, machismo, preconceitos de classe. Não foi o único, diga-se, mas foi um dos primeiros e mais corajosos. E fez isso de forma afiada e certeira, mas sem a ambição doutrinária de outros colegas.

Foi pioneiro ao colocar abertamente em discussão a ideia de que escrever novelas era um trabalho não apenas autoral, mas também industrial. Quando pediu a Boni ajuda de um colaborador para escrever *Água viva*, Gilberto desvendou um segredo até então compartilhado por poucos, o de que escrever uma novela sozinho era uma tarefa insana. Com essa atitude, ajudou a tornar o processo de criação um pouco menos doloroso. Inventou, antes que tivesse esse nome, a "sala de roteiro", um método de criação no qual um roteirista mais experiente troca ideias com outros profissionais e é auxiliado por eles.

Nunca um autor ganhou tão bem, teve tanto glamour e foi tão incensado quanto Gilberto. Essa majestade entre os colegas foi conquistada também pela postura, algo surpreendente em seu meio, de falar abertamente o que pensava. Suas entrevistas são antológicas, frequentemente contêm declarações surpreendentes, reclamações sobre o ofício e críticas variadas. Era elegante e sedutor com a imprensa. Passava informações de bastidores, reclamava de críticas que considerava injustas e pedia opiniões. Às vezes, telefonava para algum jornalista conhecido querendo saber o que estavam falando das suas novelas na redação.

O estilo "sincerão" se estendia às relações pessoais. Chocava os amigos e as pessoas mais próximas com uma sinceridade acachapante. Todo mundo que conheceu Gilberto tem alguma anedota para contar sobre o seu jeito muitas vezes desconcertante de dizer o que pensava. Certa vez Edgar convidou, com a sua concordância, uma *marchand* para mostrar obras de arte que o casal eventualmente poderia adquirir. Quando ela chegou, Edgar chamou Gilberto e, para puxar conversa, perguntou: "Gilberto, você se lembra dela?" E ele: "Me lembro e não gosto."

Ao mesmo tempo, era de uma gentileza e fidelidade extraordinária aos amigos e aos profissionais com os quais trabalhava. Era um privilégio atuar em uma "novela do Gilberto". Fazer parte da "patota" conferia um status especial a muitos profissionais. Vários se lembram em detalhes de todos os convites que receberam de Gilberto. Cássio Gabus Mendes conta que estava numa fila de embarque no aeroporto quando Gilberto telefonou convidando-o para um papel em *Insensato coração*. Ainda faltavam oito meses para a novela começar. "Estou fechado contigo", disse o ator. Nesse meio-tempo, Maria Adelaide Amaral estava refazendo *Ti-ti-ti*, escrita originalmente por Cassiano Gabus Mendes, pai de Cássio. O então diretor artístico, Mário Lúcio Vaz, telefonou para o ator dizendo que Maria Adelaide queria que ele fizesse Vitor Valentim, o protagonista. "Mário, sei da importância, inclusive pra mim, desse *remake*. Mas estou fechado com o Gilberto", respondeu.

O legado de Gilberto parece assegurado. Diferentemente dos pioneiros das décadas de 1950 e 1960, cujas obras se perderam em incêndios, descuidos e má conservação, a produção a partir da década de 1970 e 1980 está mais preservada. Basta a Globo colocar as produções do autor em sua plataforma de *streaming* — o que está ocorrendo paulatinamente. No segundo semestre de 2023, estavam disponíveis as últimas quatro novelas de Gilberto — *Celebridade, Paraíso tropical, Insensato coração* e *Babilônia* —, seus dois maiores sucessos — *Dancin' Days* e *Vale tudo* —, as minisséries *Anos dourados* e *Anos rebeldes*, além de *Força de um desejo, Pátria minha* e *Escrava Isaura*. Dois meses depois da morte do novelista, o Globoplay lançou a série documental *Gilberto Braga: meu nome é novela*, dirigida por Antônia Prado. Em três episódios, reconstitui de forma cronológica e didática, com inúmeros depoimentos, a trajetória do autor.

Num gênero menor, visto como descartável por muitos, Gilberto conseguiu se conectar com grandes audiências e colocar o Brasil na tela. Várias de suas novelas, a rigor, ajudam a contar a história do país. A mão pesada da Censura, as reações de diferentes setores da sociedade a algumas tramas, o retrato acurado de parte da elite, o grito de revolta com a corrupção e a impunidade, tudo isso somado constrói um retrato do que foi o Brasil no período em que Gilberto escreveu suas novelas e minisséries. Poucos escritores de folhetim chegaram tão longe quanto o Balzac da Globo.

OBRAS DE GILBERTO BRAGA

A DAMA DAS CAMÉLIAS
caso especial
1972

AS PRAIAS DESERTAS
caso especial
1973

O PREÇO DE CADA UM
caso especial
1973

MULHER
caso especial
1974

FELIZ NA ILUSÃO
caso especial
1974

CORRIDA DO OURO
(com Lauro César Muniz)
novela das sete
1974

HELENA
novela das seis
1975

BRAVO!
(com Janete Clair)
novela das sete
1975

SENHORA
novela das seis
1975

ESCRAVA ISAURA
novela das seis
1976

DONA XEPA
novela das seis
1977

DANCIN' DAYS
novela das oito
1978

ÁGUA VIVA
novela das oito
1980

BRILHANTE
novela das oito
1981

LOUCO AMOR
novela das oito
1983

CORPO A CORPO
novela das oito
1984

ANOS DOURADOS
minissérie
1986

VALE TUDO
(com Aguinaldo Silva
e Leonor Bassères)
novela das oito
1988

O PRIMO BASÍLIO
(com Leonor Bassères)
minissérie
1988

LUA CHEIA DE AMOR
(supervisão de texto,
novela de Ricardo Linhares,
Ana Maria Moretzsohn e
Maria Carmem Barbosa)
novela das sete
1990

O DONO DO MUNDO
novela das oito
1991

ANOS REBELDES
minissérie
1992

PÁTRIA MINHA
novela das oito
1994

LABIRINTO
minissérie
1998

FORÇA DE UM DESEJO
(com Alcides Nogueira)
novela das seis
1999

CELEBRIDADE
novela das oito
2003

PARAÍSO TROPICAL
(com Ricardo Linhares)
novela das oito
2007

INSENSATO CORAÇÃO
(com Ricardo Linhares)
novela das nove
2011

LADO A LADO
(supervisão de texto,
novela de João Ximenes
Braga e Cláudia Lage)
novela das seis
2012

BABILÔNIA
(com Ricardo Linhares
e João Ximenes Braga)
novela das oito
2015

10 FILMES PREFERIDOS

1. *A ponte do rio Kwai* (1957)
Direção: David Lean

O melhor filme de guerra que eu já vi. Tenho uma identificação grande com o personagem do William Holden. Ele é capaz de tudo para sair dali. Não suporto a ideia de ficar preso. Me identifico pelo anseio de liberdade.

2. *Quanto mais quente melhor* (1959)
Direção: Billy Wilder

Sem comentários. É a melhor comédia que já foi feita.

3. *Se meu apartamento falasse* (1960)
Direção: Billy Wilder

Fiz a seleção por diretores. Adoro esse filme. É sensacional.

4. *O poderoso chefão* (1972)
Direção: Francis Ford Coppola

Não sei qual é o melhor dos dois. A descrição de uma época, o trabalho dos atores. Eu acho que foi a única vez que o Coppola acertou. Além dos *Poderoso chefão 1* e *2*, o *3* já não é tão bom. Ele não conseguiu fazer nada que preste.

5. *Vertigo* (1958)
Direção: Alfred Hitchcock

Nem é o melhor Hitchcock, mas é sensacional. Continua sensacional, perfeito. Apesar da Kim Novak, que não é muito boa atriz, mas neste filme ela está muito bem.

6. *Intriga internacional* (1959)
Direção: Alfred Hitchcock

É o meu preferido do Hitchcock, que eu também vi recentemente. Ação, aventura, humor... O Hitchcock sempre bota um pouco de humor. Acho que o único filme em que ele não bota humor é o *Homem errado*, que é muito sério.

7. *Beijos proibidos* (1968)
Direção: François Truffaut

O filme é uma obra-prima. Eu adoro a Delphine Seyrig. Acho a mulher mais charmosa do cinema. Me sinto o próprio Antoine Doinel (Jean-Pierre Léaud). Me marcou muito. Eu estava em Paris quando *Baisers volés* foi feito. Eles vão ver um filme na Cinemateca, que está fechada. Eu vivi a mesma coisa. Eu vivia dentro da Cinemateca, aí um dia cheguei lá e estava fechada. Eu acompanhei pelos jornais a escolha da Claude Jade.

8. *Os incompreendidos* (1959)
Direção: François Truffaut

É o primeiro Truffaut. Meio autobiográfico. Tanto que ele dedicou ao André Bazin, que foi uma espécie de pai pra ele. Ele era órfão, fodido. E o André Bazin ensinou tudo pra ele e botou ele pra fazer crítica. Ele foi crítico durante algum tempo do *Cahiers du Cinéma*.

↘

9. *O último metrô* (1980)
Direção: François Truffaut

É sensacional. Catherine Deneuve, Gérard Depardieu. E fala de teatro. Ele fez um filme falando de teatro e um outro falando de cinema, que não deu pra entrar entre os dez, mas que é muito bom também, *A noite americana* (1973), com a mulher mais linda do cinema, que é a Jacqueline Bisset.

10. *Gigi* (1958)
Direção: Vincente Minnelli

É o meu musical preferido. Embora eu adore *Cantando na chuva*. Leslie Caron, Louis Jourdan, Maurice Chevalier. Ele canta a música de abertura do musical, "Thank heaven for little girls", de Alan Jay Lerner e Frederick Loewe.

10 CANTORES PREFERIDOS

1. Elizeth Cardoso
"Canção do amor demais", 1958;
e "A meiga Elizeth", 1960

2. João Gilberto

3. Maria Bethânia

4. Elis Regina

5. Roberto Carlos

6. Charles Trenet

7. Edith Piaf

8. Caetano Veloso

9. Frank Sinatra

10. Ella Fitzgerald

Não teve espaço para entrar Cartola, que eu gostaria. Vou trocar pelo Caetano. Não é tão bom cantor assim.

MELHORES TRILHAS SONORAS

1. *Intriga internacional*
Bernard Herrmann

2. *Vertigo*
Bernard Herrmann

3. *Psicose*
Bernard Herrmann

4. *Era uma vez na América*
Ennio Morricone

5. *Spartacus*
Alex North

6. *Lola*
Michel Legrand

7. *La dolce vita*
Nino Rota

8. *I vitelloni*
Nino Rota

AGRADECIMENTOS

Agradeço a Paulo Severo pela indicação do meu nome para continuar o trabalho iniciado por Artur Xexéo. Severo acompanhou todos os passos da pesquisa de Xexéo e foi o guardião do material escrito por ele e entregue a mim, num gesto de enorme confiança.

Edgar Moura Brasil esclareceu dúvidas, facilitou o meu acesso a várias fontes, abriu a sua casa para que eu pesquisasse o acervo de Gilberto e, não menos importante, compartilhou comigo textos inéditos que encontrou, escritos pelo companheiro de quase cinquenta anos de vida.

Da mesma forma, agradeço a disponibilidade de Rosa Maria Araújo, incansável nas tentativas de solucionar questões duvidosas e na intermediação de contatos essenciais. Foi também muito generosa na cessão de documentos familiares inéditos e admirável no esforço de preservação da memória do irmão.

Aos editores da Intrínseca, em especial, Jorge Oakim, Lucas Telles, Renata Rodriguez, Rebeca Bolite e Elisa Rosa, agradeço pelo apoio, confiança e paciência.

Um agradecimento especial a Cláudio Ferreira, autor de *Beijo amordaçado*, o melhor estudo que conheço sobre o impacto da Censura Federal nas telenovelas brasileiras, por me ceder documentos inéditos sobre a perseguição sofrida por Gilberto Braga nas décadas de 1970 e 1980.

Cerca de setenta pessoas foram entrevistadas para este livro, muitas delas duas ou até mais vezes. Todas elas estão nomeadas na nota sobre as fontes, mas agradeço aqui, particularmente, a disponibilidade de Ricardo Linhares e Sérgio Marques em me esclarecerem pequenas dúvidas e detalhes fundamentais ao longo da pesquisa.

Uma biografia é um trabalho solitário, em tese. Mas nenhum autor seria capaz de desenvolver uma pesquisa dessa dimensão sem a ajuda de dezenas de pessoas. Pelas dicas preciosas, sugestões, apoios, números de telefone dificílimos de conseguir e ajudas de todo tipo, minha gratidão a:

Alberto Villas, Andrea Dotti, Andréia Niskier, Anna Luiza Muller, Antonio Prata, Bel Pedrosa, Bernardo Carvalho, Betty Gervitz,

Bia Braune, Bia Nopp, Bruno Thys, César Miranda Ribeiro, Cristina Padiglione, Cynara Menezes, Daniel Stycer, Fabio Costa, Flavio Crispel, Heloisa Vilhena, Ina Sinesgalli, José Paulo Kupfer, José Trajano, José Vitor Rack, Liana Perola Schipper, Ligia Mesquita, Lúcia Schmidt, Luciana Pautasso, Marcelo Migliaccio, Márcio Roiter, Maria Lúcia Rangel, Mariana Veríssimo, Mario Canivello, Matinas Suzuki Jr., Mika Lins, Nunuca Vieira, Pati Rubano, Paulo Marra, Renato Sacerdote, Silvana Diniz, Tuna Dwek, Vilmar Ledesma, Vinícius França, Walter Porto, Wilson Cunha.

— MAURICIO STYCER

FONTES E REFERÊNCIAS

A narrativa deste livro foi orientada pelas entrevistas com Gilberto Braga feitas por Artur Xexéo em 2019, resultando num total de cerca de catorze horas de conversas gravadas. Esses encontros foram, até onde sei, os únicos momentos em que Gilberto falou expressamente com a intenção de deixar registrada a sua versão dos fatos para publicação em uma biografia.

Também tive acesso aos longos depoimentos que Gilberto deu, com o claro desejo de fixar o seu ponto de vista sobre acontecimentos de sua vida e obra, para duas instituições: o Museu da Imagem e do Som, em 2008, e o projeto Memória Globo, em 2001, 2008 e 2012.

Por fim, é preciso mencionar um texto inédito escrito por Gilberto em 1971. No cabeçalho, em três linhas, ele informa: "autobiografia para orientação vocacional", seguido de "Gilberto Tumscitz (25 anos)" e a data — "maio de 1971". Um pouco abaixo, centralizado na página, vem o título: "Minha vida e minha vocação". Trata-se de um texto datilografado, de doze páginas, aparentemente escrito para atender às exigências de um teste vocacional realizado na PUC-Rio. O original foi encontrado por Edgar Moura Brasil, que me cedeu uma cópia em abril de 2022.

Um segundo conjunto essencial de fontes é formado pelas entrevistas com parentes, amigos e profissionais que conviveram com Gilberto. Tive acesso a transcrições das entrevistas feitas por Xexéo com Antônio Fagundes, Betty Faria, Bernardo Araújo, Boni, Cesar Maia, Daisy Lúcidi, Daniel Filho, Denise Bandeira, Edgar Moura Brasil, Fernanda Montenegro, Gloria Pires, Jacqueline Laurence, Lauro César Muniz, Lúcia Alves, Malu Mader, Miguel Falabella, Nathalia Timberg, Ricardo Linhares, Ronaldo Tumscitz, Rosa Maria Araújo, Sérgio Marques, Silvio de Abreu e Zevi Ghivelder.

Para esclarecer dúvidas, procurei algumas fontes que já haviam falado com Xexéo. Também realizei cinco entrevistas que ele havia planejado fazer, mas não teve tempo. Ouvi, ainda, várias outras pessoas que me trouxeram informações relevantes. Meu agradecimento a todos:

Alcides Nogueira, Arnaldo Niskier, Bernardo Araújo, Camila Pitanga, Carlos Leonam, Carlos Lombardi, Cássio Gabus Mendes, Cláudia Abreu, Claudia Lage, Daniel Filho, Dennis Carvalho, Edgar Moura Brasil, Fernanda Montenegro, George Moura, Helena Godoy, Hildegard Angel, João Ximenes Braga, José Roberto Filippelli, José de Abreu, José Luiz Villamarim, José Trajano, Jotair Assad, Joyce Pascowitch, Leão Serva, Luciana Pessanha, Lucinha Araújo, Luis Erlanger, Luiz Fernando Carvalho, Marcelo Migliaccio, Marcia Graça Mello, Marco Lucchesi, Marcos Palmeira, Maria Helena Nascimento, Marília Carneiro, Mario Prata, Paulo Rocco, Patrícia Andrade, Patrícia Kogut, Pedro Cardoso, Raquel Carneiro, Raul Silvestre, Ricardo Linhares, Roberto Zani, Rosa Maria Araújo, Sebastião Maciel, Sérgio Augusto, Sérgio Marques, Sonia Ramalhete, Thomaz Augusto de Castro Faria, Valério Andrade, Walter Salles, Wilson Cunha e Zean Bravo.

Um terceiro conjunto de fontes é a coleção de 54 volumes encadernados de recortes de jornais e revistas com notícias sobre Gilberto. Tanto Xexéo quanto eu tivemos acesso a esse material, que ocupa quatro prateleiras de uma estante da casa de Edgar. A seleção, em ordem cronológica, vai de 8 de novembro de 1967 aos dias atuais. Por muitos anos, Gilberto pagou por um serviço de *clipping* de notícias, que pesquisava com lupa tudo o que era publicado a seu respeito na imprensa. Os volumes incluem todo tipo de notícia — notas de bastidores, registros de colunas sociais, fofocas, entrevistas, críticas positivas e negativas.

Como há muitas divergências sobre datas, títulos e créditos de novelas e minisséries, adotei como referência duas fontes: o *Dicionário da TV Globo — vol. 1: Programas de dramaturgia e entretenimento* (Jorge Zahar Editor), publicado em 2003, e o site *Teledramaturgia*, mantido e atualizado pelo pesquisador e crítico Nilson Xavier.

LIVROS CONSULTADOS

ABREU, José de. *Abreugrafia Livro II — Depois da fama*. Rio de Janeiro: Ubook, 2021.

ALENCAR, Mauro e Eliana Pace. *Nívea Maria, uma atriz real*. São Paulo: Imprensa Oficial, 2008.

ARAÚJO, Joel Zito. *A negação do Brasil: o negro na telenovela brasileira*. São Paulo: Senac, 2004.

ARAÚJO, Lucinha. *Cazuza: só as mães são felizes*. São Paulo: Globo, 1997.

ASSIS, Wagner de. *Reginaldo Faria: o solo de um inquieto*. São Paulo: Imprensa Oficial, São Paulo, 2004.

AUGUSTO, Sérgio. *Vai começar a sessão*. Rio de Janeiro: Objetiva, 2019.

BALZAC, Honoré de. *A comédia humana*, vol. 7. São Paulo: Globo, 1996.

BASBAUM, Hersch W. *Lauro César Muniz solta o verbo*. São Paulo: Imprensa Oficial, 2010.

BERNARDO, André e Cintia Lopes. *A seguir, cenas dos próximos capítulos*. São Paulo: Panda Books, 2009.

BLOCH, Pedro. *Dona Xepa*. Rio de Janeiro: Nosso Tempo, 1977.

BORSATO, Eduardo (adaptador). *Vale tudo*. São Paulo: Globo, 1989.

BRAGA, Gilberto. *Anos rebeldes: os bastidores da criação de uma minissérie*. Rio de Janeiro: Rocco, 2010.

BRAUNE, Bia e Rixa. *Almanaque da TV*. Rio de Janeiro: Ediouro, 2007.

CAMPOS, Flávio de. *Anos rebeldes: da minissérie de Gilberto Braga*. São Paulo: Globo, 1992.

CASTRO, Ruy. *Ela é carioca: uma enciclopédia de Ipanema*. São Paulo: Companhia das Letras, 1999.

COSTA, Fábio. *Novela: a obra aberta e seus problemas*. São Paulo: Giostri, 2016.

DUMAS FILHO, Alexandre. *A Dama das Camélias*. São Paulo: Scipione, 2007.

FERNANDES, Ismael. *Memória da telenovela brasileira*. São Paulo: Brasiliense, 1997.

FERRAZ, Talitha. *A segunda Cinelândia carioca*. Rio de Janeiro: Mórula, 2012.

FERREIRA, Cláudio. *Beijo amordaçado*. Brasília: Ler, 2016.

FERREIRA, Mauro. *Nossa Senhora das Oito: Janete Clair e a evolução da novela no Brasil*. Rio de Janeiro: Mauad, 2003.

FILHO, Daniel. *Antes que me esqueçam*. Rio de Janeiro: Guanabara, 1988.

_____. *O circo eletrônico: fazendo TV no Brasil*. Rio de Janeiro: Jorge Zahar, 2001.

FILIPPELLI, José Roberto. *A melhor televisão do mundo: meus tempos de Globo na Europa*. São Paulo: Terceiro Nome, 2021.

GREEN, James N. e Renan Quinalha (orgs.). *Ditadura e homossexualidades: repressão, resistência e a busca da verdade*. São Carlos: EduFSCar, 2014.

LEBERT, Nilu. *Beatriz Segall: além das aparências*. São Paulo: Imprensa Oficial, 2007.

LEDESMA, Vilmar. *Joana Fomm: minha história é viver*. São Paulo: Imprensa Oficial, 2008.

MENDES, Frederico. *Arpoador*. (Texto de Gilberto Braga.) Rio de Janeiro: Barléu Edições, 2014.

MEYER, Marlyse. *Folhetim, uma história*. São Paulo: Companhia das Letras, 2005.

MONTEIRO, Denilson. *Chacrinha, a biografia*. (Pesquisa, entrevistas e roteiro original de Eduardo Nassife.) Rio de Janeiro: Casa da Palavra, 2014.

MONTEIRO, Karla. *Samuel Wainer, o homem que estava lá*. São Paulo: Companhia das Letras, 2020.

NOGUEIRA, Lisandro. *O autor na televisão*. Goiânia: Editora UFG, 2002.

OLIVEIRA, Domingos. *Vida minha: autobiografia*. Rio de Janeiro: Record, 2014.

OLIVEIRA SOBRINHO, José Bonifácio de. *O livro do Boni*. Rio de Janeiro: Casa da Palavra, 2011.

RIBEIRO, Renato Janine. *O afeto autoritário*. São Paulo: Ateliê Editorial, 2005.

RIECHE, Eduardo. *Yara Amaral, a operária do teatro*. Rio de Janeiro: Tinta Negra, 2016.

RITO, Lucia (org.). *Zona Norte, território da alma carioca*. Rio de Janeiro: Norte Shopping, 2001.

ROBB, Graham. *Balzac, uma biografia*. São Paulo: Companhia das Letras, 1995.

SILVA, George Batista da. *Telas que se foram: os antigos cinemas do Rio de Janeiro*. Joinville: Clube dos Autores, 2011.

STUDART, Heloneida e Wilson Cunha. *A primeira vez... à brasileira*. Rio de Janeiro: Nosso Tempo, 1977.

VELLOSO, Mônica. *Mário Lago, boemia e política*. Rio de Janeiro: Fundação Getulio Vargas, 1998.

VEREZA, Lucy. *Laços e vidas: instantes de outros tempos*. Rio de Janeiro: Litteris Editora, 2012.

VIANNA, Antonio Moniz. *Um filme por dia: crítica de choque (1946-73)*. (Organizado por Ruy Castro.) São Paulo: Companhia das Letras, 2004.

XEXÉO, Artur. *Janete Clair, a usineira de sonhos*. Rio de Janeiro: Relume Dumará, 1996.

ÍNDICE ONOMÁSTICO

1968, o ano que não terminou 226

A canção inesquecível (Night and Day) 30
A cidade que não dorme 30
A colônia penal 75
A Dama das Camélias (peça) 13
A Dama das Camélias (caso especial) 14, 15, 16, 86, 93, 96, 97-98, 99, 100, 104, 147, 179, 232
A delicate balance 62
A doce vida 44
A E I O... Urca 210, 211
A escrava Isaura (livro) 121, 123, 125
A favorita 286, 293
À flor da pele 84
A gata tarada 71-72
A história de três amores 30
A humilde espera 115
A indomada 277
A ira dos anjos 262
A malvada 267
A mocidade de Trajano 257
A moral do adultério 72

A mulher do século 156, 186
A Noite 21, 22
A noite dos assassinos 66
A ópera dos três vinténs 67
A patota 113
A ponte do rio Kwai 40
A prisioneira 145
A rainha do mar 29, 30
A rainha louca 96
A retirada da Laguna 257
A rosa púrpura do Cairo 31
A sereia e o sabido 29
A sucessora 155
A última peça 80
A volta ao lar 82
Abílio Pereira de Almeida 85
Academia Brasileira de Letras (ABL) 281-285, 287
Ação da Cidadania Contra a Fome, a Miséria e Pela Vida 235
Acossado 44
"Adeus batucada" 211
Adolph Zukor 97
Adriana Esteves 303, 307
Aeroporto do Galeão 77
Agnaldo Timóteo 38
Agora traga seu homem 89
Água viva 126, 151, 153-161, 186, 214, 269, 281, 319

Aguinaldo Silva 197, 199, 200, 205, 216, 220, 242, 243, 263, 266, 273, 277, 286, 317
Alain Resnais 64
Alberta Hunter 186
Alcides Nogueira 234, 256, 264, 312
Alda Garrido 134
Alegro desbum 86
Alessandra Negrini 274, 286, 290
Alexandre Dumas 13, 101
Alexandre Morenno 240
Alfred Hitchcock 44, 62, 120, 168, 177, 221
Alfredo Machado 159
Alfredo Sirkis 226
Aliança Francesa 42, 51, 54, 55, 58, 60, 61, 129, 152, 171, 183, 187
Alice-Maria 33
"All of You" 191
Aloísio de Araújo 43, 45
Alta rotatividade 247
"Amanhã" 146
América (cinema) 29
América (clube) 25, 28, 31
América (novela) 273
Amiga 110, 119, 182, 262
Amir Haddad 61, 70, 83
Amiris Veronese 64, 126
Amor à vida 304
Ana Cristina Cesar 224
Ana Lúcia Torre 135
Ana Maria Moretzsohn 211, 212, 277
Ana Paula Arósio 288, 289
André Ramos 298

334

André Valli 208
Andréa Beltrão 180
Andréia Horta 312
Andromaque 54
Ângela Carneiro 159, 216, 220, 224, 234, 253, 288, 302
Ângela Leal 103, 125, 135, 156
Angela Maria 38
Ângelo Antônio 220
Anjo de mim 259
Anna Maria Ramalho 131, 295, 298
Anne Bancroft 148
Anne Shirley 134
Annie 156
"Anos dourados" (música) 192
Anos dourados (minissérie) 46, 101, 124, 190-196, 211, 212, 216, 223-229, 232, 266, 270, 274, 281
Anos rebeldes (minissérie) 43
Anos rebeldes: os bastidores da criação de uma minissérie (livro) 281
Anouk Aimée 140
Anselmo Duarte 232
Anthony Shaffer 85
Antônia Prado 321
Antônio Calloni 195, 210
Antônio Fagundes 58, 89, 141, 145, 146, 159, 174, 177, 180, 198, 201, 202, 207, 215, 220, 247, 253, 290
Antônio Houaiss 254
Antonio Moniz Vianna 11, 64, 126, 287
Aracy Balabanian 109

Aracy Cardoso 80
Ariano Suassuna 97
Arlete Salles 99
Armand Duval 14
Armando Nogueira 254
Arnaldo Jabor 229, 263
Arnaldo Niskier 282, 283
Arnaldo Süssekind 49
Arquivo Nacional 123, 162
Artur Bosísio 45
Artur da Távola (Paulo Alberto Moretzsohn Monteiro de Barros) 93, 102, 103, 104, 110, 114, 116, 119, 124, 137, 152, 159, 286
Artur Xexéo 24, 30, 59, 98, 118, 120, 168, 182, 230, 248, 271, 281, 283
Ary Fontoura 147
As aventuras do anjo 34
As condenadas 139
As criadas 87
As lágrimas amargas de Petra von Kant 174
As praias desertas 99, 100, 101, 102, 105, 190, 192
As pupilas do senhor reitor 242
As três irmãs 86
Ascânio MMM 245
Asdrúbal Trouxe o Trombone 88
Associação Paulista de Críticos de Arte (APCA) 280
Augusto Olímpio 232
Aurora borealis 89
Austregésilo de Athayde 254
Autran Dourado 254
Avenida Brasil 214, 303

Babilônia 83, 222, 237, 298, 302-311
Baila comigo 155, 182
Bambolê 211
Banco Moreira Salles 49
Bandeirinha 318
Barbara Stanwyck 134
Barbra Streisand 224
Barrabás 44
Beatriz Segall 131, 143, 146, 155, 156, 158, 198, 214
Beijos proibidos 64, 65
Beki Klabin 103, 157
Belíssima 273, 274
Benedita da Silva 182
Benedito Ruy Barbosa 113, 126, 236, 242, 243, 266, 267, 288, 317
Bernarda Alba 78
Bernardo Araújo 185, 202, 253
Bernardo Guimarães 121, 127, 171, 283
Bertolt Brecht 67, 68
Bete Mendes 114, 226, 228, 283
Beth Goulart 208, 277
Beto Rockfeller 97
Betty Faria 46, 144, 155, 157, 190, 193, 247, 307
Betty Lago 228
Bicho do mato 113
Billy Eckstine 191
Billy Wilder 62
Bobby Short 186
Bodas de sangue 67
Boni (José Bonifácio de Oliveira Sobrinho) 108, 111, 119, 120, 123, 133, 137, 145,

149, 150, 151, 152, 153, 154, 168, 176, 195, 198, 204, 208, 216, 218, 225, 230, 235, 238, 243, 249, 254, 255, 261, 263, 268, 304, 319
Boninho 302
Bonitinha, mas ordinária 40, 87
Borjalo 123
Boulevard Raspail 61
"Brasil" 198
Brasil Pandeiro 144
Bráulio Pedroso 97, 106, 312
Bráulio Tavares 97
Bravo! 117, 118, 119, 120, 255
Brilhante 83, 162-169, 174, 175, 176, 192, 196, 222, 312, 313
Bruna Lombardi 175, 240
Bruno Astuto 298
Bruno Chateaubriand 298, 299, 300
Bruno Gagliasso 306
Bud Stamper 190
Buza Ferraz 165
Buzina do Chacrinha

Cabocla 126
Caco Ciocler 290
Caixa Econômica Federal 42, 49
Cama de gato 290
Câmara dos Vereadores 182
Camila Amado 89

Camila Pitanga 147, 213, 276, 278, 280, 290, 291, 303, 309
Caminho das Índias 286
Candido Mendes 283
Canecão 161
Cárcel de mujeres 34
Carinhoso 106
Carlo Mossy 75
Carlos Alberto Ratton 87
Carlos Alberto Riccelli 45, 176, 197
Carlos Aquino 78
Carlos Casagrande 279
Carlos Coimbra 232
Carlos Drummond de Andrade 158
Carlos Eduardo Dolabella 12, 103, 232
Carlos Fonseca 65, 233
Carlos Galhardo 34
Carlos Heitor Cony 283
Carlos Henrique Schroder 302, 310
Carlos Leonam 131, 191
Carlos Lombardi 267
Carlos Manga 210
Carlos Menezes 66, 69, 76
Carlos Swann 131
Carlos Vereza 12
Carlos Wilson Silveira 180
Carlos Zara 227
Carmen Miranda 211
Carmo Dalla Vecchia 233
Carolina Nabuco 211
Carrossel 217, 305
Casa de bonecas 78, 104
Casa de Criação Janete Clair 189, 190
Casa de Saúde Dr. Eiras 49

Caso verdade 277
Cássia Kis 205
Cassiano Gabus Mendes 216, 317, 320
Cassino da Urca 211
Cássio Gabus Mendes 193, 203, 226, 228, 229, 290, 292, 307, 320
Catherine Deneuve 140
Cavalcanti Borges 83
Cavalo de aço 106
Cazuza 198, 199, 202, 227, 297
Cecil Thiré 123
Celebridade 175, 241, 266-272, 274
Celestina 68, 69
Célia Biar 103, 109
Célia Coutinho 232
Celia Helena 71
Cemitério São João Batista 47, 92, 204
Central do Brasil 231, 232
Central Globo de Comunicação 268
Central Globo de Produções 207
Centro de Informações do Exército 195
Cesar Maia 33
Cesar Ramos Filho 298
Chacrinha 15, 16, 85
Chama e cinzas 211
Charles Burke Elbrick 227
Charles Denner 140
Charles Dickens 262
Charles Dyer 62
Check-Up 87, 92
Chega de saudade 42
Chega mais 258
Chica Xavier 142, 174, 241

Chico & Caetano 192
Chico Anysio 79, 82, 155
Chico Buarque 88, 121, 146, 192
Chico de Assis 113
Chico Soares 302
Chiquinha Gonzaga 257
Chiquititas 305
Christian Sauzereau 54
Christiane Torloni 305
Churrascaria Majórica 200
Cícero Sandroni 284
Cid Moreira 118
Cidinha Campos 89
Cine Bandeira 30
Cine Mauá 29
Cine Rosário 29
Cine Rosário 29
Cinema Alaska 41
Cinema Alvorada 41
Cinema Art Palácio 41
Cinema Astória 41
Cinema Caruso 41
Cinema Copacabana 41
Cinema Danúbio 41
Cinema Metro Copacabana 41
Cinema Rian 41
Cinema Ritz 41
Cinema Roxy 41, 318
Cinema Royal 41
Ciranda cirandinha 167
Ciranda de pedra 290
Clamor do sexo 189, 190, 193, 194
Claude Amaral Peixoto 158
Claude Lelouch 140
Claude Régy 62
Cláudia Abreu 227, 228, 247, 248, 254, 258, 267, 271, 273, 288, 290, 298
Cláudia Lage 213

Cláudio Cavalcanti 12, 79, 99, 100, 135
Cláudio Corrêa e Castro 46, 143, 193
Claudio Lins 311
Cláudio Marzo 116, 168
Cláudio Mello e Souza 226
Claudio Villas Bôas 83
Clementina de Jesus 315
Cleonice Berardinelli 53
Clive Barnes 188
Clovis Ramalhete 47, 50, 53
Clube Caiçaras 128
Clube Campestre 11, 12, 13, 91
Clube Monte Líbano 151
Clube Sírio Libanês 51
Cobras & Lagartos 286
"Codinome Beija-Flor" 297
Cole Porter 211
Colégio Mallet Soares 40
Colégio Militar 38, 39, 191
Colégio Pedro II 23, 39, 45, 49-50, 121, 171, 191, 227, 251, 263, 318
Comédia humana 262
Companhia Francesa de Comédia 52
Computa, computador, computa 81, 83
Constituição de 1988, 182
Consuelo de Castro 84
Contigo 194, 275, 295
Copacabana Palace 44-45, 148, 298
Coquetel de amor 137
Cora Rónai 208
Corpo a corpo, 177, 196, 215, 230, 254, 270
Correio da Manhã 52, 53, 64, 65, 126

Corrida do ouro 16, 17, 108-112, 113, 116, 143, 145, 231, 261, 296
Cristina Padiglione 311
Cristina Prochaska 201
Custódio Coimbra 211

Da cor do pecado 286
Daisy Lúcidi 54, 66, 71, 101, 277, 298
Dancin' Days 35, 58, 98, 131, 138, 139, 140-149, 153, 159, 161, 175, 190, 215, 251, 255, 256, 266, 268
Daniel Boulud 230
Daniel Dantas 219, 220, 248, 258, 277
Daniel Filho 12, 13, 16, 91, 96, 101, 104, 105, 106, 109, 111, 112, 113, 114, 115, 118, 119, 137, 140, 143, 144, 145, 149, 151, 152, 153, 155, 156, 162, 166, 167, 168, 187, 192, 198, 204, 206, 208, 212, 218, 219, 220, 224, 230, 250, 255, 257, 263, 267, 268, 296, 300
Daniel Fontoura 190
Daniel Más 211
Daniella Perez 212
Danuza Leão 79, 148, 245
Darcy Braga 37, 48, 197
Darcy Ribeiro 170
Darlene Glória 99
De corpo e alma 212
Dean Martin 156

337

Débora Duarte 122, 177, 178
Deborah Bloch 213
Deborah Evelyn 248, 290, 297, 302, 303
Deborah Secco 268, 276, 291
Denise Bandeira 69, 233, 254, 269, 313
Dennis Carvalho 147, 163, 179, 201, 204, 205, 211, 216, 228, 236, 237, 238, 240, 248, 271, 276, 280, 287, 288, 289, 290, 297, 303, 304
Dercy Gonçalves 71, 85, 144
Desejo 67
Deus sabe quanto amei (Some Came Running) 156
Diário de Notícias 22, 55, 74, 93
Dias Gomes 71, 76, 97, 106, 108, 118, 133, 145, 150, 171, 176, 182, 189, 197, 225, 243, 282, 312, 317
Dilma Rousseff 292
Dina Sfat 79, 100, 103, 190
Dinah Silveira de Queiroz 115
Dinah Washington 191
Diretas Já 196
Discoteca 17, 148
Discoteca do Chacrinha
Disney World 151, 185
Divisão de Censura de Diversões Públicas 202
DJ Marcos Mamede 297
Djenane Machado 148
Doc Comparato 189, 210

Dom Casmurro (peça) 83
Dom Casmurro (livro) 262
Domingos Oliveira 13, 14, 97, 99
Dona Xepa 133-138, 261, 134
Dorinha Duval 12, 105
Dorival Caymmi 288
Doroteia vai à guerra 87
Douglas Sirk 277
Duas caras 286
Dumas Filho 147
Durval Tumscitz 20, 22, 23, 25, 26, 28, 35, 36, 37, 41, 42, 47, 48, 49, 299

Eça de Queiroz 206, 262
Edgar Moura Brasil 13, 90, 131, 142, 148, 151, 192, 208, 244, 251, 266, 273, 300, 314, 316
Edir Macedo 305
Edith Piaf 297
Editora Bloch 79
Editora Civilização Brasileira 227
Editora Globo 281
Editora Rocco 281
Ednei Giovenazzi 103
Edson Fieschi 233
Edu Lobo 82
Eduardo Campos 80
Eduardo Giannetti 285
Eduardo Mascarenhas 112
Edward Albee 69, 188

Edwin Luisi 125, 135
Eli Halfoun 119
Elia Kazan 189, 193
Eliane Garcia 257
Elis — Viver é melhor que sonhar 312
Elis Regina 79, 312
Elizabeth Taylor 79
Ella Fitzgerald 186, 191, 211
Eloy Araújo 224
Embalos de sábado à noite 145
Emílio de Mello 227
Emily Brontë 176
Emissário de outro mundo 183
Eneida do Rego Monteiro Bomfim 40, 121
Eneida 43
Ênio Silveira 227
Éramos seis 242
Eriberto Leão 283, 288, 290
Escalada 87, 107, 110, 118, 137
Escola Naval 40
Escrava Isaura (novela) 121-127, 133, 135, 157, 171, 214, 261, 283
Espelho mágico 137
Esperança 267
Esta noite se improvisa 155
Ester Braga 25, 26, 28, 29, 36, 37
Ester Delamare 147
Esther Williams 29
Estrela Dalva 192
Estúdio Cinédia 228
Estúdios Globo 307
Estúpido cupido 122, 133

Et ils passèrent des menottes aux fleurs 69
Eu prometo 120, 176, 180
"Eu sei que vou te amar" 298
Euclydes Marinho 167, 168, 189
Eugène Ionesco 62
Eugene O'Neill 67
Eva na Marinha 29
Eva Todor 68, 69, 72
Evandro Carlos de Andrade 191

Fabio Assunção 247, 258, 268, 271, 276, 287, 290
Fábio Jr. 156, 175, 207
Fabio Sabag 105
Fábio Villa Verde 202
Família Guinle 45
Família Trapo 155
Fatos & Fotos 11, 78, 80
Feira das vaidades (Vanity Fair) 313
Felipe Camargo 46, 190, 193, 235, 237
Felipe Carone 103
Feliz na ilusão 104, 105
Feliz na ilusão 107
Fellini 44
Fera ferida 237, 277
Fera radical 277
Fernanda Montenegro 70, 81, 82, 84, 147, 164, 165, 174, 219, 220, 274, 285, 298, 303, 304, 305, 306, 311
Fernanda Torres 207

Fernando Barros e Silva 248
Fernando Bastos de Ávila 284
Fernando Collor de Mello 224, 228
Fernando Pessoa 53
Fernando Rebello 288, 302
Fernando Rojas 68
Fernando Sabino 254
Fernando Torres 71, 201
Fernando Zerlotini 66, 131
Ferreira Gullar 189, 227
Ferreira Netto 165
Festa de aniversário 249
Festival Internacional do Filme 64
Fim de festa 233
Flash Gordon 30, 32
Flávio Cavalcanti 102
Flávio de Campos 281
Flávio Galvão 177
Flávio Manso Vieira 232
Flavio Marinho 110, 115
Flávio Rangel 74
Floriano Faissal 66
Floriano Peixoto 20
Fogo sobre terra 111, 118
Folha da Tarde 166
Folha de S.Paulo 52, 101, 115, 166, 180, 204, 217, 229, 235, 240, 248, 263, 264
Fonte da Saudade 45
Força de um desejo 147, 255, 257-259, 266, 270
Francisco Arrabal 69
Francisco Cuoco 101, 307
Francisco Milani 134
Francisco Quarterolo 20
François Truffaut 44, 62, 64, 65

Frank Capra 110
Frank Sinatra 4815, 66, 73-74, 87
Frank Sinatra 15, 16, 156, 315
Franz Kafka 75
Fred Astaire 30
Frenéticas 146, 148
Freud 163
Fronteiras da morte 30
"Fumando espero" 211
Fundação Getulio Vargas 107

G Magazine 297
Gabriel Braga Nunes 290, 291
Gabriel Priolli 208
Gabriela Rivero 217
Gabriela 166, 312
Gal Costa 148, 155, 198
Gala Gay 161
Gary Cooper 166
Geledés/SOS Racismo 241
Gene Tierney 287
George Israel 199
George Moura 312
Georges Feydeau 71, 83
Gerald Thomas 87
Geraldo Carneiro 312
Geraldo Del Rey 67, 90, 226, 232
Geraldo Orthof 142
Gérard Leclery 99
Getulio Vargas 36
Gian Maria Volonté 203
Gianfrancesco Guarnieri 82

Gianni Ratto 76

Gil Brandão 66

Gil Vicente 53

Gilberto Braga,
"Balzac da Globo"
260-265
adaptação de *A Dama
das Camélias* na
TV Globo 86
adaptação de
O misantropo 104
reconhece-se gay 57
candidatura na
Academia
Brasileira de
Letras (ABL)
281-285
cantores preferidos
324
casamento 297-301
cinefilia 64
cirurgia 294, 295
colunista 71
como anfitrião
251-254
como diplomata 50
como professor 61
crítico de teatro do
jornal *O Globo* 90
crítico de teatro 62
envolvimento com a
música 192
faculdade de letras
53
filmes preferidos 323
fim da coluna no
jornal *O Globo* 89
início da carreira
11-17
mito da alienação
política 53, 61,
170-172, 223
morte e legado
315-321

namoro com Edgar 91
namoro 46
nascimento 27
nome artístico 110
obras 322
orientado por Janete
Clair 111
parceria com
Euclydes Marinho
167
parceria com Lauro
César Muniz 107
parceria com Leonor
Bassères 168
parceria com Manoel
Carlos 154
parceria com Walter
Salles 231
pioneirismo de 165
Pontifícia
Universidade
Católica (PUC) 53
primeira experiência
sexual 56-57
primeira história
original na TV 100
primeira novela das
oito 139
primeira paixão 57
primeira viagem
internacional 55
primeiro contrato
com a Globo 107
primeiro emprego 49
relacionamento com
Edgar 128-132
rivalidade com
Martim Gonçalves
76, 78, 81
saúde 294-296, 309,
310, 316
série documental 321
supervisionando
213-214

trilhas sonoras
preferidas 324
últimos projetos
312-314
Ver também obras
específicas
*Gilberto Braga: meu
nome é novela* 321
Gilberto Gil 285
Gilberto Serra 226
Gilberto Tumscitz, *ver*
Gilberto Braga
Gilda Braga (Gildoca) 25,
28, 47, 49, 154, 183
Giulia Gam 207, 208
Glauber Rocha 98
Glauce Rocha 76-77
Glaucio Gill 75
Glenn Miller 183
Globo Filmes 312
Globo Repórter 139, 140
Globoplay 321
Glória Alves 51
Glória Magadan 12, 96
Glória Menezes 16, 91,
99, 179, 232
Gloria Perez 176, 212, 242,
256, 259, 273, 286, 317
Gloria Pires 145, 146, 156,
174, 175, 197, 198, 203,
215, 220, 276, 290, 291,
298, 302, 303, 304
Gonzaga Blota 147
Gota d'água 88
Grace Kelly 276
Gracias, señor 78
Gracindo Júnior 85, 232
Grande Teatro Tupi 35,
155
Gregory Peck 44
Grupo Oficina 68
Guel Arraes 255, 302, 312
Guilherme Arantes 146
Guto Graça Mello 146

Hamlet 74
Harold Pinter 62
Harrison Ford 247
Hebe Camargo 155
Helena (novela) 115
Helena (livro) 114
Helena Bocayuva Cunha 227
Helena Godoy 43, 253
Helena Gondim 158, 254, 299
Helena Inês 67
Helena Silveira 101, 115
Helena de Brito e Cunha 49, 158
Helena 261, 283
Hélio Ary 44
Hélio Guimarães 240
Helô Amado 158
Heloisa Helena 103
Henriette Morineau 54, 70, 126, 157, 214
Henrique Oscar 63
Henrique Pereira Braga 25
Herbert de Souza (Betinho) 235
Herbert Ross 148
Hermés Galvão 300
Herson Capri 283, 292
Herval Rossano 113, 115, 121, 123, 135, 136
Hilda Furacão 288
Hildegard Angel 62, 110, 115, 130, 148, 187, 245, 252, 282, 300
Hilo Caire de Castro Faria 46
Hiroshima, meu amor 64

Honoré de Balzac 262, 321
Hospital Samaritano 294
Hugo Carvana 178, 180, 181, 191, 220, 272, 276, 279
Hugo Prata 312
Humberto Saade 245

"I Apologize" 191
I love Paraisópolis 310
Iate Clube 151
Ibeu 42, 51
Ibrahim Sued 98
Ida Gomes 99, 105, 135
Ignácio Coqueiro 283
Ilusões perdidas 262
Ingrid Bergman 166
Inocência 257
Insensato coração 213, 286-293, 294
Inspetor 88
Instituto de Educação 33
Instituto Nacional de Cinema (INC) 232
Instituto Rio Branco 50, 51, 53, 58, 59
Íris Bruzzi 84
Irmãos Coragem 76, 255, 256
Isabela Garcia 156, 180, 192, 211, 248, 276, 290
Isadora Ribeiro 238
Ismail Xavier 264, 265
IstoÉ 182
Ítalo Rossi 83, 84
Itamar Franco 235

Ivald Granato 245
Ivan Cândido 141, 146
Ivan Franco 49
Ivani Ribeiro 137, 317
Ivo Pitanguy 157, 158, 284
Izabel de Oliveira 288

Jack Brusca 130, 131, 161, 187, 188
Jacqueline Laurence 44, 62, 100, 146, 147, 157, 220
Janete Clair 96, 97, 106, 108, 111, 112, 117, 118, 119, 120, 125, 133, 137, 138, 139, 140, 142, 145, 149, 151, 153, 154, 161, 165, 176, 180, 255, 256, 261, 268, 312, 317, 319
Jânio Quadros 53
Jardel Filho 173
Jean Genet 67
Jean Racine 54
Jean Soublin 54
Jean-Laurent Cochet 52
Jean-Louis Barrault 62
Jean-Luc Godard 44
Jeff Thomas 157
Jerônimo, o herói do sertão 34
Jô Soares 71, 232, 233
Joan Crawford 199
Joana Fomm 143, 144, 146, 178, 180, 181
João Araújo 227
João Bethencourt 66, 73, 82, 85

João Bourbonnais 205
João Brandão 302
João Emanuel Carneiro 286, 303
João Gilberto 42
João Goulart 53
"João e Maria" 146
João Paulo Adour 135, 163, 254
João Ximenes Braga 213, 276, 288, 291, 302, 308, 312, 313
Joãosinho Trinta 157
Joaquim da Silva Nunes 77
Jockey Club 43
Joel Zito Araújo 122, 126
Johan Nordenfelt 187
John Boles 134
Jorge Andrade 106, 174
Jorge Botelho 232
Jorge Cândido 232
Jorge Cherques 44, 100, 103
Jorge Delmas 297
Jorge Dória 84
Jorge Goulart 129
Jorge Guimarães 43, 51, 62, 91
Jorge Guinle Filho 201
Jorge Lavelli 62
Jorge Paulo 80
Jorginho Guinle 148, 158
Jornal da Tarde 208
Jornal do Brasil 17, 81, 85, 102, 132, 157, 159, 170, 172, 194, 208, 232, 233, 233, 282
Jornal Nacional 119, 288, 305, 309
José Augusto Branco 75, 111, 143

José Bonifácio de Oliveira Sobrinho 15, 96
José Carlos Pieri 147
José Carlos Reis 184
José Celso Martinez Corrêa 70, 78, 86
José de Abreu 101, 190, 193, 207, 208, 254
José de Alencar 53, 116, 261, 283
José de Seixas Magalhães 12
José Henrique Fonseca 274
José Lewgoy 143, 146, 156, 174, 175, 190, 248, 25
José Lino Grünewald 65
José Mayer 235, 240
José Paulo Cavalcanti 285
José Sarney 196
José Trajano 32
José Triana 66
José Vasconcelos 79
José Vicente 71, 73, 80, 87
José Wilker 168, 228, 283
Josephina Jordan 158
Jotair Assad 139
Joyce Pascowitch 220, 271
Juca de Oliveira 100, 102, 190
Judith Krantz 262
Júlia Matos 146, 149, 256
Julia Roberts 278
Juliana Paes 268
Julinha Pena da Rocha 43
Júlio Luís 142
Juventude transviada 189

Kadu Moliterno 220, 227
Kalma Murtinho 51

L'Anniversaire 62
L'Escalier 62
La Gondola 91
"La vie en rose" 297
Labirinto 147, 247-250, 254, 266, 270
Laços de família 267
Lado a lado 213-214
Lady Francisco 175
Lael Rodrigues 199
Lala Deheinzelin 201
Lamartine Babo 32
Lauren Bacall 44, 277
Lauro César Muniz 16, 87, 97, 106, 107, 109, 111, 112, 118, 137, 145, 148, 150, 153, 171, 173, 242, 252, 317, 318
Lauro Corona 145, 174, 180
Lavínia Vlasak 283
Lázaro Ramos 291
Le père Goriot 262
Léa Garcia 125
Leão Serva 86
Leave Her to Heaven (*Amar foi minha ruína*) 287
Leila Diniz 178
Leila Reis 222
Leila Santos 75
Leilah Assumpção 71

Lélia Abramo 105
Lena Horne 186
Leonel Brizola 170
Leonor Bassères 168, 171, 174, 179, 197, 200, 201, 202, 207, 212, 216, 220, 234, 247, 269, 281
Letícia Sabatella 220, 274
Lia da Costa Braga 54, 62
Libertad Lamarque 211
Lícia Manzo 311
Lídia Brondi 33, 142, 199, 202
Lígia Prado 157
Lilia Cabral 180, 200
Lilian Garcia 257
Lilibeth Monteiro de Carvalho 297
Lima Duarte 106, 145, 307
Lisandro Nogueira 264
Louco amor 173-176, 175, 176, 201, 215, 262
Louis Armstrong 13
Louis Jouvet 70
Louise Cardoso 123, 208, 290, 292
Lourdes Mayer 142, 146
Lua cheia de amor 211
Lucélia Santos 122, 156
Luchino Visconti 259
Luci Vereza 34
Lúcia Alves 75, 100, 114
Lucia Helena Massa 43
Lúcia Leme 203
Lucia Rito 110
Luciana Pessanha 302
Lucinha Araújo 227, 297, 299, 300, 317
Luigi Baricelli 283
Luis Erlanger 268

Luis Fernando Verissimo 43, 263
Luís Severo 43
Luiz Carlos Merten 263
Luiz Fernando Carvalho 236
Luiz Gleiser 268
Luiz Inácio Lula da Silva 172, 292
"Luiza" 166-167
Luiza Brunet 245
Luiza Tomé 180, 240
Lys Beltrão 191
Lysâneas Maciel 170

Machado de Assis 261, 262, 283
Madri 151
Magalhães Pinto 60, 148
Malu Mader 43, 46, 147, 179, 190, 192, 193, 194, 207, 215, 218, 220, 226, 227, 228, 229, 247, 253, 258, 267, 270, 288, 298
Malu mulher 150, 155, 167
Mandala 197, 207
Manoel Carlos 153, 154, 173, 266, 267, 273, 286
Manoel Martins 290, 302
Mara Saré 82
Marcello Melo Jr. 309, 311
Marcelo Cerqueira 227
Marcelo Faria 268
Marcelo Migliaccio 32
Marcelo Serrado 227, 248
Márcia Couto 187
Marcia Graça Mello 187, 194

Marcia Prates 257, 269
Márcio Garcia 272
Marco Aurélio Cardoso Rodrigues 201
Marco Lucchesi 284, 285
Marcos Damigo 292
Marcos Duprat 33
Marcos Maynart 297
Marcos Palmeira 270
Marcos Pasquim 309
Marcos Paulo 147, 178, 181, 207, 237, 257
Marcos Schechtman 270
Marcos Vilaça 283
Marguerite Duras
Marguerite Duras 90, 232
Marguerite Gautier 14
Maria Adelaide Amaral 320
Maria Bethânia 79, 192
Maria Camargo 302
Maria Carmem Barbosa 211, 213
Maria Casarès 62
Maria Clara Gueiros 283
Maria Clara Machado 44, 66, 67, 113, 220
Maria Cláudia 103, 114
Maria da Gloria Souza Pinto 39, 43
Maria de Médicis 276
Maria Fernanda 233
Maria Helena Nascimento 185, 234, 238, 249, 269, 288
Maria Lúcia Rangel 284
Maria Luiza Castelli 109
Maria Padilha 219, 220, 248
Maria Pompeu 78
Maria Rita Kehl 135
Maria Vitória Riera 297
Maria, Maria 155

Mariana Ximenes 276
Marie Duplessis 13
Marília Carneiro 148, 166, 167
Marília Garcia 191
Marília Pêra 79, 207, 208, 211
Marilu Bueno 208
Marina Lima 278
Mario Carneiro 254
Mário Gomes 100
Mário Lago 105, 115, 142, 145, 146, 168, 174, 176, 35, 99
Mário Lúcio Vaz 263, 267, 278, 320
Mario Prata 133, 151
Mario Wallace Simonsen 98
Marita Abrantes de Andrade 132
Marjorie Estiano 213
Mark Twain 251
Marluce Dias da Silva 247, 249, 255, 257, 263, 267, 286
Marlyse Meyer 260
Martim Gonçalves 66, 67, 68, 69, 70, 72, 73, 76, 81, 87
Martinho da Vila 27
Martins Pena 115
Mateus Solano 304
Matilda (Tida) 28, 36
Maurício Kubrusly 43
Mauro Borja Lopes (Borjalo) 15, 96
Mauro Mendonça 175
Medalha Pedro Ernesto 182
Medeia 62
Menéndez Pelayo 70
Merval Pereira 284
Método de redação 41

Metro Tijuca 29
Meu bem, meu mal 216
Meu filho minha vida 30
Meu pedacinho de chão 113
Michael Curtiz 199
Michel Bouquet 62
Michel de Ghelderode 44
Miele 17, 254
Miguel Falabella 213, 262
Miguel Faria Jr. 254
Miguel Mauricio Costa Bastos 25
Mildred Pierce 199
Millôr Fernandes 80, 81, 82, 231, 232
Milton Moraes 80, 123, 146, 174, 193
Ministério da Justiça 306
Miro Teixeira 170
Moacyr Deriquém 103, 148
Moacyr Scliar 284
Molière 52, 71, 103, 104
Momento de decisão 148
Mônica Meyer 297
Monsieur Biorrot 60
Monsieur Monpant 61
Monteiro Lobato 180
Moreira Franco 170
Morro do ouro 80
Movimento Revolucionário Tiradentes (MRT) 223
"Mulher" (música) 211
Mulher (caso especial) 104
Mulheres apaixonadas 267, 272

Muniz Sodré 283
Murilo Néri 103, 99
Museu de Arte Moderna (MAM) 78
Museum of Modern Art (MoMA) 186
My Fair Lady 181
Myriam Pérsia 80

Na selva das cidades 68
Na selva de São Paulo 115
"Nada além" 105
Nana Caymmi 148
Napoleão Muniz Freire 51
Nara Leão 79, 146
Nasce uma estrela 180
Natália do Vale 290
Natalie Wood 189, 190
Nathalia Timberg 54, 90, 201, 204, 220, 232, 258, 290, 303, 306
Navalha na carne 78
Neil Simon 82, 232
Neila Tavares 122
Nelson Motta 145
Nelson Nadotti 278, 288
Nelson Pereira dos Santos 284
Nelson Rodrigues 53, 66, 68, 133, 265
Nelson Xavier 89
Nem Sansão nem Dalila 30
Neusa Sueli 78
Newsweek 149
Ney Latorraca 148

344

Ney Machado 74, 93
Nicette Bruno 175
Nicole Delmas 54
"Night and Day" 211
Nilo de Ramos Assis 112
Nilo Romero 199
Nívea Maria 101, 114, 135, 190
No fundo do poço 115
Noel Rosa 27
Nora Helmer 78
Nora Ney 129
Norma Bengell 143
Norma Blum 116, 124, 125
Nuno Leal Maia 241

O assalto 73-74, 87
O astro 137, 138, 139, 312
O autor na televisão 264
O balcão 67, 87
O beijo no asfalto 40
O bofe 106
O casarão 122, 135, 137, 173, 174
O crime do padre Amaro 206
O crime do Zé Bigorna 106
O descarte 232
O Dia 295
O direito de nascer 34
O dono do mundo 83, 147, 215-222, 224, 234, 241, 262, 264, 266, 269, 270, 297
O estranho casal 232
O fino da bossa 155
O fugitivo 247

O Globo 11, 16, 17, 24, 62, 67, 68, 72, 73, 74, 76, 80, 81, 83, 92, 93, 99, 102, 103, 107, 114, 116, 121, 124, 131, 134, 159, 172, 199, 204, 218, 233, 237, 238, 239, 248, 279, 286, 310, 316
O grande negócio 12
O homem do princípio ao fim 80
O imperador galante 36
O jogo do crime 85
O Leopardo 259
O marido vai à caça 83
O misantropo 52, 103, 104
O morro dos ventos uivantes 176
O navio fantasma 87
O noviço 115
O outro 197, 277
O pagador de promessas 225
O preço de cada um 103
O primo Basílio (livro) 206, 208-09
O primo Basílio 192, 197, 198, 206-209, 262, 266
O príncipe e o mendigo 251
O rebu 312
O semideus 106
O último metrô 66
Octavio Braga 25, 26, 28
Octavio de Faria 263
Octávio Florisbal 302
Odete Lara 130
Odorico, o bem-amado 76
Oduvaldo Vianna Filho 14, 16, 71, 86, 99
Olegário de Holanda 80

Olhai os lírios do campo 127
Olinda (cinema) 29
Os amantes de Viorne 90, 232
Os cafajestes 143
Os carbonários 226
Os dez mandamentos 305
Os doze trabalhos de Hércules 180
Os gigantes 137, 153
Os incompreendidos 66
Os Maias 206
Os marginalizados 85
Oscar Ornstein 75
Oskar Metsavaht 298
Osmar Prado 114
Osmar Rodrigues Cruz 90
Oswaldo Loureiro 88
Otávio Müller 202, 277
Othon Bastos 67
Otto Lara Resende 254

Pacto de sangue 224
Páginas da vida 273, 274
Pai herói 153
Paisagem e memória 115
Paixão rubra 32
Palavras ao vento 277
Pantanal 219
Paolla Oliveira 290, 291
Paraíso tropical 147, 213, 264, 273, 274, 274-280, 286, 287, 290, 293, 297
Paraíso 288
Partido Comunista do Brasil 223

Partido dos
    Trabalhadores 228
Passione 286, 292, 293
Pátria minha 234-241,
    247, 255, 263, 266
Patrícia Andrade 218,
    251, 253, 262
Patrícia Kogut 279
Patrícia Pillar 235
Paulo Autran 71, 90, 232
Paulo Betti 258
Paulo César Farias 224
Paulo César Pereio 195
Paulo Gil Soares 139
Paulo Gorgulho 219
Paulo Gracindo 12, 135,
    145, 70, 79
Paulo José 79, 103, 247
Paulo Maluf 172
Paulo Niemeyer 285
Paulo Perdigão 65
Paulo Pontes 87, 88, 233
Paulo Pontes 92
Paulo Rocco 282, 285
Paulo Rónai 23, 262
Paulo Ubiratan 256
Pecado capital 119, 120,
    256, 259, 307
Pedra sobre pedra 277
Pedro Bloch 134, 135
Pedro Camargo 75
Pedro Cardoso 124, 227
Pedro Collor 224
Pedro de Orléans e
    Bragança 158
Pedro Paulo Rangel
    200, 208
Pelé 175
Pepita Rodrigues 142
Péricles Leal 233
Pierre Delmas 54
Playboy 151
Plaza Suite 82
Plínio Marcos 68

Pluft, o fantasminha 71
Pontifícia Universidade
    Católica (PUC) 53
*Por quem os sinos
    dobram* 166
Porto dos Milagres 277
Prêmio Garcia Lorca 67
Prêmio Molière 67, 83
Presídio de mulheres 34,
    35, 140
presídio feminino
    Talavera Bruce 139
Princesa Margarida 262
Procópio Ferreira 76
Proust 227

Quarenta quilates 75
*Queer as Folk
    (Os assumidos)* 291
*Quem tem medo de
    Virginia Woolf?* 188
Queridinho (Staircase)
    62, 67, 87
Quilombo do Leblon 12

Rádio Nacional 34, 66,
    140
Rádio Pirata 199
Rainha da sucata 210,
    218
Raquel Carneiro 253
Raul Cortez 155, 157, 158,
    161, 174
Raul Silvestre 139

Raul Tumscitz 20, 21, 22,
    23, 26, 36
*Rebeca, a mulher
    inesquecível* 120
Record TV 305
Regina Braga 224
Regina Casé 88
Regina Duarte 79, 104,
    197, 207, 304
Regina Rosemburgo 98
Regina Viana 144, 146
Reginaldo Faria 148, 155,
    174, 175, 258
Reinaldo Cotia Braga
    62
Reinaldo Gonzaga 135
Renascer 236
Renata Fronzi 135
Renata Sorrah 12, 79,
    109, 111, 131, 143, 164,
    201, 253
Renato Corrêa de Castro
    113
Renato Janine Ribeiro
    264, 265
Renato Pacote 96
Renée de Vielmond 122
Revista da TV 279
Revista do Teatro 68
Revista Manchete 11, 12,
    79, 80, 91 110, 149, 157,
    158, 160, 161 183, 233,
    282
Ricardo Linhares 143,
    211, 216, 218, 224, 269,
    277, 283, 288, 289, 298,
    302, 307, 312, 318
Ricardo Waddington
    302, 316
Robert Redford 224
Roberto Bataglin 211
Roberto Bomfim 88
Roberto Carlos 298
Roberto Magalhães 245

Roberto Marinho 206, 208, 225, 226, 243
Roberto Pirillo 99, 125
Roberto Talma 192, 207
Roberto Zani 295, 316
Rock Hudson 277
Rodrigo Andrade 292
Roger Corman 183
Roger Williams 183
Rogério Fróes 100
Romain Weingarten 62
Romântica 153
Romário 235
Ronaldo Bôscoli 17
Ronaldo 28, 47, 48, 50, 52, 183
Roque Santeiro 118, 120, 182
Rosa Maria Araújo 28, 38, 42, 45, 47, 48, 183, 226, 297, 315, 317
Rosa Quarterolo 20, 21, 22, 23, 24, 253, 286
Rosalind Russell 156
Rosane Gofman 200
Rosita Thomaz Lopes 103, 174, 175, 254
Rubem Fonseca 231
Rubens Caribé 227
Rubens de Falco 124, 135
Rubens Ewald Filho 243
Ruth de Souza 182
Ruy Castro 53, 64, 65, 99

S

Sábato Magaldi 284
Sabor de mel 174
Sacha Distel 45
Sadi Cabral 211
Salão Grená 34

Salomé 87, 216, 224, 257
Salsa e merengue 213, 214, 263
Salve a campeã 29
Sam Wood 166
Samantha Almeida 315
Samuel Beckett 71
Samuel Wainer 103
Sandra Bréa 79, 104, 109, 174
Sandra Cavalcanti 170
Sangue do meu sangue 242
Sangue e areia 99
Santo Cristo (bairro) 21
São Lourenço (MG) 183
Sapataria Bastos 25
Sarah Vaughan 186
Saramandaia 122, 312
Savas Karydakis 54
SBT 242, 305, 306
Se eu não me chamasse Raimundo 83
Se tivesse que refazer tudo (Si c'était à refaire) 140
Sebastião Vasconcelos 197
Selton Mello 258, 276
Selva de pedra 15, 118, 224
Senhora do destino 273
Senhora (livro) 115, 261, 283
Senhora (novela) 116, 117, 208
Sérgio Abreu 279
Sérgio Augusto 64
Sergio Britto 84, 104
Sergio Cardoso 79
Sérgio Goldenberg 312
Sérgio Marques 143, 171, 216, 223, 226, 227, 234, 247, 250, 257, 258, 269, 281, 288, 302

Sérgio Mendes 254
Sergio Miceli 264
Sérgio Viotti 90, 208, 232
Shazan, Xerife & Cia. 106
Sheron Menezzes 309
Shirley MacLaine 148
Sidney Sheldon 262
Silvia Pfeifer 240, 305
Sílvio Caldas 211
Silvio de Abreu 187, 210, 211, 218, 242, 243, 245, 251, 264, 273, 286, 298, 302, 305, 307, 308, 309, 310, 312, 319
Silvio Santos 217, 242, 243, 244
Silvio Tendler 226
Simone Cox 51, 187
Simone Marinho 279
Simply Red 271
Sinal de alerta 145
"Smoke Gets in Your Eyes" 191
Sociedade brasileira 158, 175, 254, 299
Sol de verão 173
Sônia Braga 122, 143, 144, 149, 166, 235, 257, 258
Sônia Oiticica 100
Sonia Ramalhete 47, 51
Sophie Charlotte 306
Splendor in the Grass 189
Status 151
Stella Dallas 134-135
Stênio Garcia 219
Sura Berditchevsky 141
Susana Vieira 87
Sweet Home 238
Sydney Pollack 224

Tablado 44, 67
Tadeu Aguiar 215
Tales Ab'Sáber 264
Tamara Taxman 100
Tancredo Neves 170, 172, 196
Tarcísio Meira 168, 240
Taumaturgo Ferreira 191, 248
Tchecov 86
Teatro Antoine 62
Teatro Casa Grande 71, 90
Teatro Copacabana 66, 73
Teatro da Aliança Francesa 232
Teatro da Lagoa 89
Teatro de Bolso do Leblon 87, 123
Teatro de Comédias da Imperatriz das Sedas 35
Teatro Glaucio Gill 54, 68, 70, 75, 92
Teatro Ipanema 66, 232
Teatro João Caetano 68
Teatro Municipal do Rio 86
Teatro Raul Cortez 240
Teatro Senac 80
Teatro Sérgio Porto 75
Teatro Serrador 80
Teatro Sesc Tijuca 89
Teixeira Filho 178
Teresa Austregésilo 232
Tereza Aragão 191
Tereza Rachel 174
Terra estrangeira 231
Terra nostra 288
Tetê Medina 104, 156, 248

The New York Times 188, 229
The New Yorker 172
The Odd Couple 232
The Platters 192
The Way We Were (O nosso amor de ontem) 224
Thelma & Louise 311
Thiago Fragoso 304, 309
Thomaz de Castro Faria 43, 45
Tieta 277
Titá Burlamaqui 131, 245, 286
Ti-ti-ti 320
Toda donzela tem um pai que é uma fera 75, 114
Tom & Jerry 308, 311
Tom Jobim 166, 192
Tônia Carrero 78, 155, 157, 174, 180, 186, 191, 254
Tony Bellotto 270
Tony Ramos 153, 207, 279
Torre de Babel 305
Tragédia burguesa 263
Transe no 18, 123
Trate-me leão 88
Tribuna da Imprensa 72, 74, 192
Trivial simples 89
Túlia Ramalhete 47
TV Cultura 113
TV Excelsior 178
TV Globo 12, 24, 86, 100, 104, 106, 107, 107, 111, 113, 117, 121, 133, 139, 150, 169, 172, 217, 224, 235, 242, 256, 273, 302, 306
TV Manchete 219, 268
TV Pirata 208
TV Tupi 15, 35, 76, 97, 110, 114

Ubu 88
Última Hora 16, 102, 103, 262
Um corpo que cai (Vertigo) 168
Um crime perfeito 232
Um edifício chamado 200, 90
Um estranho triângulo 75
Um lugar ao sol 311
Um sonho a mais 211
Uma linda mulher 278
Universidade Federal do Rio de Janeiro (UFRJ) 223

Valdemar Machado da Silva (Giguidim) 20
Valdir Tumscitz 20-21, 26, 28, 36-38, 47
Vale a pena ver de novo 177
Vale tudo 33, 45, 59, 131, 175, 195, 196-205, 207, 208, 215, 216, 234, 236, 255, 263, 265, 266, 292, 297
Valério Andrade 64, 65, 102, 149, 233
Van Jafa 52, 53, 73
Vanda Lacerda 134
Vanguarda Popular Revolucionária (VPR) 223, 224
Veja 110, 114, 135, 224, 233

Velho Guerreiro, *ver* Chacrinha
Vento norte 155
Vera Fischer 164, 166, 168, 235, 237, 238, 239, 240
Verão (L'Été) 62
Verônica Nieckele 287, 298
Vestido de noiva 78
Véu de noiva 96
Vicente Sesso 97, 106, 242
Vidas em conflito 178
Vincente Minnelli 44, 156
Vinicius de Moraes 235
Virginia Valli 44
Visconde de Taunay 256
Viva o Gordo 277
Viver a vida 286, 293
Vogue 300

Wagner Moura 276, 278, 280, 287
Wagner 87

Walcyr Carrasco 283, 312
Wallinho Simonsen 98
Walter Avancini 16, 99, 100, 101
Walter Clark 15, 96, 249
Walter George Durst 312
Walter Salles 231
Walther Negrão 97, 106, 242, 259, 277, 317
Wanda Pimentel 131, 245
Warren Beatty 189
"What a Difference a Day Makes" 191
William Holden 44
William Makepeace Thackeray 313
William Wordsworth 190
Wilma Dean 190
Wilson Cunha 72, 233

Yaçanã Martins 277
Yan Michalski 81, 85, 233
Yara Amaral 46, 141, 146, 193
Yara Cortes 135, 136

Yedda Braga 23, 25, 26, 28, 35, 37, 40, 41, 47, 48, 49, 91-92, 141, 299
Yolanda Pratini 148
Yoná Magalhães 91, 100, 123, 190, 279, 283
Yone Saldanha 245
Yvonne De Carlo 123

Z

Zaira Zambelli 233
Zean Bravo 310
Zevi Ghivelder 78
Zezé Motta 178, 181, 182
Ziembinski 71, 83, 92, 96
Zilka Salaberry 109, 208
Ziraldo 305
Zózimo Barrozo do Amaral 157, 238
Zózimo Bulbul 178
Zuenir Ventura 226, 271
Zulmira (Bá) 26

Copyright © 2024 by Artur Xexéo & Mauricio Stycer

Preparação Elisa Menezes
Revisão Eduardo Carneiro e Kathia Ferreira
Revisão técnica Nilson Xavier
Índice onomástico Treze Cultural
Design de capa e projeto gráfico Angelo Bottino
Foto da p. 2 Carlos Ivan / Agência O Globo
Foto da p. 4 Fabio Seixo / Agência O Globo

Todos os esforços foram feitos para rastrear os detentores dos direitos autorais e obter permissão para o uso do material protegido por direitos autorais. O editor pede desculpas por quaisquer erros ou omissões e ficaria grato se notificado de eventuais correções que devam ser incorporadas em futuras reimpressões ou edições deste livro.

1ª EDIÇÃO Janeiro de 2024
IMPRESSÃO Cromosete
PAPEL DE CAPA Cartão Supremo Alta Alvura 250g/m²
PAPEL DE MIOLO Pólen Natural 70g/m²
TIPOGRAFIAS LL Prismaset, Neue Kabel & Tiempos

CIP-BRASIL. CATALOGAÇÃO NA PUBLICAÇÃO
SINDICATO NACIONAL DOS EDITORES DE LIVROS, RJ

X29g
    Xexéo, Artur, 1951-2021
      Gilberto Braga : o Balzac da Globo : vida e obra do autor que revolucionou as novelas brasileiras / Artur Xexéo, Mauricio Stycer. - 1. ed. - Rio de Janeiro : Intrínseca, 2024.
      352 p. ; 23 cm.

    Inclui índice
    ISBN 978-85-510-0909-3

    1. Braga, Gilberto, 1945-2021. 2. Diretores e produtores de televisão - Brasil - Biografia. I. Stycer, Mauricio, 1961-. II. Título.

23-86863
              CDD: 791.450233092
              CDU: 929:(654.19:791.242071)

Meri Gleice Rodrigues de Souza - Bibliotecária - CRB-7/6439
27/10/2023   01/11/2023

[2024]
Todos os direitos desta edição reservados à
Editora Intrínseca Ltda.
Av. das Américas, 500, bloco 12, sala 303
Barra da Tijuca, Rio de Janeiro – RJ
CEP 22640-904
Tel./Fax: (21) 3206-7400
www.intrinseca.com.br

intrinseca.com.br

@intrinseca

editoraintrinseca

@intrinseca

@editoraintrinseca

editoraintrinseca